Edition KWV

Die „Edition KWV" beinhaltet hochwertige Werke aus dem Bereich der Wirtschaftswissenschaften. Alle Werke in der Reihe erschienen ursprünglich im Kölner Wissenschaftsverlag, dessen Programm Springer Gabler 2018 übernommen hat.

Weitere Bände in der Reihe http://www.springer.com/series/16033

Sandra Wagner

Entscheidungsorientiertes Umweltkostenmanagement

Konzeption zur aktiven Gestaltung von Umweltkosten im betrieblichen Umweltmanagement

Sandra Wagner
MARGA Business Simulations GmbH
Erftstadt, Deutschland

Bis 2018 erschien der Titel im Kölner Wissenschaftsverlag, Köln
Dissertation Universität Siegen, 2010

Edition KWV
ISBN 978-3-658-24362-3   ISBN 978-3-658-24363-0 (eBook)
https://doi.org/10.1007/978-3-658-24363-0

Die Deutsche Nationalbibliothek verzeichnet diese Publikation in der Deutschen Nationalbibliografie; detaillierte bibliografische Daten sind im Internet über http://dnb.d-nb.de abrufbar.

Springer Gabler
© Springer Fachmedien Wiesbaden GmbH, ein Teil von Springer Nature 2010, Nachdruck 2019
Ursprünglich erschienen bei Kölner Wissenschaftsverlag, Köln, 2010
Das Werk einschließlich aller seiner Teile ist urheberrechtlich geschützt. Jede Verwertung, die nicht ausdrücklich vom Urheberrechtsgesetz zugelassen ist, bedarf der vorherigen Zustimmung des Verlags. Das gilt insbesondere für Vervielfältigungen, Bearbeitungen, Übersetzungen, Mikroverfilmungen und die Einspeicherung und Verarbeitung in elektronischen Systemen.
Die Wiedergabe von allgemein beschreibenden Bezeichnungen, Marken, Unternehmensnamen etc. in diesem Werk bedeutet nicht, dass diese frei durch jedermann benutzt werden dürfen. Die Berechtigung zur Benutzung unterliegt, auch ohne gesonderten Hinweis hierzu, den Regeln des Markenrechts. Die Rechte des jeweiligen Zeicheninhabers sind zu beachten.
Der Verlag, die Autoren und die Herausgeber gehen davon aus, dass die Angaben und Informationen in diesem Werk zum Zeitpunkt der Veröffentlichung vollständig und korrekt sind. Weder der Verlag, noch die Autoren oder die Herausgeber übernehmen, ausdrücklich oder implizit, Gewähr für den Inhalt des Werkes, etwaige Fehler oder Äußerungen. Der Verlag bleibt im Hinblick auf geografische Zuordnungen und Gebietsbezeichnungen in veröffentlichten Karten und Institutionsadressen neutral.

Springer Gabler ist ein Imprint der eingetragenen Gesellschaft Springer Fachmedien Wiesbaden GmbH und ist ein Teil von Springer Nature
Die Anschrift der Gesellschaft ist: Abraham-Lincoln-Str. 46, 65189 Wiesbaden, Germany

Geleitwort

Der betriebliche Umweltschutz gewinnt heute mehr und mehr an wettbewerblicher Bedeutung. Dies gilt einerseits für die Erzielung von Kostenvorteilen gegenüber den Wettbewerbern und andererseits für die Verbesserung der marktlichen Position, zum Beispiel in der Umweltschutzindustrie, der Automobilindustrie, der Nahrungsmittelindustrie, der Textilindustrie usw. Diese Aufzählung lässt sich nahezu beliebig fortsetzen, wobei heute kaum noch ein Markt existiert, für den Umweltschutzaspekte ohne Bedeutung sind. Hinzu kommen neuere umweltpolitische Instrumente, zum Beispiel der Emissionshandel, die ebenfalls große Auswirkungen auf die wirtschaftliche Erfolgsposition eines Unternehmens haben können. Aus diesem Grund ist es nur folgerichtig, dass sich Unternehmen nach innen mit den Faktoren, Prozessen und Produkten beschäftigen, von denen negative Umweltauswirkungen ausgehen, und nach außen Rechenschaft gegenüber den betrieblichen Anspruchsgruppen ablegen. Umweltschutzaspekte spielen dabei in fast allen Entscheidungen eine wichtige Rolle. Bei Investitionsentscheidungen sind die von den zu Grunde liegenden Technologien ausgehenden Umweltwirkungen in ihrer wirtschaftlichen Tragweite zu beachten. Bei Entscheidungen über das Produktprogramm sind das Umweltbewusstsein der Kunden sowie sonstige marktliche Aspekte, die den betrieblichen Umweltschutz betreffen, einzubeziehen. Bei der Produktionsplanung muss sichergestellt werden, dass ordnungsrechtliche Vorgaben, zum Beispiel in Form von Emissionsgrenzwerten, möglichst kostenminimal eingehalten werden.

In dieser als Dissertationsschrift verfassten Monographie widmet sich Frau Dr. Sandra Wagner dem entscheidungsorientierten Umweltkostenmanagement und stellt eine neue Konzeption vor, die die aktive Gestaltung von Umweltkosten unterstützt. Dabei stellt sie einen „Werkzeugkasten" bereit, der für verschiedene Entscheidungs- und sonstige Auswertungszwecke relevante Informationen liefert. Das vorgestellte Optimierungsmodell baut auf in Unternehmen vorhandenen Informationsstrukturen auf und ermöglicht es Unternehmen, die Folgewirkungen ihrer Entscheidungen für das Kostenniveau, die Kostenstruktur und den Kostenverlauf präzise abschätzen zu können. Das Modell enthält mit der Integration von Umweltabgaben, des Emissionshandels, der Möglichkeit des Recyclings und des Wiedereinsatzes von Ressourcen, von Emissionsgrenzwerten und der Begrenzung des Umweltschadens nahezu alle für die Produktionsplanung relevanten Aspekte zur Einbeziehung von betrieblichen Umweltwirkungen. Da es sich um ein lineares Optimierungsmodell handelt, lassen sich umweltbezogene Verrechnungspreise mithilfe von Schattenpreisen ermitteln, wobei zu berücksichtigen ist, dass es sich hier um keine Allokation pagatorischer Kosten, sondern vielmehr um Grenzpreise handelt. Das Modell stellt insgesamt Möglichkeiten der Einbeziehung von Umweltwirkungen in die Produktionsplanung schlüssig dar und baut sachlogisch gut auf den zuvor erarbeiteten Systematiken auf.

Die von Frau Dr. Wagner entwickelte geschlossene Umweltkostenmanagementkonzeption ist darüber hinaus auch für die betriebliche Praxis von hoher Bedeutung, da sie alle umweltbezogenen Aspekte systematisch und sachgerecht verarbeiten kann. Die Arbeit liefert einen umfassenden Überblick zu Fragen des umweltorientierten Kostenmanagements und ist damit sowohl für Wissenschaftler als auch für Praktiker interessant. Die klare Modellstruktur, die präzise herausgearbeiteten Ergebnisse und schließlich die vorgestellten Methoden liefern eine sehr gute Grundlage für weitere Forschungsarbeiten und können der betrieblichen Praxis als Handlungsleitlinie zur Verbesserung des Kostenmanagements und zur Erzielung von umweltbezogenen Wettbewerbsvorteilen dienen.

Siegen / Boulder im Juli 2010	Augsburg im Juli 2010
Peter Letmathe	Günter Beuermann

Vorwort

Mit den Themen Umweltkostenrechnung und Umweltkostenmanagement hatte ich mich bereits im Rahmen meines betriebswirtschaftlichen Studiums, insbesondere in der Diplomarbeit, intensiv auseinandergesetzt. Da in Teilaspekten mehr Fragen aufgeworfen als Antworten gegeben wurden, lag die Entscheidung nahe, dieses Forschungsgebiet weiter zu bearbeiten. Das entscheidungsorientierte Umweltkostenmanagement sollte mich in den folgenden Jahren beschäftigen und herausfordern. Dabei wurde schnell deutlich, dass die Verzahnung von Umweltkostenmanagement und Umweltmanagement insbesondere auf der Ebene der betrieblichen Gestaltungsbereiche vorliegt – also bezüglich der eingehenden Ressourcen (Input), der Transformationsprozesse (Throughput) und der erstellten erwünschten und nicht erwünschten Leistungen (Outputs). Die Parallelen zum Prozess der Erstellung der vorliegenden Dissertation liegen auf der Hand:

- Input in Form von Literatur, Konzepten, Laptop und Arbeitskraft – vor allem jedoch die vielen fachlichen und auch emotionalen Gespräche, die mir immer wieder frische Ideen und neue Motivation gegeben haben,
- Throughput in Form von Denken und Schreiben, Mut und auch Zweifeln, Pausen und durcharbeiteten Nächten – vor allem aber die oben genannten unerlässlichen Ideen und notwendige Motivation als ständig laufender Motor,
- Output natürlich in Form der vorliegenden Arbeit (und vielen verworfenen Ideen sowie zahlreichen Ordnern mit Notizen und Fachartikeln) – aber auch wertvollen Erfahrungen, neu erworbenen Fähigkeiten und die Kenntnis über eigene Stärken und Schwächen.

In dem gesamten Prozess haben mich viele Menschen begleitet und unermüdlich unterstützt:

Mein besonderer Dank gilt meinem *ersten* Doktorvater, Herrn Prof. Dr. Peter Letmathe, der mir und meinem Dissertationsthema im Jahr 2003 an seinem Lehrstuhl an der Universität Siegen ein neues Zuhause gegeben und mich stets kompetent unterstützt sowie nach Kräften gefordert und gefördert hat. Ein ebensolcher Dank geht an meinen *zweiten* Doktorvater, Herrn Prof. Dr. Dr. h.c. Günter Beuermann, der mich ursprünglich für das Projekt Promotion begeistert hat und an dessen Lehrstuhl an der Universität zu Köln ich zunächst als wissenschaftliche Mitarbeiterin tätig war. Seine inhaltliche Unterstützung und seine freundschaftliche Verbundenheit haben mich maßgeblich geleitet. Herrn Prof. Dr. Volker Stein danke ich herzlich für die Übernahme des Vorsitzes der Promotionskommission und die angenehmen Organisation und Durchführung des Rigorosums.

Allen Kolleginnen und Kollegen des Siegener Lehrstuhlkreises um Prof. Dr. Peter Letmathe bin ich zu großem Dank verpflichtet. Die kollegiale Auseinandersetzung im Rahmen der Dissertationserstellung war stets wertvoll und weiterführend.

Mein besonderer Dank gilt dem Freundes- und Mitarbeiterkreis des Kölner Lehrstuhls, dem *Team Beuermann*. Herr Dr. Ralf Brüning, Herr Dr. Mahammad Mahammadzadeh, Herr Dr. Martin Kupp, Herr Dr. Frank Czymmek, Frau Dr. Ellen Faßbender-Wynands, Herr Dr. Björn Maier, Frau Dr. Annette Boms sowie Dietlind Eicker waren mir in all den Jahren unersetzliche und geduldige Weggefährten, Mitstreiter und Kritiker.

Gerade in der Endphase der Promotionszeit haben mir meine Kolleginnen und Kollegen der MARGA Business Simulations GmbH in Erftstadt großzügige zeitliche Freiräume für die Fertigstellung der Dissertation und für die Vorbereitung auf das Rigorosum zugestanden. Auch ihnen gilt mein großer Dank.

Ablenkende Zerstreuung und aufmunternden Zuspruch habe ich stets in meinem Familien- und Freundeskreis gefunden – insbesondere bei meinen *Zirkel-Damen* Claudia Stern und Miriam Wigger sowie bei meinem Patenkind Michèle Hirschfeld und meiner Patentante Gerda Hirschfeld. Gleiches gilt für die gesamte Whitmer-Familie, die in den USA ein zweites Zuhause und damit einen unersetzlichen Rückzugsort für mich geschaffen haben. Ihnen allen danke ich für die tatkräftige Unterstützung und das Verständnis für all die Belastungen, die eine Promotion mit sich bringen kann.

Unermesslich ist der Beitrag, den meine Familie geleistet hat. Meine Eltern Annegret und Horst Wagner, mein Bruder Holger mit seiner Frau Regina und seinem Sohn Jonas, meine Schwester Marina mit ihrem Freund Basti und auch meine Oma Bieshausen haben durch ihre Liebe, ihren Glauben an meine Fähigkeiten und ihr Vertrauen in mich den wesentlichen Grundstein für den Erfolg dieses Vorhabens gelegt. Ihre unermüdliche Unterstützung und Bestätigung sowie die regelmäßigen Ablenkungs- aber auch Motivationsmanöver haben mich immer wieder ermutigt.

Gleiches gilt für meinen Lebensgefährten Hendrik Brecht. Den Rückhalt, den ich bei ihm finde, und die Geduld, die Launen einer im Promotionsstress stehenden Person zu ertragen, haben mir die Arbeit an der Dissertation sehr erleichtert. Die zeitlichen Entbehrungen, die er hinnehmen musste, hat er mit Fürsorge, Verständnis, Stolz und Liebe beantwortet.

Hendrik und meiner Familie ist diese Arbeit gewidmet.

Köln im August 2010
Sandra Wagner

Inhaltsverzeichnis

GELEITWORT V

VORWORT VII

INHALTSVERZEICHNIS IX

ABBILDUNGSVERZEICHNIS XIII

TABELLENVERZEICHNIS XV

A   EINLEITUNG 1

1   GEGENSTAND UND ZIELSETZUNG DER UNTERSUCHUNG 1

2   GANG DER ARBEIT 4

3   NOTWENDIGKEIT EINES UMWELTKOSTENMANAGEMENTS 6

    3.1 Von der Kostenrechnung zum Kostenmanagement 6

    3.2 Veränderungen in der Unternehmensumwelt – Komplexität als Kostentreiber 7

    3.3 Auswirkungen auf die Kostensituation 11

    3.4 Motive für die Einführung eines Umweltkostenmanagements 13

B   ERKENNTNISOBJEKTE DER ARBEIT: KREISLAUFWIRTSCHAFT UND UMWELTMANAGEMENT 15

1   KREISLAUFWIRTSCHAFTLICHE BETRACHTUNG DES UNTERNEHMENS ALS AUSGANGSSITUATION FÜR UMWELT-MANAGEMENT UND UMWELTKOSTENMANAGEMENT 15

    1.1 Gesamtwirtschaftliche Betrachtung kreislaufwirtschaftlicher Zusammenhänge 18
        1.1.1 Entwicklung von der Durchlauf- zur Kreislaufwirtschaft – ein Paradigmenwechsel 19
        1.1.2 Zentrale Elemente eines allgemeinen Kreislaufwirtschaftsmodells 24
        1.1.3 Kritische Würdigung des Konzepts der Kreislaufwirtschaft 29

    1.2 **Einzelwirtschaftliche Betrachtung kreislaufwirtschaftlicher Zusammenhänge: Implikationen für und Ansatzpunkte in Unternehmen** 30
        1.2.1 Idealtypisches Modell einer betrieblichen Kreislaufwirtschaft 30

	1.2.2	Die Kreislaufwirtschaft als betrieblicher Komplexitätstreiber 36
	1.2.3	Betriebliche Umweltwirkungen in der Kreislaufwirtschaft und deren Implikationen für Unternehmen 37

2   BETRIEBLICHES UMWELTMANAGEMENT IM RAHMEN DER KREISLAUFWIRTSCHAFT 41

2.1 Grundlagen eines Umweltmanagements 44
  2.1.1 Begriff des Umweltmanagements 44
  2.1.2 Ziele, Aufgaben und Anforderungen 45
  2.1.3 Potenzielle Chancen und Hemmnisse eines betrieblichen Umweltmanagements 48
  2.1.4 Standardisierung des Umweltmanagements – Umweltmanagementsysteme 51

2.2 Dimensionen des Umweltmanagements 57
  2.2.1 Ebenen des Umweltmanagements 57
     2.2.1.1 Normatives Umweltmanagement 58
     2.2.1.2 Strategisches Umweltmanagement 59
     2.2.1.3 Operatives Umweltmanagement 60
  2.2.2 Phasen des Umweltmanagementzyklus 61
  2.2.3 Gestaltungsbereiche des Umweltmanagements 63
     2.2.3.1 Outputbezogenes Umweltmanagement 64
     2.2.3.2 Inputbezogenes Umweltmanagement 66
     2.2.3.3 Throughputbezogenes Umweltmanagement 67

2.3 Implikationen für das Umweltkostenmanagement 69

C   ENTSCHEIDUNGSUNTERSTÜTZENDES UMWELTKOSTEN- MANAGEMENT IM BETRIEBLICHEN UMWELTMANAGEMENT 71

1   GRUNDLAGEN DES BETRIEBLICHEN UMWELTKOSTEN- MANAGEMENTS 71

1.1 Umweltkosten als Zielgröße des Umweltkostenmanagements 71
  1.1.1 Definition und Umweltkostenbegriffe 72
  1.1.2 Kosteneinflussgrößen im betrieblichen Umweltschutz 77
  1.1.3 Bestimmung von Umweltkosten 82

1.2 Kostenmanagement 83
  1.2.1 Begriffsdefinition 83
  1.2.2 Umweltkostenmanagement und Umweltkostenrechnung 84

2   OPTIMIERUNGSMODELL ZUR GESTALTUNG VON UMWELTKOSTEN 86

2.1 Überblick über Optimierungsansätze im Forschungsfeld Umweltkostenmanagement 86

2.2 Modell zur Bestimmung der optimalen Prozesswahl unter Berücksichtigung von Umweltkosten 88
2.2.1 Problemdefinition und -formulierung 90
2.2.2 Nummerisches Beispiel 98

2.3 Ergebnisse des Optimierungsmodells 107
2.3.1 Minimalkostenkombination bei gegebenem Produktionsniveau 107
2.3.2 Interne Verrechnungspreise als entscheidungsrelevante Information 109

3 MODELLGESTÜTZTE HERLEITUNG EINER ENTSCHEIDUNGSUNTERSTÜTZENDEN UMWELTKOSTENMANAGEMENT-KONZEPTION 114

3.1 Umweltkostenmanagement und Umweltmanagement 114

3.2 Dimensionen des Umweltkostenmanagements 120
3.2.1 Kostenmerkmale im Umweltkostenmanagement 121
3.2.2 Ausrichtung des Umweltkostenmanagements 124
3.2.3 Gestaltungsbereiche des Umweltkostenmanagements 125
3.2.4 Zusammenführung der drei Dimensionen des Umweltkostenmanagements 127

3.3 Handlungsfelder des Umweltkostenmanagements 128
3.3.1 Throughputbezogenes Umweltkostenmanagement 128
3.3.1.1 Gestaltung throughputbezogener Entscheidungsobjekte 128
3.3.1.2 Implikationen des Optimierungsmodells für throughputbezogene Entscheidungen 129
3.3.2 Inputbezogenes Umweltkostenmanagement 131
3.3.2.1 Gestaltung inputbezogener Entscheidungsobjekte 131
3.3.2.2 Implikationen des Optimierungsmodells für inputbezogene Entscheidungen 132
3.3.3 Outputbezogenes Umweltkostenmanagement 134
3.3.3.1 Gestaltung outputbezogener Entscheidungsobjekte 134
3.3.3.2 Implikationen des Optimierungsmodells für outputbezogene Entscheidungen 135

4 UMWELTKOSTENMANAGEMENT ALS ENTSCHEIDUNGSUNTERSTÜTZENDES INSTRUMENTARIUM 138

4.1 Zielhierarchie des Umweltkostenmanagements 138

4.2 Rechnungszwecke eines entscheidungsunterstützenden Umweltkostenmanagements 144
4.2.1 Rechnungszweck: Abbildung 147
4.2.2 Rechnungszweck: Planung 150
4.2.3 Rechnungszweck: Steuerung und Kontrolle 152

4.3 Entscheidungsorientierter Einsatz der Umweltkostenmanagement-Instrumente 154
4.3.1 Auswahl der relevanten Umweltkostenmanagement-Instrumente 154

      4.3.2   Auswertungszweckanalyse der Umweltkostenmanagement-Instrumente 157
      4.3.3   Auswertungszweckbezogene Einsatzpotenziale der Umweltkostenmanagement-Instrumente 161

D   FAZIT UND AUSBLICK 164

ANHANG 1: FORMULIERUNG DES NUMMERISCHEN BEISPIELS IN GAMS ... 166

ANHANG 2: ERGEBNISSE DES NUMMERISCHEN BEISPIELS 173

ABKÜRZUNGSVERZEICHNIS 179

SYMBOLVERZEICHNIS 183

LITERATURVERZEICHNIS 186

GESETZESTEXTE 222

Abbildungsverzeichnis

Abb. A-1: Veränderungen in der Unternehmensumwelt 9

Abb. A-2: Gesamtwirtschaftliche Tendenzen und ihre Auswirkungen
im Unternehmen 10

Abb. B-1: Vereinfachtes Kreislaufwirtschaftsmodell unter Berücksichtigung
der Schnittstellen zwischen Ökosphäre und Technosphäre 25

Abb. B-2: Einzelwirtschaftliches Modell einer Kreislaufwirtschaft. 33

Abb. B-3: Externe und interne Vorteile und Hemmnisse des betrieblichen
Umweltmanagements 51

Abb. B-4: Zykluselemente der ISO 14001 54

Abb. C-1: Systematik der Umweltkosten 74

Abb. C-2: Kosteneinflussgrößensystem des Umweltkostenmanagements 81

Abb. C-3: Minimalkostenfunktion bei optimaler Prozesswahl 107

Abb. C-4: Schema zur Ermittlung der internen Verrechnungspreise
der Inputfaktoren 110

Abb. C-5: Interne Verrechnungspreise der primären Inputfaktoren
im nummerischen Beispiel 110

Abb. C-6: Schema zur Ermittlung der internen Verrechnungspreise
der Emissionen 111

Abb. C-7: Interne Verrechnungspreise der Produktionsemissionen
im nummerischen Beispiel 112

Abb. C-8: Interne Verrechnungskosten je erstellter Produkteinheit
im nummerischen Beispiel 113

Abb. C-9: Integration von Umweltmanagement und Umweltkostenmanagement 114

Abb. C-10: Auftrag des Umweltkostenmanagements 115

Abb. C-11: Umweltkostenmanagement-Zyklus 117

Abb. C-12: Herleitung des entscheidungsunterstützenden
Umweltkostenmanagements 120

Abb. C-13: Möglichkeiten der Ausgestaltung eines Umweltkostenmanagements 127

Abb. C-14: Durchführungshäufigkeit der Produktionsprozesse
im nummerischen Beispiel 129

Abb. C-15: Durchführungshäufigkeit der Recyclingprozesse
im nummerischen Beispiel 131

Abb. C-16: Einsatzmenge primärer Inputfaktoren im nummerischen Beispiel 133

Abb. C-17: Einsatzmenge sekundärer Inputfaktoren im nummerischen Beispiel...... 134

Abb. C-18: Emissionsmenge aus der Produktion im nummerischen Beispiel 136

Abb. C-19: Menge zugekaufter Emissionszertifikate im nummerischen Beispiel..... 137

Abb. C-20: Zusammenhang von Umweltkostenstruktur, -verlauf und -höhe 140

Abb. C-21: Zielordnung des Umweltkostenmanagements 141

Abb. C-22: Umweltkostenverläufe 143

Abb. C-23: Morphologischer Kasten zur Typologie von betrieblichen
umweltbezogenen Entscheidungssituationen 145

Abb. C-24: Kategorisierung der Rechnungszwecke
im Umweltkostenmanagement 147

Abb. C-25: Rechnungsziele in der Kategorie Abbildung & Dokumentation 149

Abb. C-26: Entscheidungsbaum zur auswertungszweckorientierten
Instrumentenwahl 162

Tabellenverzeichnis

Tab. B-1: Überblick über verschiedene umweltbezogene Strategietypologien 60

Tab. C-1: Klassische Kosteneinflussgrößensysteme 78

Tab. C-2: Differenz aus im Recycling aufgenommenen und im Recycling generierten Emissionsmengen 94

Tab. C-3: Inputparameter 99

Tab. C-4: Maximale Ressourcenverfügbarkeit der spezifischen Inputfaktoren für die Produktionsprozesse 100

Tab. C-5: Maximale Ressourcenverfügbarkeit der spezifischen Inputfaktoren für die Recyclingprozesse 100

Tab. C-6: Emissionsparameter 101

Tab. C-7: Parameter der Umweltschadenskategorie 101

Tab. C-8: Input- bzw. Ressourcenkoeffizienten 102

Tab. C-9: Produktionsprozesskoeffizienten 103

Tab. C-10: Recyclingprozesskoeffizienten 105

Tab. C-11: Produktkoeffizienten 106

Tab. C-12: Umweltschadenskoeffizient 107

Tab. C-13: Fragestellungen zu den Kostenmerkmalen 123

Tab. C-14: Fragestellungen zur Ausrichtung 125

Tab. C-15: Fragestellungen zu den Gestaltungsbereichen 126

Tab. C-16: Kategorien der Umweltkostenrechnungsansätze 156

Tab. C-17: Ausgewählte Instrumente des Umweltkostenmanagements und deren Auseinandersetzung in der Fachliteratur 157

Tab. C-18: Rechnungszwecke der
Umweltkostenmanagement-Instrumente 158

Tab. C-19: Ausrichtung der
Umweltkostenmanagement-Instrumente 159

Tab. C-20: Auswertungszwecke der
Umweltkostenmanagement-Instrumente 160

Tab. Anhang-1: Interne Verrechnungspreise je Emissions- bzw.
Inputfaktoreinheit 173

Tab. Anhang-2: Interne Verrechnungspreise je Produkteinheit und
Minimalkosten bei gegebenem Produktionsniveau 174

Tab. Anhang-3: Benötigte Einsatzmengen der primären und
sekundären Inputfaktoren 175

Tab. Anhang-4: Emissionsmengen und Anzahl der zugekauften
Emissionsrechte 176

Tab. Anhang-5: Durchführungshäufigkeit der Produktionsprozesse 177

Tab. Anhang-6: Durchführungshäufigkeit der Recyclingprozesse 178

A Einleitung

"Hidden and unaccounted environmental costs hinder efficient environmental management systems. Without environmental cost information, well-informed decisions on environmental management and investments cannot be made."[1]

1 Gegenstand und Zielsetzung der Untersuchung

Die Literatur- und Veröffentlichungsflut im Bereich der umweltorientierten Unternehmensführung[2] in den vergangenen 15 Jahren hat gezeigt, dass diesem Thema sowohl in der Forschung als auch in der Praxis ein zunehmendes Interesse entgegengebracht wird. Seit Mitte der 90er Jahre des letzten Jahrhunderts entsteht eine Strömung, welche sich mit der systematischen Handhabung betrieblicher Umweltschutzaspekte beschäftigt: Zu diesem Bereich zählen unter anderem Veröffentlichungen zu umweltorientierten Management- sowie Informationssystemen.

Umweltorientierte Konzepte der Unternehmensführung werden in Unternehmen[3] entweder als nicht-normiertes oder als normiertes Umweltmanagement[4] implementiert und etabliert. Die Gründe für die Einführung von Umweltmanagementsystemen sind vielfältig und reichen von der effizienten Einhaltung von umweltbezogenen Gesetzen und Vorschriften über die Identifikation und Nutzung von Kostensenkungspotenzialen und die Minimierung von Risiken bis hin zu Effizienz- und Imageverbesserungen – sie dienen damit den betrieblichen Oberzielen der Existenzsicherung und der Verbesserung der Wettbewerbsposition.[5]

Zur Unterstützung des umweltorientierten Managements[6] werden Informationssysteme herangezogen, welche das Management mit den relevanten Daten versorgen sollen. Die Veröffentlichungen in diesem Forschungsfeld befassen sich mit betrieblichen

---

[1] Sharma/Weitz (1995).
[2] In der vorliegenden Arbeit wird der Begriff der *umweltorientierten Unternehmensführung* synonym als *betriebliches Umweltmanagement* bezeichnet.
[3] In dieser Arbeit wird der Begriff des *Unternehmens* synonym für die Ausdrücke *Unternehmung* oder *Betrieb* verwendet.
[4] Umweltorientierte Managementsysteme werden in der Literatur zumeist vereinfacht als *Umweltmanagementsysteme* bezeichnet. Auch in dieser Arbeit wird im weiteren Verlauf der Begriff *Umweltmanagementsystem* benutzt, da sich dieser sowohl in wissenschaftlichen Veröffentlichungen als auch in der Praxisliteratur weitgehend etabliert hat. Das betriebliche Umweltmanagement in seinen möglichen Ausprägungen in Form normierter und nicht-normierter Systeme wird in Teil B, Abschnitt 2.1.4 näher betrachtet. Beispiele für normierte Umweltmanagementsysteme sind beispielsweise der internationale Standard ISO 14001 oder die europäische EMAS- bzw. EG-Öko-Audit-Verordnung.
[5] Vgl. Holt (1998), S. 204 f.
[6] Die Begriffe *umweltorientiertes Management* und *Umweltmanagement* werden in dieser Arbeit synonym verwendet.

© Springer Fachmedien Wiesbaden GmbH, ein Teil von Springer Nature 2010
S. Wagner, *Entscheidungsorientiertes Umweltkostenmanagement*, Edition KWV,
https://doi.org/10.1007/978-3-658-24363-0_1

Umweltinformationssystemen (BUIS)[7] sowie mit Ansätzen des Öko- bzw. Umweltcontrollings, welchem neben anderen Ansätzen die Umweltkostenrechnung und das Umweltkostenmanagement zuzurechnen sind.[8] Insgesamt dienen diese Konzepte der Rationalitätssicherung von Entscheidungen im Umweltmanagement, indem sie die relevanten umweltbezogenen Sachverhalte mit quantitativen und qualitativen Daten erfassen, generieren und auswerten.[9]

Eine systematische Rationalitätssicherung ist notwendig, da das unternehmerische Umfeld sowie die internen Strukturen und Prozesse durch eine zunehmende Komplexität gekennzeichnet sind. Den Herausforderungen, die mit dem gesellschaftlichen Wertewandel einhergehen, muss in den Unternehmen mit einer strukturierten Herangehensweise begegnet werden. Die Auswirkungen des gesellschaftlichen Wandels manifestieren sich in der Zunahme nationaler und internationaler Umweltgesetze, -verordnungen und -richtlinien sowie in den Beschaffungs- und Absatzmärkten durch wachsende umweltrelevante Forderungen und Ansprüche, die an die Unternehmen gestellt werden. Die Folge ist eine zunehmende Komplexität des unternehmerischen Umfelds, was sich direkt auf das unternehmerische Innenleben auswirkt – vorausgesetzt, die Unternehmen stellen sich diesen Herausforderungen und versuchen, ihre Wettbewerbsposition im Markt zu verteidigen oder auszubauen. Mit Bezug auf den betrieblichen Umweltschutz äußert sich die interne Komplexität in drei Kategorien:

1. Die Vielzahl und Vielfalt der zu betrachtenden *betrieblichen Umweltaspekte* bedürfen einer systematischen Handhabung.

2. Das *betriebliche Umweltmanagement* kennt mannigfaltige Entscheidungsprobleme vor spezifischen Zielhintergründen.

3. Der *Instrumenteneinsatz* im Rahmen des Umweltmanagements muss den Anforderungen gerecht werden, die intern und extern an das Unternehmen gestellt werden.

Die vorliegende Arbeit beschäftigt sich eingehend mit diesen drei Teilbereichen. Die *Kategorisierung betrieblicher Umweltaspekte*, die *Strukturierung der Entscheidungssituationen* im betrieblichen Umweltmanagement und die *Systematisierung des Instrumenteneinsatzes* sind zentrale Erkenntnisobjekte der Untersuchung. Durch den Einsatz adäquater Instrumente können Unternehmen die sie umgebende Komplexität abbilden und handhabbar machen – allein die erhöhte Transparenz ermöglicht ein frühzeitiges Erkennen der neuen Herausforderungen sowie eine systematische Potenzialschöpfung.

---

[7] In der Literatur findet sich eine große Bandbreite an Veröffentlichungen zu betrieblichen Umweltinformationssystemen (BUIS). Einen Überblick über verschiedene BUIS-Konzepte geben Arndt/Günther (1996), S. 11 ff., und Haasis (1997), S. 4 ff. Viele Veröffentlichungen beschäftigen sich dabei insbesondere mit der DV-technischen Umsetzung in Unternehmen; vgl. Arndt/Günther (1997), S. 22 ff.

[8] Auf die Zusammenhänge zwischen beispielsweise Umweltkostenrechnung, Umweltkostenmanagement und Umweltcontrolling wird an späterer Stelle detailliert eingegangen.

[9] Vgl. Dyckhoff (2000a), S. 6, und Bundesumweltministerium/Umweltbundesamt (Hrsg.) (2003), S. 6.

Die Problemstellung liegt darin, dass mit dem Umweltkostenmanagement zwar generell ein umweltbezogenes Instrumentarium existiert, sich hinter dem Begriff an sich jedoch kein Instrument im Sinne eines Allround-Talents verbirgt. Das *Umweltkostenmanagement* ist kein feststehendes Konstrukt, welches bestimmte Instrumente beinhaltet und routinemäßig einsetzt. Vielmehr ist es ein Konzept, welches in Abhängigkeit von der jeweiligen Entscheidungssituation adäquate Instrumente einsetzt, um die relevanten Informationen zu liefern und über die Gestaltung der Umweltkosten die Ziele im Umweltmanagement zu erfüllen.

Die vorliegende Konzeption kann entsprechend als *entscheidungsorientiertes Umweltkostenmanagement* bezeichnet werden. Sie gleicht einem Werkzeugkasten, welcher die unterschiedlichsten Instrumente anbietet. Um jedoch das passende Instrument zu wählen, bedarf es der genauen Kenntnis über die Entscheidungssituation – beispielsweise über das Entscheidungsobjekt oder den Entscheidungszeitraum der spezifischen Entscheidungssituation. Wie in einem *guten Werkzeugkasten* müssen die Instrumente je nach Einsatzgebiet geordnet und systematisiert sein, um dann im jeweiligen Bedarfsfall eingesetzt werden zu können.[10] Denn häufig richtet sich der Einsatz der Instrumente vielmehr nach vorherrschenden Trends in der Managementpraxis oder nach *alten Gewohnheiten («Das haben wir schon immer so gemacht.»)* als danach, was die vorliegende Entscheidungssituation hinsichtlich des Informationsbedarfs erfordert. Damit ist der Instrumenteneinsatz willkürlich und resultiert in Ineffizienzen, die sich dann ergeben, wenn Instrumente eingesetzt werden, welche irrelevante oder ungeeignete Informationen generieren, die für betriebliche Entscheidungen nicht oder nur in geringerem Ausmaß genutzt werden können. Dies sind primär Ineffizienzen in Form der Ressourcenverschwendung bei Arbeitskräften oder beim Einsatz von Hard- und Softwaresystemen; sekundäre Konsequenzen resultieren daraus, dass Prozesse mehrfach durchlaufen oder auch revidiert werden müssen, bis die adäquaten Informationen vorliegen. Eben diese Ineffizienzen können mit einem systematischen Instrumenteneinsatz im Rahmen des Umweltkostenmanagement reduziert oder vermieden werden. Die relevanten Fragen lauten: *«Was können die Instrumente des Umweltkostenmanagements leisten?»* und *«Liefern diese Instrumente in dem konkreten Entscheidungsfall die relevanten Informationen?»*

Bisherige Veröffentlichungen in der Fachliteratur widmen sich sowohl dem allgemeinen Umweltkostenmanagement-Instrumentarium als auch speziellen Instrumenten. Die Ausführungen sind vielfach beschreibender oder auflistender Natur – ohne erkennbare Strukturierungskriterien – und stellen kein ineinander greifendes Gesamtkonzept dar. Die Interdependenzen und Redundanzen zwischen einzelnen Instrumenten werden

---

[10] So führen auch LETMATHE/STÜRZNICKEL/TSCHESCHE in ihrem Beitrag zur Ressourcenkostenrechnung aus, „dass es auf unterschiedliche Auswertungszwecke spezialisierte Umweltkostenrechnungen gibt, die sinnvoll miteinander kombiniert werden können"; Letmathe/Stürznickel/Tschesche (2002), S. 55.

kaum thematisiert; eine systematische Herangehensweise unter Beachtung der unternehmerischen Anforderungen findet sich nur ansatzweise.[11]

Die Zielsetzung, die sich sowohl aus der Problemstellung als auch aus der existierenden Forschungslücke für die vorliegende Arbeit ergibt, ist die Herleitung einer entscheidungsorientierten Umweltkostenmanagement-Konzeption, welche die Instrumente in Abhängigkeit von ihrem spezifischen Auswertungszweck einsetzt. Implizit findet ein Abgleich zwischen den Anforderungen der Entscheidungssituation und den jeweiligen Auswertungszwecken der Instrumente statt. Das Ziel des Umweltkostenmanagements ist die effiziente Unterstützung des betrieblichen Umweltmanagements zur erfolgreichen Gestaltung und Optimierung des betrieblichen Umweltschutzes.[12] An dieser praxisorientierten Forderung orientiert sich der Verlauf der vorliegenden Dissertation, indem die einzelnen Erkenntnisobjekte – die betrieblichen Umweltaspekte und Umweltwirkungen, das betriebliche Umweltmanagement sowie das Umweltkostenmanagement mit seinen Instrumenten – dargestellt, aufgearbeitet, strukturiert und zu einem Gesamtkonzept zusammengefasst werden.

2 Gang der Arbeit

Die vorliegende Arbeit beginnt in *Teil A* mit einer ausführlichen Analyse der Notwendigkeit eines Umweltkostenmanagements in Unternehmen: Die spezifischen Unzulänglichkeiten der Umweltkostenrechnung wie auch die Veränderungen im unternehmerischen Umfeld werden dargestellt und diskutiert.

In *Teil B* folgt die Arbeit einem deduktiv-logischen Aufbau, welcher sich zunächst den einzelnen Erkenntnisobjekten widmet, um im weiteren Verlauf die zentralen Aspekte für die spätere Konzeption des Umweltkostenmanagements zusammenzuführen. Als erstes Erkenntnisobjekt wird in *Teil B, Kapitel 1* die *Kreislaufwirtschaft* betrachtet. Die Auseinandersetzung mit diesem Thema beinhaltet:

- die Darstellung der Entwicklung von der Durchfluss- zur Kreislaufwirtschaft,
- die Beschreibung der kreislaufwirtschaftlichen Elemente sowie
- die Diskussion der Implikationen für unternehmerisches Handeln und Denken in Form eines idealtypischen Modells einer betrieblichen Kreislaufwirtschaft.

Eine zentrale Erkenntnis ist die große Bedeutung von betrieblichen Umweltwirkungen, welche als Komplexitätstreiber die betrieblichen Umweltkosten beeinflussen und damit die Entscheidungsreichweite und den Verantwortungsbereich der Unternehmen erhöhen. Die Analyse der betrieblichen Umweltwirkungen liefert erste Ansatzpunkte für die Strukturierung von Entscheidungssituationen im betrieblichen Umweltmana-

---

[11] Vgl. Bundesumweltministerium/Umweltbundesamt (Hrsg.) (2003), Schaltegger u.a. (2002), Fischer u.a. (Hrsg.) (1997) und Bundesumweltministerium/Umweltbundesamt (Hrsg.) (1996).
[12] Vgl. Bundesumweltministerium/Umweltbundesamt (Hrsg.) (2003), S. 3.

gement und damit für die Systematisierung des Instrumenteneinsatzes im Umweltkostenmanagement.

Das betriebliche Umweltmanagement stellt das zweite Erkenntnisobjekt der Arbeit dar. In *Teil B, Abschnitt 2.1* werden die zentralen Begrifflichkeiten, die Ziele, Aufgaben und Anforderungen sowie die Vorteile und Hemmnisse dargestellt und diskutiert. Außerdem werden Standardisierungsmöglichkeiten in Form von Umweltmanagementsystemen in den Gesamtkontext eingebettet.

Die grundlegenden Strukturmerkmale der Kreislaufwirtschaft werden in *Teil B, Abschnitt 2.2* aufgegriffen, da sie für die Entwicklung eines geschlossenen und konsistenten Gesamtkonzepts unabdingbar sind. Die übergreifende Stringenz der Argumentation in den Themenbereichen *Kreislaufwirtschaft*, *Umweltmanagement* und *Umweltkostenmanagement* gewährleistet, dass die Umweltkostenmanagement-Konzeption auf die Bedürfnisse und Anforderungen des betrieblichen Umweltmanagements und der Kreislaufwirtschaft ausgerichtet werden kann. Resultat ist eine Umweltmanagement-Konzeption, welche drei Dimensionen beinhaltet:

- die Ebenen des Umweltmanagements,
- die Phasen des Umweltmanagements und
- die Gestaltungsbereiche des Umweltmanagements.

Diese drei Dimensionen kennzeichnen betriebliche, umweltbezogene Entscheidungssituationen und ermöglichen damit eine Strukturierung, welche einen systematischen Instrumenteneinsatz im Rahmen des Umweltkostenmanagements erlaubt.

In *Teil C* werden zu Beginn die Grundlagen für die Umweltkostenmanagement-Konzeption gelegt. Dazu gehören die Definition und Auseinandersetzung mit dem Begriff der *Umweltkosten* und des *Umweltkostenmanagements*. In *Teil C, Kapitel 2* wird ein lineares Optimierungsmodell unter Berücksichtigung von Umweltkosten aufgestellt, welches die Argumentation im weiteren Verlauf der Untersuchung stützt. Die Ergebnisse eines nummerischen liefern vielfältige Interpretationsansätze für die Umweltkostenmanagement-Konzeption.

Der Konzeptentwicklung eines entscheidungsunterstützenden Umweltkostenmanagements widmet sich *Teil C, Abschnitt 3* der Arbeit. Dazu werden die spezifischen Umweltkostenmerkmale sowie die Ausrichtung und die Gestaltungsbereiche des Umweltkostenmanagements aufgearbeitet. Als zentrales Ordnungskriterium werden die Gestaltungsbereiche aufgegriffen, um die Handlungsfelder des Umweltkostenmanagements abzugrenzen. Rückgriffe auf das lineare Optimierungsmodell und die Ergebnisse des nummerischen Beispiels zeichnen ein detailliertes Bild dieser Handlungsfelder und der konzeptionsimmanenten Handlungsspielräume.

Es folgt eine detaillierte Auswertungszweckanalyse (*Teil C, Abschnitt 4.3.2*) und eine Einordnung und Zusammenstellung der Instrumente des Umweltkostenmanagements im Sinne eines entscheidungsorientierten Instrumentariums (*Teil C, Abschnitt 4.3.3*).

Welche Entscheidungen mit den im Zuge der Instrumentenanwendung generierten Informationen tatsächlich unterstützt werden können, ist zentrale Frage dieses Abschnitts.

Die Arbeit schließt in *Teil D* mit einem Fazit sowie mit einem Ausblick auf weiteren Forschungsbedarf zu diesem Thema.

3 Notwendigkeit eines Umweltkostenmanagements

3.1 Von der Kostenrechnung zum Kostenmanagement

In den letzten Jahrzehnten haben Entwicklungen und Veränderungen auf gesamt- und einzelwirtschaftlicher Ebene zu einer fortschreitenden Differenzierung der Rechnungszwecke und damit der eingesetzten Instrumente im innerbetrieblichen Rechnungswesen geführt.[13] Die Kostenrechnung, im traditionellen Sinne ein Instrument zur Planung, Kontrolle und Dokumentation,[14] nimmt mittlerweile ein breites Spektrum an Aufgaben wahr, was in einer zunehmenden Differenzierung der Kostenrechnungskonzepte resultiert.[15] Insbesondere der Rechnungszweck der Entscheidungsunterstützung im Rahmen planender und steuernder Unternehmensaktivitäten, welcher der zunehmenden Komplexität der Unternehmensumwelt durch die Lieferung entscheidungsrelevanter Informationen[16] Rechnung trägt, hat im Zuge dieser Entwicklung immer mehr an Bedeutung gewonnen. Die Rolle der Kostenrechnung als entscheidungsorientiertes und -unterstützendes Instrument des innerbetrieblichen Rechnungswesens hat in den letzten zwei Jahrzehnten – und bis heute andauernd – eine lebhafte Diskussion angeregt, welche nicht nur auf wissenschaftlicher Ebene, sondern auch in den Unternehmen selbst geführt wird.[17] Unumstritten ist, dass die Entscheidungsorientierung des internen Rechnungswesens eine zunehmend wichtige Anforderung auch an die Kostenrechnung darstellt, die Veränderungen derselben mit sich bringt.[18]

Mit der Ausweitung der Rechnungszwecke hat sich die traditionelle Kostenrechnung mehr und mehr zum Kostencontrolling entwickelt, dessen Aufgabe hauptsächlich darin besteht, die Koordination der Teilpläne komplexer Unternehmensstrukturen durch die Versorgung der Unternehmensführung mit entscheidungsrelevanten Kosteninformationen zu unterstützen.[19] MÄNNEL führt die Entwicklungen im internen Rechnungswesen – hin zu einer zunehmenden Entscheidungsorientierung und Koordinationsunter-

---

[13] Vgl. Schneider (2002), S. 374 f., und Wielenberg (2002), Sp. 1671 ff.
[14] Vgl. Kloock/Sieben/Schildbach, 1999, S. 14 ff.
[15] Vgl. Männel (1997), S. 162.
[16] Nach MÄNNEL sind solche Informationen entscheidungsrelevant, die den Kriterien *Zukunftsorientierung, Beeinflussbarkeit, Zurechenbarkeit* und *Bestimmbarkeit* genügen; vgl. Männel (1992c), S. 39.
[17] Dabei wird u.a. der Frage nachgegangen, ob die Entscheidungsunterstützung ein Hauptzweck der Kostenrechnung sein muss und kann oder nicht. Diese Frage wird hier jedoch nicht weiter erörtert, es sei jedoch auf die Ausführungen von Pfaff/Weber (1998), S. 151 ff., und Baden (1998), S. 605 ff., verwiesen.
[18] Vgl. Männel (1992b), S. 289, und Männel (1993b), S. 70.
[19] Vgl. Reichmann (1995), S. 5 f., Männel (1997), S. 163, und Küpper (2005), S. 30.

stützung im Rahmen des Kostencontrollings – hauptsächlich auf die Komplexität innerhalb der Unternehmen zurück, welche wiederum durch komplexe Rahmenbedingungen in der unternehmerischen Umwelt verursacht wird. Die vorwiegend vergangenheits- und gegenwartsorientierte Betrachtung[20] in der traditionellen Kostenrechnung wird im Kostencontrolling durch eine – wenn auch teilweise nur kurzfristige – Zukunftsorientierung im Rahmen von Plankostenansätzen ausgeweitet. Diese bieten erste Ansatzpunkte zu einer aktiven und zukunftsorientierten Gestaltung der Kostensituation im Unternehmen. Das Kostenmanagement hebt diese aus der Ausweitung der Rechnungszwecke resultierende Unzulänglichkeit weiter auf und ist so als Weiterentwicklung des Kostencontrollings und der Kostenrechnung zu verstehen, da neben der Offenlegung kurzfristiger Steuerungs- und Optimierungspotenziale nun auch die langfristige und aktive Gestaltung der betrieblichen Kosten systematisch angegangen wird.[21] Durch die vielschichtige Analyse der betrieblichen Kostensituation und der relevanten Kosteneinflussgrößen wird das Kostenmanagement mehr als die Kostenrechnung und das Kostencontrolling dem strategischen Gesamtzusammenhang von Input, Throughput und Output gerecht und schafft somit den Rahmen für ein systematisches Handeln innerhalb des unternehmerischen Gestaltungsspielraums.[22]

3.2 Veränderungen in der Unternehmensumwelt – Komplexität als Kostentreiber

Die Entwicklungen außer- und innerhalb des Unternehmens, die die Ausweitung der Rechnungszwecke bedingen und somit zur Weiterentwicklung der Kostenrechnung geführt haben,[23] werden treffend durch den Begriff der Komplexitätszunahme zusammengefasst. Das Phänomen der Komplexitätszunahme ist insbesondere gekennzeichnet durch eine ansteigende Vielzahl und Vielfalt von Systemelementen, welche Einfluss auf Unternehmen haben oder welche ihrerseits von Unternehmen beeinflusst werden. Dies sind beispielsweise differenziertere Märkte – also viele unterschiedliche, mehr oder weniger spezialisierte Lieferanten und Kundengruppen –, neue gesetzliche Vorgaben und Richtlinien, technologische Innovationen usw. Gleichzeitig sind diese Systemelemente einem kontinuierlichen und dynamischen Entwicklungsprozess unterworfen. Die Vielzahl und Vielfalt der Systemelemente sowie deren dynamische Entwicklung und Interdependenzen sind Kennzeichen zunehmender Komplexität.[24]

---

[20] Vgl. Männel (1995), S. 27.
[21] Vgl. Männel (1993a), S. 210, und Schuh/Kaiser (1994), S. 80. In der umfangreichen Literatur zu Kostenmanagement finden sich zahlreiche Begriffsschöpfungen: Der Begriff des *proaktiven* Kostenmanagements wurde von Franz/Kajüter (1997b), S. 5 ff., geprägt, während das *dynamische* Kostenmanagement auf Fröhling (1994b) zurückgeht. Das *effiziente* – im Sinne von *richtig durchgeführtes* – Kostenmanagement wird von Bäuerle/Schulte (1992), S. 3 ff., und Kraemer (1993), S. 1 ff., aufgegriffen. Der sowohl in der theoretischen Forschung als auch in der unternehmerischen Praxis meist verwendete Ausdruck ist jedoch der des *strategischen* Kostenmanagements, welcher beispielsweise von Horváth (1990), S. 1 ff., Freidank (1993), S. 387 ff., Fröhling (1994a), S. 79 ff., und Kremin-Buch (2001), S. 1 ff., thematisiert wird.
[22] Vgl. Männel (1997), S. 163.
[23] Zu dem Zusammenhang zwischen der Veränderung von Rahmenbedingungen und der Ausweitung der kostenrechnerischen Zwecke sei auf Schehl (1994), S. 230 f., verwiesen.
[24] Vgl. Ulrich/Probst (1988), S. 58.

Mit Anstieg der Komplexität in der Unternehmensumwelt nimmt jedoch auch die Komplexität innerhalb des Unternehmens zu, da beispielsweise ein erhöhter Koordinationsaufwand oder Informationsbedarf bewirkt wird. Dies verursacht Komplexitätskosten, welche sowohl die Höhe als auch die Struktur der betrieblichen Kosten beeinflussen.[25]

Bevor ausgewählte Entwicklungen in der unternehmerischen Umwelt, die komplexitätssteigernd wirken, beispielhaft dargestellt werden, ist ein kurzer Blick auf systemtheoretische Grundlagen und Zusammenhänge sinnvoll,[26] da diese für die Strukturierung und Interpretation systemischer Zusammenhänge unabdingbar sind. Das Unternehmen wird als offenes, zweckgerichtetes und soziales (Handlungs-)System[27] begriffen, welches in eine komplexe Umwelt eingebettet ist und mit dieser in materieller und immaterieller Interaktion steht.[28] Die Unternehmensumwelt kann weiterhin in die ökonomische Umwelt, die natürliche (oder ökologische) Umwelt, die technologische Umwelt, die politisch-rechtliche Umwelt und die sozio-kulturelle Umwelt unterteilt werden.[29] Die eindeutige Zuordnung zu einem bestimmten Segment ist trotz dieser überschneidungsfreien Systematik jedoch oft müßig, da sich die Entwicklungen in den einzelnen Segmenten nicht nur überschneiden, sondern auch gegenseitig beeinflussen.[30] Als Strukturierungshilfe ist sie jedoch in Theorie und Praxis anerkannt. Die folgende Abbildung gibt einen Überblick über die Entwicklungen in der Unternehmensumwelt.

---

[25] Vgl. Banker u.a. (1991), S. 296 ff., und Adam (1998), S. 47 ff.
[26] Umfangreiche Ausführungen zur Systemtheorie oder zum Systemansatz in der Managementlehre finden sich bei Ulrich (1975), S. 33 ff., und Luhmann (1984), S. 1 ff.
[27] Ein System „ist eine Gesamtheit von Elementen, die sich in gegenseitigen Wechselwirkungen befinden und die eine Struktur (Beziehungsgefüge) erkennen lassen. Ein System lässt sich in Subsysteme aufgliedern und ist seinerseits Teil eines übergeordneten Systems.", Macharzina/Wolf (2005), S. 71.
[28] Vgl. Macharzina/Wolf (2005), S. 71 f., Steinmann/Schreyögg (2005), S. 140, und Stahlmann (1994), S. 26.
[29] Vgl. beispielsweise Wagner (1997), S. 3 ff., Meffert/Kirchgeorg (1998), S. 81 ff., und Müller-Stewens/Lechner (2005), S. 205 f. Bei STEINMANN/SCHREYÖGG finden sich detaillierte Ausführungen zur Abgrenzung sowie zu Entwicklungstendenzen in den einzelnen Segmenten; vgl. Steinmann/Schreyögg (2005), S. 178 ff. MACHARZINA und WOLF folgen ebenfalls dieser Einteilung, wenngleich diese die politische und die rechtliche Umwelt separat betrachten; vgl. Macharzina/Wolf (2005), S. 22 ff.
[30] Vgl. Steinmann/Schreyögg (2005), S. 178.

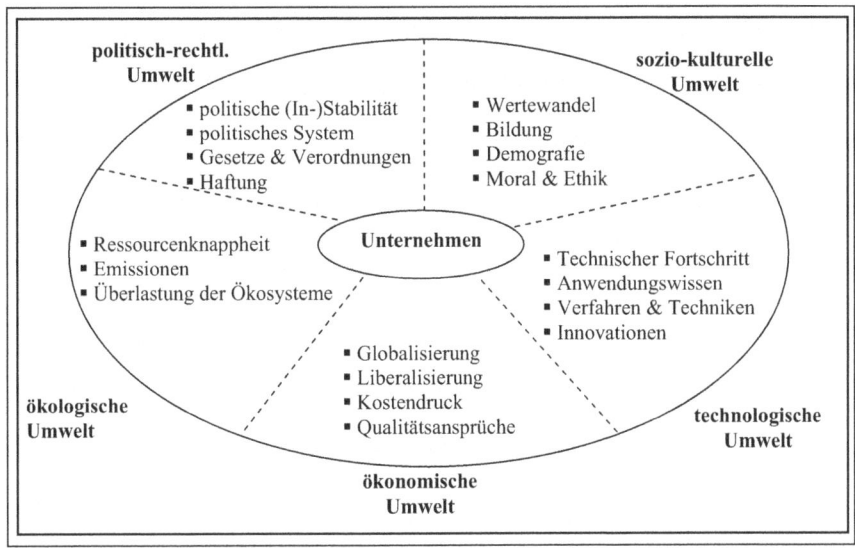

Abb. A-1: Veränderungen in der Unternehmensumwelt[31]

Beispielhaft – und insbesondere im Kontext dieser Arbeit interessant – können für einen derartigen Komplexitätsanstieg in der Unternehmensumwelt die Entwicklungen und Veränderungen im ökologischen und politisch-rechtlichen Umfeld im Rahmen der Kreislaufwirtschaft angeführt werden.[32] Die Anforderungen, die im Zuge der Implementierung einer Kreislaufwirtschaft gestellt werden und im Kreislaufwirtschaftsgesetz formuliert sind, stellen für Unternehmen eine zusätzliche exogene Rahmenbedingung für das betriebliche Handeln dar, welche einerseits einschränkend auf den Handlungsspielraum wirkt, andererseits jedoch Gegenstand aktiver, strategischer Veränderung sein kann.[33] Davon abgesehen, induziert die Erfüllung der kreislaufwirtschaftlichen Anforderungen in Unternehmen jedoch zusätzlichen Aufwand, da neues Wissen generiert und bislang verwendete Verfahren und Prozesse sowie etablierte Strukturen und Hierarchien überdacht und gegebenenfalls verändert werden müssen.

Ebenso führen Veränderungen im ökonomischen (oder auch wirtschaftlichen) Umfeld zu einer Komplexitätszunahme, wie die folgende Abbildung und der sich anschließende, erläuternde Text verdeutlichen.

---

[31] Die gestrichelten Linien symbolisieren, dass zwischen den verschiedenen Bereichen der Unternehmensumwelt vielfältige Wechselwirkungen existieren: Veränderungen in einem Bereich verursachen häufig auch Veränderungen in anderen Bereichen. Das folgende Beispiel einer Kreislaufwirtschaft resultiert zwar aus Veränderungen in der ökologischen Unternehmensumwelt, hat sich jedoch rechtlich im Kreislaufwirtschaftsgesetz niedergeschlagen.
[32] Auf diesen Sachverhalt wird in Teil B, Kapitel 1 ausführlich eingegangen. Aus diesem Grunde wird an dieser Stelle lediglich kurz auf Veränderungen in diesem Bereich hingewiesen.
[33] Vgl. Steinmann/Schreyögg (2005), S. 177.

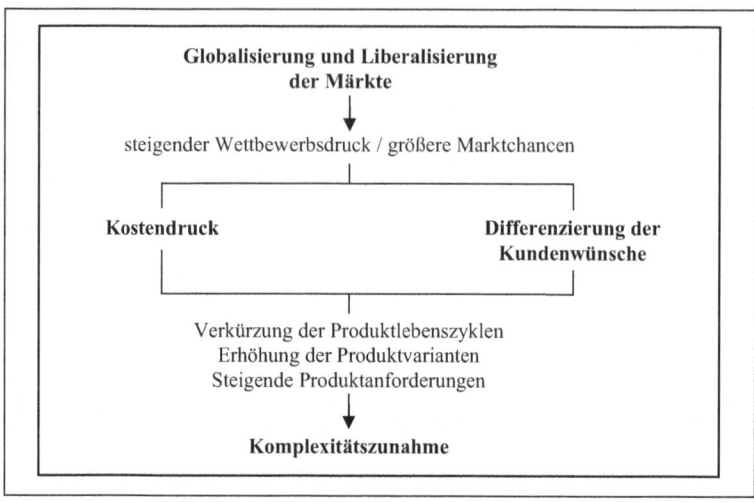

Abb. A-2: Gesamtwirtschaftliche Tendenzen und ihre Auswirkungen im Unternehmen (in Anlehnung an die Ausführungen von Hardt (1998), S. 1 f., und Günther (1997), S. 99)

Sowohl die zunehmende Globalisierung als auch die fortschreitende Liberalisierung der Märkte haben zur Folge, dass viele Unternehmen auf Beschaffungs- und Absatzmärkten unter verschärften Wettbewerbsbedingungen agieren, jedoch auch gleichzeitig größere Marktchancen antreffen. Dieser Wettbewerbsdruck manifestiert sich insbesondere in der Konfrontation mit einem steigenden *Kostendruck auf weltweiten Märkten* und in der Befriedigung zunehmend *differenzierter Kundenwünsche*.[34]

Die Folgen dieser veränderten Rahmenbedingungen sind mannigfaltig. Zum einen ist sowohl im Investitions- als auch im Konsumgüterbereich eine Verkürzung der Produktlebenszyklen zu konstatieren,[35] da die Unternehmen in immer kürzeren Zeitabständen mit neuen Produkten oder Produktvariationen[36] auf den Märkten ihre Wettbe-

---

[34] Vgl. Hardt (1998), S. 1, Wildemann (1987), S. 209, und Rosenberg (1997), S. 186. Die Analyse der veränderten Rahmenbedingungen konzentriert sich auf diese beiden Sachverhalte, da sie das Dilemma gegensätzlicher Strategieoptionen und damit die Notwendigkeit eines unternehmerischen Spagats zwischen der Kostenführerschaftsstrategie auf der einen und der Differenzierungsstrategie auf der anderen Seite gut kennzeichnen; vgl. Porter (1999), S. 70 ff.

[35] Der allgemeinen Tendenz, dass die Produktlebenszyklen systematisch kürzer werden, widerspricht BAYUS, indem er die dieses Phänomen nachweisenden Studien auf ihre Annahmen und Ergebnisse hin untersucht; vgl. Bayus (1994), S. 300 ff. Dieser Untersuchung nach lässt sich keine statistisch signifikante Lebenszyklusverkürzung in den von BAYUS und auch in den Studien verwendeten Kategorien *Industrie, Produktgruppe, Produkttechnologie* und *Produkt* nachweisen. Der Autor räumt jedoch ein, dass der Anstieg der Produktvariationen innerhalb einer Produktgeneration tatsächlich zu kürzeren Zyklen einzelner Modelle führen kann. Daher ist eine genaue Abgrenzung der Begriffe *Produkt, Produktvariation* und *Produktgruppe* notwendig.

[36] Korrekterweise müsste hier der Begriff der Leistungsvariation verwendet werden, welcher Variationen herkömmlicher Industrie- und Konsumgüter als auch Dienstleistungsvariationen einschließt. In der Literatur wird jedoch häufig der Begriff der Produktvariation für beide Ausprägungen benutzt. Exemplarisch kann für die erwähnte Entwicklung ein Beispiel der Automobilindustrie angeführt werden: Der VW Golf ist in seiner neuesten Ausführung in 70 Milliarden Varianten erhältlich, was auf die Kombination der vielen unterschiedlichen Leistungsmerkmale und (Sonder-)Ausstattungskomponenten zurückzuführen ist. Tatsächlich werden jedoch nur 150.000 *gängige* Varianten nachgefragt; vgl. Rosenberg (1997), S. 186.

werbsposition zu halten oder zu verbessern suchen.[37] Gleichzeitig steigen die Produktanforderungen seitens der Kunden – beispielsweise hinsichtlich Qualität oder Umweltverträglichkeit –, so dass diese produktions- oder produktimmanenten Eigenschaften als strategische Erfolgsfaktoren zusätzlich im unternehmerischen Kalkül berücksichtigt werden müssen.[38] Gegenüber tendenziell sinkenden Marktpreisen stellen diese beiden Entwicklungen eine große Herausforderung für Unternehmen dar.[39] Der immer schnellere Übergang von einer Produktgeneration zur nächsten, verbunden mit der Forderung nach Qualitätsverbesserungen und einer Erhöhung der Umweltverträglichkeit der Produkte, muss meist mit immer niedrigeren Produktherstellkosten realisiert werden, damit die Unternehmen mit einem guten Preis-Leistungsverhältnis wettbewerbsfähig bleiben. Höhere Preise können nur dann durchgesetzt werden, wenn Alleinstellungsmerkmale in den Bereichen Qualität, Zeit oder Flexibilität der Leistungserbringung als wesentliches Argument mit in die Kaufentscheidung des Konsumenten eingehen und die Preissensibilität damit abnimmt.

Die Unternehmen reagieren auf die differenzierten Kundenwünsche mit der technischen oder ästhetischen Modifikation bereits im Produktprogramm enthaltener Produkte, was sich in einer drastischen Erhöhung der Produktvarianten und damit in einem Anstieg der Kosten niederschlägt, da beispielsweise unterschiedliche Rohstoffe beschafft, verschiedene Verfahren eingesetzt und vermehrt Umrüstungsvorgänge vorgenommen werden müssen.[40]

In beiden skizzierten Fällen unternehmensumweltbezogener Veränderungen kann ein systematisches und richtig verstandenes Kostenmanagement einen wichtigen Beitrag zur umfassenden Planung, Steuerung und Überwachung betrieblicher Tätigkeiten leisten.[41]

3.3 Auswirkungen auf die Kostensituation

Die Auswirkungen der Komplexitätszunahme auf die betriebliche Situation sind vielfältig und bringen neben Veränderungen im Produktionsprozess auch Änderungen in der Organisations- und Personalstruktur sowie in vielen anderen unternehmerischen Bereichen mit sich.[42] Bezüglich der unternehmerischen Kostensituation bewirken sie eine fortschreitende Kostenartensubstitution sowie Kostenstrukturverschiebungen.[43]

---

[37] Vgl. Corsten/Stuhlmann (1995), S. 1.
[38] Vgl. Götze (2000), S. 265, und Dellmann/Franz (1994), S. 15.
[39] Vgl. Gupta (1998), S. 1. Einen Überblick geben auch Troßmann/Trost (1996), S. 66.
[40] Weiter Beispiele für die Wirkungen einer erhöhten Variantenvielfalt liefert Fischer (1993), S. 29, Tab 4. WILDEMANN verweist in diesem Zusammenhang auf die Erkenntnisse der *umgekehrten Erfahrungskurve*, welche beispielsweise die Stückkostensteigerung bei einem Anstieg der Variantenanzahl erklären. Demnach führt eine Verdoppelung der Variantenanzahl zu einem Wachstum der Stückkosten um ca. 20 – 35 %; vgl. Wildemann (1992), S. 1 f.
[41] Im Kanon mit weiteren betrieblichen Instrumenten, die über die Kosten hinaus auch kritische Faktoren wie Zeit, Qualität und Flexibilität betrachten, können Unternehmen den neuen Herausforderungen gestalterisch begegnen.
[42] Vgl. auch im Folgenden Wildemann (1987), S. 210 ff., und Lorson (1994), S. 179.
[43] Vgl. Gupta (1998), S. 1 f., Brede (1993), S. 341 ff., Männel (1992a), S. 112, und Wildemann (1987), S. 210 ff.

Die Kostenartensubstitution umfasst jene Veränderungen, die entstehen, wenn bestimmte Kostenarten anteilsmäßig geringer werden – wie beispielsweise Wartungs- oder Instandhaltungskosten – und demgegenüber andere Kostenarten – wie beispielsweise Qualitäts- oder Umweltkosten – an Bedeutung gewinnen. Mit dieser Kostenartensubstitution geht in vielen Fällen auch eine Kostenstrukturverschiebung[44] einher. So hat sich im Zuge dieser Entwicklungen eine Verschiebung

a) von den Einzelkosten zu den Gemeinkosten[45] und

b) von den variablen Kosten zu den fixen Kosten[46] vollzogen.[47]

Der steigende Anteil der Gemein- und Fixkosten resultiert laut SCHEHL ebenso wie die Kostenartensubstitution aus dem Bedeutungsanstieg der indirekt-produktiven Funktionsbereiche, welcher eine Folge der notwendigen Anpassungen der Unternehmensziele, -strategien, -abläufe und -organisation an veränderte Rahmenbedingungen und der verstärkten Planungs- und Kontrollaktivitäten darstellt.[48]

Die genannten Entwicklungen bewirken eine Veränderung der Kostensituation in den Unternehmen, die mit neuen Herausforderungen für die Unternehmensführung verbunden sind, welchen die Rechnungszwecke der traditionellen Kostenrechnung nicht hinreichend genügen.[49] Die Ausweitung der Rechnungszwecke in Richtung einer gestaltungsorientierten Entscheidungsunterstützung[50] bedarf diesbezüglich insbesondere

---

[44] Vgl. Becker (1993), S. 280. Zu Ursachen, Wirkungen und Folgen von Kostenstrukturverschiebungen siehe auch Corsten/Stuhlmann (1996), S. 11 f.

[45] Die Frage, ob der Gemeinkostenanteil in den letzten Jahren tatsächlich gestiegen ist, greifen TROßMANN/TROST auf. Entgegen anderen Äußerungen in der Literatur – z.B. Schehl (1994), S. 234 – kommen die Autoren in ihrer empirischen Studie keineswegs zu dem Ergebnis, dass der Gemeinkostenanteil generell gestiegen ist. Vielmehr müsse diesbezüglich ein differenzierteres Bild entworfen werden, welches u.a. die Branchenzugehörigkeit und die Unternehmensgröße der Unternehmen berücksichtige; vgl. Troßmann/Trost (1996), S. 70.

[46] Die Problematik hoher Fixkosten wurde bereits 1928 von SCHMALENBACH diskutiert; vgl. Schmalenbach (1928), S. 241 ff. Dreißig Jahre später entfachte ein Vortrag Schmalenbachs zum gleichen Thema die Diskussion um die Einflussgrößen und die Beeinflussungsmöglichkeiten der fixen Kosten; vgl. Streitferdt (1993), Sp. 1217.

[47] Vgl. Brede (1993), S. 342 f., Schehl (1994), S. 233 ff., und im Vergleich Statistisches Bundesamt (Hrsg.) (2000), S. 183, und Statistisches Bundesamt (Hrsg.) (2002), S. 189. Speziell zur Entwicklung der Fixkosten liefern BACKHAUS/FUNKE einen umfassenden Überblick; vgl. Backhaus/Funke (1997), S. 31 ff.

[48] Vgl. Schehl (1994), S. 234. Das Wachstum des Fixkostenanteils sowie dessen Ursachen und Möglichkeiten der Umwandlung in variable Kosten wurden bereits von BERGNER (1967) thematisiert: Der Anstieg der Fixkosten sei beispielsweise darauf zurückzuführen, dass im Rahmen der Automatisierung menschliche Arbeitskraft zunehmend durch maschinelle Anlagen ersetzt wird. Diese fallen wiederum in die Kategorie der nicht beliebig teilbaren Produktionsfaktoren, welche aufgrund dieser Eigenschaft von der Ausbringungsmenge unabhängig sind und kurzfristig weder vermieden noch abgebaut werden können; vgl. Bergner (1967), S. 142 ff. Zur Problematik steigender Gemeinkostenanteile sowie der zugrunde liegenden Ursachen vgl. auch Rückle/Klein (1994), S. 336 f.

[49] Vgl. Götze (2000), S. 265. Auch VOLLMUTH und BREDE betonen, dass die bestehenden Kostenrechnungssysteme für die heutigen Wettbewerbsbedingungen nicht mehr geeignet sind und die Entwicklung von der Vergangenheitsorientierung der Kostenrechnung zur zusätzlichen Berücksichtigung zukunftsorientierter Aspekte im Rahmen des Kostenmanagements eine unumgängliche Anpassung an die veränderten Rahmenbedingungen darstellt; vgl. Vollmuth (1997), S. 17 f., Brede (1993), S. 334 f., und Brede (1994), S. 336.

[50] Vgl. Horváth/Brokemper (1998), S. 583, und Männel (1992c), S. 40.

der Integration einer Kostensituations- und Kosteneinflussgrößenanalyse. Diesem Integrationsgedanken trägt das Kostenmanagement durch die langfristige, aktive und antizipative Kostengestaltung Rechnung.[51]

3.4 Motive für die Einführung eines Umweltkostenmanagements

Die Notwendigkeit eines gestaltenden Umweltkostenmanagements kann vor diesem Hintergrund aus zwei Argumenten hergeleitet werden. Zum einen haben die Verantwortlichen der unterschiedlichen Unternehmensebenen neben allgemeinen Führungsaufgaben auch spezifische, auf bestimmte Unternehmensaspekte ausgerichtete Entscheidungen zu treffen, welche von der Komplexitätszunahme in der Unternehmensumwelt initiiert oder zumindest beeinflusst werden. Einer dieser Aspekte ist der betriebliche Umweltschutz; auch hier werden Entscheidungen getroffen, die eine hohe Komplexität aufweisen und entsprechend durch geeignete Informationen unterstützt werden müssen.[52] Die Komplexität in diesem Bereich resultiert unter anderem aus der umfangreichen Umweltgesetzgebung sowie den Anforderungen der Kunden hinsichtlich umweltschonender Produkte und Prozesse. Umweltschutzbezogene Entscheidungen beziehen sich beispielsweise auf die Frage, ob im Rahmen der Erreichung bestimmter Emissionsgrenzwerte eine bereits existierende Anlage mit einem Luftfilter ausgestattet oder ob eine neue Anlage mit einer entsprechenden integrierten Umweltschutztechnologie angeschafft werden soll. Entscheidungen über Material- oder Energiesubstitutionen zugunsten umweltfreundlicherer Rohstoffe zählen ebenso zu diesen umweltbezogenen Entscheidungen wie die Entwicklung und Fertigung neuer umweltschonenderer Produkte.[53]

Zum anderen liegt in den spezifischen Eigenschaften der Umweltkosten, welche durch betriebliche Umweltschutzmaßnahmen oder Umweltwirkungen verursacht werden,[54] die Notwendigkeit, diese eingehend im Kostenmanagement zu betrachten. Umweltkosten weisen hinsichtlich ihrer Höhe, ihrer Struktur und ihres Verhaltens Charakteristika auf, die eine langfristige, aktive Gestaltung derselben erforderlich machen.

Seit Jahrzehnten werden Unternehmen in zunehmendem Maße mit einer umfangreichen Umweltschutzgesetzgebung und mit einem wachsenden Umweltbewusstsein der Bevölkerung konfrontiert, was sie dazu veranlasst, differenzierte Investitionen im Bereich des betrieblichen Umweltschutzes zu tätigen. Ein Anstieg der Umweltkosten scheint offensichtlich, ohne jedoch zu berücksichtigen, dass sich die Art der Umweltschutzinvestitionen – von additiven hin zu integrierten Technologien – mit den Anforderungen an umweltschonende Lösungen geändert hat.[55] Eine eindeutige Aussage da-

---

[51] Vgl. Horváth/Brokemper (1998), S. 584.
[52] Vgl. Letmathe/Doost (2000), S. 425, Müller (1995), S. 189, und Schwegler/Schmidt (2003a), S. 26.
[53] Vgl. hierzu Bundesumweltministerium/Umweltbundesamt (Hrsg.) (2003), S. 7.
[54] Der Begriff der Umweltkosten wird eingehend in Teil C, Abschnitt 1.1 erläutert. Auf die verschiedenen Umweltwirkungen, deren Verursacher und Ausprägungen wird in Teil B, Abschnitt 1.2.3 eingegangen.
[55] Vgl. Fischer (1997), S. 11, Letmathe (1998), S. 89 f., Bundesumweltministerium/Umweltbundesamt (2001), S. 505 f.

rüber, ob die Umweltkosten heute per se höher sind als noch vor 20 Jahren, lässt sich kaum treffen. Vielmehr findet vielfach eine Kostenartensubstitution statt, wie in dem Beispiel sinkender Entsorgungskosten und gleichzeitig steigender Kosten für integrative Technologien zur Emissionsvermeidung erkennbar ist. Der *Anschein* steigender Umweltkosten hält sich bis in die heutige Zeit hartnäckig, was vor allem daran liegt, dass der Anteil *separat* ausweisbarer Umweltkosten zugenommen hat: Waren die Umweltkosten früher eher verborgen, so besteht diesbezüglich heute in vielen Unternehmen größere Transparenz.[56]

Zudem rücken in den Unternehmen Kosten nicht-wertschöpfender Aktivitäten zunehmend in den Mittelpunkt der Betrachtung – und diese sind in vielen Fällen den betrieblichen Umweltkosten zuzuordnen.[57] Beispielhaft dafür können wieder Kosten der Emissionsabgabe oder -behandlung angeführt werden, da ein Teil der eingesetzten Ressourcen in unerwünschten und nicht marktfähigen Output transformiert wird, welcher mit Abgaben belegt ist oder teuer entsorgt werden muss. Die Kostensenkungspotenziale in diesem Bereich sind beträchtlich, so dass eine genaue Analyse und Gestaltung der betrieblichen Umweltkosten zu tatsächlichen Kostenreduktionen führen kann.

Strukturell betrachtet fallen die Umweltkosten größtenteils als Gemein- oder Fixkosten an.[58] Die damit relevanten Anforderungen gehen jedoch weit über das Leistungsspektrum der traditionellen Kostenrechnung und herkömmlicher Ansätze der Umweltkostenrechnung hinaus. Die langfristige und antizipative Gestaltung dieser Umweltkosten erfordert ein adäquates und zielorientiertes Instrumentarium im Rahmen eines umfassenden Umweltkostenmanagements.

---

[56] Vgl. Loew (2003), S. 45.
[57] Vgl. Letmathe/Stürznickel/Tschesche (2002), S. 53, Jasch (2001), S. 73, und Kramer/Eifler (Hrsg.) (2003), Vorwort.
[58] Vgl. Stölzle (1990), S. 400 f.

B   Erkenntnisobjekte der Arbeit: Kreislaufwirtschaft und Umweltmanagement

1   Kreislaufwirtschaftliche Betrachtung des Unternehmens als Ausgangssituation für Umweltmanagement und Umweltkostenmanagement

Die Forderung nach einer Umstrukturierung technosphärischer[59] Produktions- und Reduktionsprozesse[60], nach einem Herausdenken aus gewohnten linearen Stoff- und Energieflussmustern, resultiert nicht zuletzt aus der Erkenntnis, dass die Funktionsfähigkeit der natürlichen Umwelt[61] – bzw. die für den Menschen lange Zeit so selbstverständliche, uneingeschränkte Verfügbarkeit natürlicher Güter und Dienstleistungen[62] – in zunehmendem Maße durch den Menschen selbst und dessen Aktivitäten erheblich beeinträchtigt wird.[63] Insbesondere die Übernutzung der natürlichen Umwelt als Quelle und Senke anthropogener Aktivitäten muss hier als Grund angeführt werden.[64] Diese Übernutzung resultiert aus der wirtschaftlichen und technischen Entwicklung seit Anbruch des industriellen Zeitalters, aus der damit verbundenen Erhöhung des Le-

---

[59] Als *Technosphäre* bezeichnet STERR „das ökosphärisch [...] eingebettete, an den menschlichen Bedürfnissen ausgerichtete und von ihm zielgerichtet gesteuerte und kontrollierte Wirtschaften", Sterr (2002), S. 5.

[60] Synonym für den Begriff der *Reduktion* (vgl. Garbe (1992), S. 16 ff., Liesegang (1996), S. 3 ff., Dyckhoff (1996), S. 173 ff., Souren (1996), S. 1 ff., Halfmann (1996b), S. 1 ff., Pasckert (1997), .S. 1 ff., und Sterr (2003), S. 1 ff.) wird in der wissenschaftlichen Literatur häufig der Begriff der *Reproduktion* (vgl. Hofmeister (1998), S. 1 ff., Liesegang (1999), S. 181 ff., und Sterr (2002), S. 4 ff.) oder der *Rückführung* (vgl. Löwe (2000), S. 1 ff., Meffert/Kirchgeorg (1996a), S. 6 ff.) verwendet.

[61] Synonym für den Begriff der *natürlichen Umwelt* wird in dieser Arbeit die Bezeichnung *ökologische Umwelt* verwendet. Darunter werden sowohl die unbelebte Natur mit den Umweltmedien Boden, Wasser und Luft als auch die belebte Natur mit den Bereichen Ökosysteme, Menschen, Flora und Fauna subsumiert; vlg. Haber (1995), S. 194.

[62] Dienstleistungen, die die natürliche Umwelt erbringt, entsprechen den ökologischen Funktionen, welche sowohl systemintern als auch systemextern im Zusammenspiel mit anderen Systemen (z.B. dem ökonomischen System) relevant sind. In der Literatur werden verschiedene Funktionen der natürlichen Umwelt genannt; darunter fallen u.a. die Trägerfunktion (auch Assimilationsfunktion genannt), die Versorgungsfunktion, die Regelungsfunktion und die Funktion der ästhetischen Nutzenstiftung. Diese Funktionen werden durch Auswirkungen der Technosphäre beansprucht und beeinträchtigt; vgl. Cansier (1996), S. 1 ff., Henseling (1994), S. 16, und Pasckert (1997), S. 95 ff.

[63] Vgl. Müller-Christ (2001), S. 211, Löwe (2000), S. 124, Simon/Brunk (1994), S. 71, und Hofmeister (1998), S. 35. Nicht verwunderlich ist diese Einstellung des sorglosen Umgangs mit natürlichen Ressourcen und ökologischen Funktionen, da selbst in wissenschaftlichen Publikationen die Einschätzung der Umweltschutzproblematik lange Zeit nicht der eigentlichen Brisanz gerecht wurde. Zur Rechtfertigung kann die eingeschränkte Kenntnis über umweltrelevante Ursache-Wirkungszusammenhänge des Stoff- und Energieeinsatzes angeführt werden. So bemerken AYRES und KNEESE in ihrem Werk von 1969, dass die Kohlendioxidproblematik kurzfristig harmlos sei, da hinreichend Senken vorhanden sind. Sie sehen jedoch auch, dass eine übermäßige Akkumulation in der Atmosphäre *eventuell* zu globalen Klimaänderungen führen könne. Sie schließen sich diesen Prognosen jedoch sehr verhalten an; vgl. Ayres/Kneese (1969), S. 285 f. Hinzu kommt, dass der Begriff der Kurzfristigkeit in diesem Zusammenhang ein sehr dehnbarer Begriff ist, da er auf unternehmerischer Ebene bis zu einem Jahr, im geologischen Sprachgebrauch im Sinne des Abbaus von Kohlendioxid in der Atmosphäre jedoch mehrer Jahrhunderte oder gar Jahrtausende umfassen kann.

[64] Vgl. Löwe (2000), S. 118 und S. 122, Blume (2003), S. 35, Liesegang (1993), S. 386, sowie Hofmeister (1998), S. 175.

© Springer Fachmedien Wiesbaden GmbH, ein Teil von Springer Nature 2010
S. Wagner, *Entscheidungsorientiertes Umweltkostenmanagement*, Edition KWV,
https://doi.org/10.1007/978-3-658-24363-0_2

bensstandards und der Änderung der Lebensgewohnheiten, welche die zunehmende Massenproduktion kurzlebiger Konsumgüter bedingt.[65]

In ihrer Funktion als *Quelle* werden der natürlichen Umwelt stoffliche und energetische Ressourcen entnommen, die der Mensch in Transformationsprozesse einspeist, um Güter zur Bedürfnisbefriedigung zu erstellen.[66] Auf dieser Seite des Umwandlungsprozesses, auf welcher die Natur als Entnahmemedium (bzw. als *Lieferant*) fungiert, wird jene dahingehend überbeansprucht,[67] als dass die Verknappung natürlicher Ressourcen in zweierlei Hinsicht fortschreitet: Zum einen werden nichtregenerierbare, erschöpfliche Ressourcen abgebaut und verbraucht[68]; zum anderen werden regenerierbare Ressourcen häufig über ihre Regenerationsrate hinweg genutzt.[69]

In ihrer Funktion als *Senke* nimmt die natürliche Umwelt neben den im Ökosystem selbst entstehenden Abfällen[70], für welche jedoch systemeigene Reduktionsmöglichkeiten vorhanden sind,[71] ebenso die durch menschliches Handeln und Wirken – insbesondere im Zuge von Produktion und Konsumtion – verursachten stofflichen und

---

[65] Vgl. Löwe (2000), S. 117.

[66] Der Begriff des *Produktionsprozesses* bezieht sich nicht ausschließlich auf industrielle Produktionsprozesse, in welchen unter Zuhilfenahme von Betriebsmitteln und menschlicher Arbeitskraft natürliche Rohstoffe in Güter und Dienstleistungen umgewandelt werden. Vielmehr umfasst dieser Begriff auch Prozesse, die direkt – ohne Umweg über industrielle Transformationssysteme – der menschlichen Bedürfnisbefriedigung dienen, wie dies beispielsweise bei Selbstversorgung mit Nahrungsmitteln oder bei der Bewässerung des heimischen Ziergartens der Fall ist.

[67] Vgl. Pasckert (1997), S. 58.

[68] Während beispielsweise Kohle über einen Zeitraum von ca. 300 Millionen Jahren entstanden ist, wird sie seit Beginn des industriellen Zeitalters konsequent abgebaut und hauptsächlich als fossiler Energieträger genutzt. Die Abbaurate liegt dabei weit über der Regenerationsrate, was dazu führt, dass bereits ein Großteil der Kohlevorkommen verbraucht wurde und die Endlichkeit dieser Ressource offen zu Tage tritt. Neueren Prognosen zufolge werden die *bekannten* Kohlevorkommen bei gleich bleibender Nutzungsrate weitere 220 Jahre zur Verfügung stehen; bei einem Nutzungsanstieg um zwei Prozent würde die Nutzungsdauer auf ca. 65 Jahre sinken. Die *unbekannten* Kohlevorkommen werden nach neuesten Schätzungen bei gleich bleibender Nutzungsrate in ungefähr 900 Jahren erschöpft sein, während sie bei einem Nutzungsanstieg um zwei Prozent lediglich 149 Jahre verfügbar wären; vgl. Miller (2000), S. 379. Auch LIESEGANG vermerkt in diesem Zusammenhang, dass der Mensch fossile Brennstoffe im Vergleich zu ihrer Entstehung und zum Erdzeitalter in Sekundenschnelle *abfackelt*; vgl. Liesegang (1993), S. 386.

[69] Vgl. Kreibich (1996), S. 14.

[70] Für das einheitliche Verständnis des Begriffes *Abfall* wird die Definition des Kreislaufwirtschafts- und Abfallgesetzes von 1994 hinzugezogen, nach welchem unter Abfällen „alle beweglichen Sachen [verstanden werden], [...] deren sich ihr Besitzer entledigt, entledigen will oder entledigen muss."; KrW-/AbfG (1994), § 3 (1). Das Gesetz unterscheidet zwischen Abfällen zur Verwertung und Abfällen zur Beseitigung. Abfälle zur Verwertung werden in dieser Arbeit als *Rückstände* bezeichnet. Sowohl in der Theorie als auch in der Praxis hat die Entwicklung des Abfallbegriffs erhebliche Diskussionen ausgelöst. Diese sollen hier jedoch nicht wiedergegeben werden; es sei an dieser Stelle lediglich auf die Ausführungen von Weiland (1993), S. 113 ff., Klingelhöfer (2000), S. 13 ff., Sterr (2003), S. 42 ff., Bilitewski/Härdtle/Marek (1991), S. 1 ff., und Dreher u.a. (1998), S. 3 ff., hingewiesen. Weiterhin werden in der Fachliteratur die folgenden Synonyme für *Abfälle* verwendet: Konduktе, Abprodukte, Übel, Entsorgungsgüter, Nonproduktoutput, Residuum, vgl. Baum/Wittmann (1994), S. 5, und Wittmann (1994), S. 59.

[71] Die systemimmanenten Reduktionsmöglichkeiten sind Ausdruck der natürlichen Regenerationsfähigkeit bzw. der Befähigung des Ökosystems zur Selbstregulation. Dieses Selbstregulationsprinzip umfasst Rückkopplungsprozesse, durch welche Störungen eines Systemgleichgewichts dadurch ausbalanciert werden, dass „der ursprüngliche Gleichgewichtszustand nach einer gewissen Anpassungszeit wiederhergestellt wird", vgl. Zahn/Schmid (1992), S. 44, und ähnlich bei Sterr (2003), S. 34 ff., und Liesegang (1999), S. 187.

energetischen Rückstände in Form von festen, flüssigen oder gasförmigen Emissionen auf. Die zunehmende Bedeutung anthropogener Rückstände zeigt sich vor allem in der Tatsache, dass der Anteil (unerwünschter) Kuppelprodukte im Vergleich zu dem Anteil erwünschter Erzeugnisse unverhältnismäßig hoch ist.[72] Die Brisanz wird deutlich, wenn HOFMEISTER folgert, dass Abfall das meistproduzierte Produkt weltweit ist.[73]

Für diese Rückstände, die häufig aus komplexen, naturfernen Stoffgemischen bestehen,[74] hält die Natur entweder keine natürlichen Reduktionsprozesse[75] bereit oder die Rückstände werden in so großen Mengen abgegeben, dass die Assimilationsfähigkeit und Regenerierbarkeit der natürlichen Umwelt überschritten wird.[76] In beiden Fällen geht mit der Emissionsabgabe eine Belastung der Umweltmedien wie Wasser, Luft und Boden sowie der Verlust natürlicher Potenziale einher, wie der Rückgang der Artenvielfalt oder die Vernichtung des tropischen Regenwaldes.[77] So wird die Natur am Ende des Umwandlungsprozesses als Aufnahmemedium über ihre Tragfähigkeit hinweg beansprucht, obwohl der Erhaltung dieser ökologischen Funktion bei steigendem Abfallaufkommen eine zunehmende Bedeutung zugesprochen wird.[78]

Eine Zerstörung der notwendigen Voraussetzungen wirtschaftlichen Handelns ist vor dem Hintergrund anhaltender Forderungen nach Wirtschaftswachstum, hohem Lebensstandard und technologischem Fortschritt paradox und nicht nachvollziehbar. Eine Kehrtwende hin zu umweltfreundlichem und an den natürlichen Funktionen[79] ausgerichtetem Handeln ist daher nicht nur ratsam, sondern unbedingt erforderlich.

---

[72] Hierzu sei auf die Ökobilanzstudien vom *Institut für Zukunftsstudien und Technologiebewertung* zu komplexen Elektronikgeräten wie Bodenstaubsaugern, Telefonen und Farbfernsehgeräten verwiesen; vgl. Behrendt/Kreibich/Lundie (1997), S. 1 ff.
[73] Vgl. Hofmeister (1998), S. 21.
[74] Circa drei bis vier Millionen neue Verbindungen dieser Art hat der Mensch – wenn auch größtenteils nur in geringen Mengen – in den letzten Jahrzehnten erschaffen, was sowohl im quantitativen wie im qualitativen Sinne zeigt, welche Herausforderung der Mensch für die natürliche Umwelt darstellt; vgl. Zwilling (1993), S. 29.
[75] *Reduktions-* bzw. *Reproduktionsprozesse* umfassen laut HOFMEISTER die „Wiederherstellung eines qualitativen Zustands [eines Stoffes], der dem Ausgangszustand insoweit entspricht, als er die Bedingungen für den Neubeginn des Wirtschaftsprozesses in sich trägt", Hofmeister (1998), S. 192 f.
[76] Vgl. Henseling (1994), S. 15, Hofmeister (1998), S. 27 f., Sterr (2003), S. 38, und Kreibich (1996), S. 14.
[77] Vgl. Passkert (1997), S. 54, und Kreibich (1996), S. 14.
[78] Vgl. Passkert (1997), S. 59. AYRES und KNEESE betrachten dieses Paradoxon unter dem Aspekt der Entstehung und Bedeutung externer Effekte im Rahmen der Ressourcenallokation; vgl. Ayres/Kneese (1969), S. 282 und S. 293. Die Autoren bemerken hinsichtlich der beeinträchtigten Assimilationsfähigkeit der Natur, dass die Nichtberücksichtigung der Tragfähigkeit von Ökosystemen nur dann gerechtfertigt sei, falls erstens keine unerwünschten Rückstände im Produktionsprozess entstehen würden und zusätzlicher jeglicher Output dann in der Konsumtionsphase vollständig zerstört würde, oder zweitens die ökologischen Funktionen in privatem Besitz und auf Märkten handelbar sein; vgl. Ayres/Kneese (1969), S. 283. Beide Voraussetzungen sind im Zusammenspiel von Ökosphäre und Technosphäre nicht gegeben.
[79] Dazu zählen – wie bereits erwähnt – die Träger- oder Assimilationsfunktion, die Versorgungsfunktion, die Informations- und Regelungsfunktion sowie die Funktion der ästhetischen Nutzenstiftung.

1.1 Gesamtwirtschaftliche Betrachtung kreislaufwirtschaftlicher Zusammenhänge

Der Forderung nach der zuvor skizzierten Kehrtwende wird auf umweltpolitischer und unternehmerischer Ebene mit dem Leitbild einer Kreislaufwirtschaft begegnet,[80] welche eine Abkehr von linearen Wertschöpfungsketten und eine Hinwendung zu zyklischen Wertschöpfungskreisläufen[81] induziert.[82] Sowohl ein geringerer Ressourcenverbrauch als auch eine niedrigere Umweltbelastung durch Emissionen können damit realisiert werden, was eine Erhöhung der Effizienz im technosphärischen System erfordert.[83]

Die angedeutete Zyklusorientierung findet ihr Vorbild in natürlichen Prozessen, welche im Gegensatz zu weitgehend linearen Produktionsprozessen der Technosphäre zyklischen Charakter aufweisen. Die Anwendung des Kreislaufprinzips in Transformationsprozessen würde eine Annäherung der linearen technosphärischen Abläufe an zyklische ökosphärische Abläufe induzieren[84], wenngleich der Begriff *zyklisch* in diesem Kontext nicht auf die Wiederholung immer gleicher Prozesse zielt, sondern vielmehr die stete und vielseitige Reproduktion von Stoffen und Energien umfasst.[85] Ähnlich interpretiert auch LIESEGANG das Kreislaufprinzip nicht als „Iterieren in denselben Schleifen, sondern [als] [...] eine sich auf lange Sicht vollziehende Metamorphose der künstlichen Stoffe und Komponenten innerhalb der Technosphäre"[86]. In dieser Perspektive gewinnt die Rückführung von Produkten und produktions- und konsumtionsbedingten Rückständen erheblich an Bedeutung, was seit Mitte der 1980er Jahre dazu führt, dass dem Themenfeld der Reduktionswirtschaft als Komplement zur Produktionswirtschaft in Praxis und Theorie zunehmende Aufmerksamkeit zuteilwird.[87]

---

[80] So forderte beispielsweise der deutsche Bundesumweltminister Klaus Töpfer im Jahre 1993: „'Wer das Zeitalter des ex und hopp beenden wolle, müsse sich der Idee einer Kreislaufwirtschaft zuwenden.'", zitiert nach Büchl (1994), S. 67.
[81] Vgl. hierzu auch die Ausführungen zu Wertschöpfungsringen von Rutkowsky (1998), S. 55 ff.
[82] Vgl. Passkert (1997), S. 16. Kritisch merkt LÖWE dazu an, dass unter dem ökologischen Gesichtspunkt der zunehmenden Entropie in ökonomischen Prozessen jeder Wertschöpfungsprozess eigentlich als *Wertzerstörungsprozess* bezeichnet werden müsse, vgl. Löwe (2000), S. 125. Zum Begriff der Entropie – insbesondere aus ökonomischer Perspektive – sei an dieser Stelle auf Georgescu-Roegen (1971), S. 1 ff., und (1974), S. 17 ff., verwiesen. Im folgenden Kapitel wird dieser Zusammenhang in Bezug auf die Plausibilität der Kreislaufwirtschaft näher beleuchtet.
[83] Vgl. Garbe (1992), S. 17.
[84] Vgl. auch Wagner/Matten (1995), S. 580, und Zahn/Schmid (1992), S. 45.
[85] Vgl. Hofmeister (1998), S. 186. Ähnlich formuliert dies auch Löwe (2000), S. 126. Zum Begriff der *Evolution* im Schnittstellenbereich von Ökologie und Ökonomie siehe auch Zwilling (1993), S. 21 ff.
[86] Vgl. Liesegang (1999), S. 188, und ähnlich Löwe (2000), S. 127.
[87] Vgl. exemplarisch Liesegang (1993), S. 383 ff., Halfmann (1996b), S. 1 ff., und Souren (1996), S. 1 ff., sowie (2002), S. 1 ff.

1.1.1 Entwicklung von der Durchlauf- zur Kreislaufwirtschaft – ein Paradigmenwechsel

Zu Beginn des industriellen Zeitalters vollzog sich eine Entkopplung des anthropogenen und des ökologischen Stoffhaushalts.[88] Dies ist ursächlich auf die ungebremste Erhöhung der Stoffvolumina zurückzuführen, welche sowohl die Quellen- als auch die Senkenfunktion der ökologischen Systeme zunehmend überforderte. Seither existieren zwei Produktionssysteme, ein natürliches und ein künstliches,[89] welche sich mit fortschreitender Industrialisierung immer mehr voneinander zu entfernen scheinen.[90] Die ursprüngliche räumliche und zeitliche Ordnung der drei Hauptfunktionsgruppen im Ökosystem (Produzenten, Konsumenten und Destruenten[91]) wird im anthropogenen Kreislaufsystem[92] neu strukturiert und an die Anforderungen heutiger Wirtschaftssysteme angepasst.

Fanden Produktion, Konsumtion und Destruktion einst zeitgleich und räumlich nah verbunden statt,[93] so konzentrierten sich im Zuge der Industrialisierung die einzelnen Hauptfunktionsgruppen hin zu reinen Produzentensystemen (z.B. Industriegebiete), Konsumentensystemen (z.B. Wohngebiete) und Destruenten- bzw. Reduzentensystemen (z.B. Kläranlagen, Deponien), welche räumlich und oftmals auch zeitlich[94] getrennt wurden.[95]

Die Konsequenzen dieser künstlichen Trennung sind heute allgegenwärtig:

- erhebliche Ressourcenverbräuche für die Herstellung von Gütern,
- kurzlebige Güter zur Befriedigung der Konsumentenbedürfnisse,
- ein hohes Transportaufkommen zur Überwindung der Distanz zwischen den verschiedenen funktionellen Systemen,

---

[88] Vgl. Dyckhoff (2000a), S. 10, Hofmeister (1998), S. 22 ff., und Zahn/Schmid (1992), S. 44. Selbst bei identischem Stoff- und Energieverbrauch pro Kopf ist die Umweltbelastung aufgrund der zunehmenden Populationsdichte, des starken Bevölkerungswachstums und der begrenzten Assimilationsfähigkeit der ökologischen Systeme heutzutage wesentlich höher als in vorindustrieller Zeit.
[89] Vgl. Kuba (1986), S. 329.
[90] Vgl. Dyckhoff (2000a), S. 10, und Löwe (2000), S. 127.
[91] Der Begriff des *Destruenten* (bzw. Destruktion), welcher der ökologischen Kreislaufsemantik entspringt, ist nicht auf die missverständliche Übersetzung des *Zerstörers* (bzw. der Zerstörung) zurückzuführen, sondern umfasst vielmehr die Verwertung des entstandenen *Detritus*, also des Abfalls, durch Bakterien, Pilze und andere Kleinsttiere. Synonym wird für diesen Begriff in der technosphärisch geprägten Kreislaufbetrachtung die Bezeichnung *Reduzent* (bzw. Reduktion) gewählt; vgl. Haber (1992), S. 19 f.
[92] Einen stark vereinfachten Überblick über das Funktionsschema eines natürlichen Ökosystems mit seinen drei Hauptgruppen geben Haber (1992), S. 17 ff., und Dudel (1996), S. 21 ff.
[93] So werden beispielsweise auf einem Bauernhof alle benötigten Güter (z.B. Lebensmittel) auf eigenem Boden und unter eigenem Arbeitseinsatz erzeugt und nach Ge- oder Verbrauch als Düngemittel wieder in der Produktion (z.B. von Getreide) eingesetzt oder auf dem Komposthaufen der Zersetzung und damit der Rückführung in den Naturhaushalt freigegeben.
[94] Eine zeitliche Trennung liegt beispielsweise dann vor, wenn Rückstände, die der heutigen Produktion oder Konsumtion entspringen, mit den verfügbaren Reduktionsmethoden nicht verwertet oder beseitigt werden und so gegebenenfalls erst in der Zukunft behandelt werden können.
[95] Vgl. Hofmeister (1998), S. 39 f., und Haber (1992), S. 22 ff. Weiterhin geben MALINSKY und SEIDEL einen guten Überblick über Gemeinsamkeiten und Unterschiede der natürlichen und künstlichen (Öko-)Systeme; vgl. Malinsky/Seidel (1994), S. 33 ff.

- sowohl lokal hoch konzentrierte Umweltschäden als auch global sich akkumulierende Umweltbeeinträchtigungen

sind lediglich ein Ausschnitt der Konsequenzen, die neue Herausforderungen an das Handeln des Menschen stellen.[96]

Die Notwendigkeit einer Kehrtwende wurde durch die wahrnehmbare Knappheit natürlicher Ressourcen offenbar. Ausgangspunkt war die aufkommende Versorgungs- und Ressourcenproblematik Ende der 60er Jahre, die ihren vorläufigen Höhepunkt in der Ölkrise von 1973 fand. Überlegungen zum sparsamen Einsatz von natürlichen Ressourcen waren zwar bereits in den vorhergehenden Jahrzehnten angestellt worden, diese basierten jedoch auf reinen Wirtschaftlichkeitsüberlegungen der Kriegs- und Nachkriegsjahre.[97] Mit dem Bericht *Limits to Growth* des CLUB OF ROME wurden erstmalig die ökologischen Grenzen technosphärischer Produktions- und Konsumtionsprozesse aufgezeigt.[98] Die Forderung nach einem ressourcenschonenden Umgang mit den von der natürlichen Umwelt bereitgestellten Stoffen und Energien, die sich sowohl auf politischer als auch unternehmerischer Ebene Gehör verschaffte, kann auf diese Entwicklungen zurückgeführt werden.

Im Zuge der weiteren Entwicklungen zeigten sich auch auf der Erzeugnisseite[99] Grenzen der wirtschaftlichen Aktivitäten: Die bestehenden Reduktionssysteme gerieten zunehmend in Kritik, da die Entsorgungskapazitäten (z.B. Deponieraum) immer knapper wurden.[100] Produkte, die am Ende ihrer Nutzungsphase angelangt waren, sowie stoffliche und energetische Rückstände aus Produktion und Konsumtion wurden größtenteils nicht in die Produktion zurückgeführt, sondern an die natürliche Umwelt zurückgegeben – in der Hoffnung, diese werde eine adäquate Entsorgung übernehmen. Die steigenden Abfallmengen waren solange unproblematisch, wie genügend Deponiekapazität vorhanden war. Diese *Wegwerf-Mentalität* reichte bis in die 60er Jahre des 20. Jahrhunderts hinein, bevor die Notwendigkeit erkannt wurde, dieses Verhalten zu ändern, und rechtliche Schritte folgten.

Die ersten zaghaften Versuche zur Neuordnung der industriellen Prozesse im Hinblick auf die Behandlung von Prozess- und Produktrückständen wurden in den 1970er Jahren unternommen, nachdem die Brisanz der Abfallsituation zunehmend offenbar wurde.[101] Entsprechend enthielt das gesetzliche Regelwerk, das *Abfallbeseitigungsgesetz* (AbfG) von 1972, schwerpunktmäßig Regelungen zur ordnungsgemäßen Beseitigung von Hausmüll und hausmüllartigen Abfällen.[102] Erweitert wurde das Gesetz in den

---

[96] Vgl. Haber (1992), S. 21 und S. 23.
[97] Vgl. Kirchgeorg (1999), S. 21 ff.
[98] Vgl. Meadows/Randers/Meadows (1972b). In deutscher Sprache ist das Buch unter dem Titel *Die Grenzen des Wachstums – Bericht des Club of Rome zur Lage der Menschheit* erschienen; vgl. Meadows/Randers/Meadows (1972a).
[99] Die Erzeugnisseite beinhaltet neben der Herstellung der erwünschten Produkte insbesondere auch den Anfall unerwünschter Produkte – also von Abfall. In Teil B, Abschnitt 1.2.1 wird darauf detailliert eingegangen.
[100] Vgl. Simon/Brunk (1994), S. 71, und Hofmeister (1998), S. 52.
[101] Vgl. Dyckhoff (1996), S. 173.
[102] Vgl. Jörgens/Jörgensen (2000), S. 4, und Donner/Meyerholt (1995), S. 82 f.

darauf folgenden Jahren durch das Erste Änderungsgesetz (1976), welches zusätzlich gefährliche Abfälle aus Industrie und Gewerbe einbezog, das Zweite Änderungsgesetz (1982), welches hauptsächlich Aspekte der verfahrensrechtlichen Verbesserung aufnahm, und schließlich durch das Dritte Änderungsgesetz (1985), welches eine Verbesserung der grenzüberschreitenden Abfalltransportkontrolle forderte.[103]

Das Abfallbeseitigungsgesetz manifestierte jedoch die bislang verfolgte Entsorgungsstrategie der Deponierung: Weiterhin galt eine Konzentration der Abfälle in Deponien – flankiert durch die Entsorgung der Abfälle über Verbrennungsanlagen und die daran anschließende Verteilung in den Umweltmedien Luft, Wasser und Boden.[104] Eine Verbesserung der Abfallsituation trat mit dieser Regelung nicht ein. Vielmehr wurden Praktiken gesetzlich festgezogen, die keinerlei Anreiz hinsichtlich der Reduktion der angefallenen Abfallmengen seitens der Produzenten oder gar des Wiedereinsatzes boten.[105] Eine Steuerungswirkung zeigten die gesetzlichen Vorschriften nur dann, wenn mit den betrieblichen Abfallmengen Kostenbelastungen für Unternehmen einhergingen (z.B. im Sinne von Abfallgebühren).

Bis in die 1980er Jahre hinein war das ökonomische System fast ausschließlich auf den Durchfluss von Stoffen und Energien ausgerichtet. Eine normative Neubestimmung der Abfallwirtschaft unter dem Leitbild einer erneuten Verwendung, Umwandlung oder Beseitigung unerwünschter Outputs wurde 1986 mit dem *Gesetz über die Vermeidung und Entsorgung von Abfällen* (Abfallgesetz – AbfG) vorgenommen. Grund dafür war, dass trotz des Abfallbeseitigungsgesetzes von 1972 die Abfallmengen weiter zunahmen und der Deponieraum immer knapper wurde, was als Folge weitere Bestrebungen in Richtung Abfallvermeidung und Wiederverwertung in Gang setzte.[106]

Gab das Abfallgesetz (1986) erste Anreize für die Integration abfallvermeidender oder -vermindernder Maßnahmen, so findet diese Entwicklung ihren derzeitigen Höhepunkt im 1994 in Kraft getretenen *Kreislaufwirtschafts- und Abfallgesetz* (KrW-/AbfG)[107] sowie in Regelungen zu produktbezogenen Rücknahmeverpflichtungen[108]. Wie bereits im Zuge des Inkrafttretens des Abfallgesetzes von 1986 waren jedoch auch bei der Formulierung des Kreislaufwirtschafts- und Abfallgesetzes weder die belastete Funktionsfähigkeit der Ökosysteme noch die knappe Ressourcenlage die einzige Motivation für ein neues gesetzliches Regelwerk, sondern auch die nach wie vor knapper werden-

---

[103] Vgl. Donner/Meyerholt (1995), S. 83 f.
[104] Vgl. Dreher u.a. (1998), S. 5, und Rat von Sachverständigen für Umweltfragen (1990), S. 3.
[105] Vgl. Hofmeister (1998), S. 68.
[106] Vgl. Klingelhöfer (2000), S. 15, Donner/Meyerholt (1995), S. 84 f., und der Rat von Sachverständigen für Umweltfragen (Hrsg.) (1990), S. 3. Im Abfallgesetz (1986) wurden erstmalig die Grundlagen für die bis heute verfolgte Entsorgungspräferenz *Vermeidung vor Verwertung vor Beseitigung* gelegt.
[107] Das KrW-/AbfG trat in Teilen zum 27. September 1994 und vollständig zum 7. Oktober 1996 in Kraft; vgl. Klingelhöfer (2000), S. 20. In dieser Arbeit wird die Ausgabe von 1996, in welcher die Inhalte relevanter EU-Richtlinien zusätzlich aufgenommen wurden, verwendet.
[108] Hier seien beispielhaft das Batteriegesetz (BattG – Entwurf 2009), das Elektro- und Elektronikgerätegesetz (ElektroG, 2006) sowie das Altfahrzeuggesetz (AltfahrzeugG, 2002) angeführt.

den Deponiekapazitäten.[109] Allerdings bezieht sich der in § 1 des KrW-/AbfG formulierte Zweck auf die Schonung der natürlichen Ressourcen und auf die umweltverträgliche Beseitigung von Abfällen.

Zur Verfolgung dieses Zwecks legt das Gesetz in § 4 eine Prioritätenfolge fest, nach welcher der Vermeidung von Abfällen die höchste Bedeutung zukommt.[110] Die Vermeidung bezieht sich dabei sowohl auf den Aspekt des mengenmäßigen Anfalls von Rückständen als auch auf die Schädlichkeit derselben.[111] Ist eine Vermeidung nicht möglich, sind Abfälle stofflich oder energetisch zu verwerten – erst daran schließt sich die Beseitigung von Rückständen an.[112]

Das Prinzip der Kreislaufwirtschaft setzt – anders als in der *Durchflusswirtschaft*[113] praktiziert – auf eine Weiter- oder Wiederverwendung oder -verwertung angefallener Rückstände. Können Abfälle nicht vermieden werden, so sollen diese so lange wie möglich im ökonomischen System eingesetzt und genutzt werden.[114] Mit der Umsetzung kreislaufwirtschaftlicher Prinzipien in der Technosphäre ist die Intention verbunden, bestehende Probleme, die mit der langjährigen Praktizierung der Durchflusswirtschaft entstanden sind, zu lösen. Das Schließen von Stoff- und Energiekreisläufen hat dabei oberste Priorität, wenngleich eine vollständig geschlossene Kreislaufführung nicht möglich ist. So stößt einerseits die technologische Realisierbarkeit aufgrund der komplexen Strukturen stofflicher und energetischer Verbindungen an ihre Grenzen.[115] Andererseits sprechen auch naturwissenschaftliche Gesetzmäßigkeiten gegen eine Kreislaufwirtschaft im eigentlichen Sinne.[116] Eine vollständige Rückgewinnung der eingesetzten Stoffe und Energien ist aus thermodynamischen Gründen nicht möglich. Zwar besagt der Erste Hauptsatz der Thermodynamik, dass Materie und Energie in einem geschlossenen System weder erzeugt noch vernichtet, sondern lediglich umgewandelt werden können, woraus sich schließen ließe, dass alle in einem System befindlichen Stoffe und Energien immer wieder in Produktions- und Konsumtionsprozessen eingesetzt werden können.[117] Der Zweite Hauptsatz der Thermodynamik – auch

---

[109] Vgl. Müller-Christ (2001), S. 211.
[110] Dies wird z.B. von GARBE durch das Argument unterstützt, dass sowohl eine Verminderung als auch eine Verwertung zu zusätzlichem Aufwand in Form von Lager-, Transport- oder Behandlungskosten führen kann, wohingegen die vollständige Vermeidung derlei Kosten nicht verursacht; vgl. Garbe (1992), S. 20. Jedoch muss einschränkend hinzugefügt werden, dass auch Vermeidungsmaßnahmen oftmals mit Investitionen in neue Umweltschutztechnologien oder verbessertes Mitarbeiterwissen verbunden sind.
[111] Vgl. dazu auch die Ausführungen von Hofmeister (1998), S. 53, Dyckhoff (1996), S. 178, und Simon/Brunk (1994), S. 72 f.
[112] Vgl. KrW-/AbfG (1996), §§ 4-6. Grundpflichten der Vermeidung werden in § 5, die der stofflichen und energetischen Verwertung in § 6 des KrW-/AbfG geregelt. Unter der *stofflichen Verwertung* wird das sogenannte Recycling verstanden, also die Rückgewinnung von Rohstoffen aus Abfällen. Die *energetische Verwertung* beinhaltet die Gewinnung von Energie aus Abfällen, in der Regel durch die Verbrennung.
[113] Vgl. Blume (2003), S. 35, und Garbe (1992), S. 16.
[114] Vgl. Blume (2003), S. 35, und Friege (1997), S. 4.
[115] Dies trifft beispielsweise für Dosen aus Karton-Metall-Kunststoffverbund oder für verschiedene Arten von Faser-Kunststoff-Verbünden zu. Diese sind zum einen schwer trennbar, zum anderen teilweise nicht stofflich verwertbar. Im Fall von duroplastischen oder elastomeren Verbünden ist die Wiederverwertung aus Umweltgründen sogar untersagt; vgl. Neitzel/Mitschang (Hrsg.) (2004), S. 1 ff.
[116] Vgl. Seidel/Behrens (1992), S. 137 f., und Friege (1997), S. 4.
[117] Vgl. Kirchgeorg (1999), S. 158.

als Entropiegesetz bezeichnet – schränkt dies mit Hinweis auf die Nutzbarkeit der im System befindlichen Stoffe und Energien ein. Dieses thermodynamische Gesetz besagt, dass die Entropie in einem geschlossenen System durch die Nutzung der vorhandenen Materie und Energie stetig zunimmt. Die Entropie gibt dabei das Maß der nicht verfügbaren Energie bzw. der in Unordnung geratenen und damit nicht mehr verwendbaren stofflichen Substanzen an.[118] Mit zunehmendem Entropiegrad nimmt die Nutzbarkeit bzw. Verfügbarkeit von Energie und Materie ab, da ein Teil der verfügbaren, *freien* Energie und Materie durch Produktions- und Konsumtionsprozesse in *gebundene*, nicht wieder verwendbare Energie und Materie umgewandelt wird.[119]

Daher richten sich die Bestrebungen im Rahmen der Umsetzung einer Kreislaufwirtschaft auch darauf, den Entropiegrad des ökonomischen Systems möglichst niedrig zu halten. Energie und Stoffe sollten derart eingesetzt werden, dass sie in weiteren Produktions- oder Konsumtionsprozessen nutzbar bleiben. Dies erfordert Überlegungen dahingehend, welche Energien und Stoffe überhaupt im ökonomischen System eingesetzt werden sollten. Dabei sollte auf solche Energien und Stoffe verzichtet werden, die ein hohes Entropiepotenzial aufgrund ihrer energetischen und stofflichen Eigenschaften aufweisen. Prozesse und Verfahren, die Stoffe und Energie derart umwandeln, dass diese nach der Transformation nicht mehr verfügbar – also gebunden – sind, sollten überdacht werden. Beispielhaft seien chemische Verfahren genannt, wie sie in der Kunststoffherstellung eingesetzt werden und welche die Trennung und den Wiedereinsatz der erzeugten Stoffgemische nach Verwendung unmöglich machen.[120] Nicht zuletzt sind dies aber auch produktbezogene Überlegungen, die die herkömmlichen Arten der Bedürfnisbefriedigung in Frage stellen. So sollten Produkte dahingehend hinterfragt werden, ob ihre stofflichen und energetischen Eigenschaften sowohl in der Herstellung als auch in ihrem Gebrauch und Verbrauch einen Entropieanstieg bewirken – und falls ja, wie diese Produkte verändert werden können, um der fortschreitenden Entropierung entgegenzuwirken oder diese zu mindern. Weitreichende Folgen ergeben sich für den gesamten Wertschöpfungskreislauf, da neben der Optimierung von Produkten auch die Substitution von Einsatzstoffen bzw. Produktkomponenten, die vollständige Eliminierung eines Produktes oder der Einsatz kreislaufgerechter Produktionsprozesse resultieren kann.[121]

---

[118] Zum Entropiebegriff im ökonomischen System vergleiche insbesondere Georgescu-Roegen (1971), S. 1 ff., und Georgescu-Roegen (1974), S. 17 ff.

[119] Vgl. Kirchgeorg (1999), S. 159. KIRCHGEORG merkt in diesem Zusammenhang an, dass aufgrund der auch im Reduktionsprozess eingesetzten Energie und Stoffe eine Kreislaufführung nur dann als vorteilhaft angesehen werden kann, wenn sie im Vergleich zur Durchflusswirtschaft einen geringeren Entropieanstieg bewirkt. HOFMEISTER merkt dazu an, dass die eingehenden Rückstände beispielsweise bestimmten Qualitätsanforderungen gerecht werden müssen, um im Reduktionsprozess überhaupt transformiert werden zu können; vgl. Hofmeister (1998), S. 74.

[120] So wurden in Deutschland in den 1990er Jahren lediglich 10% an Alt-PVC einer weiteren Verwertung oder Verwendung zugeführt. Die stoffliche Vermischung mit schwermetallhaltigen Stabilisatoren (wie Cadmium, Blei und Organozinnverbindungen), Weichmachern (insbesondere Phthalate) und Chlorparaffinen erschwert die technische Realisierbarkeit einer höheren Recyclingquote; vgl. Umweltbundesamt (Hrsg.) (1999), S. 279 ff.

[121] Vgl. Liesegang (1996), S. 3.

Zum besseren Verständnis eines kreislauforientierten Denkansatzes in der Ökonomie werden im folgenden Kapitel zentrale Begriffe und Elemente eines Kreislaufwirtschaftsmodells, die Ziele einer Kreislaufwirtschaft sowie die einzelökonomischen Implikationen für Unternehmen erläutert.

1.1.2 Zentrale Elemente eines allgemeinen Kreislaufwirtschaftsmodells

In Anlehnung an die Elemente eines Ökosystems kann ein allgemeines Kreislaufwirtschaftsmodell hergeleitet werden,[122] welches in der Literatur bereits vielfach Anwendung gefunden hat und im Hinblick auf unterschiedliche Schwerpunkte vielfältig analysiert und interpretiert wird.[123] Dabei bleibt zu beachten, dass der Mensch mit seinen Aktivitäten im ökologischen System ausschließlich der Gruppe der Konsumenten zuzuordnen ist.[124] Innerhalb des Konsumentensystems hat sich im Zuge der fortschreitenden industriellen Entwicklung das Subsystem der Technosphäre etabliert. Die fortwährende Einbindung der Technosphäre in die Ökosphäre wird offensichtlich, wenn HABER festhält: „Das Konsumenten-Ökosystem ist aber vollständig von einer beständigen Zufuhr nicht nur von Nahrungsstoffen, sondern auch von sonstigen Ressourcen abhängig und kann aus sich heraus überhaupt nicht existieren."[125]

In der Technosphäre spielen ebenso wie in der Ökosphäre die drei Hauptfunktionsgruppen (Produktion, Konsumtion, Reduktion) die tragenden Rollen.[126] Ihre Funktionsfähigkeit und Gestaltung sowie ihre interfunktionelle (simultane) Abstimmung und Interaktion bestimmen die Effektivität und Effizienz eines Kreislaufwirtschaftssystems.[127] Dies wird beispielsweise dadurch deutlich, dass nicht mehr produziert werden sollte, als konsumiert wird, und ebenso nicht mehr konsumiert werden sollte, als einer Verwertung oder Beseitigung zugeführt werden kann. Der Kreislauf schließt sich derart, dass letztlich auch nicht mehr recycelt werden sollte, als wieder in der Produktion einsetzbar ist. Diese simplen Zusammenhänge enthalten in ihrer Trivialität die Hauptregeln einer Kreislaufwirtschaft. Wobei – wie an späterer Stelle gezeigt wird – nicht ausschließlich die Mengen abgestimmt werden müssen, sondern ebenso die Qualitäten der Stoffe und Energien.[128]

---

[122] Vgl. u.a. Liesegang (1996), S. 3 ff., Souren (1996), S. 12 ff., Wagner (1997), S. 117 ff., und Müller-Christ (2001), S. 1 ff.

[123] So beschäftigen sich die Veröffentlichungen zum einen mit den Gestaltungsoptionen innerhalb der Hauptfunktionsgruppen und zum anderen mit der Schnittstellenabstimmung und Interaktion zwischen diesen. Weiterhin finden die Systemschnittstellen zwischen Ökosphäre und Technosphäre in der Literatur Beachtung; vgl. Dyckhoff (2000b), S. 1 ff., oder Sterr (2002), S. 4 ff.

[124] Vgl. Haber (1992), S. 21.

[125] Haber (1992), S. 23.

[126] Vgl. wiederum Haber (1992), S. 17 ff.

[127] Diese Argumentation entspricht der *systemtheoretischen Perspektive* in einer Kreislaufwirtschaft. Die einzelnen *Akteure* (Produzenten, Konsumenten, Reduzenten) werden als „voneinander abgrenzbare Einheiten konkreter und abstrakter Art verstanden, die sich durch bestimmte Merkmale weiter beschreiben lassen", Kirchgeorg (1999), S. 78 f. Auch die *Beziehungen* zwischen diesen Akteuren sind Gegenstand der Betrachtung; vgl. Kirchgeorg (1999), S. 79.

[128] Vgl. Hofmeister (1998), S. 154.

Die Abbildung B-1 stellt ein idealtypisches Kreislaufwirtschaftsmodell inklusive aller relevanten Schnittstellen, Transformationsaktivitäten und Beziehungen schematisch dar.[129]

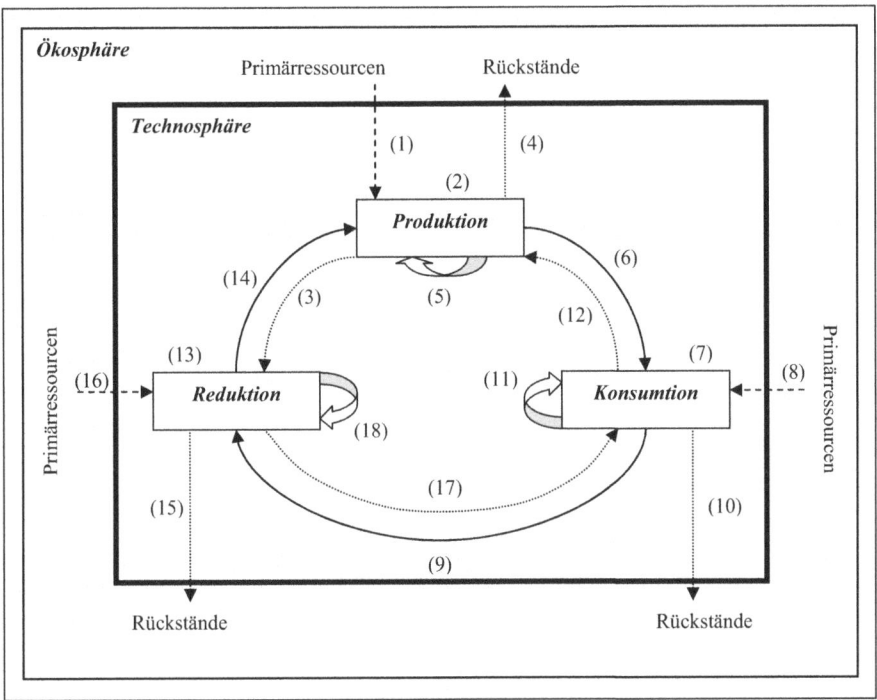

Abb. B-1: Vereinfachtes Kreislaufwirtschaftsmodell unter Berücksichtigung der Schnittstellen zwischen Ökosphäre und Technosphäre[130]

In einer Kreislaufwirtschaft nach einem Start oder Beginn zu suchen, macht schon aufgrund der verwendeten Terminologie wenig Sinn, da ein Kreis weder einen Anfang noch ein Ende besitzt. Ausgangspunkt der vorliegenden Betrachtung sei jedoch die erstmalige Entnahme von Primärressourcen[131] aus dem ökologischen System (1).

---

[129] Die im Text angegebenen Ziffern (in Klammern) entsprechen den Angaben in der Abbildung.

[130] Diese Abbildung sowie die Beschreibung der Abläufe beruhen auf Ausführungen von Friege (1997), S. 5, Kirchgeorg (1999), S. 78 ff., und Sterr (2003), S. 81 ff. STERR nimmt in seine Ausführungen zum Produktions-Reduktions-Rad neben der Betrachtung von Stoff- und Energieflüssen auch Informationsflüsse auf, welche eine Abstimmung zwischen Produktion und Reduktion induzieren; vgl. Sterr (2002), S. 7. Weiterhin finden sich ähnliche Ausführungen zu einem allgemeinen Modell einer Kreislaufwirtschaft auch bei Pasckert (1997), S. 99, wobei dieser zusätzlich die Assimilationskapazitäten der natürlichen Umwelt in seinen Ausführungen berücksichtigt und entsprechend die direkte Abgabe von Emissionen an das Ökosystem mengenmäßig begrenzt.

[131] Unter Primärressourcen werden die der natürlichen Umwelt erstmalig entnommenen Stoffe und Energien verstanden. Hat ein Primärstoff bzw. eine Primärenergie einen Kreislauf einmalig durchlaufen und findet erneuten Einsatz in dem gleichen oder einem anderen Kreislauf, so wird dieser als Sekundärstoff oder Sekundärenergie bezeichnet; vgl. Kirchgeorg (1999), S. 82. In diesem Zusammenhang sind auch die Ausführungen von STRÖBELE zu unterschiedlichen Ressourcenarten aufschlussreich; vgl. Ströbele (1987), S. 1 ff.

Die Primärressourcen werden in der industriellen *Produktion* als Produktionsfaktoren eingesetzt und umgewandelt. Die zielgerichtete Umwandlung im Subsystem[132] Produktion der Technosphäre konzentriert sich in erster Linie auf die Herstellung von Gebrauchs- und Verbrauchsgütern sowie auf das Erbringen von Dienstleistungen (2). Darunter wird die gesamte vertikale Wertschöpfung von der Rohstoffgewinnung über die Rohstoffbereitstellung und -verarbeitung bis hin zur Endfertigung des Produktes bzw. der Leistung verstanden.[133] Dies schließt jedoch nicht aus, dass neben den erwünschten Produkten auch unerwünschte Produkte im Sinne von Abfällen bzw. Rückständen anfallen. Ein Großteil der Rückstände findet Eingang in die Reduktionsphase, wo diese für eine weitere Verwendung oder Verwertung vor- und aufbereitet werden (3). Einige Rückstände werden jedoch direkt an die natürliche Umwelt zurückgegeben – wie beispielsweise bestimmte Luft- oder Wasseremissionen (4). Daneben treten Rückstände auf, die unmittelbar wieder im Produktionsbereich eingesetzt werden (5). Oftmals sind dies Abwärme oder Kühlwasser, die ohne weitere Behandlung erneut genutzt werden können.

Die erwünschten Leistungen verlassen nach erfolgter Herstellung die Produktionsphase und treten in die *Konsumtionsphase* ein (6), welche die Nutzung der Güter im Sinne von Gebrauch oder Verbrauch umfasst (7). Auch in der Konsumtionsphase werden der natürlichen Umwelt direkt Primärressourcen entnommen, um eine Nutzung der erstellten Leistungen zu ermöglichen (8). Als Beispiel kann der Bau eines Hauses angeführt werden: Sämtliche Materialien (Sand, Zement, Holz, Ziegel- oder Sandkalksteine, Rohre, Inneneinrichtung, etc.) werden vom Bauherrn eingekauft, entspringen also bereits der Produktionsphase, und werden auf einem Grundstück zu einem Gebäude kombiniert.[134] Zusätzlich stellt die natürliche Umwelt mit dem Boden, auf welchem sich das Grundstück befindet, weitere Primärressourcen zur Verfügung. Daraus wird ersichtlich, dass die Konsumtion einen Prozess darstellt, in welchem unterschiedliche Leistungen der genannten Subsysteme kombiniert werden. Die reine Nutzung der Güter verursacht darüber hinaus Veränderungen an denselben, da die Leistung entweder gänzlich verbraucht wird, wie dies beispielsweise bei Nahrungs- oder Reinigungsmitteln der Fall ist, oder weil der Gebrauch eines Produktes mit Verschleiß einhergeht (z.B. Waschmaschine oder andere Haushaltsgeräte). In beiden Fällen wird das Produkt also auch in der Konsumtionsphase transformiert, wenngleich KIRCHGEORG diese Art der Transformation im Vergleich zur aktiven Umwandlung in der Produktion als passive Transformation bezeichnet.[135]

---

[132] Produktion, Konsumtion und Reduktion werden als funktionenorientierte Subsysteme des ökonomischen Systems verstanden. Ähnlich strukturiert KIRCHGEORG produktbezogene Stoffkreislaufsysteme; vgl. Kirchgeorg (1999), S. 79 f.
[133] Vgl. Friege (1997), S. 4, und Kirchgeorg (1999), S. 83.
[134] Dies gilt für viele andere Gebrauchs- und Verbrauchsgüter in gleicher Weise. Für Verbrauchsgüter lässt sich dies am Beispiel von Nahrungsmitteln verdeutlichen. Der Konsument kauft unterschiedliche Lebensmittel, welche in der Produktionsphase hergestellt wurden, und kombiniert diese in der Konsumphase zu Mahlzeiten, um diese in Energie für den eigenen Organismus umzuwandeln.
[135] Vgl. Kirchgeorg (1999), S. 84.

In der Durchflusswirtschaft wäre die Betrachtung der Stoff- und Energieflüsse mit Nutzungsende und Beseitigung der Altprodukte abgeschlossen. In der Kreislaufwirtschaft schließt sich jedoch die Reduktionsphase an.[136] Die am Ende der Nutzungs- oder Konsumtionsphase angelangten Altprodukte und Produkte, die wegen mangelnder Qualität nicht (mehr) genutzt werden, finden neben anderen konsumbedingten stofflichen und energetischen Rückständen, die im Zuge der Produktnutzung entstehen – wie beispielsweise Abwasser –, Eingang in die Reduktionsphase (9). Darüber hinaus entstehen in der Konsumtionsphase weitere Rückstände, die direkt an die natürliche Umwelt abgegeben werden (10). Dies sind beispielsweise Autoabgase wie Aldehyde, Benzol, Kohlenmonoxid und -dioxid, Blei, Russpartikel sowie polyzyklische, aromatische Kohlenwasserstoffe, die im Rahmen des (privaten) Personenkraftverkehrs emittiert werden. Einige Konsumrückstände finden jedoch auch unmittelbar wieder Einsatz in der Konsumtionsphase, wenn z.B. bestimmte Güter ohne Aufbereitung oder erneuten Einsatz in der Produktion wieder genutzt werden (11). Dies ist vor allem im Elektronikbereich üblich, in welchem einzelne Komponenten veralteter Computer (wie Festplatten oder Grafikkarten) oder der Unterhaltungselektronik (wie CD-Spieler oder Kassettendecks von HiFi-Anlagen) direkt von den Konsumenten in neue Produkte eingebaut und weiter genutzt werden. Andere Rückstände gehen wieder in die Produktion ein, ohne einen Reduktionsprozess durchlaufen zu müssen (12). Auch hier handelt es sich meist um einzelne Komponenten von Altprodukten, die in neuen Produktvariationen direkt Wieder- oder Weiterverwendung finden, ohne jedoch aufbereitet werden zu müssen.[137]

Im Subsystem *Reduktion* werden die Rückstände aus der Konsumtionsphase (9) und die Rückstände aus der Produktion (3) wiederum einer aktiven Transformation unterworfen (13). Sie werden entweder in Sekundärressourcen umgewandelt, die erneuten Eingang in die Produktion finden (14), oder sie werden nach einer eventuellen Aufbereitung als Abfall zur Beseitigung an die natürliche Umwelt zurückgegeben (15). Gleiches geschieht mit Rückständen, die im Zuge des Reduktionsprozesses entstehen. Diese resultieren nicht ausschließlich aus den eingesetzten Stoffen und Energien aus Produktion und Konsumtion, sondern ebenso aus den verwendeten Reduktionsverfahren. Beispiele hierfür wären wieder Wasser- und Luftemissionen, die unter Berücksichtigung der geltenden Grenzwerte direkt in die natürliche Umwelt entweichen. Weiterhin laufen auch die Reduktionsprozesse unter Verwendung von Primärressourcen ab, die

---

[136] Vgl. hier und im Folgenden die Ausführungen von Wutz (2008), S. 1 ff.
[137] Der Fall, dass bestimmte Altproduktkomponenten direkt wieder in die Produktion eingehen, ist eher selten anzutreffen, da die meisten rückläufigen Leistungen zunächst eingesammelt, sortiert und auf ihre Qualität hin überprüft werden müssen. Diese Aktivitäten sind, da es sich um die Vor- oder Aufbereitung von Rückständen handelt, dem Reduktionssystem zuzuordnen.

der natürlichen Umwelt entnommen werden (16).[138] Und ebenso wie in der Produktion und Reduktion werden bestimmte Stoffe und Energien innerhalb der Reduktionsphase mehrfach verwendet (18), wie es beispielsweise bei Kühlwassern oder Abwärme der Fall ist. Letztlich bleiben noch Stoff- und Energieströme, die aus der Reduktionsphase direkt für den Konsum bestimmt sind (17). Als Beispiel können Komponenten von Altprodukten angeführt werden, welche im Zuge der Reduktionsprozesse derart umgewandelt werden, dass ein erneuter Konsum direkt möglich wird.[139] In diesem Fall ist das Sachziel der Reduktion nicht die Erzeugung von Redukten im Sinne von sekundären Produktionsfaktoren, sondern die Erstellung von gebrauchs- oder verbrauchsfertigen Leistungseinheiten für den Konsum.

Festzuhalten bleiben die wesentlichen Eigenschaften eines solchen idealtypischen Kreislaufmodells:

1. Stoff- und Energieströme fließen unentwegt und simultan in beide Richtungen zwischen den einzelnen funktionellen Subsystemen ((6), (9), (14) und entgegengesetzt (3), (17), (12)). Dies induziert die Grundidee, dass jedes Subsystem sowohl mit Einsatzgütern (Input) gespeist wird, als auch nach einer spezifischen Transformation Produkte (Output) – erwünscht oder unerwünscht – wieder abgibt.[140] Dabei ist der Output eines Subsystems gleichzeitig Input eines anderen Subsystems.

2. Alle funktionellen Einheiten stehen in fortwährendem Austausch mit der natürlichen Umwelt, indem sie Primärressourcen aufnehmen und nutzen ((1), (8) und (16)) sowie Emissionen direkt abgeben ((4), (10) und (15)).[141]

3. Innerhalb der drei Hauptfunktionsgruppen können bestimmte Stoffe und Energien direkt wieder genutzt werden, was einem interfunktionellen Kreislauf entspricht ((5), (11) und (18)).

4. Sowohl in Produktion, Konsumtion als auch Reduktion laufen Transformationsvorgänge ab, die die eingesetzten Stoffe und Energien entweder in erwünschten oder unerwünschten Output umwandeln ((2), (7) und (13)).

---

[138] Vgl. Friege (1997), S. 4. STERR führt diesen Gedanken weiter aus, indem er unter dem Aspekt des Ressourcenverbrauchs in Reduktionsprozessen die *absolute* Sinnhaftigkeit der Reduktion in Frage stellt; vgl. Sterr (2002), S. 6. Dies bedeutet, dass die unbedingte Reduktion angefallener Rückstände aus Produktion und Konsumtion mit dem Ziel des Wiedereinsatzes in der Technosphäre nur so lange Sinn macht, wie dies nicht zu einem übermäßigen erneuten Einsatz von Stoffen und Energien führt, um die Mehrfachnutzung der im Kreislauf rotierenden Ressourcen überhaupt zu ermöglichen.

[139] Beispielhaft seien Bauteile von Automobilen genannt, welche nach einer Aufarbeitung bzw. Behandlung in Rückführungsprozessen in der Konsumphase direkten Wiedereinsatz finden, wie Autoreifen oder Autositze.

[140] Dieser Gedanke wird von STERR aufgegriffen, welcher zwischen Input und Output der verschiedenen Subsysteme unterscheidet, indem er einerseits von Produktions-, Konsumtions- und Reduktionsfaktoren (Input), und andererseits sowohl von Produkten und Redukten (erwünschter Output) als auch von Produktions-, Konsumtions- und Reduktionsabfällen (unerwünschter Output) spricht; vgl. Sterr (2003), S. 113.

[141] Eine Betrachtung der Austauschbeziehungen zwischen Ökosphäre und Technosphäre findet sich bei Sterr (2003), S. 24.

Darüber hinaus finden zwischen den verschiedenen Subsystemen Transaktionen statt – beispielsweise die Distribution der erstellten Güter oder die Kollektion der Altprodukte, welche Transport- und Lageraktivitäten verursachen. Diese Transaktionen implizieren ebenfalls die Verwendung von natürlichen Ressourcen (z.B. Kraftstoff für Gütertransporte oder Versiegelung von Bodenfläche für die Güterlagerung) sowie die Abgabe von Rückständen (z.B. Abgase der Lastkraftwagen).

1.1.3 Kritische Würdigung des Konzepts der Kreislaufwirtschaft

Trotz der positiv zu bewertenden Eigenschaft der Mehrfachnutzung von natürlichen Ressourcen[142] merkt HOFMEISTER kritisch an, dass die bislang vorrangig eingesetzten End-of-Pipe-Technologien des additiven Umweltschutzes lediglich eine Reduktion der Rückstandsabgabe an die natürliche Umwelt, nicht jedoch eine Vermeidung oder Verminderung der Rückstände an sich unterstützen.[143] In dieser Perspektive, in welcher der Reduktionswirtschaft lediglich korrektive Wirkung zukomme, lasse sich kein Paradigmenwechsel erkennen, da dies nicht zwangsläufig einen Einfluss auf eine veränderte Ressourcennutzung haben muss.[144] Vielmehr ist es unabdingbar, die drei Subsysteme Produktion, Konsumtion und Reduktion integrativ zu betrachten. Dies bedeutet, dass die Anforderungen der Reduktion sowohl bereits in der Produktionsphase, was beispielsweise die Wiederaufbereitung und die Trennbarkeit von Stoffen als auch die Demontage von Produktkomponenten betrifft,[145] als auch in der Konsumtionsphase, z.B. durch eine systematische Kollektion von Altprodukten oder die getrennte Sammlung von gleichartigen Rückständen, berücksichtigt werden müssen. Einige Autoren sprechen in diesem Zusammenhang von der komplementären Beziehung zwischen Produktion und Reduktion, da sich beide Subsysteme in einer Kreislaufwirtschaft gegenseitig bedingen und eine entsprechende Verzahnung von Produktions- und Reduktionsverfahren notwendig ist.[146] Der Vollständigkeit halber müsste außerdem die Konsumtion als komplementäres Subsystem berücksichtigt werden, da nur die simultane Optimierung und Abstimmung aller drei Bereiche den kreislaufwirtschaftlichen Prinzipien gerecht werden kann. Aus der Unternehmensperspektive ist eine Ausblendung der Konsumtion teilweise nachvollziehbar, da die Unternehmen nur begrenzte Einflussmöglichkeiten auf Konsumtionsprozesse haben. So können sie zwar gewisse

---

[142] Vgl. Müller-Christ (2001), S. 213.
[143] Vgl. auch Liesegang (1996), S. 4.
[144] Vgl. Hofmeister (1998), S. 56 und S. 88.
[145] Diese und weitere Aspekte müssten bereits in der Entwicklungsphase von Produkten berücksichtigt werden; vgl. Liesegang (1996), S. 4.
[146] Vgl. Liesegang (1996), S. 4, und Sterr (2002), S. 4 und S. 7. HOFMEISTER erweitert diesen Gedanken, indem sie nicht nur die simultane und optimale Gestaltung der Subsysteme, sondern darüber hinaus die Synchronisation der Ökosphäre und Technosphäre fordert, um den defensiven und reaktiven Charakter des bislang praktizierten Umweltschutzes zu überwinden. Als Grund führt die Autorin an, dass betriebliche Entscheidungen und Prozesse nicht ausschließlich die Technosphäre betreffen, sondern sich auch in der Ökosphäre auswirken. Eine (vom Menschen vorgenommene künstliche) Trennung der beiden Systeme sei vor diesem Hintergrund irreführend, da lediglich die integrierte Betrachtung Lösungspotenziale bietet; vgl. Hofmeister (1998), S. 98 f.

Anreize geben, wie Konsumenten die erstellten Leistungen gebrauchen bzw. verbrauchen (beispielsweise durch Gebrauchsanweisungen) oder wie sie sich dieser wieder entledigen können (z.B. durch Garantiegewährleistung oder Pfandregelungen). Wie die Konsumenten dann jedoch tatsächlich handeln, entzieht sich oftmals einer direkten Steuerung.[147]

Der integrativen und simultanen Betrachtung aller drei Subsysteme wird das Umweltkostenmanagement gerecht, da es alle die für einen Entscheidungsträger relevanten Kosteninformationen – tatsächliche und potenzielle – in die Entscheidungsfindung einbeziehen kann.

1.2 Einzelwirtschaftliche Betrachtung kreislaufwirtschaftlicher Zusammenhänge: Implikationen für und Ansatzpunkte in Unternehmen

1.2.1 Idealtypisches Modell einer betrieblichen Kreislaufwirtschaft

Die Darstellung der Kreislaufwirtschaft auf einzelwirtschaftlicher Ebene orientiert sich an den Ausführungen zum allgemeinen Kreislaufwirtschaftsmodell auf gesamtwirtschaftlicher Ebene. Die drei Hauptfunktionsgruppen der Produktion, Konsumtion und Reduktion sind integraler Bestandteil des Modells und stellen die wesentlichen Ansatzpunkte zur Gestaltung eines technosphärischen oder ökonomischen Kreislaufs dar.[148] Im Gegensatz zu den Ausführungen im vorigen Kapitel werden die einzelnen Subsysteme stärker differenziert, was sich allerdings nicht auf die Abgrenzung zwischen den Subsystemen bezieht – diese entspricht den zuvor genannten Zusammenhängen. Vielmehr findet die Differenzierung innerhalb der Subsysteme bzw. Hauptfunktionsgruppen statt, indem in jedem Subsystem systematisch zwischen den Einsatzfaktoren (Input), den Prozessen und den erstellten Leistungen (Output) unterschieden wird.[149]

Unter den (industriellen) *Einsatzfaktoren* – dem Input – werden alle Primärressourcen und Sekundärressourcen verstanden, die in das jeweilige Subsystem Eingang finden. Dies sind zum einen Repetierfaktoren, welche direkt in die zu erstellende Leistung eingehen und dafür einer Transformation unterzogen werden, also miteinander kombiniert und umgewandelt werden (z.B. Roh-, Hilfs- und Betriebsstoffe). Dies sind zum anderen auch Potenzialfaktoren, die selbst nicht umgewandelt werden, sondern – in-

---

[147] Inwiefern Unternehmen durch gezielte Maßnahmen jedoch trotzdem Einfluss auf den Konsumprozess nehmen können, um damit eine *Win-Win-Situation* zu schaffen, die sowohl eine Erhöhung der Kundenzufriedenheit als auch die Verbesserung des unternehmerischen Erfolgs umfasst, zeigen Womack und Jones in ihren Ausführungen zum Thema *Lean Consumption*; vgl. Womack/Jones (2005). „Lean consumption isn't about reducing the amount customers buy or the business they bring. Rather, it's about providing the full value that consumers desire from their goods and services, with the greatest efficiency and least pain"; Womack/Jones (2005), S. 60.
[148] Vgl. Liesegang (1994), S. 7.
[149] Diese Sichtweise entspricht der traditionellen betriebswirtschaftlichen Produktionstheorie, nach welcher der betriebliche Prozess der Leistungserstellung in einem Input-Output-Modell dargestellt wird; vgl. stellvertretend für viele andere Gutenberg (1983), S. 2 ff. Im Weiteren werden die Begriffe (Einsatz-)Faktoren und Input sowie Leistungen und Output synonym verwendet.

dem sie langfristig zur Verfügung stehen und wiederholt eingesetzt werden – die relevanten Prozesse erst ermöglichen (z.B. menschliche Arbeitskraft und Anlagen).[150]

Die *Prozesse* der Subsysteme – der Throughput[151] – bestehen aus unterschiedlichen Verfahren und Technologien[152], mit deren Hilfe die eingesetzten Ressourcen in Leistungen umgewandelt werden.[153] Diese erstellten *Leistungen* – der Output – sind das Resultat des Faktoreinsatzes sowie des Transformationsprozesses und können in drei Gruppen eingeteilt werden:[154]

1. Vorrangiges Ziel des Prozesses ist die Erstellung der Hauptleistungen. Dies sind Leistungen, die erwünscht sind und das eigentliche Sachziel des Subsystems darstellen. Die Prozesse sind darauf ausgerichtet, diese Leistung hervorzubringen. Sie werden auch als *Güter* oder *Produkte* (bzw. Dienstleistungen) bezeichnet.[155]

Bereits 1955 macht RIEBEL darauf aufmerksam, dass jeder Prozess unweigerlich auch Leistungen hervorbringt, die nicht dem eigentlichen Sachziel entsprechen.[156] Demnach werden „Produktionsprozesse, bei denen naturgesetzlich oder technologisch bedingt zwangsläufig zwei oder mehr Produktarten hervorgehen, [...] gewöhnlich als Kuppel- oder Koppelproduktion"[157] bezeichnet. Im Rahmen der Kreislaufwirtschaft spielt die Kuppelproduktion eine besondere Rolle, wie ADAM treffend formuliert: „Aus ökologischer Sicht ist jede Fertigung ´Kuppelproduktion´, da gleichzeitig mit der Produktion gewollter, verkaufsfähiger Produkte ein ungewollter Output in Form von Emissionen

---

[150] Zur Unterscheidung in Repetier- und Potenzialfaktoren vgl. Busse von Colbe/Lassmann (1991), S. 76, Heinen (1991), S. 409, und Dyckhoff (2000b), S. 44 f.

[151] In der vorliegenden Arbeit werden die Begriffe *Prozess* und *Throughput* synonym verwendet. Der Begriff *Throughput* wird insbesondere im Begriffsdreiklang *Input-Throughput-Output* genutzt.

[152] Der Begriff der *Technologie* umfasst in Abgrenzung zu den Begriffen *Theorie* und *Technik* Erkenntnisse über Ziel-Mittel-Beziehungen, welche sich auf praktische Probleme anwenden lassen. Dabei stützt sich die Technologie auf wissensbegründende Ursache-Wirkungszusammenhänge der Theorie und transformiert diese in allgemeine Funktions- und Strukturprinzipien oder in spezielles Anwendungswissen. Die Technik nutzt dieses Problemlösungswissen, um konkrete Anwendungen, beispielsweise in Form von materialisierten Werkzeugen oder Verfahren, zu entwickeln und nutzbar zu machen; vgl. Tschirky/Koruna (1998), S. 227.

[153] Ein Prozess wird neben den eingesetzten Maschinen und angewandten Verfahren durch so genannte *Prozessfaktoren* determiniert. Diese haben systeminternen oder -externen Charakter und werden von DYCKHOFF entsprechend in zwei Klassen eingeteilt: Disponible Prozessfaktoren sind beeinflussbar und somit Gestaltungsgegenstand unternehmerischer Entscheidungen. Beispiele sind die Geschwindigkeit, die Temperatur oder der Druck, mit welchem eine Maschine betrieben wird. Indisponible Prozessfaktoren sind exogen vorgegeben und entziehen sich dem unternehmerischen Einfluss. Beispiele hierfür sind die Außentemperatur, die Luftfeuchtigkeit, tarifliche Arbeitszeitregelungen oder Emissionsgrenzwerte. Vgl. Dyckhoff (2000c), S. 42.

[154] Vgl. im Folgenden Wittmann (1994), S. 59, sowie vertiefend Sterr (2003), S. 105 ff. und S. 108 ff. Eine ähnliche Einteilung nimmt FISCHER vor, wobei dieser unerwünschte Outputs zum Zwecke seiner Arbeit als *Reststoffe* bezeichnet; vgl. Fischer (1998), S. 43.

[155] KIRCHGEORG definiert die erstellten Leistungen, die das Sachziel eines Unternehmens darstellen, als *zweckgerichtete Eigenschaftsbündel*, welche „ein Leistungspotential [darstellen], das erst in der Verwendungsphase durch den jeweiligen Produktnutzer in Anspruch genommen und ‚verbraucht' wird", Kirchgeorg (1999), S. 84.

[156] Vgl. Riebel (1955), S. 63 f. Ähnlich formuliert dies auch Halfmann (1996a), S. 40.

[157] Riebel (1979), Sp. 1009, und Riebel (1996), Sp. 993. Vergleich in ähnlicher Form Dyckhoff (1996), S. 176. Auch SCHMIDTCHEN greift die Theorie der Kuppelproduktion auf und wendet diese auf den Umweltschutz an; vgl. Schmidtchen (1980a), S. 287 ff., und (1980b), S. 335 ff.

[…] entsteht"[158]. Diese nicht dem Betriebszweck zuzuordnenden Leistungen werden als *Kuppelprodukte* (oder *Übel*) bezeichnet, welche in zwei Untergruppen unterteilt werden können:[159]

2. Kuppelprodukte als Emissionen[160], die in fester, flüssiger, gasförmiger oder energetischer Form sowie als Geräusche, Erschütterungen oder Lärm direkt an die natürliche Umwelt abgegeben werden, sowie

3. Kuppelprodukte als Rückstände, die ebenfalls in fester, flüssiger, gasförmiger oder energetischer Form in der Technosphäre verbleiben und dort unmittelbar oder mittelbar – nach eventueller Aufbereitung – an anderer oder gleicher Stelle wieder eingesetzt werden.[161]

Sowohl die beschriebenen Einsatzfaktoren als auch die Prozesse und unterschiedlichen Leistungen lassen sich in jedem der drei Subsysteme identifizieren und eindeutig zuordnen.[162] Abbildung B-2 stellt dies schematisch dar.

---

[158] Adam (1993), S. 5.

[159] Vgl. Wittmann (1994), S. 59 f. Auch STREBEL differenziert zwischen Rückständen und Emissionen, geht jedoch noch einen Schritt weiter, indem er äußert, dass lediglich die Emissionen zu Umweltbelastungen führen und daher primär Gegenstand weiterer (nachsorgender) Umweltschutzbemühungen seien; vgl. Strebel (1992), S. 13. Dieser Sichtweise wird im weiteren Verlauf der Arbeit nicht gefolgt, da auch Rückstände – als wichtiger interner Kostenfaktor verursacht beispielsweise durch aufwändige Recycling- oder Aufbereitungsprozesse – Gegenstand von Optimierungsanstrengungen sein sollten. Vor allem auch aus dem Grunde, da Rückstände zunächst als nicht-wertschöpfende Material- und Energieverschwendung eingestuft werden, also nicht effizient im Transformationsprozess eingesetzt werden. Zudem verursachen auch Recycling- und Aufbereitungsprozesse Emissionen, welche Gegenstand umweltschutzbezogener, betrieblicher Entscheidungen sind.

[160] Während die TA LUFT einer engen Begriffsdefinition folgt und *Emissionen* rein auf die von einer Anlage ausgehenden Luftverunreinigungen bezieht, vgl. TA Luft (2002), Punkt 2.5, wird in dieser Arbeit dem weiteren Ansatz gefolgt, nach welchem Emissionen „die von einer (festen oder beweglichen) Anlage oder von Produkten an die Umwelt abgegebenen Luftverunreinigungen (Gase, Stäube), Geräusche, Strahlen, Wärme (z.B. Abwärme von Kühltürmen), Erschütterungen und ähnliche[…] Erscheinungen [sind]"; Wicke (1989), S. 618.

[161] In diesem Zusammenhang weist HOFMEISTER darauf hin, dass Kuppelprodukte zunächst keinen eigenständigen Wert oder Nutzen besitzen; es sei denn, sie werden derart hergestellt, dass die Möglichkeit der weiteren Verwendung oder Verwertung im ökonomischen System existiert; vgl. Hofmeister (1998), S. 34 und S. 145 f. Diese Möglichkeit zeigt bereits auf, welche Gestaltungsanforderungen an die einzelnen Subsysteme bezüglich der Kuppelprodukte in der Kreislaufwirtschaft gestellt werden. Die Berücksichtigung kreislaufgerichteter Erfordernisse in Produktion, Konsumtion und Reduktion ist sowohl hinsichtlich der Hauptprodukte als auch hinsichtlich der Neben- oder Kuppelprodukte unabdingbar.

[162] Hinsichtlich des Subsystems Reduktion vgl. in diesem Zusammenhang Liesegang (1993), S. 391.

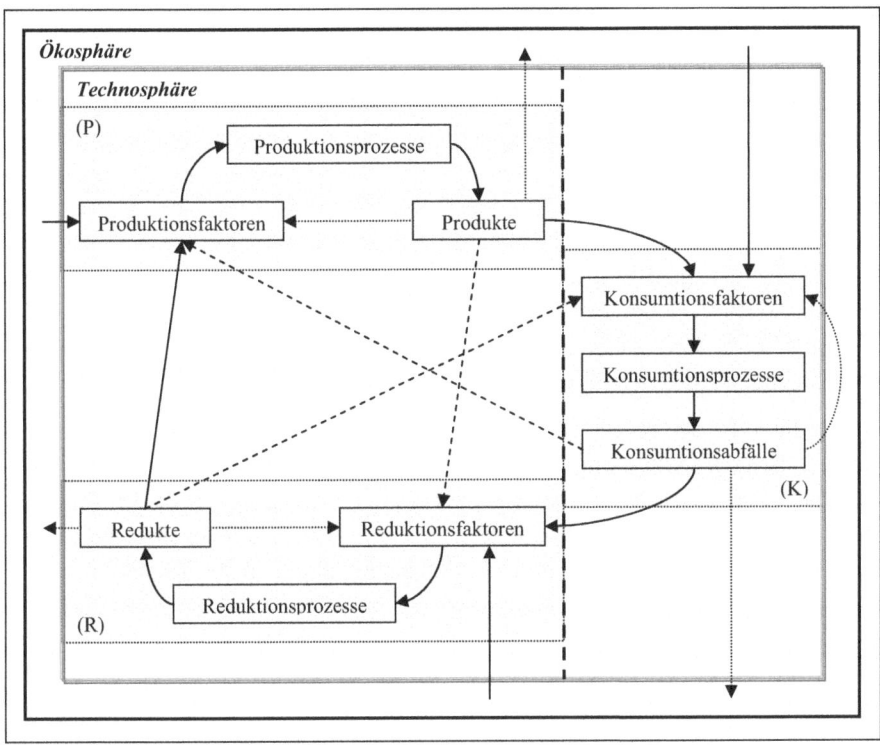

Abb. B-2: *Einzelwirtschaftliches Modell einer Kreislaufwirtschaft*[163] *(in Anlehnung an Sterr (2003), S. 81 ff., insbesondere Abb. 5-1, und Souren (1996), S. 12 ff.).*

Wie bereits erwähnt, stellen die drei Subsysteme jeweils ein Input-Output-Modell im Sinne der traditionellen Produktionstheorie dar, welche wiederum miteinander durch Input-Output-Verflechtungen verbunden sind. Dies bedeutet, dass der Output eines Subsystems gleichzeitig der Input des gleichen oder eines anderen Subsystems sein kann.[164]

In das Subsystem *Produktion*[165] gehen zur Erstellung der Hauptprodukte spezifische Mengen verschiedener Einsatzfaktoren ein, die entweder als Primärressourcen der natürlichen Umwelt entnommen werden, oder als Sekundärressourcen aus der Reduktionsphase (z.B. Recyclingmaterialien wie Altpapier oder Altglas) bzw. aus der Konsumtionsphase (z.B. direkt wieder einsetzbare Altproduktelemente) wieder in den Produktionsprozess Eingang finden. Bestimmte Mengen an Produktionsrückständen können direkt – d.h. ohne Aufbereitung – wieder eingesetzt werden, wie es beispielsweise

---

[163] Vgl. Wagner (2005), S. 44.
[164] Die vorangehende Abbildung B-2 sowie die folgenden Ausführungen beruhen größtenteils auf Sterr (2003), S. 81 ff. Ebenso sind sie durch die Werke von Kirchgeorg (1999), S. 78 ff., Souren (1996), S. 12 ff., sowie Dyckhoff (1993b), S. 90, und Dyckhoff (2000a), S. 9 ff., geprägt.
[165] Vgl. zum Produktionsbereich auch Halfmann (1996), S. 41, und Pasckert (1997), S. 22.

bei Kühlwässern der Fall ist, welche mehrmals wiederverwendet werden können. In den *Produktionsprozessen* werden die eingesetzten *Produktionsfaktoren* kombiniert und in erwünschte und unerwünschte Leistungen transformiert.[166] Neben den eigentlichen *Leistungen*, welche in das Subsystem *Konsumtion* eingehen und dort gebraucht oder verbraucht werden,[167] entstehen auch bestimmte Mengen an festen, gasförmigen oder flüssigen *Rückständen*. Ein Teil dieser Rückstände wird als Sekundärressourcen direkt in eigenen oder in fremden Produktionsprozessen wieder eingesetzt bzw. findet als Produktionsrückstand Eingang in das Reduktionssystem, um dort für eine weitere Verwendung oder Verwertung bzw. für die Entsorgung in die natürliche Umwelt aufbereitet (d.h. *reduziert*) zu werden. Schließlich fallen im Produktionsprozess auch Emissionsmengen an, welche direkt an die natürliche Umwelt abgegeben werden.

Die zyklischen Beziehungen, die in diesem Modell auftreten, sind Ausdruck der Grundidee, dass der Output eines Subsystems wiederum Input des gleichen oder eines anderen Subsystems ist. So ist beispielsweise ein Teil des Inputs in der Produktion gleichzeitig Output aus der Reduktion (z.B. in Form von Sekundärrohstoffen) und ein Teil des Outputs aus der Produktion ist gleichzeitig Input in die Reduktion (z.B. in Form von Rückständen).

In das Subsystem *Konsumtion* gehen als Einsatzfaktoren die eigentlichen Hauptprodukte des Produktionssystems ein, welche in der Konsumphase gebraucht oder verbraucht werden, d.h. hier findet die eigentliche Nutzenstiftung der Produktionsleistung statt. Daneben kann es notwendig sein, dass für den Konsum die weitere Entnahme von Primärressourcen aus der natürlichen Umwelt unabdingbar ist.[168] Ebenso finden einzelne Konsumtionsrückstände, die vom Konsumenten direkt – also ohne Rückgabe an Produktion oder Reduktion – erneut verwendet werden,[169] sowie bestimmte Redukte als *Konsumtionsfaktoren* Eingang in den *Konsumtionsprozess*. Der Konsum stellt ebenfalls einen Prozess dar, welcher die genannten eingesetzten Faktoren einer Transformation unterzieht,[170] was durch den Verbrauch einer Leistung bzw. durch den Verschleiß oder die Abnutzung der Güter während dieser Phase sichtbar wird. Am Ende des Konsumtionsprozesses entstehen *Konsumtionsabfälle*, die größtenteils als Altprodukte, jedoch auch in Form fester, flüssiger oder gasförmiger Rückstände in die Reduktion eingehen. Andere Rückstände werden direkt wieder im Produktionsprozess – also ohne Aufbereitung in der Reduktion – bzw. im Konsumtionsprozess – d.h. sowohl

---

[166] Vgl. Dyckhoff (1996), S. 176, und Kirchgeorg (1999), S. 83.
[167] Vgl. Liesegang (1993), S. 283.
[168] Dies wurde in Teil B, Abschnitt 1.1.1 anhand eines *Hausbaus* beispielhaft erläutert. Weitere Beispiele lassen sich in jedem Haushalt finden: So ist der Betrieb der Wasch- oder Spülmaschine nur mit der Zufuhr von Wasser und Energie möglich.
[169] Hierfür wurde bereits das Beispiel der direkten Wiederverwendung von einzelnen PC-Komponenten oder Elementen der Unterhaltungselektronik (z.B. CD-Player, Verstärker, etc) durch den Konsumenten genannt.
[170] Vgl. Dyckhoff (1996), S. 177, und Kirchgeorg (1999), S. 84. Die Betrachtung des Konsums als Prozess wurde bereits in Teil B, Abschnitt 1.1.2 erläutert.

ohne die Reduktion oder Produktion zu durchlaufen – eingesetzt.[171] Darüber hinaus entstehen auch während der Konsumtion Emissionen, die direkt an die natürliche Umwelt abgegeben werden, wofür die Kohlendioxidemissionen des privaten Personenkraftverkehrs ein Beispiel sind.

Neben den Altprodukten und Rückständen aus der Konsumtionsphase sowie den Produktionsrückständen finden auch im Reduktionsprozess Primärressourcen aus der natürlichen Umwelt als Einsatzfaktoren bzw. Reduktionsfaktoren Eingang in die *Reduktion*.[172] Ebenso werden im Reduktionsprozess bereits aufbereitete Redukte, wie beispielsweise Prozesswasser, der Reduktion als Sekundärressource wieder zugeführt und eingesetzt. Der *Reduktionsprozess* wandelt diese *Reduktionsfaktoren* unter Verwendung bestimmter Verfahren, welche beispielsweise die Sortierung, die Reinigung, die Demontage, die Aufarbeitung und Aufbereitung umfassen, wiederum in Leistungen, so genannte *Redukte*, um.[173] Dies ist Output, welcher als Sekundärressourcen wieder in der Produktion eingesetzt bzw. ohne Umweg über die Produktion wieder der Konsumtion zugeführt wird.[174] Dies sind jedoch auch die bereits erwähnten *Reduktionsrückstände*, die unmittelbar wieder in unternehmensinternen Reduktionsprozessen oder in Reduktionsprozessen anderer Unternehmen Verwendung finden, sowie Reduktionsemissionen, die an die natürliche Umwelt abgegeben werden.

Die einzelnen Subsysteme sind durch Transaktionen der Distribution und Kollektion, welche Transport- und Lagervorgänge implizieren, verbunden.[175] Der Ressourcenverbrauch, der damit einhergeht, wie auch die entstehenden Rückstände und Emissionen werden den jeweils verursachenden Subsystemen zugeordnet. Exemplarisch werden beispielsweise die Lagerung von Fertigerzeugnissen sowie der Transport derselben zum Kunden der Produktionssphäre zugeordnet. Ebenso wird mit der Lagerung und

---

[171] Dabei können bestimmte Altprodukte bzw. Altproduktelemente, die im Subsystem der Konsumtion verbleiben, direkt erneut konsumiert werden, indem sie entweder die gleichen Bedürfnisse befriedigen oder aber einer anderen Nutzenstiftung zugutekommen.

[172] Auch hier gelten wieder die zyklischen Beziehungen: Die Inputfaktoren in der Reduktion sind gleichzeitig Output der Konsumtion und Produktion. Vgl. zum Reduktionsbereich auch Halfmann (1996), S. 41, und Pasckert (1997), S. 22.

[173] DYCKHOFF spricht in diesem Zusammenhang von dem Reduktionssystem als einem Produktionssystem, welches dem Zweck der Umwandlung, Vernichtung oder Beseitigung bestimmter eingehender Faktoren dient; vgl. Dyckhoff (1996), S. 176, und ähnlich Kirchgeorg (1999), S. 85. Vgl. zu möglichen Schritten der Reduktion bzw. Rückführung auch Meffert/Kirchgeorg (1996a), S. 7.

[174] DYCKHOFF geht davon aus, dass alle im Reduktionsprozess erstellten Redukte gänzlich Nebenprodukte sind; vgl. Dyckhoff (1996), S. 176 f. Den Ausführungen der vorliegenden Arbeit liegt die Überlegung zugrunde, dass das schwerpunktmäßige Sachziel der Reduktion die Verringerung bzw. Behandlung der in Produktion und Konsumtion verursachten Rückstände zur Erzeugung von Sekundärressourcen für den erneuten Einsatz in der Produktion und Konsumtion ist; vgl. auch Halfmann (1996), S. 40 f. Demnach sind die (sekundären) Leistungen, die an das Subsystem Produktion bzw. Konsumtion weitergeleitet werden, Hauptredukte der Reduktion und nicht *Nebenredukte*. Entsprechend wird die Notation vorgenommen. Zur Rückführung in die Konsumtion merken AYRES und KNEESE an, dass „[...] technological means for processing or purifying one or another type of waste discharge do not destroy the residuals but only alter their form. Thus, given the level, patterns, and technology of production and consumption, recycle of materials into productive uses or discharge into an alternative medium are the only general options for protecting a particular environmental medium such as water"; Ayres/Kneese (1969), S. 283 und S. 286. Vgl. zur Rückführung in Produktion und Konsumtion auch Müller-Christ (2001), S. 210 f.

[175] Vgl. Kirchgeorg (1999), S. 83 f.

dem Transport von Rückständen verfahren. Problematisch erscheint in diesem Zusammenhang die Einordnung von Aktivitäten, die aus der Produktionssphäre in die Reduktionssphäre (oder umgekehrt) gerichtet sind, da diese Aktivitäten generell beiden Subsystemen zugesprochen werden könnten. Ohne diese Zuordnungsproblematik zu vertiefen, sei vermerkt, dass es hauptsächlich auf eine redundanzfreie Systematik ankommt, um Dopplungen zu vermeiden.

Das dargestellte einzelwirtschaftliche Modell zeigt ein System auf, welches aufgrund seiner Komplexität neue Herausforderungen an Unternehmen stellt.[176] Die einzelnen Elemente des Modells können in differenzierte Gestaltungsbereiche kategorisiert werden, welche die unterschiedlichen Ansatzpunkte einer sinnvollen Gestaltung der unternehmerischen Tätigkeit innerhalb einer Kreislaufwirtschaft systematisch aufzeigen. Eine derartige Systematik der unternehmerischen Tätigkeit – unter Berücksichtigung kreislaufwirtschaftlicher Anforderungen – ist neben der Identifizierung von Umweltwirkungen und der Formulierung von umweltbezogenen Zielen gerade auch für die langfristige Gestaltung von Umweltschutzmaßnahmen und Umweltkosten notwendig.

1.2.2 Die Kreislaufwirtschaft als betrieblicher Komplexitätstreiber

Das dargestellte Kreislaufwirtschaftsmodell impliziert für Unternehmen einen hohen Komplexitätsgrad, welcher eine systematische und strukturierte Herangehensweise im Rahmen der betrieblichen Entscheidungsfindung erfordert. Unternehmen sollten alle relevanten, betrieblichen endogenen und exogenen Wirkungen abschätzen und einer gezielten Beeinflussung unterziehen.[177]

Die zunehmende Komplexität der Kreislaufwirtschaft rührt daher, dass eine Vielzahl unterschiedlicher Systemelemente aus Produktion, Konsumtion und Reduktion, die zuvor relativ unabhängig voneinander fungierten, nun in unmittelbarer Abhängigkeit zueinander stehen und wechselseitige Beziehungen zur Erfüllung kreislaufwirtschaftlicher Anforderungen vorliegen. Hinzu kommt, dass dieses System nicht statisch existiert, sondern sich mit einer hohen Dynamik verändert. Diese drei wesentlichen Faktoren der Komplexität – die Vielfalt unterschiedlicher Elemente, die Beziehungen derselben untereinander und die hohe Dynamik – kennzeichnen die Änderungen, die mit der Kreislaufwirtschaft einhergehen.[178]

Mit zunehmender Komplexität steigt der unternehmerische Kontroll- und Koordinationsaufwand, da das Risiko einer unüberschaubaren Anzahl an erwarteten und uner-

---

[176] Vgl. Kirchgeorg (1999), S. 9.
[177] Vgl. Schulz (1994), S. 130.
[178] Vgl. zur Komplexität in der Kreislaufwirtschaft die Ausführungen von Kirchgeorg (1999), S. 9. Zum allgemeinen, systemorientierten Komplexitätsbegriff sei auf Ulrich (1970), S. 1 ff., und Ulrich/Probst (1988), S. 1 ff., verwiesen; für ein detailliertes Verständnis zur unternehmerischen Handhabung der Umweltkomplexität – also zum Komplexitätsmanagement – können die Beiträge von Minder (1994), S. 33 ff., Schlange (1994), S. 1 ff., Schulte (1995), S. 757 ff., Reither (1997), insbesondere S. 10 ff., und Bliss (1998), insbesondere S. 3 ff., herangezogen werden. Weiterhin sei auf die Überblicksartikel von REIß sowie die darin aufgeführte Literatur verwiesen; vgl. Reiß (1993a), S. 54 ff., und Reiß (1993b), S. 132 ff.

warteten Handlungskonsequenzen und deren Bedeutung in einem komplexen System weitaus höher ist.[179] Dies hat im Rahmen der betrieblichen Kreislaufwirtschaft zur Folge, dass die bestehenden Unternehmensfunktionen angepasst und um kreislaufspezifische Funktionen erweitert werden müssen.[180] Zu deren Aufgabenbereichen zählen beispielsweise die Gestaltung und Koordination der stofflichen Rückführungslogistik sowie die Kontrolle der quantitativen und qualitativen Eigenschaften der im Kreislauf befindlichen Stoffe. Insbesondere die Rückführung wirft in diesem System neue Redistributions-, Kollektions- und Verwertungsprobleme auf, welche lange Zeit nicht im Verantwortungsbereich der Unternehmen lagen. Damit werden die Unternehmen im Zuge der Umsetzung einer weitestgehend geschlossenen Kreislaufführung mit mannigfaltigen organisatorischen, technologischen und marktbezogenen Gestaltungsproblemen konfrontiert – d.h.: *Was ist wann in welcher Qualität und Quantität an welchem Ort?* Diesen Herausforderungen begegnen die Unternehmen zunehmend mit dem Einsatz formaler Managementmethoden.[181] In einem ersten Schritt ist es daher erforderlich, dass die kreislaufrelevanten Gestaltungsbereiche, die der betrieblichen Entscheidungsfindung obliegen, identifiziert und systematisch analysiert werden.

1.2.3 Betriebliche Umweltwirkungen in der Kreislaufwirtschaft und deren Implikationen für Unternehmen

In dem dargestellten einzelwirtschaftlichen Modell enthält jedes der drei Subsysteme die folgenden Systemkomponenten:[182] *Einsatzfaktoren (Input), Prozesse (Throughput)*[183] *und Leistungen (Output).*

Jedes Subsystem erzeugt unerwünschte Leistungen in Form von stofflichen oder energetischen Emissionen, gibt diese teilweise an die natürliche Umwelt ab und verursacht damit bestimmte Umweltwirkungen. Diese Umweltwirkungen, welche als Eingriffe in die ökologischen Systeme definiert werden, können positiver oder negativer Art sein.[184] Sind diese Umweltwirkungen negativer Art (z.B. die Abgabe von Emissionen), so stellt dies für das ökologische System eine *Umweltbelastung* oder einen *Umweltschaden* dar.

Inwiefern betriebliche Umweltwirkungen entstehen und in welchen Mengen und mit welchen stofflichen und energetischen Eigenschaften diese auftreten, hängt maßgeblich davon ab, welche Faktoren in Produktion, Konsumtion und Reduktion eingehen,

---

[179] Vgl. Schulte (1995), S. 758.
[180] Vgl. hier und im Folgenden Kirchgeorg (1999), S. 9 und S. 12 ff., sowie Schulte (1995), S. 758, und Meffert/Kirchgeorg (1996a), S. 7.
[181] Vgl. Löwe (2000), S. 187 f.
[182] Diesen drei Komponenten und deren Zusammenwirken hat in der betriebswirtschaftlichen Forschung und Lehre insbesondere auch KERN Beachtung geschenkt, vgl. Kern (1992). Er bezeichnet diese als Potenziale, Prozesse und Produkte. Unter Berücksichtigung des kreislaufwirtschaftlichen Kontextes wird hier eine abweichende Terminologie gewählt.
[183] Laut FRANZ / KAJÜTER sind Prozesse „kostenstellenübergreifende Verknüpfungen von Aktivitäten, die zu einem Arbeitsergebnis führen"; Franz/Kajüter (1997b), S. 11.
[184] Vgl. Letmathe (1998), S. 11.

welche Prozesse und Verfahren verwendet und welche Leistungen sachzielgemäß hergestellt werden.[185] Damit stellen diese drei Komponenten der betrieblichen Leistungserstellung die kreislaufrelevanten Gestaltungsbereiche im Rahmen der betrieblichen Entscheidungsfindung dar.[186]

Dieser Systematik folgend kann die Einteilung von LETMATHE in faktorbezogene, prozessbezogene und produktbezogene Umweltwirkungen aufgegriffen werden.[187] Diese Einteilung verfolgt den Zweck, dass Umweltwirkungen ihren tatsächlichen Verursachern zugeordnet werden können. Unter *Verursachern* werden jedoch nicht bestimmte Unternehmen oder betriebliche Einheiten verstanden, sondern Einsatzfaktoren, Prozesse und Leistungen, durch deren Einsatz bzw. Erstellung die betreffenden Umweltwirkungen entstehen. Eine verursachungsgerechte Zuordnung nach diesem Schema unterstützt die gezielte Vermeidung oder Verminderung.

In Anlehnung an den Wortlaut von Letmathe werden input-, throughput- und outputbezogene Umweltwirkungen für den weiteren Verlauf der Arbeit wie folgt definiert:[188]

- *Inputbezogene Umweltwirkungen* sind Umweltwirkungen, die unmittelbar einem Produktions-, Konsumtions- oder Reduktionsfaktor zugerechnet werden können. Dazu zählen auch Umweltwirkungen, die im Zuge der Rohstoffgewinnung oder in vorgelagerten Produktions- und Reduktionsstufen anfallen. Die Gesamtheit der inputbezogenen Umweltwirkungen e_{mi} entspricht der Summe der spezifischen Menge b_{mi} der Umweltwirkung m je Einheit des Einsatzfaktors i multipliziert mit den eingesetzten Faktormengen r_i:

$$e_{mi} = \sum_{i=1}^{I} b_{mi} \cdot r_i$$

mit b_{mi} Umfang der inputbezogenen Umweltwirkung m pro Einheit von Einsatzfaktor i.

- *Throughputbezogene Umweltwirkungen* resultieren hingegen aus der Kombination der verschiedenen Einsatzfaktoren im Umwandlungsprozess. Damit sind ausschließlich diejenigen Umweltwirkungen gemeint, die in einem bestimmten Kombinations- und Transformationsprozess entstehen und diesem zugeordnet werden können. Die Gesamtheit der throughputbezogenen Umweltwirkung e_{ml}

---

[185] Der Konsumtionsbereich wird im Folgenden aufgrund der bereits erläuterten begrenzten Einflussnahme außer Acht gelassen. Dort, wo er Relevanz besitzt und Unternehmen unmittelbar steuern können, wird er in die Überlegungen einbezogen.
[186] Darüber hinaus sind dies auch die Bereiche, in welchen sich die kreislaufbedingte Komplexität niederschlägt; vgl. Schwenk-Willi (2001), S. 22.
[187] Vgl. Letmathe (1998), S. 60 f. In dieser Arbeit wird der Begriff der *outputbezogenen Umweltwirkungen* verwendet, da sich die Ausführungen neben dem Produktionsbereich (produktbezogene Umweltwirkungen) auch auf den Reduktionsbereich (reduktbezogene Umweltwirkungen) beziehen.
[188] Vgl. im Folgenden Letmathe (1998), S. 60 f.

entspricht der Summe der spezifischen Menge c_{ml} der Umweltwirkungen m je Prozesseinheit l multipliziert mit den Prozesshäufigkeiten y_l:

$$e_{ml} = \sum_{l=1}^{L} c_{ml} \cdot y_l$$

mit c_{ml} Umfang der throughputbezogenen Umweltwirkung m pro Durchführung des Prozesses l.

- *Outputbezogene Umweltwirkungen* treten dort auf, wo erstellte Leistungen durch Transport- oder Lageraktivitäten, durch deren Gebrauch und Verbrauch sowie durch deren Entsorgung Emissionen verursachen. Diese Umweltwirkungen sind weder einem bestimmten Einsatzfaktor noch einem speziellen Prozess zuzuordnen, sondern werden durch die Leistung an sich verursacht. Die Gesamtheit der outputbezogenen Umweltwirkung e_{mj} umfasst daher die Summe der spezifischen Menge d_{mj} der Umweltwirkung m je Leistungseinheit j multipliziert mit den erstellten Leistungsmengen x_j:

$$e_{mj} = \sum_{j=1}^{J} d_{mj} \cdot x_j$$

mit d_{mj} Umfang der outputbezogenen Umweltwirkung m pro erzeugter Einheit der Leistung j.

Unter Berücksichtigung der dargestellten Zusammenhänge ergibt sich somit die Gesamtheit der Umweltwirkungen m in einer Periode t:

$$e_{mt} = \sum_{i=1}^{I} b_{mi} \cdot r_{it} + \sum_{l=1}^{L} c_{ml} \cdot y_{lt} + \sum_{j=1}^{J} d_{mj} \cdot x_{jt}$$

$\forall m = 1,...,M$ und $\forall t = 1,...,T$.

Trotz dieser theoretisch überschneidungsfreien Abgrenzung gestaltet sich die Zuordnung in der betrieblichen Praxis in vielen Fällen ungleich schwieriger.[189] Dies ist häufig darauf zurückzuführen, dass spezifische Informationen im eigenen Unternehmen oder auch von Lieferanten fehlen, die sowohl eine Zuordnung als auch eine genaue Messung der Umweltwirkungen ermöglichen. Zudem fallen das die Umweltwirkung auslösende Ereignis und die resultierende Umweltbelastung bzw. der Umweltschaden oftmals zeitlich auseinander, was viele Umweltwirkungen erst langfristig sichtbar werden lässt und somit deren verursachungsgerechte Zurechnung erschwert.[190]

---

[189] Vgl. hinsichtlich der Zuordnungsproblematik von Umweltwirkungen auch Letmathe (1998), S. 61 f., und die dort angegebene Literatur.

[190] Umweltwirkungen werden im Zuge der Zuordnung durch Trägerstoffe symbolisiert, wie CO_2 oder SO_2. Häufig kann daher erst nach Messung des Trägerstoffvolumens eine Bewertung und Zuordnung vorgenommen werden.

Wenngleich diese Schwierigkeiten bestehen, liegt es im Interesse des Unternehmens, die betrieblichen Stoff- und Energieströme sowie die damit verbundenen Umweltwirkungen optimal zu gestalten. Nicht zuletzt lässt sich dies mit der hohen Kostenrelevanz begründen, da die Vermeidung oder Verminderung von betrieblichen Umweltwirkungen, beispielsweise durch einen geringeren Ressourcenverbrauch, häufig mit Kostensenkungen einhergeht, die es auszuschöpfen und langfristig zu nutzen gilt. Gerade im Zuge der Verminderung und Vermeidung von Umweltwirkungen – im gesamtwirtschaftlichen Kontext also im Zuge der Erhaltung der ökologischen Funktionsfähigkeit – entstehen Kosten, die durch die Erfordernisse der Kreislaufwirtschaft beeinflusst werden, z.B. Kosten für die einzurichtenden Rücknahme- und Reduktionssysteme.[191] Diese und weitere Aspekte sind in den jeweilig relevanten Gestaltungsbereichen im Rahmen einer kreislauf- bzw. umweltorientierten Unternehmensführung zu berücksichtigen. Dies ist erforderlich, da durch die zunehmende Komplexität im ökonomischen System auch die Kostenwirkungen ein hohes Komplexitätsniveau erreichen – sowohl was die Vielfalt der Kostenarten als auch was die Wechselwirkungen zwischen verschiedenen Kosteneinflussgrößen und deren dynamischer Entwicklung angeht.[192] Im folgenden Kapitel werden sowohl die Grundzüge einer umweltorientierten Unternehmensführung dargestellt als auch die einzelnen Gestaltungsbereiche hinsichtlich ihrer Kreislauf- bzw. Umweltrelevanz genauer untersucht.

---

[191] Vgl. Passckert (1997), S. 141 f. und S. 327 ff., sowie Meffert/Kirchgeorg (1996a), S. 7. Der Begriff der *Umweltkosten* wird in Teil B, Abschnitt 1.1 eingehend erläutert.
[192] Vgl. Schulz (1994), S. 130.

2 Betriebliches Umweltmanagement im Rahmen der Kreislaufwirtschaft

Die Ausführungen zur Kreislaufwirtschaft und deren Implikationen für Unternehmen haben gezeigt, dass es nicht genügt, umweltbezogene Fragestellungen lediglich in akuten Entscheidungssituationen – und in den meisten Fällen ohne adäquate Informationsgrundlagen – zu berücksichtigen. Dies würde einem rein reaktiven und äußerst passiven Umgang mit betrieblichen Umweltaspekten entsprechen, welcher der hohen Komplexität und Relevanz der Thematik nicht gerecht würde.[193] Unter den veränderten Rahmenbedingungen, welchen sich Unternehmen verstärkt ausgesetzt sehen, gilt es vielmehr, sich den neuen Herausforderungen zu stellen, um Legalität vor dem Gesetzgeber und Legitimität auf dem Markt und in der Gesellschaft zu erhalten und zu wahren.[194]

Die mit der hohen Komplexität einhergehende Vielzahl und Vielfalt der Systemelemente sowie die hohe Dynamik ihrer Entwicklung erschwert die betriebliche Planung erheblich, da sich das Unternehmen ständig an den neuen Rahmenbedingungen ausrichten muss.[195] Für eine verstärkt umweltorientierte Ausrichtung sind insbesondere drei treibende Kräfte verantwortlich:[196]

- die Umweltgesetzgebung, welche in Deutschland mittlerweile eine Vielzahl an Gesetzen, Verordnungen und Richtlinien hervorgebracht hat,

- das zunehmende Umweltbewusstsein[197] in der Gesellschaft, welches sich in den Ansprüchen der Stakeholder[198] manifestiert, sowie

- die internen Optimierungspotenziale, welche sich in Kostensenkungen und Erlössteigerungen niederschlagen.

Neben der umfangreichen Umweltgesetzgebung sind es insbesondere die verschiedenen Anspruchsgruppen, welche eine umweltorientierte Ausrichtung des Unternehmens

---

[193] Vgl. Schmidt/Schwegler (2003), S. 4 f.
[194] Vgl. Dyckhoff (2000a), S. 8, Meffert/Kirchgeorg (1989), S. 182, Stahlmann (1994), S. 55 ff. Eine differenzierte Auseinandersetzung mit den Begriffen *Legalität* und *Legitimität* im Rahmen der Erfüllung umweltorientierter Ansprüche liefert Schiwek (2002), S. 71 und S. 294 ff. Während sich die *Legalität* auf die Einhaltung gesetzlicher und vertraglicher Regelungen bezieht und damit objektiv messbar ist, geht es im Rahmen der *Legitimität* um den Aufbau und die Erhaltung gesellschaftlicher Akzeptanz, welche auf subjektiven Wahrnehmungsmustern der Gesellschaftsmitglieder beruht und daher räumliche und zeitliche Differenzierungen aufweisen kann.
[195] Vgl. Schwegler/Schmidt (2003b), S. 5. Vgl. ebenso die Ausführungen in Teil A, Kapitel 3.
[196] Vgl. Holt (1998), S. 205, und Hendrickson/Tuttle (1997), S. 364. Eine detaillierte und erweiterte Analyse über Motivations- und Hemmnisfaktoren gibt auch Hitzler (2003), S. 273 ff.
[197] Siehe hierzu die Studie zum *Umweltbewusstsein in Deutschland 2008*; vgl. Bundesumweltministerium (Hrsg.) (2008), S. 1 ff.
[198] Die Begriffe *Stakeholder* und *Anspruchsgruppen* werden in dieser Arbeit synonym verwendet. ACHLEITNER nimmt eine differenzierte Unterteilung der Stakeholder vor, indem er sie entsprechend ihres Konkretheits- und Bedrohungsgrades klassifiziert. So unterscheidet der Autor zwischen Bezugsgruppen, Interessengruppen, Anspruchsgruppen sowie strategischen Anspruchsgruppen; vgl. Achleitner (1985), S. 76 ff. Entsprechend dieser Einteilung resultiert lediglich aus den Ansprüchen der strategischen Anspruchsgruppen ein tatsächlicher Einfluss auf das Unternehmen. Dieser Unterscheidung soll im weiteren Verlauf der Arbeit jedoch nicht gefolgt werden.

bewirken.[199] *Anspruchsgruppen* bzw. *Stakeholder* sind nach FREEMAN „*any group or individual who can affect or is affected by the achievement of a corporation's purpose*"[200] Diese allgemein gehaltene Definition wurde von MADSEN und ULHOI unter dem Aspekt der Integration von Umwelt- und Stakeholdermanagement konkretisiert. Demnach können Stakeholder definiert werden als "*individuals or groups with a legal, economic, moral and/or self-perceived opportunity to claim ownership, rights or interest in a firm and its past, present or future activities*"[201]. Diese Definition bringt zum Ausdruck, dass unterschiedliche Stakeholder ganz unterschiedliche Ansprüche an das Unternehmen stellen können – sowohl bezüglich des eigentlichen Inhalts als auch der Zielrichtung.[202] So kann ein Unternehmen durchaus divergierenden Ansprüchen gegenüberstehen, welchen in vielen Fällen mit Kompromisslösungen begegnet werden muss.[203] Ansprüche unterschiedlicher Anspruchsgruppen können sich auch gegenseitig bedingen, wenn sich bestimmte Stakeholder bereits artikulierter Ansprüche anderer Stakeholder bedienen. Dies trifft beispielsweise dort zu, wo Anspruchsgruppen auf bereits rechtlich festgelegte Emissionswerte oder Ähnliches zurückgreifen; hier werden die Anforderungen des Staates in eigene Ansprüche umformuliert.[204] Zum anderen beinhaltet die Definition implizit, dass die Anspruchsgruppen entweder dem Unternehmen selbst oder der unternehmerischen Umwelt entspringen.[205] Entsprechend wird zwischen internen und externen Anspruchsgruppen unterschieden: Zu den internen Anspruchsgruppen zählen beispielsweise die Mitarbeiter, die Eigentümer oder das Management; bei den externen Stakeholdern wird zwischen marktlichen, gesellschaftlichen und staatlichen Anspruchsgruppen unterschieden.[206] Dazu zählen beispielsweise

- in marktlicher Perspektive: Kunden, Lieferanten, Wettbewerber, Banken, Versicherungen, etc.,

- in gesellschaftlicher Perspektive: Anrainer, Medien, Umwelt- und Verbraucherschutzgruppen, etc.

---

[199] Detaillierte Ausführungen zu umweltschutzorientierten Anspruchsgruppen, deren Einfluss auf die Umweltorientierung von Unternehmen sowie die Berücksichtigung im Umweltmanagement finden sich bei Schiwek (2002), S. 65 ff. und S. 289 ff., sowie bei Lesourd/Schilizzi (2001), S. 5.
[200] Freeman (1984), S. 46.
[201] Madsen/Ulhoi (2001), S. 78.
[202] Ansprüche beziehen sich beispielsweise auf verschiedene Umweltmedien wie Luft, Boden oder Wasser; sie können sich jedoch auch darin unterscheiden, was gefordert wird – z.B. unterschiedliche Reinhaltungsgrade von Gewässern. Deutlicher wird dies hinsichtlich spezifischer Produktanforderungen: einige Kunden haben hohe Ansprüche an das Design oder an die Funktionalität eines Produktes, andere Kunden hingegen verlangen eine hohe Umweltverträglichkeit.
[203] Vgl. Rintanen (2005), S. 48.
[204] Dies ist vor allem dann zu beobachten, wenn sich die Ansprüche der einen Stakeholdergruppe aus den Ansprüchen anderer Stakeholdergruppen herleiten lassen. Zum besseren Verständnis sich gegenseitig bedingender Ansprüche unterscheidet SCHIWEK in originäre und derivative Ansprüche und erläutert in ihren Ausführungen Interdependenzen und Beziehungen zwischen Ansprüchen unterschiedlicher Stakeholder; vgl. Schiwek (2002), S. 294.
[205] Vgl. hier und im Folgenden Dyllick (1990), S. 86 ff.
[206] Da die ökologische Umwelt nicht unmittelbar in der Lage ist, die eigenen Ansprüche zu formulieren, treten betroffene, interessierte oder aus unterschiedlichen Gründen verantwortliche Personen oder Gruppen aus dem marktlichen, gesellschaftlichen oder staatlichen Bereich als *Vermittler* auf; vgl. Dyllick/Hummel (1996), S. 13.

- und in politischer Perspektive: Regierung, Gesetzgeber, Gerichte, Aufsichtsbehörden, etc.

Da diese Stakeholder über marktlichen, gesellschaftlichen oder politischen Druck Einfluss auf das Unternehmen und dessen Umweltorientierung nehmen,[207] ist es von besonderer Bedeutung, dass Unternehmen die relevanten Anspruchsgruppen und deren Ansprüche kennen. Dabei spielen hinsichtlich der ökologischen Ansprüche neben denjenigen Stakeholdern, die speziell auf Umweltaspekte zielen, auch solche Stakeholder eine Rolle, die ökologische Ansprüche neu in ihren Anspruchskanon aufnehmen.[208]

In den letzten Jahren hat sich die Auffassung gefestigt, dass nicht lediglich Rechtskonformität und die Auseinandersetzung mit Stakeholderansprüchen Motivatoren für eine unternehmerische Umweltorientierung darstellen. Zunehmend wird erkannt, dass auch interne Optimierungspotenziale identifiziert werden können, die sich in Kostensenkungen oder Erlössteigerungen niederschlagen. Entsprechend den unternehmerischen Gestaltungsbereichen geschieht dies vornehmlich über den umweltverträglicheren Faktoreinsatz, über optimierte Produktions- oder Reduktionsprozesse sowie über verbesserte Leistungseigenschaften der Produkte.

Das betriebliche Umweltmanagement bzw. die umweltorientierte Unternehmensführung[209] stellt einen systematischen Ansatz dar, den marktlichen, gesellschaftlichen und politischen Herausforderungen in angemessener Weise zu begegnen.[210] Es trägt zur Problemstrukturierung bei und verbessert damit den Umgang mit Komplexität. Dies bedeutet jedoch nicht, dass betriebliche Sachverhalte zu stark vereinfacht werden sollten. Komplexität sollte nur in dem Umfang handhabbar gemacht werden, in welchem es der angemessenen Lösung des Problems gerecht wird. Bestimmte Probleme bedürfen der Kenntnis komplexer Zusammenhänge und für manche Entscheidungen bedeutet dies, dass komplexe Sachverhalte zugelassen werden müssen, um neben herkömm-

---

[207] Vgl. Walter (2005), S. 34, und Rintanen (2005), S. 47. SCHMIDT und SCHWEGLER merken in diesem Zusammenhang kritisch an, dass sich Unternehmen nur dann der Erfüllung von Stakeholder-Ansprüchen verpflichtet fühlen, wenn der erzeugte Druck groß genug ist und negative Konsequenzen aus der Nicht-Wahrnehmung oder Nicht-Erfüllung resultieren können, beispielsweise in Form von Boykotten oder Sanktionsabgaben; vgl. Schmidt/Schwegler (2003), S. 7.

[208] Vgl. Lesourd/Schilizzi (2001), S. 8.

[209] In der deutschsprachigen betriebswirtschaftlichen Literatur existiert eine Vielzahl an Begriffen, die teilweise synonym, teilweise in leicht differenzierender Form für das Konzept des Umweltmanagements verwendet werden. Darunter fallen beispielsweise die Begriffe *umweltorientierte* bzw. *umweltverantwortliche Unternehmensführung*, *ökologiebezogene Unternehmensführung*, *umweltbezogene* oder *ökologische Unternehmenspolitik*, *betriebliche Umweltökonomie*, *betriebliche Umweltpolitik*, *(strategisches) Ökologiemanagement* und viele mehr – der Einfallsreichtum hinsichtlich der Wortschöpfung und -verwendung scheint unerschöpflich; vgl. dazu beispielhaft die Titel und Begrifflichkeiten der folgenden Werke: Wicke u.a. (1992), Senn (1986), Steger (1988), Stahlmann (1994), Stähler (1991), Pfriem (1996), Freimann (1996), Albach (Hrsg.) (1990), Dyllick (1989), Haasis (1996), Hopfenbeck (1994), Meffert/Kirchgeorg (1998), Schreiner (1996), Michaelis (1999), Weber (Hrsg.) (1997), Baumast/Pape (Hrsg.) (2003) und Wagner (1997). Diesen Begriffen liegt kein einheitliches Verständnis zugrunde, vielmehr werden die spezifischen Inhalte erst durch die Darstellung der unter den Begriffen subsumierten Ziele, Strategien, Instrumente und Maßnahmen präzisiert; vgl. dazu Meffert/Kirchgeorg (1998), S. 16 f. Die Begriffe *Umweltmanagement* und *umweltorientierte Unternehmensführung* werden in dieser Arbeit synonym verwendet.

[210] Vgl. hier und im Folgenden Schwegler/Schmidt (2003b), S. 5.

lichen Lösungsansätzen auch antizipative und innovative Ideen zu entwickeln.[211] BLEICHER spricht in diesem Zusammenhang von der Kunst, die Komplexität eines Systems situativ zu nutzen.[212]

2.1 Grundlagen eines Umweltmanagements

2.1.1 Begriff des Umweltmanagements

Im allgemeinen Sprachgebrauch wird der Begriff des *Managements* sowohl in seiner institutionellen als auch in seiner funktionalen Bedeutung verwendet. Das Management in institutioneller Perspektive umfasst diejenigen Personen, die auf verschiedenen Unternehmensebenen[213] mit Entscheidungs- und Weisungsbefugnissen betraut sind; in funktionaler Perspektive sind hingegen die Aufgaben relevant, die zur Gestaltung und Steuerung der betrieblichen Prozesse erfüllt werden müssen.[214]

Ebenso kann das betriebliche Umweltmanagement aus beiden Perspektiven heraus betrachtet werden; allerdings beziehen sich die meisten Ausführungen und Untersuchungen in diesem Bereich auf funktionale Aspekte. Die folgende Management-Definition kann zur Annäherung an den Begriff des *Umweltmanagements* herangezogen werden: „*Management is the process of planning, organizing, leading, and controlling the efforts of organizational members and the use of other organizational resources in order to achieve stated organizational goals*"[215].

Die Zusammensetzung des Begriffs *Umweltmanagement* lässt bereits auf dessen Bedeutung schließen. Das Umweltmanagement umfasst alle auf die natürliche Umwelt bezogenen Aspekte des Managements: die Planung, Steuerung und Kontrolle aller betrieblichen Umweltschutzaktivitäten sowie eine umweltorientierte Betriebs- und Mitarbeiterführung.[216]

Das betriebliche *Umweltmanagement* – als Teilsystem des Managements – ist durch drei wesentliche Eigenschaften charakterisiert:[217]

1. Das Umweltmanagement weist einen *mehrdimensionale Zielbezug* auf: Es werden keine punktuellen Einzelmaßnahmen ergriffen, sondern unter Berücksichtigung gesellschaftlicher, gesetzlicher und ökonomischer Anforderungen werden Umweltschutzaktivitäten *systematisch* und *simultan* generiert, geplant, durchgeführt und kontrolliert.

---

[211] Diesbezüglich äußern sich auch ULRICH und PROBST abwägend: „*Komplexitätsreduzierende Maßnahmen sind richtig, wenn es um die rationelle und sichere Erreichung bekannter Ziele auf bekannten Wegen geht, aber falsch, wenn es darum geht, nach neuen Zielen und Wegen zu suchen.*", Ulrich/Probst (1995), S. 63.
[212] Vgl. Bleicher (2004), S. 39 f.
[213] Häufig werden in dieser Perspektive ausschließlich die Führungspersonen auf höchster Unternehmensebene betrachtet, welche als Top-Management bezeichnet werden.
[214] Vgl. Steinmann/Schreyögg (2005), S. 6 ff., und Baumann/Kössler/Promberger (2005), S. 3 ff.
[215] Stoner (1995), S. 6.
[216] Vgl. Kamiske u.a. (1995), S. 5, Meffert/Kirchgeorg (1998), S. 23, Dyckhoff (2000a), S. 3, und Schwegler/Schmidt (2003a), S. 55.
[217] Vgl. im Folgenden Meffert/Kirchgeorg (1998), S. 17.

2. Das Umweltmanagement ist *funktionsübergreifend* angelegt: Umweltbezogene Aspekte werden in allen betrieblichen Entscheidungen in allen betrieblichen Funktionsbereichen (z.B. Beschaffung, Produktion und Absatz) sowie auf allen Unternehmensebenen integriert.
3. Das Umweltmanagement hat häufig eine *proaktive Ausrichtung*: Es werden innovative Lösungen entwickelt, d.h. die Aktivitäten im Zuge des Umweltmanagements resultieren nicht lediglich aus der Reaktion auf vorliegende Rahmenbedingungen, sondern vornehmlich aus einem vorausschauenden und antizipativen *Agieren*.

2.1.2 Ziele, Aufgaben und Anforderungen

Im Kontext der Stakeholderansprüche sowie der Herausforderungen, die die kreislaufwirtschaftlichen Rahmenbedingungen mit sich bringen, beinhalten die Ziele des Umweltmanagements allgemein formuliert:[218]

- die Erfassung und Analyse der mit den natürlichen Umweltbeziehungen eines Unternehmens zusammenhängenden marktlichen und nicht-marktlichen Anforderungen,
- die Erfassung und Analyse der betrieblichen Umweltwirkungen sowie deren Beeinflussung, um diese Anforderungen zu erfüllen und
- die systematische Herleitung der Konsequenzen für das Unternehmen und möglicher Handlungsoptionen.

Eine Operationalisierung der Ziele resultiert in der Forderung nach einer Vermeidung oder Verminderung von Umweltwirkungen durch einen verbesserten Faktoreinsatz, durch umweltverträglichere Prozesse und Verfahren sowie durch umweltschonendere Leistungen (im Sinne von Produkten und Dienstleistungen).[219]

Die Erreichung dieser Ziele wird mithilfe allgemeiner Managementfunktionen verfolgt, welche in die sachbezogenen Funktionen der Planung, Organisation und Kontrolle sowie in die personenbezogene Funktion der Mitarbeiterführung unterteilt werden können.[220] Diese Managementfunktionen sind als Querschnittsfunktionen im Unternehmen angelegt und weisen einen hohen Verknüpfungsgrad mit den originären

---

[218] Vgl. Matschke/Jäckel/Lemser (1998), S. 18, und Meffert/Kirchgeorg (1998), S. 18 f.

[219] HITZLER merkt im Rahmen einer empirischen Studie an, dass das Umweltmanagement in vielen Unternehmen schwerpunktmäßig der Erreichung und Erhaltung von Rechtskonformität sowie der Beherrschung von Produktionsabläufen dient, ohne die Erfolgspotenziale, die in der umweltbezogenen Optimierung des Faktoreinsatzes, der Leistungsprozesse und der Produkte liegen, zu erkennen und zu nutzen; vgl. Hitzler (2003), S. 271. Diese Thematik wird auch von MATTEN aufgegriffen, wenn er von einem Paradigmenwechsel im Umweltmanagement spricht, welcher mit dem zunehmenden Druck der unternehmerischen Anspruchsgruppen auf die Gestaltung des betrieblichen Umweltschutzes einhergeht; vgl. Matten (2002), S. 150.

[220] Vgl. Baumann/Kössler/Promberger (2005), S. 4. Weitere Ausführungen zu den einzelnen Managementfunktionen sind in Baumann/Kössler/Promberger (2005), S. 6 ff., nachzulesen.

Funktionsbereichen (wie Beschaffung, Produktion oder Absatz) auf.[221] Die Funktionen des Umweltmanagements zeichnen sich durch einen spezifischen Bezug zur natürlichen Umwelt aus, was bedeutet, dass in allen betrieblichen Entscheidungen, die im Rahmen der Funktionserfüllung zu treffen sind, umweltbezogene Fragestellungen berücksichtigt und in diese integriert werden müssen. Dies impliziert, dass sich im Zuge der Erfüllung dieser Funktionen und der adäquaten Berücksichtigung von Umweltaspekten ein breiter Aufgabenkanon zur umweltbezogenen Steuerung der Leistungserstellung und -sicherung ergibt, deren sich Unternehmen im Zuge einer erfolgreichen Auseinandersetzung annehmen müssen. Dazu gehören unter anderem:[222]

- die Erfassung und Darstellung der betrieblichen Umweltauswirkungen,
- die Analyse der staatlichen Umweltpolitik und ihre Bedeutung für die Unternehmen,
- die Entwicklung von Umweltzielen und hieraus hergeleitete Handlungsoptionen,
- die Analyse und Gestaltung der Organisation des betrieblichen Umweltschutzes,
- die Analyse und Gestaltung einer umweltorientierten Materialwirtschaft, Fertigungswirtschaft, Absatzwirtschaft, des Personalwesens, der Forschung und Entwicklung etc. – also die Integration des Umweltschutzes in die diversen betrieblichen Funktionen und Bereiche,
- die Erarbeitung von Finanzierungsmöglichkeiten für betriebliche Umweltschutzmaßnahmen,
- die Erarbeitung und Anwendung einer umweltbezogenen Kosten- und Investitionsrechnung sowie
- die Erarbeitung und Anwendung neuer umweltorientierter Informationsinstrumente.

Zur erfolgreichen Bewältigung dieser Aufgaben, zur Erfüllung der Funktionen und zur Erreichung der Ziele werden bestimmte Anforderungen an ein Umweltmanagement gestellt. Dazu zeichnet die Fachliteratur ein differenziertes und vielseitiges Bild. Daher seien im Folgenden die wichtigsten Anforderungen genannt und erläutert.

Als zentrale Anforderung für die erfolgreiche Integration von umweltbezogenen Fragestellungen in betriebliche Entscheidungen im Rahmen des Umweltmanagements

---

[221] Vgl. beispielsweise Steinmann/Schreyögg (2005), S. 10 ff. In weiteren Ausführungen zu diesem Thema werden die Koordination, die Berichterstattung und die Budgetierung als Managementfunktionen angeführt. Laut STEINMANN und SCHREYÖGG werden die *Berichterstattung* und die *Budgetierung* nach gängiger Auffassung in der Managementlehre unter der *Kontrolle* subsumiert. Die *Koordination* wird in diesem Standardkonzept nicht als eigenständige Funktion angesehen; vielmehr hat sie übergreifenden Charakter und wird durch die anderen genannten Funktionen bewirkt.
[222] Die folgende Aufzählung ist den Ausführungen von Matschke/Jäckel/Lemser (1998), S. 18, entnommen.

wird das *Top-Management Commitment* angesehen.[223] Das Bekenntnis zur Ressourcenschonung und Emissionsminderung sowie die konsequente Unterstützung aller Umweltschutzaktivitäten durch die oberste Managementebene sind für eine erfolgreiche Implementierung unumgänglich. Nur wenn die Geschäftsführung verbindlich hinter dem Gedanken einer umfassenden Umweltorientierung im Unternehmen steht, können die entsprechend zu entwickelnden Werte, Ziele, Strategien und Maßnahmen auf allen Unternehmensebenen implementiert und umgesetzt werden; nur dann wird der betriebliche Umweltschutz auch von allen anderen Mitarbeitern ernst genommen und systematisch berücksichtigt. Weiterhin zählen zu den normativen Anforderungen an ein Umweltmanagement:[224]

- die Erhebung des Umweltschutzes zu einem übergeordneten und maßgeblichen Unternehmensziel, welches ebenso Berücksichtigung findet wie die Ziele der Gewinnmaximierung, der Kostenminimierung oder der Qualitätssicherung,
- eine hohe Mitarbeiterqualifikation und -motivation, welche durch umweltbezogene Aus- und Weiterbildungsangebote sowie durch spezifische Anreizinstrumente gefördert werden kann,
- die Einbeziehung der Mitarbeiter in jegliche umweltbezogene Problemlösungsvorgänge,
- eine gute interne und externe Kommunikation, die an den Informationsbedürfnissen der jeweiligen Interessenten ausgerichtet ist,
- die Implementierung und Anwendung der betrieblichen Umweltschutzprinzipien in der gesamten Wertschöpfungskette und
- die konsequente Messung der betrieblichen Umweltleistung sowie deren kontinuierliche Verbesserung.

Die Berücksichtigungs- und Erfüllungsgrad der genannten Anforderungen bestimmen den Grad, mit welchem Vorteile des Umweltmanagements im Unternehmen realisiert werden können.

---

[223] Vgl. Welford (1998b), S. 11, Hitzler (2003), S. 274 ff., und Wee/Quazi (2005), S. 104. Auch im Rahmen der internationalen Norm ISO 14001 wird dieser Aspekt hervorgehoben; vgl. CEN (Hrsg.) (1996), S. 3.
[224] Vgl. Welford (1998b), S. 11, Hitzler (2003), S. 271 ff., und Kamiske u.a. (1995), S. 5. Es sei insbesondere auf die Ausführungen von WEE und QUAZI hingewiesen, welche in ihrer Studie kritische Faktoren des Umweltmanagements identifiziert und untersucht haben. Eine aussagekräftige Zusammenstellung der Anforderungen mit gut nachvollziehbaren Beispielen findet sich in Wee/Quazi (2005), S. 104. Eine vergleichbare Zusammenstellung mit vielen weiterführenden Literaturhinweisen bietet auch die Studie von Zutshi/Sohal (2004), S. 401 ff.

2.1.3 Potenzielle Chancen und Hemmnisse eines betrieblichen Umweltmanagements

Die Chancen, die mit der Berücksichtigung von Umweltaspekten in betrieblichen Entscheidungen im Rahmen eines Umweltmanagements einhergehen können, sind mannigfaltig. Eine Vielzahl an empirischen Studien beschäftigt sich mit diesem Thema, um insbesondere die Wirkung des Umweltmanagements auf ökonomische Erfolgsgrößen zu untersuchen – oftmals fungiert dabei die Existenz eines Umweltmanagementsystems als Indikator für die Berücksichtigung von umweltbezogenen Aspekten im Unternehmen.[225] Ebenso gibt es Untersuchungen zu den Faktoren, die die erfolgreiche Implementierung und Durchführung eines Umweltmanagements hemmen können.[226] Sowohl die Chancen, die durch ein Umweltmanagement realisiert werden können, als auch die Hemmnisse, die dem potenziell entgegenstehen, können internen oder externen Charakter haben.[227]

Externe Chancen liegen in der *Verbesserung der Wettbewerbssituation*, welche aus der umweltbezogenen Optimierung von Produkten und Prozessen resultieren kann, da eine Absicherung bestehender Märkte bzw. eine Erweiterung neuer Märkte vollzogen wird.[228] Dies geschieht unter der Prämisse, dass der generierte ökologische Zusatznutzen von umweltschonenderen Prozessen oder Produkten auf dem Markt wahrgenommen wird und Einfluss auf das Verhalten anderer Marktteilnehmer hat, beispielsweise auf das Verhalten von Kunden, Lieferanten oder sogar der Konkurrenz.

Die ökologische Ausrichtung der unternehmerischen Aktivitäten kann den Marktteilnehmern eine hohe Glaubwürdigkeit und Zuverlässigkeit signalisieren, was die Etablierung eines positiven *Unternehmensimages* fördert. Auch die *gesamtgesellschaftliche Wahrnehmung* kann deutlich verbessert werden, wenn zusätzlich zur erhöhten Glaubwürdigkeit und Zuverlässigkeit ein offener und ehrlicher Dialog mit den Anspruchsgruppen praktiziert wird.[229]

---

[225] Beispielhaft seien die Studien von Gupta (1995), S. 34 ff., Holt (1998), S. 204 ff., Klassen (2000), S. 127 ff., Wagner/Schaltegger (2002), S. 1 ff., Watson/Emery (2004a), S. 916 ff., Watson u.a. (2004), S. 622 ff., Dowell/Hart/Yeung (2000), S. 1059 ff., Delmas (2001), S. 343 ff., und Annandale/Morrison-Saunders/Bouma (2004), S. 1 ff., angeführt, die sich aus unterschiedlichen Perspektiven mit dieser Thematik beschäftigen. Diese Studien prüfen unter anderem die Wirkung von Umweltmanagement(systemen) auf *betriebliche Funktionen*, auf die *betriebliche Leistung*, auf *Investitionen im Fertigungsbereich*, auf *finanzielle Erfolgsgrößen*, auf den *Markt- oder Börsenwert*, auf *Wettbewerbsvorteile* oder auf *ökologische Erfolgsgrößen*. Ein umfassender Überblick über Veröffentlichungen, die sich mit dem Zusammenhang von Umweltleistungen und ökonomischen Erfolgsgrößen, beispielsweise Rentabilität, beschäftigen, findet sich bei Wee/Quazi (2005), S. 96 ff.

[226] Exemplarisch seien hierfür die Veröffentlichungen von Hitzler (2003), S. 275 f., und Wagner/Schaltegger (2002), S. 5 ff., angeführt.

[227] Vgl. hier und im Folgenden insbesondere Hitzler (2003), S. 273 ff., Baumann/Kössler/Promberger (2005), S. 21 ff., Holt (1998), S. 204 f., Watson/Emery (2004a), S. 922 f., Letmathe (2003), S. 26 ff., und Walter (2005), S. 53 f. Ausführungen zu den ökonomischen und ökologischen Wirkungen eines Umweltmanagements finden sich u.a. bei Walter (2005), S. 131 ff., und Dyllick (1999), S. 119 ff.

[228] Vgl. hierzu die Ausführungen zur Entwicklung ökologischer Wettbewerbsstrategien nach Dyllick/Belz/Schneidewind (1997), S. 76.

[229] Vgl. beispielsweise Delmas (2001), S. 354 f.

Interne Vorteile werden vor allem in den Faktoren gesehen, die eine kontinuierliche Verbesserung der Wettbewerbsfähigkeit beeinflussen.[230] Durch eine umweltbezogene Ausrichtung der Unternehmensaktivitäten werden *Prozesse und Produkte* überdacht und in vielen Fällen optimiert. Dies kann zu *Kostensenkungen* führen, die sich zum einen durch eine höhere *Transparenz* über betriebliche Strukturen und Abläufe, zum anderen durch die Verbesserung der *Ressourceneffizienz* und die Reduktion von verursachten *Umweltwirkungen* realisieren lassen.[231] Durch gezielte, umweltorientierte Veränderungen der Prozesse und Produkte lassen sich umweltspezifische *Risiken* vermindern oder sogar gänzlich vermeiden, was sich als Konsequenz in niedrigeren Versicherungsprämien niederschlagen kann.

Neben diesen *harten* Faktoren existiert die positive Wirkung der Umweltorientierung auf die *Motivation der Mitarbeiter*. Die Beschäftigung in einem *sauberen* Unternehmen, in welchem die Kenntnis und Identifikation mit vorgegebenen Werten und Zielen weniger Konfliktpotenzial birgt, wird als zentraler Aspekt einer höheren Basismotivation angesehen.[232] Dazu trägt unter anderem bei, dass im Rahmen eines Umweltmanagements der offenen und bereichsübergreifenden Kommunikation – sowohl mit internen als auch externen Interessenten – eine hohe Bedeutung beigemessen wird.

Letztlich können die *weiten Handlungsspielräume* als Chance identifiziert werden. In Abhängigkeit von der Unternehmensgröße und der Branchenzugehörigkeit kann ein Unternehmen zwischen einer Vielzahl an umweltbezogenen Instrumenten und Maßnahmen wählen. Dies ermöglicht ein problemgerechtes Vorgehen in Abhängigkeit von der spezifischen Entscheidungssituation. In vielen Bereichen nutzen die Unternehmen anerkannte Standards oder Richtlinien (wie bei der Einrichtung von Umweltmanagementsystemen, bei der Anwendung von Ökobilanzen oder der Veröffentlichung von Umweltberichten).[233] Die Entscheidung für oder wider bestimmte Instrumente oder Maßnahmen kann jedoch auch problematisch sein, falls das Leistungspotenzial nicht transparent ist und damit beispielsweise unklar bleibt, welche Instrumente welche Informationen liefern.

Interne Hemmnisse liegen insbesondere in den so genannten *weichen* Faktoren. Dazu zählen zuvorderst die *Wertehaltungen maßgeblicher Personen* – also der Personen, die Entscheidungs- und Weisungsbefugnisse im Unternehmen besitzen. Die fehlende Un-

---

[230] Vgl. hierzu auch Schitag Ernst & Young (Hrsg.) (1995), S. 4 ff.
[231] In diesem Zusammenhang sei auf die Innovationswirkungen von Umweltmanagementsystemen sowie auf die zusätzliche Erzielung von Lernkurveneffekten hingewiesen; vgl. Rennings u.a. (2005), S. 109 ff. und S. 115 ff., sowie Letmathe (2003), S. 16 ff.
[232] Vgl. Hopfenbeck/Willig (1995), S. 114 f.
[233] Unternehmen können bei der Einrichtung von Umweltmanagementsystemen beispielsweise zwischen der europäischen Verordnung EMAS (Eco-Management and Audit Scheme) oder dem internationalen Standard ISO 14001 wählen. Bei der Anwendung von Ökobilanzen kann der Vorgehensvorschlag des IÖW (Institut für ökologische Wirtschaftsforschung) oder der internationale Standard ISO 14040 zum Life Cycle Assessment gewählt werden; und hinsichtlich der umweltorientierten Berichterstattung kann ebenfalls auf EMAS oder auf die internationalen Vorgaben der GRI (Global Reporting Initiative) zurückgegriffen werden.

terstützung seitens der Geschäftsführung ist ein wesentlicher Hemmnisfaktor – gleiches gilt jedoch auch für die Ignoranz umweltbezogener Werte und Ziele durch die Vorgesetzen und Mitarbeiter auf jeglichen betrieblichen Ebenen.[234] Eine Missbilligung entsprechender Werte kann eine *Unternehmenskultur* hervorbringen, welche als Wegbereiter unternehmensinterner Motivation nicht auf der Integration umweltbezogener Aspekte aufbaut. Dies schlägt sich in der Ausrichtung aller Unternehmensaktivitäten nieder – egal ob im normativen, im strategischen oder im operativen Bereich – und zeigt sich entsprechend in der organisatorischen Verankerung des Umweltschutzes. Organisationsstrukturen, die eine Umsetzung umweltbezogener Aktivitäten unterstützen, sind in Unternehmen, in welchen der Umweltschutz nicht durch umweltbezogene Werte und Ziele gelebt wird, selten zu finden.

Der gleiche Mechanismus setzt hinsichtlich der Mitarbeiterqualifikation ein. Sensibilisierte und gut ausgebildete Mitarbeiter, deren Aus- und Weiterbildung auch umweltbezogene Aspekte umfasst, können eine Umweltorientierung des Unternehmens erfolgreich mittragen. Fehlt dies, so bleibt auch eine funktionsübergreifende Auseinandersetzung mit dem Thema *Umweltschutz* aus.

Diese Faktoren werden durch die eingeschränkten Möglichkeiten der *Operationalisierung* umweltorientierter Problemstellungen und -lösungen sowie durch die begrenzte *Messbarkeit* der umweltbezogenen Verbesserungen und Erfolge verstärkt. Ökologische Probleme sind nur unter genauer Kenntnis der ökonomisch-ökologischen Wirkungszusammenhänge auf die betriebliche Ebene transformierbar; Aussagen über den ökonomischen und ökologischen Nutzen von Umweltmaßnahmen beruhen jedoch meist auf Schätzwerten, die nur unter bestimmten Rahmenbedingungen zutreffen.

Externe Hemmnisse ergeben sich dadurch, dass betriebliche Umweltschutzmaßnahmen ihre Wirkung in der natürlichen Umwelt meist erst auf lange Sicht entfalten. Dies lässt sich in vielen Fällen nicht mit den relativ *kurzen Planungshorizonten* im Unternehmen vereinbaren.[235] Wo kurzfristige ökonomische Erfolge langfristigen ökologischen Wirkungen gegenüberstehen, werden Entscheidungen für oder wider Umweltschutzmaßnahmen meist von ökonomischen Gesichtspunkten dominiert.

Letztlich kann die *geringe Wertschätzung* einer umweltorientierten Ausrichtung des Unternehmens im unternehmerischen Umfeld ein Hindernis für das Umweltmanagement darstellen. Wenn unabhängig vom generierten oder wahrgenommenen ökologischen Zusatznutzen die Akzeptanz umweltschonender Tätigkeiten am Markt ausbleibt (z.B. seitens der Kunden oder der Lieferanten) und sich damit keine Marktpotenziale erschließen lassen, stellt sich für Unternehmen die Frage der Notwendigkeit oder Sinnhaftigkeit eines Umweltmanagements.

---

[234] Vgl. Prakash (2001), S. 293 ff., und Delmas (2001), S. 354 f.
[235] Ein Beispiel für derartige Planungskonflikte zeigt sich im Zuge der Umsetzung des Kyoto-Protokolls zum internationalen Klimaschutz. Während das Kyoto-Protokoll – als Zusatzprotokoll der Klimarahmenkonvention der Vereinten Nationen für den Klimaschutz – einen Planungs- und Zielhorizont von derzeit mindestens 15 Jahren (1997 – 2012) aufweist, erfolgt die Umsetzung auf betrieblicher Ebene im Rahmen der langfristigen (bis zu zehn Jahre), mittelfristigen (bis zu fünf Jahre) und kurzfristigen Planung (bis zu einem Jahr).

Die folgende Abbildung fasst die Hauptaussagen des Abschnitts zusammen.

Chancen			Hemmnisse	
Extern	Intern			Extern
• Verbesserung der Wettbewerbssituation • Unternehmensimage • Gesellschaftliche Wahrnehmung	• Optimierte Prozesse & Produkte • Kostenreduktion • Transparenz • Ressourceneffizienz • Reduktion von Umweltwirkungen • Risikominimierung • Mitarbeitermotivation • Kommunikation • Weite Handlungsspielräume	• Wertehaltung maßgeblicher Personen • Unternehmenskultur • Unternehmensstrukturen • Mitarbeiterqualifikation • Operationalisierung & Messbarkeit		• Lange Wirkungshorizonte • Geringe Wertschätzung

Abb. B-3: Externe und interne Vorteile und Hemmnisse des betrieblichen Umweltmanagements (erweiterte Darstellung in Anlehnung an Hitzler (2003), S. 277)

2.1.4 Standardisierung des Umweltmanagements – Umweltmanagementsysteme

Verbunden mit der zunehmenden Erkenntnis, dass die Integration umweltbezogener Fragestellungen in betriebliche Entscheidungen und die umweltorientierte Ausrichtung der unternehmerischen Tätigkeiten wichtige Erfolgsfaktoren darstellen können, befassen sich seit Mitte der 1980er Jahre immer mehr Unternehmen mit der Einführung eines Umweltmanagements.[236] Die Frage nach der Gestaltung lässt sich dabei nicht für alle Unternehmen einheitlich beantworten, jedoch wird die Notwendigkeit erkannt, dass viele Unternehmen eine Anleitung zur Implementierung benötigen.

Neben Beratungsleistungen, die beispielsweise von Umweltberatungen angeboten werden, existiert mittlerweile eine Vielzahl an Leitfäden, die oftmals in Abhängigkeit von der Branchenzugehörigkeit oder von der Unternehmensgröße spezifische Gestaltungshinweise geben.[237] Diese Leitfäden sind in den meisten Fällen Spezifikationen der existierenden Umweltmanagementstandards, die seit Anfang der 1990er Jahre entwickelt wurden. Die Formulierung derartiger Normen ist durch mehrere Faktoren motiviert:

---

[236] Vgl. Lesourd/Schilizzi (2001), S. 287.
[237] Exemplarisch seien die folgenden Leitfäden angeführt: *Umweltmanagement im Großhandel* (vgl. IHK Hochrhein Bodensee (Hrsg.) (1997)), *Umweltmanagement im Einzelhandel* (vgl. LfU Baden-Württemberg (Hrsg.) (1996c)), *Umweltmanagement in Krankenhäusern* (vgl. LfU Baden-Württemberg (Hrsg.) (1996a)), *Umweltmanagement für Verkehrsbetriebe* (vgl. LfU Baden-Württemberg (Hrsg.) (1996b)), und *Umweltmanagement in der metallverarbeitenden Industrie* (vgl. LfU Baden-Württemberg (Hrsg.) (1995)).

- Mit der Entwicklung eines einheitlichen Umweltmanagementstandards wird den Unternehmen ein systematischer und gleichzeitig flexibler Ansatz zur Implementierung eines Umweltmanagements an die Hand gegeben. Die existierenden Normen enthalten wesentliche Elemente, die bei der Einführung und Umsetzung eines Umweltmanagements notwendig sind, um die geschilderten Chancen zu realisieren und die Hemmnisse abzubauen.[238]

- Mit derartigen Standards wird eine Vergleichbarkeit innerhalb und zwischen Branchen hergestellt, die beispielsweise eine Präferenzbildung seitens der Kunden oder Lieferanten für bestimmte Unternehmen erlaubt.

- Nach erfolgreicher Implementierung einer Umweltmanagementnorm können Unternehmen dieses System zertifizieren bzw. validieren lassen. Dies wird in bestimmten Branchen, beispielsweise in der Automobilbranche oder in der chemischen Industrie, als Signal einer umweltorientierten Ausrichtung verstanden. Die jeweiligen Unternehmen erwarten einen Wettbewerbsvorteil, beispielsweise bei der Auswahl von Lieferanten oder der Neueinführung eines Produktes.

LESOURD und SCHILIZZI greifen diesen letzten Aspekt heraus, wenn sie der Frage nachgehen, warum Unternehmen Umweltmanagementsysteme einführen und es nicht bei der Implementierung eines nicht-normierten Umweltmanagements belassen.[239] Sie sehen die Hauptgründe für die Einführung eines Umweltmanagementsystems darin, dass die umweltbezogenen Eigenschaften von Produkten und Dienstleistungen für viele Konsumenten ein wichtiges Qualitätsmerkmal sind. Die Umwelteigenschaften der erstellten Leistungen sind wiederum eng mit den betrieblichen Umweltwirkungen des Unternehmens verknüpft. Die systematische Gestaltung der Umweltwirkungen und die Zertifizierung dieser Bestrebungen im Rahmen des Umweltmanagementsystems haben den angeführten Signalcharakter.[240]

Erklärungsansätze sind auch im allgemeinen Charakter von Managementsystemen zu finden, welche durch ihre Struktur und Konzeption der systematischen Arbeitsteilung und Spezialisierung zur Reduktion der Komplexität beitragen, welche die Ursache-Wirkungs-Zusammenhänge zwischen dem Unternehmen und ihrer Umwelt kennzeichnet.[241] Nach HEMENWAY kommt dem Umweltmanagementsystem als Teilsystem des übergeordneten Managements die folgende Bedeutung zu: „It provides order and consistency in organization's methodologies through the allocation of resources, as-

---

[238] Zu spezifischen Nutzenanalysen von Umweltmanagementsystemen vgl. Baumann/Kössler/ Promberger (2005), S. 241 f., sowie die Ausführungen von Gastl (2005), S. 102 ff. Letzterer differenziert ebenfalls zwischen internen und externen Nutzenpotenzialen.

[239] Eine umfassende Analyse der Vor- und Nachteile beider Optionen soll hier nicht vorgenommen werden; lediglich ihre Existenz, eine kurze Beschreibung wesentlicher Elemente sowie einige Hinweise zu Wirkungsmechanismen und Kritikpunkten sollen aufgegriffen werden.

[240] Vgl. Lesourd/Schilizzi (2001), S. 287, Gastl (2005), S. 28 f. sowie S. 136 f., Schlatter (1999), S. 30 f., und CEN (1996), S. 3. Kritik an der Glaubwürdigkeit des EMAS-Zeichens bzw. des ISO-Zertifikats – und somit an der positiven Signalwirkung – zeigt Müller (2002), S. 219 ff., auf.

[241] Vgl. Schmidt/Schwegler (2003), S. 4 ff.

signment of responsibilities and on-going evaluation of practices, procedures and processes."[242] In diesem Sinne kann ein Umweltmanagementsystem als ein systematischer und strukturierter Ansatz der umweltorientierten Unternehmungsführung verstanden werden, welcher sich durch seinen internen Signal- und Disziplinierungscharakter auszeichnet.[243]

Die heute existierenden Umweltmanagementstandards sind ursprünglich aus dem britischen Standard BS 7750 hervorgegangen, welcher am 6. April 1992 veröffentlicht wurde.[244] Etwa zeitgleich begannen die Arbeiten der Europäischen Kommission an der EG-Öko-Audit-Verordnung[245], welche am 29. Juni 1993 beschlossen wurde und seit April 1995 für alle Mitgliedsstaaten in der Europäischen Union gültig ist. Diese Verordnung, die spätestens seit ihrer Novellierung im Jahr 2001 unter ihrer Kurzbezeichnung *EMAS*[246] bekannt ist, gilt lediglich innerhalb der EU-Mitgliedsstaaten und konnte sich bislang nicht gegen ihren vermeintlichen Konkurrenten, den internationalen Standard ISO 14001, durchsetzen.[247] Die Entwicklung der DIN EN ISO 14001:1996 orientierte sich stark an dem britischen Standard BS 7750 und löste diesen im Jahr 1996 ab. Dieser internationale Standard ist mittlerweile weltweit anerkannt und wurde 2004 unter Berücksichtigung der praktischen Erfahrungen der ersten Jahre überarbeitet.[248]

Der Aufbau eines Umweltmanagementsystems, insbesondere der Aufbau der ISO 14001, ist in seinen Hauptelementen an den Managementzyklus nach DEMING angelehnt.[249] Dieser beinhaltet als einzelne Zyklusphasen die Planung (*plan*), die Implementierung und Durchführung (*do*), die Kontrolle (*check*) sowie das Managementreview und eine eventuelle Anpassung der Planungsvorgaben (act). Das Umweltmanagementsystem nach ISO 14001 weist eine weitere Phase auf: die Generierung und

---

[242] Hemenway (1995), zitiert nach Zutshi/Sohal (2004), S. 400.
[243] Vgl. Welford (1998b), S. 10 f., und Holt (1998), S. 206.
[244] Vgl. hier und im Folgenden Holt (1998), S. 206, Baumann/Kössler/Promberger (2005), S. 25 ff., und Lesourd/Schilizzi (2001), S. 292.
[245] Der offizielle Titel lautet: Verordnung (EWG) Nr. 1836/93 des Rates vom 29. Juni 1993 über die freiwillige Beteiligung gewerblicher Unternehmen an einem Gemeinschaftssystem für das Umweltmanagement und die Umweltbetriebsprüfung; vgl. Verordnung (EWG) 1836/93.
[246] Die Kurzbezeichnung *EMAS* steht für *Eco-Management and Audit Scheme*. Detaillierte Anmerkungen zur novellierten EMAS II geben Wassmuth (1999), S. 543 ff., und Pape (2001), S. 100.
[247] Vgl. dazu die Ausführungen von Wagner (2003), S. 96 f., Freimann (1999), S. 137 f., sowie die Statistik von PEGLAU, welche die gesamten Zertifizierungs- bzw. Validierungszahlen weltweit aufführt; vgl. Peglau (2007). Der *Peglau-Liste* für Dezember 2006/Januar 2007 ist zu entnehmen, dass die ISO 14001 nicht nur im weltweiten Vergleich deutlich mehr Zertifizierungen aufweisen kann, sondern dass dies gleichermaßen für den europäischen Raum gilt. Die Gründe dafür sind vielfältig; hauptsächlich werden der höhere Aufwand von EMAS, die eingeschränkte Anwendbarkeit über den europäischen Geltungsbereich hinaus, die niedrige Bekanntheitsgrad in der Öffentlichkeit sowie das Ausbleiben von zugesagten Vorteilen im Rahmen von Deregulierungsmaßnahmen angeführt; vgl. Wassmuth (1999), S. 546 f., und Orthmann (1998), S. 133. Darüber hinaus sei auf eine Studie von NISSEN U.A. verwiesen, in deren Rahmen sowohl das Interesse der Öffentlichkeit an EMAS als auch die Gründe für die geringe Resonanz auf EMAS untersucht werden; vgl. Nissen u.a. (1998), S. 109 ff.
[248] Vgl. ISO 14001:2004.
[249] Vgl. die Ausführungen von Deming (1992), S. 1 ff., sowie hier und im Folgenden Lesourd/ Schilizzi (2001), S. 299, und Watson/Emery (2004b), S. 762.

Formulierung einer Umweltpolitik, welche die zugrunde liegenden Werte und Visionen festhält. Der Ablauf kann schematisch der Abbildung B-4 entnommen werden.

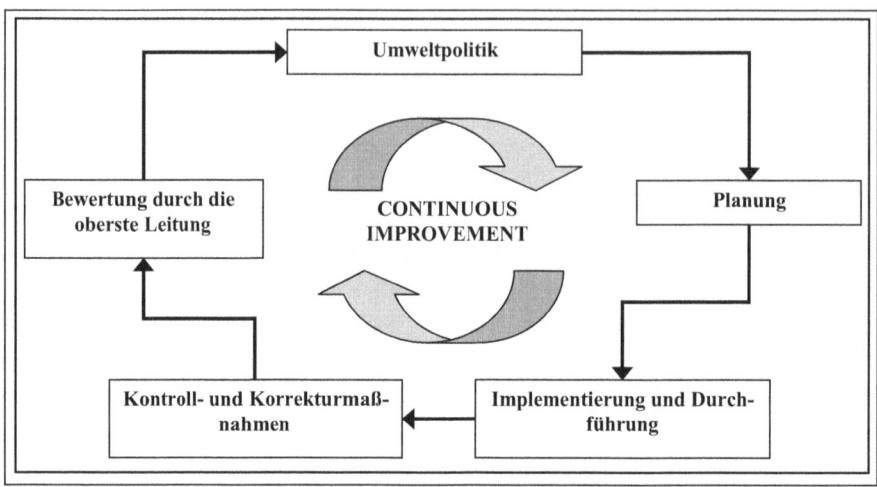

*Abb. B-4: Zykluselemente der ISO 14001
(in Anlehnung an CEN (Hrsg.) (1996), S. 4)*

Der Zyklus startet mit der Formulierung der *Umweltpolitik*[250] (umweltbezogene Unternehmensphilosophie oder -werte, umweltbezogene Leitlinien und Grundsätze sowie allgemeine Umweltziele), welche mithilfe der Daten und Informationen einer ersten umfassenden Umweltprüfung generiert wird.[251] Im Rahmen der *Planung* werden die in der Umweltpolitik formulierten Ziele in Einzelziele überführt, indem die identifizierten und relevanten Umweltaspekte aus der Umweltprüfung sowie gesetzliche Forderungen aufgegriffen werden. Im Rahmen der Planung wird ein Umweltmanagementprogramm aufgestellt, in welchem festgehalten wird, welche Ziele mit welchen Maßnahmen bis zu welchem Zeitpunkt erreicht werden sollen, wer für die Maßnahmendurchführung und Zielerreichung verantwortlich ist und welche Ressourcen (z.B. Budget) zur Verfügung stehen.

An die Planung schließt sich die Phase der *Implementierung und Durchführung* an. Sowohl die Anpassung der Organisationsstruktur an die Erfordernisse eines Umweltmanagementsystems als auch die Festlegung der Verantwortlichkeiten erfolgt in dieser Phase. Aspekte der umweltbezogenen Aus- und Weiterbildung, der Kommunikation,

---

[250] Vgl. hier und im Folgenden CEN (Hrsg.) (1996), Abschnitt 4. Die einzelnen Schritte werden in Lesourd/Schilizzi (2001), S. 302 ff., detailliert dargestellt.

[251] Diese erste Umweltprüfung hat in der ISO 14001 nicht obligatorischen Charakter, wird aus den genannten Gründen jedoch empfohlen. Sie ist für die konsequente Anwendung des Umweltmanagementzyklus unerlässlich, da diese die Ist-Situation des betrieblichen Umweltschutzes und der betrieblichen Umweltwirkungen wiedergibt. Nur mit diesen Daten können adäquate Ziele gesetzt, konkrete Planungen durchgeführt, Maßnahmen umgesetzt und deren Wirkungen überprüft werden.

der Dokumentation des Umweltmanagementsystems sowie der Lenkung der Dokumente und der Abläufe spielen eine Rolle.

Im Rahmen der *Kontroll- und Korrekturmaßnahmen* geht es um die Überwachung der durchgeführten Maßnahmen sowie um die Messung der Wirkungsgrößen. Um angemessen auf Abweichungen zu reagieren, werden Korrektur- und Vorsorgemaßnahmen festgelegt. Es werden Programme zur Führung von Aufzeichnungen sowie zur regelmäßigen Auditierung des Umweltmanagementsystems entwickelt, eingeführt und aufrechterhalten.

Die *Bewertung durch die oberste Leitung* umfasst die Prüfung der einzelnen Zyklusphasen durch die oberste Managementebene und die Effizienz des Gesamtsystems hinsichtlich des Zielerreichungsgrades.[252]

Integrales Element des Umweltmanagementzyklus ist die Forderung nach einer kontinuierlichen Verbesserung des implementierten Systems. Diese wird durch die Feedbackschleife im Zuge des Managementreviews mit Auswirkungen auf die Umweltpolitik und Planung gewährleistet, da in Anlehnung an die Bewertung durch die oberste Managementebene Zielvorgaben und spezifische Elemente des Umweltprogramms verändert bzw. angepasst werden.

Das Umweltmanagementsystem nach EMAS beinhaltet verpflichtend eine *erste Umweltprüfung*.[253] Das eigentliche Umweltmanagementsystem wird gemäß der Anforderungen der ISO 14001, Abschnitt 4, implementiert. Darüber hinaus ist im Rahmen der EMAS-Implementierung eine *Umweltbetriebsprüfung* erforderlich, in welcher ein internes Prüfungsteam die erste Umweltprüfung und die Funktions- und Leistungsfähigkeit des Umweltmanagementsystems an sich reflektiert. Auch die Formulierung und Veröffentlichung einer *Umwelterklärung* ist obligatorisch. Alle genannten Elemente – die erste Umweltprüfung, das Umweltmanagementsystem mit seinen einzelnen Zyklusphasen, die Umweltbetriebsprüfung und die Umwelterklärung – sind Prüfungsgegenstand des externen Umweltgutachters, welcher im Falle der Übereinstimmung mit den Anforderungen der EMAS-Verordnung das System für gültig erklärt.

Neben diesen zusätzlichen Systemelementen nennt die EMAS-Verordnung explizit vier weitere Elemente, die zur kontinuierlichen Verbesserung der betrieblichen Umweltleistung beitragen und über die Anforderungen der ISO 14001 hinausgehen: die Einhaltung von Rechtsvorschriften, die Verbesserung der Umweltleistung, die externe Kommunikation sowie die Einbeziehung der Mitarbeiter.[254]

Sowohl die ISO 14001 als auch EMAS verschreiben sich dem Ziel einer Bewertung und kontinuierlichen Verbesserung der Umweltleistung.[255] In der Einführung der ISO 14001 heißt es: „Das übergeordnete Ziel dieser Internationalen Norm ist, den Umwelt-

---

[252] Vgl. ISO 14001:2004.
[253] Vgl. hier und im Folgenden Verordnung (EG) 761/2001, S. L 114/3 f., Artikel 3, Absatz (2), sowie alle darin genannten Anhänge.
[254] Vgl. Verordnung (EG) 761/2001, S. L 114/2, Absatz (17).
[255] Vgl. CEN (1996), S. 3, und Verordnung (EG) 761/2001, S. L 114/3, Artikel 1, Absatz (1).

schutz und die Verhütung von Umweltbelastungen im Einklang mit sozioökonomischen Erfordernissen zu fördern."[256] Trotz dieses Bekenntnisses zum Umweltschutz wird in der Fachliteratur häufig kritisiert, dass die gängigen Umweltmanagementsysteme nicht umweltleistungsorientiert, sondern vorrangig system- und konformitätsorientiert sind.[257] Die Einrichtung von Umweltmanagementsystemen fokussiert die Erfüllung formaler Systemanforderungen sowie die Rechtskonformität, nicht jedoch die Reduzierung von Umweltwirkungen. Dieser Einwand wirft die Frage auf, was Umweltmanagementsysteme tatsächlich leisten können.[258] Sie sind sicherlich kein Garant für eine verbesserte Umweltleistung; vielmehr liefern sie einen systematischen Ansatz, ein Gerüst, mit dessen Hilfe in Unternehmen die kontinuierliche Verbesserung des betrieblichen Umweltschutzes realisiert werden kann. Entsprechend fassen WATSON und EMERY zusammen: „[Standards] themselves will not lead to environmental improvements, because they are not designed to do so."[259]

Auch FREIMANN spricht der Implementierung von Umweltmanagementsystemen einen *direkten* Einfluss auf ökologische und ökonomische Erfolgsgrößen ab.[260] Jedoch kommt er im Rahmen einer Studie zur Evaluierung von Umweltmanagementsystemen zu dem Ergebnis, dass *indirekte* positive Wirkungen sowohl ökologischer als auch ökonomischer Art über die Verbesserung der Unternehmensorganisation erzielt werden können. Mit der erfolgreichen Implementierung eines Umweltmanagementsystems wird der Umweltschutz in den Unternehmensleitlinien verankert, Zuständigkeiten und Unternehmensabläufe systematisiert sowie Rechtssicherheit geschaffen.

Auch andere Autoren haben einen *mittelbaren* Zusammenhang zwischen der Implementierung von Umweltmanagementsystemen und ihrer indirekten Wirkung auf eine Verbesserung der Umweltleistung herausgearbeitet. Mit der Einführung eines Umweltmanagementsystems wird beispielsweise eine Verbesserung der Lern-, Reaktions- und Anpassungsfähigkeit erzielt,[261] was wiederum einen positiven Effekt auf die Reduktion von Umweltwirkungen haben kann. In einer umfangreichen Studie zum Innovationspotenzial durch Umweltmanagementsysteme befasst sich RENNINGS mit den vielfältigen Wirkungen eines konsequent geführten Umweltmanagementsystems; er kommt zu ähnlichen Ergebnissen hinsichtlich Innovationswirkungen, Lerneffekten, Wettbewerbswirkungen und Umweltwirkungen.[262]

---

[256] CEN (1996), S. 3.
[257] Vgl. Watson/Emery (2004a), S. 618, und Lesourd/Schilizzi (2001), S. 298.
[258] In diesem Zusammenhang weisen KIESER, SPINDLER und WALGENBACH darauf hin, dass die ISO 14001 weder als Leistungs- noch als Konformitätsaudit ausgelegt ist, sondern ein reines Managementaudit darstellt; vgl. Kieser/Spindler/Walgenbach (2002), S. 402.
[259] Vgl. Watson/Emery (2004a), S. 925.
[260] Vgl. hier und im Folgenden Freimann (2001), S. 75 ff.
[261] Vgl. Walter (2005), S. 48. Zu Lerneffekten und Innovationswirkungen sei insbesondere auf Letmathe (2003), S. 18 ff., sowie Hoffmann/Ankele/Nill (2003), S. 34 f., verwiesen.
[262] Vgl. Rennings u.a. (2005), S. 109 ff., S. 141 ff. und S. 215 ff.

2.2 Dimensionen des Umweltmanagements

Die Definition des betrieblichen Umweltmanagements deutet auf ein umfangreiches und vielfältiges Aufgabenspektrum hin. Dies bedeutet für die Gestaltung des Umweltmanagements, dass es fester Bestandteil der betrieblichen Unternehmensführung und damit hinreichend tief integriert sein muss. Außerdem muss es flexibel und anpassungsfähig sein, um den unterschiedlichen Aufgabenbereichen gerecht zu werden.

Die Gestaltung des betrieblichen Umweltmanagements wird in drei Dimensionen betrachtet, deren Zusammenspiel ein ganzheitliches Bild ergibt. Diese Dimensionen sind:

1. die verschiedenen *Ebenen des Umweltmanagements*: das normative, das strategische und das operative Umweltmanagement,
2. die einzelnen *Phasen des Umweltmanagementzyklus*: die Planung, die Durchführung, die Kontrolle und die Steuerung,
3. die unterschiedlichen *Gestaltungsbereiche* des Umweltmanagements: die Gestaltung des Faktoreinsatzes (inputbezogenes Umweltmanagement), der Prozesse und Verfahren (throughputbezogenes Umweltmanagement) oder der erstellten Leistungen (outputbezogenes Umweltmanagement)[263].

In den folgenden Abschnitten werden die einzelnen Dimensionen präzisiert und die umfangreichen Gestaltungsmöglichkeiten der einzelnen Elemente aufgezeigt.

2.2.1 Ebenen des Umweltmanagements

Mit Rückgriff auf die Erkenntnisse der allgemeinen Managementlehre wird auch im Umweltmanagement zwischen drei Managementebenen unterschieden.[264] Dabei wird in der gängigen Literatur zum Umweltmanagement meist auf das *St. Galler Managementmodell* zurückgegriffen, welches die normative, die strategische und die operative Ebene in einem integrierten Ansatz zusammenfügt.[265]

Der Integrationsgedanke dieses Managementmodells manifestiert sich in der hierarchischen Anordnung der einzelnen Ebenen und deren Interaktion. So stecken die Vorgaben des normativen Umweltmanagements den notwendigen Rahmen für die strategische Ebene ab, welche wiederum maßgeblichen Charakter für die Instrumenten- und

---

[263] Darunter werden sowohl die erstellten Hauptleistungen im Sinne von Produkten und Dienstleistungen als auch die Nebenleistungen (oder Kuppelprodukte) verstanden. Diese umfassen neben marktfähigen Nebenleistungen auch nicht marktfähige Rückstände und Emissionen.
[264] Vgl. beispielhaft zur allgemeinen Managementlehre Bleicher (2004), S. 80 ff., und Gälweiler (1987), S. 28 ff. Teilweise wird darüber hinaus eine vierte Ebene – die taktische Managementebene – in die Überlegungen integriert; vgl. Dyckhoff (2000a), S. 8. In der vorliegenden Arbeit wird jedoch auf eine Betrachtung der taktischen Ebene verzichtet, da sich in der Fachliteratur eine Zusammenfassung der taktischen und operativen Ebene weitgehend durchgesetzt hat. Gründe hierfür liegen hauptsächlich in der Problematik einer klaren und überschneidungsfreien Abgrenzung gegenüber anderen Managementebenen.
[265] Zum St. Galler Managementmodell vgl. Bleicher (2004), S. 78 ff. Dieses Modell wird in den Ausführungen von Meffert/Kirchgeorg (1998), S. 73 f., Schwegler/Schmidt (2003b), S. 6, und Baumann/Kössler/Promberger (2005), S. 13 ff., aufgegriffen.

Maßnahmenwahl auf der operativen Ebene hat.[266] Aus dem Charakter der einzelnen Umweltmanagementebenen lässt sich auf die jeweiligen Hauptfunktionen schließen: Während die normative und strategische Ebene jeweils Vorgabencharakter für die nachfolgenden Ebenen besitzen und damit zukünftige Aktivitäten gestalten, richtet sich das operative Umweltmanagement auf die konkrete Umsetzung und die Lenkung der auszuführenden Aktivitäten.[267]

2.2.1.1 Normatives Umweltmanagement

Die normative Umweltmanagementebene befasst sich mit der umweltorientierten Ausrichtung der Unternehmenskultur, der Unternehmensphilosophie und -werte, der Visionen und Leitbilder.[268] Die Gestaltung dieser Elemente zielt auf die Sicherstellung der Lebens- und Entwicklungsfähigkeit des Unternehmens ab, indem Nutzenpotenziale[269] geschaffen werden, welche auf die Schonung der natürlichen Umwelt ausgerichtet sind.[270]

Die Ziel- und Wertevorstellungen der Entscheidungsträger schlagen sich im normativen Umweltmanagement nieder: Umweltbezogene Ziele werden auf oberster Managementebene durch die Formulierung von Prinzipien und Normen unter Berücksichtigung der relevanten Anspruchsgruppen[271] festgelegt und in das betriebliche Zielsystem integriert, um Legalität vor dem Gesetzgeber und Legitimität vor der Gesellschaft zu sichern.[272] Der Grad der Integration auf der obersten Umweltmanagementebene – im Sinne des Umfangs und des Ausmaßes der Berücksichtigung umweltrelevanter Aspekte – bestimmt weiterhin, inwiefern umweltbezogene Fragestellungen auch in die anderen Umweltmanagementebenen Eingang finden.[273]

Das normative Umweltmanagement gibt den Rahmen vor, innerhalb dessen sich die Strategieentwicklung und -verfolgung sowie die einzelnen umweltbezogenen Aktivitä-

---

[266] Vgl. Meffert/Kirchgeorg (1998), S. 182. Einige Autoren setzen die einzelnen Umweltmanagementebenen gleich einer zeitlichen Ausrichtung des Umweltmanagements; vgl. Schiwek (2002), S. 83, und Gastl (2005), S. 104 f. Demzufolge ist das strategische Umweltmanagement langfristig und das operative Umweltmanagement kurzfristig angelehnt. Gastl differenziert entsprechend die Nutzenpotenziale, die die Aufgaben und Funktionen auf den einzelnen Umweltmanagementebenen bestimmen.
[267] Vgl. im Allgemeinen Bleicher (2004), S. 80, und im Speziellen Schwegler/Schmidt (2003b), S. 6.
[268] Vgl. Meffert/Kirchgeorg (1998), S. 181, Hopfenbeck (1994), S. 128, Dyckhoff (2000a), S. 8, und Baumann/Kössler/Promberger (2005), S. 14 f.
[269] Ein Nutzenpotenzial wird definiert als „[...] eine in der Umwelt, im Markt oder in der Unternehmung latent oder effektiv vorhandene Konstellation [...], die durch Aktivitäten des Unternehmens zum Vorteil aller Bezugsgruppen erschlossen werden kann"; Pümpin (1986), S. 47.
[270] Vgl. Bleicher (2004), S. 80 f., Meffert/Kirchgeorg (1998), S. 73, Dyckhoff (2000a), S. 17, und Schwegler/Schmidt (2003a), S. 37.
[271] Laut SCHWEGLER und SCHMIDT beschäftigt sich das normative Umweltmanagement damit, „was die Anliegen und Bedürfnisse der relevanten Anspruchsgruppen sind, bestimmt die Zielgruppen und Zielmärkte des unternehmerischen Handelns und entwickelt Kommunikationsformen [...]"; Schwegler/Schmidt (2003a), S. 37; ähnlich auch bei Baumann/Kössler/ Promberger (2005), S. 14, und Dyllick (1992), S. 406.
[272] Vgl. Schwegler/Schmidt (2003a), S. 56, Dyckhoff (2000a), S. 8, und Baumann/Kössler/ Promberger (2005), S. 14. Dabei lassen sich die festgelegten Umweltziele laut DYLLICK in die Bereiche *Ressourcenschutz*, *Emissionsreduktion*, *Risikobegrenzung* sowie *umweltverträgliche Produkte* einteilen; vgl. Dyllick (1992), S. 402.
[273] Vgl. Hopfenbeck (1994), S. 129.

ten bewegen. Die Vorgaben auf dieser Ebene haben gestalterischen und langfristigen Einfluss auf alle folgenden Entscheidungen.

2.2.1.2 Strategisches Umweltmanagement

Unter Berücksichtigung der Vorgaben des normativen Umweltmanagements werden auf strategischer Ebene ökologische Erfolgspotenziale generiert und gepflegt.[274] Diese Erfolgspotenziale sind Programme, Strukturen oder Kapazitäten im Unternehmen, die zur Erreichung der ökologischen Ziele notwendig sind, wenngleich SCHMIDT/SCHWEGLER bemerken, dass sie damit noch kein Garant für unternehmerischen Erfolg sind.[275] Durch die Etablierung dieser Erfolgspotenziale werden umweltbezogene Aspekte auf strategischer Ebene verankert.

Bezüglich der Generierung und Pflege von Erfolgspotenzialen liegen konkrete Aufgaben des strategischen Umweltmanagements vor allem in der Identifikation und Gestaltung der umweltbezogenen Chancen und Risiken.[276] Die frühzeitige Identifikation baut Erfolgspotenziale auf und festigt sie, da Risiken durch deren antizipative Wahrnehmung in Chancen umgewandelt werden können, falls die relevanten Anspruchsgruppen diese Risikotransformationen entsprechend honorieren.

Im Rahmen einer vorgegebenen Umweltpolitik kann ein breites Kontinuum von aktiven bis passiven Umweltstrategien aufgespannt werden.[277] Innerhalb dieses Kontinuums existiert eine Bandbreite an Strategietypen. Die gängigste Einteilung im deutschsprachigen Raum geht auf MEFFERT/KIRCHGEORG zurück, die in fünf Basisstrategien unterscheiden: der Widerstands-, der Passivitäts-, der Rückzugs-, der Anpassungs- und der Innovationsstrategie.[278] Daneben existiert eine Vielzahl an weiteren Unterteilungen; Tabelle B-1 gibt einige dieser Strategietypologien exemplarisch wieder.

---

[274] Vgl. hier und im Folgenden Schwegler/Schmidt (2003a), S. 56, Dyckhoff (2000a), S. 24, Meffert/Kirchgeorg (1998), S. 73, und Hopfenbeck (1994), S. 145 ff. Entgegen der Auffassung, dass sich Erfolgspotenziale rein auf die Realisierung ökonomischer Zielgrößen beziehen – vgl. beispielsweise Macharzina/Wolf (2005), S. 263 f. – wird im Rahmen dieser Arbeit allgemein das Zusammenspiel aller wettbewerbsrelevanten Voraussetzungen zur Erreichung ökologischer Unternehmensziele subsumiert; vgl. Pümpin (1986), S. 33 ff.

[275] Vgl. Bleicher (2004), S. 82, sowie Baumann/Kössler/Promberger (2005), S. 15 f. Vgl. weiterhin Schmidt/Schwegler (2003), S. 6.

[276] Vgl. Hopfenbeck (1994), S. 146, und Dyllick (1992), S. 406.

[277] Synonym werden beispielsweise die Begriffspaare *offensiv* vs. *defensiv* oder *proaktiv* vs. *reaktiv* verwendet.

[278] Vgl. Meffert/Kirchgeorg (1998), S. 202 ff. Auf die inhaltliche Differenzierung der einzelnen Strategietypen wird nicht weiter eingegangen.

Töpfer (1985)	Steger (1990)	Ansoff (1990)	Roome (1992)
▪ resistant ▪ passive ▪ reactive ▪ innovative	▪ indifferent ▪ offensiv ▪ defensiv ▪ innovativ	▪ stable ▪ reacitve ▪ anticipatory ▪ entrepreneurial ▪ creative	▪ non-compliance ▪ compliance ▪ compliance-plus ▪ commercial and environmental excellence ▪ leading edge
Beaumont u.a. (1993)	**Jacobs (1994)**	**Welford (1995)**	**Dyllick u.a. (1997)**
▪ non-compliance ▪ compliance ▪ corporate action ▪ environmental organization ▪ supply chain action ▪ business scope action	▪ abwehrorientiert ▪ outputorientiert ▪ prozessorientiert ▪ zyklusorientiert	▪ resistance ▪ observe & comply ▪ accommodate ▪ seize & preempt ▪ transcend	▪ Marktabsicherung (clean) ▪ Kostenstrategie (effizient) ▪ Marktentwicklungsstrategie (progressiv) ▪ Differenzierungsstrategie (innovativ)

Tab. B-1: Überblick über verschiedene umweltbezogene Strategietypologien (in Anlehnung an die Ausführungen von Welford (1998a), S. 15 f.[279])

Durch den Aufbau und die Pflege von ökologischen Erfolgspotenzialen erfüllt das strategische Umweltmanagement gestalterische Aufgaben, da es die langfristige Richtung hinsichtlich der betrieblichen Umweltaktivitäten festlegt. Die eigentliche Umsetzung der umweltbezogenen Programme mit dem jeweiligen Instrumenteneinsatz und den spezifischen Einzelmaßnahmen wird im operativen Umweltmanagement vollzogen.

2.2.1.3 Operatives Umweltmanagement

Beschäftigen sich sowohl das normative als auch das strategische Umweltmanagement mit der langfristigen Ausrichtung und Gestaltung der umweltbezogenen Aktivitäten, so liegt der Schwerpunkt im operativen Umweltmanagement in der Lenkung und Steuerung der einzelnen Aktivitäten.[280] Die im normativen Umweltmanagement formulierten Werte, Visionen und Leitbilder sowie die im strategischen Umweltmanagement generierten Erfolgspotenziale werden ausgebaut und – falls möglich – ausgeschöpft. Die dazu notwendigen Einzelmaßnahmen werden umgesetzt und nach erfolgter Umsetzung hinsichtlich positiver oder negativer Zielabweichungen kontrolliert.[281]

---

[279] Vgl. zur inhaltlichen Präzisierung die Ausführungen zu umweltbezogenen Strategietypologien von Töpfer (1985), S. 241 ff., Steger (1990), S. 48 ff., Ansoff (1990), S. 60 ff., Roome (1992), S. 11 ff., Beaumont/Pedersen/Whitaker (1993), S. 67 ff., Jacobs (1994), S. 67 ff., Welford (1995), S. 15 ff., und Dyllick/Belz/Schneidewind (1997), S. 76.

[280] Vgl. hier und im Folgenden Schwegler/Schmidt (2003a), S. 37, und Dyckhoff (2000a), S. 33.

[281] Vgl. Baumann/Kössler/Promberger (2005), S. 16.

In den Aufgabenbereich des operativen Umweltmanagements fällt damit die Steuerung umweltbezogener (d.h. stofflich-energetischer) Leistungsprozesse sowie der verbundenen Finanz- und Informationsprozesse – dabei steht die Sicherung einer umweltschonenden Leistungserstellung und -verwertung im Vordergrund.[282] Sowohl die zielorientierte Kombination der Einsatzfaktoren als auch die direkte Beeinflussung des Mitarbeiterverhaltens hinsichtlich einer verbesserten Kooperation und Kommunikation zählen zu diesen Aufgaben.

2.2.2 Phasen des Umweltmanagementzyklus

Das betriebliche Umweltmanagement lässt neben der Unterscheidung zwischen den Managementebenen eine Differenzierung hinsichtlich einzelner Phasen des Umweltmanagementzyklus zu. Sowohl in normierten als auch in nicht-normierten Ansätze folgt das betriebliche Umweltmanagement dem Managementzyklus nach DEMING[283] mit der fortwährenden Abfolge von Planung (*plan*), Umsetzung (*do*), Kontrolle (*check*) sowie Bewertung und Anpassung (*act*).[284]

Im Rahmen der *Planung* wird der umweltbezogene Handlungsbedarf ermittelt und darauf abgestimmte Einzelziele, Programme und Maßnahmenbündel entwickelt. Dazu werden im Vorfeld – im Rahmen der normativen Zielformulierung – die relevanten Umweltaspekte sowie die gesetzlichen Anforderungen identifiziert, um daraus umweltbezogene Handlungsfelder herzuleiten.[285] Neben einer detaillierten Zielbeschreibung werden Entscheidungen hinsichtlich des Planungsobjektes und des Planziels getroffen. In diesen Umweltprogrammen wird bestimmt, welches konkrete Ziel bis zu welchem Zeitpunkt unter Verwendung bestimmter Ressourcen und unter Verantwortung ausgewählter Mitarbeiter zu erreichen ist.[286]

Im Zuge der *Umsetzung*[287] werden die geplanten umweltbezogenen Programme und Maßnahmen implementiert und durchgeführt.[288] Im Unternehmen werden Strukturen und Prozesse errichtet, die die Erfüllung der umweltbezogenen Pläne und damit die Erreichung der Umweltziele unterstützen. Die Implementierung einer funktionierenden

---

[282] Vgl. hier und im Folgenden Bleicher (2004), S. 82 ff., Meffert/Kirchgeorg (1998), S. 74, Dyllick (1992), S. 406, und Baumann/Kössler/Promberger (2005), S. 16.
[283] Vgl. die Ausführungen in Abschnitt 2.1.4.
[284] Im Folgenden werden die angeführten, zweckmäßigen Übersetzungen der vier Phasenbezeichnungen genutzt.
[285] Vgl. Walter (2005), S. 49, und Watson/Emery (2004b), S. 762.
[286] Vgl. Baumann/Kössler/Promberger (2005), S. 6, und im Allgemeinen Macharzina/Wolf (2005), S. 402. In Zusammenführung mit den Ebenen des Umweltmanagements (vgl. Abschnitt 2.2.1) differenzieren STEINMANN/SCHREYÖGG zwischen strategischer und operativer Planung; vgl. Steinmann/Schreyögg (2005), S. 173, S. 299 und S. 403. Die *strategische Planung* nimmt gestalterische Aufgaben unter Berücksichtigung der vorliegenden Rahmenbedingungen war, während die *operative Planung* sich mit der Realisierung der Vorgaben aus der strategischen Planung beschäftigt.
[287] In der Fachliteratur werden ebenso die Begriffe *Realisation* oder *Vollzug* verwendet; vgl. beispielsweise Steinmann/Schreyögg (2005), S. 269 und S. 299.
[288] Vgl. hier und im Folgenden Walter (2005), S. 49, Watson/Emery (2004b), S. 762, und Baumann/Kössler/Promberger (2005), S. 6 f.

Aufbau- und Ablauforganisation beinhaltet darüber hinaus die Zuordnung von Verantwortlichkeiten und die Errichtung eines Dokumentationssystems.[289]

Damit Maßnahmen und Programme effizient umgesetzt werden, wird die Gesamtaufgabe Umweltmanagement bzw. Umweltschutz zunächst in einzelne Teilaufgaben aufgespalten, um sie dann zu gleichartigen Aufgabenkomplexen zusammenzufügen. Die derart definierten Aufgabenkomplexe unterliegen der Verantwortung einzelner Mitarbeiter, welche gestützt durch ein Team oder eine Arbeitsgruppe die diesem Aufgabenkomplex zugeordneten Teilpläne inklusive der dafür vorgesehenen Programme und Maßnahmen umsetzen. Ebenso wie die einzelnen Aufgaben und Verantwortlichkeiten werden im Rahmen der Umsetzung auch die einzelnen Arbeitsschritte unter Berücksichtigung von räumlichen, zeitlichen, personellen, sachlichen und technischen Aspekten festgelegt.[290]

Die Phase der Umsetzung beinhaltet drei Aspekte:

1. In struktureller Hinsicht werden Kompetenzen und Verantwortlichkeiten zugewiesen sowie entsprechende Stellen geschaffen und im Unternehmen angesiedelt.

2. In prozessualer Hinsicht werden Prozessabläufe durchdacht und implementiert.

3. Die konkrete Durchführung der vorgesehenen Maßnahmen erfolgt unter den geschaffenen strukturellen und prozessualen Rahmenbedingungen.[291]

Die *Kontrolle* dient erstens der Überwachung in dem Sinne, dass Soll-Ist-Vergleiche zur Identifikation von Planabweichungen angestellt werden, und zweitens der Prüfung der Maßnahmenfunktionalität und der Zielerreichung. Im Zuge der Kontrolle werden Wirkungspotenziale beurteilt, Fehler im Planungs- und Umsetzungsprozess offengelegt und Ursachen analysiert. Weiterhin werden in dieser Phase vorsorgende und korrigierende Maßnahmen generiert.[292]

Die eigentliche Intervention durch Änderung bzw. Anpassung der Zielvorgaben, der entwickelten Programme oder auch der durchgeführten Maßnahmen geschieht im

---

[289] Da diese Aspekte in ihrer konkreten Durchführung der Organisationslehre entspringen, wird die Umsetzungsphase auch häufig als Organisationsphase bezeichnet; vgl. im Allgemeinen Macharzina/Wolf (2005), S. 467, und im Speziellen Baumann/Kössler/Promberger (2005), S.290 ff.

[290] Vgl. Baumann/Kössler/Promberger (2005), S. 6 f.

[291] Vgl. Baumann/Kössler/Promberger (2005), S. 146 f. Auch MACHARZINA und WOLF sehen hierin die wesentliche Aufgabe der Umsetzungsphase: Die Erfüllung der im Rahmen der Planung bestimmten Aufgaben soll durch ein geeignetes Ordnungssystem gewährleistet werden, welches das Grundgerüst für das Zusammenwirken von Personen, Sachmitteln und Informationen ist; vgl. Macharzina/Wolf (2005), S. 467.

[292] Vgl. hier und im Folgenden Baumann/Kössler/Promberger (2005), S. 8 und S. 175, sowie Watson/Emery (2004b), S. 762. Vgl. weiterhin Macharzina/Wolf (2005), S. 424 f. In Zusammenführung mit den Ebenen des Umweltmanagements (siehe Abschnitt 2.2.1) differenzieren STEINMANN/SCHREYÖGG zwischen strategischer und operativer Kontrolle; vgl. Steinmann/Schreyögg (2005), S. 173, S. 299 und S. 403. Während die *operative Kontrolle* auf die Ergebnis- und die Planfortschrittskontrolle fokussiert (und damit der *check*-Phase zuzuordnen ist), beschäftigt sich die *strategische Kontrolle* mit der Durchführungskontrolle auf strategischer Ebene, indem eine Zielvalidierung und eine Effektivitätsförderung durch die frühzeitige Identifikation von Strategiebedrohungen vorgenommen wird.

Rahmen der *Bewertung*, welches sich als letzte Phase anschließt und gleichzeitig einen neuen Zyklus initiiert.[293] Mit den Ergebnissen aus der Kontrollphase werden Veränderungsnotwendigkeiten identifiziert und in der erneuten Planung berücksichtigt. Die Abweichungen und Mängel der vorausgegangenen Phasen werden bewertet und mögliche Verbesserungsvorschläge unterbreitet. Insgesamt wird das gesamte System auf dessen Eignung und Angemessenheit geprüft, um notwendige Änderungen für den nächsten Zyklus anzustoßen. Diese systematische Betrachtung und Prüfung des Umweltmanagements wird regelmäßig durch die oberste Managementebene vorgenommen.

2.2.3 Gestaltungsbereiche des Umweltmanagements

Wie in Teil B, Abschnitt 1.2.3 hergeleitet, sollten sich die umweltbezogenen Unternehmensaktivitäten auf die Bereiche beziehen, in welchen betriebliche Umweltwirkungen verursacht werden. In Anlehnung an die kreislaufbezogene Argumentation sind dies der Bereich des Faktoreinsatzes (Input), der Bereich der Transformation (Throughput) und der Bereich der erstellten Leistungen i.S.v. Produkten und Dienstleistungen sowie Rückständen und Emissionen (Output).[294]

SCHIWEK weist darauf hin, dass die Abgrenzung der drei genannten Bereiche weder in der Theorie noch in der Praxis überschneidungsfrei geleistet werden kann,[295] da vielfältige Interaktions- und Interventionsverflechtungen zwischen dem Faktoreinsatz, der Prozessgestaltung und dem Produktprogramm bestehen. Entscheidungen in einem Bereich führen in den meisten Fällen zu Änderungen oder Anpassungen in den beiden anderen Bereichen. Aus diesem Grunde sind übergeordnete Optimierungsansätze notwendig. Nur ein verknüpftes und ganzheitliches Denken wird einem umfassenden Umweltmanagement gerecht.

Dem *output- bzw. produktbezogenen Umweltmanagement* kommt in diesem Gefüge ein besonderer Stellenwert zu, da im Zuge produktbezogener Entscheidungen wesent-

---

[293] Vgl. hier und im Folgenden Baumann/Kössler/Promberger (2005), S. 175 und S. 182 f. Ähnlich auch bei Macharzina/Wolf (2005), S. 175.
[294] Die Herleitung dieser drei Gestaltungsbereiche findet sich beispielsweise auch bei Schiwek (2002), S. 82 f., und Hendrickson/Tuttle (1997), S. 366. STREBEL bezieht sich in seiner Herleitung ausdrücklich auf die in den einzelnen Bereichen anfallenden Umweltwirkungen, indem er die spezifischen Schadstoffeinheiten in einem Rückstandszyklus abbildet; vgl. Strebel (1994), S. 34.
[295] Vgl. Schiwek (2002), S. 86.

liche Vorgaben für den Faktoreinsatz und die Prozessgestaltung gemacht werden.[296] Mit der Festlegung auf eine bestimmte Produktart oder ein bestimmtes Produktprogramm wird die Wahl der einzusetzenden Produktionsfaktoren und der zu verwendenden Verfahren und Technologien zumindest teilweise determiniert. Daher sind bereits in der Forschungs- und Entwicklungsphase die umweltbezogenen Implikationen von Produktvariationen und -innovationen für den Input- und den Throughputbereich zu berücksichtigen.[297]

Aufgrund dieser Vorrangstellung wird im folgenden Abschnitt zunächst das outputbezogene Umweltmanagement betrachtet, bevor die Bereiche des input- und des throughputbezogenen Umweltmanagements dargestellt werden.[298]

2.2.3.1 Outputbezogenes Umweltmanagement

Im Rahmen des outputbezogenen Umweltmanagements werden insbesondere Maßnahmen generiert und umgesetzt, die der Vermeidung, Verminderung und Beseitigung von Umweltwirkungen dienen, welche direkt durch die erstellten Leistungen verursacht werden oder ursächlich damit in Zusammenhang stehen.[299] Dazu gehören beispielsweise alle Umweltwirkungen, die aus der Lagerung und dem Transport der erstellten (erwünschten) Leistungen, aus deren Nutzung im Sinne von Gebrauch oder Verbrauch sowie aus deren Rücknahme und/oder Entsorgung resultieren. Dazu gehören jedoch auch diejenigen Umweltwirkungen, die durch die anfallenden (unerwünschten) Kuppelprodukte entstehen, also durch Rückstände und Emissionen (z.B. deren Lagerung, Transport, Nutzung und Entsorgung).

Mit der Forderung, outputbezogene Umweltwirkungen zu vermeiden bzw. weitgehend zu vermindern, geht die Notwendigkeit einher, Umweltaspekte möglichst frühzeitig und systematisch zu berücksichtigen. Die frühzeitige Berücksichtigung von umweltrelevanten Aspekten in der Produktentwicklung weist hinsichtlich der Vermeidungs- und Verminderungsziele Erfolgspotenziale auf, die vielfältige positive Auswirkungen auf die Umweltverträglichkeit der Leistung während des gesamten Lebenszyklus haben.

---

[296] Diese Vorrangstellung kann auch aus der Argumentation hergeleitet werden, dass die zu erstellende Leistung das eigentliche Sachziel des Unternehmens ist und sich der Faktoreinsatz sowie die Prozessgestaltung und Verfahrenswahl an diesen sachzielbezogenen Vorgaben ausrichten. Aus umweltökonomischer Perspektive kommt hinzu, dass der Produktgestaltung – wie STREBEL treffend formuliert – eine besondere Bedeutung zugeschrieben werden kann, da in der späteren Produktnutzung ein Großteil der Umweltwirkungen anfällt; vgl. Strebel (1994), S. 34. Ähnlich argumentiert auch LIESEGANG; dieser differenziert jedoch zwischen dem mengenmäßigem Aufkommen an Umweltwirkungen und dem qualitativen Gefährdungspotenzial. Das mengenmäßige Aufkommen ist insbesondere in den frühen Lebenszyklusphasen hoch (z.B. in der Rohstoff- und Grundstoffgewinnung), während das Gefährdungspotenzial eher niedrig einzustufen ist, da es sich oftmals um naturnahe Stoffe handelt. Anders verhält es sich in den späteren Lebenszyklusphasen: Mengenmäßig können die Umweltwirkungen durchaus niedriger sein, allerdings ist der Veredelungs- und damit Entropiegrad oft so hoch, dass ein weitaus größeres Gefährdungspotenzial vorliegt; vgl. Liesegang (2003), S. 74 f. Beide Argumentationsstränge führen dazu, dass der frühzeitigen Berücksichtigung von Umweltaspekten in der Produktgestaltung eine hohe Relevanz zugesprochen wird.
[297] Vgl. Schiwek (2002), S. 85, Schreiner (1996), S. 116, und Strebel (2003a), S. 17.
[298] Diese Vorgehensweise wird an weiteren Stellen der vorliegenden Arbeit aufgegriffen.
[299] Vgl. zur Definition von outputbezogenen Umweltwirkungen Teil B, Abschnitt 1.2.3 dieser Arbeit.

Von der ersten Idee über die immer konkreter werdenden Gestaltungsalternativen bis hin zum fertigen Produkt sollten Umweltaspekte in alle relevanten Entscheidungen integriert werden, um die Umweltwirkungen während der Produktion, der Konsumtion und der Reduktion zu minimieren.

In Anlehnung an die erste Phase des Produktgestaltungsprozesses richten sich die Überlegungen zunächst grundlegend an der von der Leistung zu erfüllenden Funktion aus. Die Beantwortung der Frage nach der Funktionserfüllung unter Berücksichtigung umweltbezogener Gesichtspunkte kann sowohl in Änderungen des bestehenden Produktprogramms – im Sinne von Produktänderungen oder auch Produkteliminationen – als auch in Neuentwicklungen von Produkten resultieren.[300]

Durch Vorgabe der zu erfüllenden Funktion wird die Konzeption und Gestaltung der Leistung maßgeblich beeinflusst.[301] Im Fall bereits bestehender Produkte können diese hinsichtlich ihrer Umweltwirkungen optimiert werden, was sich häufig in einer relativen Vorteilhaftigkeit hinsichtlich der umweltbezogenen Eigenschaften im Vergleich mit Produkten von Wettbewerbern niederschlägt, die ähnliche Funktionen erfüllen.[302]

Konkret werden umweltbezogene Aspekte in der Produktgestaltung berücksichtigt, indem die Umweltwirkungen für verschiedene Produktmerkmale über den gesamten Lebenszyklus hinweg betrachtet werden. Die folgenden Einzelkomponenten werden dabei hinsichtlich ihrer Umweltrelevanz überprüft und gegebenenfalls verändert:[303] die stofflich-energetische Zusammensetzung des Produkts, das Gefüge des Produkts (im Sinne von Aufbau, Konstruktion und Struktur), Form und Farben, die Funktionsweise, die Art der Leistungsabgabe im Rahmen der Produktnutzung, Geräusche, Geschmack und Geruch. Weiterhin spielen die Verpackungsgestaltung und die Entsorgungsoptionen[304] eine wichtige Rolle. Auch Zusatzleistungen wie Reparaturen, Instandhaltung

---

[300] Vgl. Meffert/Kirchgeorg (1996b), Sp. 1326 ff. Diese Sichtweise wird auch von dem COSY-Konzept aufgegriffen, welches im Rahmen der umwelt- bzw. nachhaltigkeitsbezogenen Optimierung von vier Ebenen ausgeht: der Prozessoptimierung, der Produktoptimierung, der Funktionserfüllung und der Bedürfnisreflexion. Im Rahmen des outputbezogenen Umweltmanagements werden dabei sowohl die Funktionserfüllung als auch die Produktoptimierung betrachtet. Bei der Funktionserfüllung geht es um die umweltbezogene Optimierung von Funktionsverbünden bei gegebenen Bedürfnissen, während die Produktoptimierung in einem nächsten Schritt auf die umweltbezogene Optimierung von Produktmerkmalen entlang des gesamten Lebenszyklus bei gegebener Funktionserfüllung abzielt; vgl. Schneidewind (1994). Vgl. auch Schreiner (1996), S. 121, Schiwek (2002), S. 83 f., und Meffert/Kirchgeorg (1996b), Sp. 1327.

[301] Vgl. Strebel (2003a), S. 11 f.

[302] Vgl. Schreiner (1996), S. 117, und Meffert/Kirchgeorg (1996b), Sp. 1328.

[303] Vgl. hier und im Folgenden Strebel (2003a), S. 13, Schiwek (2002), S. 84, Kirchgeorg (1999), S. 237 f., Meffert/Kirchgeorg (1996b), Sp. 1327 und Sp. 1334. Diese Aufzählung stellt lediglich eine Auswahl an zu berücksichtigenden Aspekten dar und ist in konkreten Einzelfällen um spezifische Produkteigenschaften erweiterbar.

[304] Beispielhaft können hier die Bemühungen der Automobilindustrie angeführt werden, welche – angestoßen durch die Altfahrzeug-Verordnung und die damit einhergehenden Verpflichtungen zur Rücknahme von Altfahrzeugen und zur Erfüllung der Verwertungsquoten – zunehmend demontagefreundliche und recyclinggerechte Fahrzeuge herstellen. Diese Aspekte müssen bereits in der Entwicklungsphase neuer Fahrzeugtypen berücksichtigt werden; Einzelaspekte sind z.B. die Reduktion der Anzahl unterschiedlicher Werkstoffe, die Kennzeichnung der einzelnen Baukomponenten und die Materialreinheit; vgl. Kirchgeorg (1999), S. 239.

und Wartung, die im Rahmen des Kundendienstes angeboten werden, sollten hinsichtlich ihrer Umweltrelevanz durchleuchtet werden.

Eine lebenszyklusintegrierende Betrachtungsweise schließt ein, dass betriebliche Entscheidungen in frühen als auch in späten Phasen unter Berücksichtigung von Umweltwirkungen getroffen werden. Grund dafür ist, dass vielfältige Interdependenzen zwischen den einzelnen Produktlebenszyklusphasen existieren. So haben beispielsweise Vorgaben zu Recyclingquoten, die in späten Produktlebenszyklusphasen greifen, Auswirkungen darauf, wie Produkte in frühen Phasen konstruiert werden und aus welchen Materialien sie hergestellt werden.[305] Gleiches gilt für Investitionen in umweltschonendere Anlagen, die eine spätere Entsorgung von Rückständen von vornherein vermeiden oder auch zu Stromeinsparungen während des Betriebes führen.[306]

2.2.3.2 Inputbezogenes Umweltmanagement

Das inputbezogene Umweltmanagement zielt unter Berücksichtigung der sachzielbezogenen Vorgaben, d.h. welche Leistungen sollen wie erstellt werden, auf eine unter ökologischen Gesichtspunkten optimierte Bereitstellung von Einsatzfaktoren ab.[307] Input- bzw. faktorbezogenen Umweltwirkungen werden vermieden bzw. vermindert – oder in dem Fall, dass sie bereits entstanden sind, möglichst umweltgerecht beseitigt.[308] Dies kann bedeuten, dass die Einsatzmenge an sich minimiert wird oder dass Faktoren zugunsten einer höheren Umweltverträglichkeit durch andere *umweltschonendere* Faktoren substituiert werden.[309] Beide Optionen sind separat oder auch in kombinierter Form anwendbar. Auch beim inputbezogenen Umweltmanagement gilt es, die Umweltwirkungen des Faktoreinsatzes frühzeitig unter umweltbezogenen Gesichtspunkten zu hinterfragen, zu analysieren und gegebenenfalls zu verändern. Inputbezogene Umweltwirkungen werden beispielsweise bei der Gewinnung und Herstellung der Einsatzfaktoren, bei dem Transport und der Lagerung derselben sowie bei der Nutzungs- und den späteren Entsorgungsoptionen generiert.[310]

Häufig ist das inputbezogene Umweltmanagement durch die Vorgaben der Produktgestaltung begrenzt, wenn es explizit um Einsatzfaktoren im Sinne von Verbrauchsfaktoren (wie Roh- und Hilfsstoffe) geht, die direkt in die zu erstellende Leistung eingehen. Das outputbezogene Umweltmanagement legt den Rahmen fest, in welchem sich das

---

[305] Die Recyclingvorgaben im Rahmen des Altfahrzeug-Gesetzes haben in der Automobilbranche beispielsweise bewirkt, dass schon in der Konstruktion die spätere Demontage der Fahrzeuge berücksichtigt wird. Dazu werden weniger Materialverbünde eingesetzt und unterschiedliche Materialien weniger geklebt oder gelötet, sondern zunehmend durch Steckverbindungen befestigt; vgl. Altfahrzeug-Gesetz (2002), Faßbender-Wynands (2001), S. 111 ff., und Boms (2008), S. 294 ff.
[306] Vgl. Günther/Kriegbaum (1999), S. 242 f.
[307] Vgl. Schiwek (2002), S. 83, Claus/Kramer/Křivánek (2003), S. 32, und Matschke/Jaeckel/Lemser (1996), S. 168. Dies bedeutet, dass die (relative) Umweltfreundlichkeit der zu erstellenden Leistung durch den Einsatz entsprechender Roh-, Hilfs- und Betriebsstoffe gewährleistet werden kann; vgl. Schreiner (1996), S. 117.
[308] Vgl. Hendrickson/Tuttle (1997), S. 366. Zur Definition *inputbezogener Umweltwirkungen* vgl. Teil B, Abschnitt 1.2.3 dieser Arbeit.
[309] Vgl. Schreiner (1996), S. 116.
[310] Vgl. Schiwek (2002), S. 86, Schreiner (1996), S. 117, und (1996), S. 171.

inputbezogene Umweltmanagement bewegen darf. Gewisse Handlungsspielräume sind dadurch gegeben, dass umweltgerechte Produkte sowohl mit umweltschonenden als auch mit umweltbelastenden Rohstoffen produziert werden können.[311] Weitaus größere Handlungsspielräume sind im Falle der Gebrauchsfaktoren (wie Betriebsmittel oder Personal) gegeben, welche zwar auch durch leistungsbezogene Vorgaben eingegrenzt sind – dies jedoch in wesentlich geringerem Maße als dies bei Verbrauchsfaktoren der Fall ist. Die Kriterien, die unter umweltbezogenen Gesichtspunkten bei der Auswahl von Anlagen oder Mitarbeitern zum Tragen kommen, zielen viel konkreter auf eine grundsätzliche Umweltverträglichkeit ab. Es werden Anlagen ausgewählt, die einen geringeren Energieverbrauch oder Emissionsausstoß aufweisen, und bei den Mitarbeitern sind umweltspezifische Qualifikationen gefordert, die der Reduktion betrieblicher Umweltwirkungen förderlich sind (z.B. Kenntnis naturwissenschaftlicher Zusammenhänge oder Erfahrungen mit Umweltmanagementsystemen oder Umweltschutztechnologien).

Einzelne Aspekte, die im Rahmen des inputbezogenen Umweltmanagements Berücksichtigung finden, seien im Folgenden beispielhaft genannt:[312]

- *Auswahl der Einsatzfaktoren* unter Berücksichtigung ihrer Kreislauffähigkeit,
- *Einsatz von Sekundärrohstoffen* zur Schonung der fossilen (nichterneuerbaren) Ressourcen,
- *Auswahl der Lieferanten* unter Zuhilfenahme umweltbezogener Kriterien,
- *Einbeziehung von Lieferanteninformationen* über umweltrelevante Faktoreigenschaften,
- *Wahl des Transportsystems*, der Transportmittel und -wege unter Berücksichtigung der inputbezogenen Umweltwirkungsziele,
- *Gestaltung der Lagerhaltung* unter Berücksichtigung der inputbezogenen Umweltwirkungsziele.

2.2.3.3 Throughputbezogenes Umweltmanagement

Die an Umweltzielen orientierte Planung und Steuerung der betrieblichen Leistungserstellungsprozesse ist Gegenstand des throughputbezogenen Umweltmanagements. Produktionswirtschaftliche Maßnahmen werden generiert und durchgeführt, welche zu einer Reduzierung der vom Erstellungsprozess verursachten Umweltwirkungen – der

---

[311] Vgl. hier und im Folgenden Schiwek (2002), S. 83. Bei Produkten wie regenerativer Energie oder auch Lebensmitteln aus biologischem Anbau trifft dies nicht zu. Die Handlungsspielräume sind gänzlich eingeschränkt, da hier die Auswahl der Verbrauchsfaktoren das wesentliche Produktmerkmal bestimmt. So stammen regenerative Energieformen ausschließlich aus erneuerbaren Energiequellen und Lebensmittel aus biologischem Anbau werden – streng genommen – nicht aus umweltbelastenden Rohstoffen hergestellt; vgl. Erneuerbare-Energien-Gesetz (2009) und Verordnung (EWG) 2092/91.

[312] Vgl. u.a. Schiwek (2002), S. 86, Schreiner (1996), S. 116, Claus/Kramer/Křivánek (2003), S. 33 ff., Matschke/Jaeckel/Lemser (1996), S. 186 f., und Hendrickson/Tuttle (1997), S. 366.

throughputbezogenen Umweltwirkungen[313] – führen.[314] Ebenso wie im inputbezogenen und im outputbezogenen Umweltmanagement werden die übergeordneten Ziele der Ressourcenschonung sowie der Rückstands- und Emissionsreduktion verfolgt.[315]

Konkret bedeutet dies, dass die tatsächlichen und potenziellen prozessbezogenen Umweltwirkungen bei der Analyse und Gestaltung von Produktionssystemen und deren Prozessen berücksichtigt werden. Im Rahmen einer systematischen Herangehensweise gilt der Faktor *Umwelt* als limitierender – d.h. knapper – Faktor in der unternehmensspezifischen Produktionsfunktion. Auf der einen Seite geschieht dies durch die Beschränkung des Ressourceneinsatzes, auf der anderen Seite durch die Festlegung von Grenzwerten für Rückstände und Emissionen.

Einschränkungen dieser Art können sich in der weiteren Prozessgestaltung auch auf die Verfahrenswahl, die Entwicklung neuer Verfahren und Technologien, auf Lagerung und Transport innerhalb der Leistungserstellungsprozesse sowie auf die Art und Menge der zu erstellenden Leistungen im Rahmen von kurzfristigen Produktionsprogrammentscheidungen auswirken.[316] Bereits in dieser Aufzählung sind die zwei grundsätzlichen Handlungsrichtungen des throughputbezogenen Umweltmanagements ersichtlich: kurzfristige oder mittel- bis langfristige Anpassungsmöglichkeiten. Kurzfristige Anpassungsmöglichkeiten ergeben sich unter der Prämisse, dass die Strukturen und Kapazitäten innerhalb des Leistungserstellungsprozesses fix sind; im Rahmen von langfristigen Anpassungsmöglichkeiten werden diese als variabel betrachtet.

Unter kurzfristigen Anpassungsmöglichkeiten werden in Anlehnung an GUTENBERG zeitliche, quantitative und intensitätsmäßige Anpassungsoptionen unterschieden.[317] Innerhalb des throughputbezogenen Umweltmanagements ergeben sich damit die folgenden Ansatzpunkte:[318]

- *Zeitliche Anpassung*: Beeinflussung der throughputbezogenen Umweltwirkungen über die Variation der Prozesslaufzeiten;
- *Quantitative Anpassung*: Beeinflussung der throughputbezogenen Umweltwirkungen über die Variation der Anzahl eingesetzter Betriebsmittel;
- *Intensitätsmäßige Anpassung*: Beeinflussung der throughputbezogenen Umweltwirkungen über die Variation der Leistungsabgabe (z.B. über Variation der Drehzahl, der Temperatur oder der Geschwindigkeit).

Zu berücksichtigen bleibt, wie sich die Rückstands- bzw. Emissionsmengen zu den jeweiligen Variationsparametern verhalten – d.h. welcher Art der Ursache-Wirkungs-Zusammenhang ist und wie sich der Verlauf der Rückstands- oder Emissionsmengen in Abhängigkeit von der Variation der jeweiligen Komponenten ändert.

---

[313] Siehe Teil B, Abschnitt 1.2.3 dieser Arbeit.
[314] Vgl. Schiwek (2002), S. 83.
[315] Vgl. Strebel (1996), Sp. 1307.
[316] Vgl. Schiwek (2002), S. 85, Strebel (1996), Sp. 1308, und Schreiner (1996), S. 134.
[317] Vgl. Gutenberg (1962), S. 237 ff.
[318] Zur näheren Auseinandersetzung vgl. Matschke/Jaeckel/Lemser (1996), S. 200 ff.

Langfristige Anpassungsmöglichkeiten finden sich vor allem im Rahmen der Gestaltung von Fertigungsprozessen (z.B. bei der Verfahrenswahl) und bei der räumlich-zeitlichen Gestaltung von Prozessen (d.h. Aufbau und Ablauf von Prozessen).[319]

Eine weitere Unterteilung der möglichen Maßnahmen im Rahmen des throughputbezogenen Umweltmanagements geht ebenfalls von dem Grad der Flexibilität von Strukturen und Kapazitäten aus. Sind Strukturen und Kapazitäten nicht flexibel, so können in den meisten Fällen lediglich mithilfe der nachgeschalteten Anlagen oder Maßnahmen Umweltwirkungen reduziert werden. Diese Art der Technologie wird als *End-of-Pipe-Technologie* bezeichnet (z.B. Klär- oder Filteranlagen), deren Einsatz erst dann beginnt, wenn die Emissionen bereits entstanden sind.[320] Sie vermeiden zwar nicht den Anfall der Emissionen, jedoch deren Eintritt in die natürliche Umwelt. Problematisch ist in diesem Zusammenhang, dass mit dieser Art der Technologie eine intertemporäre sowie intermediale Problemverschiebung stattfindet:[321] Die Emissionen werden oft in anderer Form und zeitlich versetzt abgegeben oder beseitigt; das Problem an sich – die Entstehung der Emissionen – wird damit nicht gelöst. Vorteilhaft ist, dass End-of-Pipe-Technologien kurzfristig ein- und umgesetzt werden können, da mit ihnen keine Änderungen der eigentlichen Prozesse einhergehen.

Im Gegensatz dazu greifen *integrierte Umweltschutztechnologien* dort, wo Kapazitäten und Strukturen variabel sind. Prozesse können hinsichtlich der verwendeten Verfahren sowie des Aufbaus und Ablaufs derart verändert werden, dass throughputbezogene Emissionen erst gar nicht oder nur in verringertem Maße entstehen.[322] Diese integrierten Technologien zielen auf die Vermeidung der Umweltwirkungen ab, indem sie an den Ursachen der Emissionsentstehung ansetzen. Damit sind sie gleichsam langfristig ausgerichtet, da die notwendigen Änderungen die Prozesse grundlegend neu anlegen, indem neue Verfahren entwickelt und alte Verfahren substituiert werden.

Konkrete Maßnahmen im throughputbezogenen Umweltmanagement sind beispielsweise: Verfahrens- und Technologiesubventionen, Reduktion von Prozesstemperaturen oder -geschwindigkeiten, Einrichtung kontinuierlicher statt diskontinuierlicher Prozesse sowie die Nachschaltung von Emissionsrückgewinnungsanlagen.[323]

2.3 Implikationen für das Umweltkostenmanagement

Trotz der vielseitigen Ausrichtungsmöglichkeiten und des systematischen Zugangs liefert das Umweltmanagement für sich gesehen nicht die notwendigen Instrumente zur Identifizierung und Generierung von Umweltschutzmaßnahmen. Informationen

---

[319] Vgl. Matschke/Jaeckel/Lemser (1996), S. 239 f.
[320] Vgl. hier und im Folgenden Schreiner (1996), S. 132 und S. 136, Liesegang (2003), S. 87, Matschke/Jaeckel/Lemser (1996), S. 237, und Bellmann (1996), Sp. 1318 f.
[321] Vgl. Bellmann (1996), Sp. 1319.
[322] Vgl. hier und im Folgenden Liesegang (2003), S. 88, und Bellmann (1996), Sp. 1318 f.
[323] Vgl. u.a. Schreiner (1996), S. 139, und Bellmann (1996), Sp. 1320.

werden benötigt, die das Umweltmanagement mit Leben füllen und die einzelnen Phasen mit entscheidungsrelevanten Daten versorgen.[324]

Die zur Unterstützung der unternehmerischen Aktivitäten benötigten Informationen auf den verschiedenen Ebenen sowie in den unterschiedlichen Phasen und Gestaltungsbereichen des Umweltmanagements, die den jeweiligen Entscheidungen als Grundlage dienen, können durch ein systematisches Umweltkostenmanagement generiert und geliefert werden.[325] Durch die Kombination der Dimensionsausprägungen im Umweltmanagement entsteht ein differenziertes Anforderungsprofil an die zu liefernden Informationen. Je nachdem, ob sich das Umweltmanagement in der Planungs-, Umsetzungs-, Kontroll- oder Korrekturphase befindet, oder ob es sich um input-, throughput- oder outputbezogene Bemühungen handelt, bedarf es spezifischer Informationen.

Soll das Umweltkostenmanagement diese zweckorientierten Informationen liefern, muss es entsprechend konzipiert sein. Daher ist es sinnvoll, das Umweltkostenmanagement in seinen Grundelementen in die hergeleiteten Dimensionen zu unterteilen. Dabei spielen die Gestaltungsbereiche und die Ausrichtung im Sinne von strategischem und operativem Umweltkostenmanagement eine wesentliche Rolle.

---

[324] Vgl. Hamschmidt (2002), S. 62.
[325] PETERSEN folgert entsprechend, dass ein effizientes Umweltkostenmanagement ein ebenfalls effizientes Umweltmanagement ermöglicht, da operative und strategische Entscheidungen mit verbesserten Informationen unterstützt werden; vgl. Petersen (2004), S. 57.

C Entscheidungsunterstützendes Umweltkostenmanagement im betrieblichen Umweltmanagement

1 Grundlagen des betrieblichen Umweltkostenmanagements

1.1 Umweltkosten als Zielgröße des Umweltkostenmanagements

Mit dem betrieblichen Umweltmanagement wird das Ziel verfolgt, betriebliche Umweltwirkungen zu reduzieren, indem die Einsatzfaktoren, die Prozesse und die erstellten Leistungen mit Blick auf deren Umweltfreundlichkeit (bzw. Umweltschädlichkeit) optimiert werden. Umweltwirkungen verursachen betriebliche Umweltkosten: erstens durch die Vermeidung oder Verminderung potenzieller Umweltwirkungen im Rahmen von betrieblichen Umweltschutzmaßnahmen; zweitens durch die Kompensation oder Beseitigung bereits entstandener Umweltwirkungen. Diese Umweltkosten sind Gegenstand und Zielgröße des Umweltkostenmanagements. Über die Reduktion der Umweltkosten – durch die zielorientierte Gestaltung des Inputs, der Throughputs und des Outputs – werden die betrieblichen Umweltwirkungen vermieden oder vermindert.[326]

Allgemein formuliert umfasst das Umweltkostenmanagement die zielorientierte Beeinflussung der *Umweltkosten*, welche eine Teilgruppe der gesamten betrieblichen Kosten darstellen. Als Zielgröße bedürfen die Umweltkosten einer einheitlichen Abgrenzung und Definition. Dies zum einen, damit innerhalb des theoretischen Konzepts deutlich wird, womit sich das Umweltkostenmanagement beschäftigt, und zum anderen, damit auch in den Unternehmen Umweltkosten identifiziert werden können. Deshalb muss die Definition und Abgrenzung der Umweltkosten präzise und verständlich sein sowie eine klare Entscheidungsorientierung implizieren.[327]

Die Fokussierung auf *entscheidungsrelevante* Umweltkosten impliziert die Festlegung der Gestaltungsmaßnahmen auf solche Umweltkosten, welche erstens unmittelbar in den Entscheidungsbereich des Unternehmens fallen und zweitens tatsächlich von hoher Kostenrelevanz sind. Dazu können innerhalb eines proaktiv ausgerichteten und damit antizipativ gestalteten Ansatzes neben den bereits internalisierten Umweltkosten auch Umweltkosten gehören, welche bislang noch nicht vom Unternehmen getragen werden (also externe Umweltkosten), die jedoch aufgrund ihrer verursachungsgerechten Zurechenbarkeit durch entsprechende gesetzliche Änderungen internalisiert werden könnten.

Im Folgenden wird zunächst der Begriff der Umweltkosten näher beleuchtet, bevor konkrete Grundlagen des Umweltkostenmanagements dargestellt werden.

---

[326] Vgl. Kraemer (1993), S. 17. In diesem Sinne werden Umweltkosten als *Symptome* der betrieblichen Umweltwirkungen betrachtet.
[327] Vgl. Reiß/Corsten (1992), S. 1488, und Gay (1998), S. 92 und S. 150 f.

1.1.1 Definition und Umweltkostenbegriffe

Entgegen den genannten Forderungen existiert weder in der Theorie noch in der Praxis eine einheitliche Vorstellung darüber, was unter Umweltkosten zu verstehen ist. Den unterschiedlichen Begriffsauslegungen liegen unterschiedliche Betrachtungsansätze des betrieblichen Umweltschutzes zugrunde.[328] Entsprechend werden in dieser Arbeit die Erkenntnisse im Rahmen der Kreislaufwirtschaft genutzt, wonach input-, throughput- und outputbezogene Umweltwirkungen und entsprechend gleichnamige Umweltkostenkategorien unterschieden werden.[329]

Abgesehen von der Begriffsvielfalt lassen sich Umweltkosten allgemein und doch hinreichend spezifisch aus dem allgemeinen Kostenbegriff herleiten. Demzufolge sind Kosten „der bewertete sachzielbezogene Güterverbrauch einer Abrechnungsperiode"[330]. Diese Definition wird erweitert, indem neben dem Periodenbezug auch der Bezug zur Ausbringungsmenge (z.B. Kosten je Leistungseinheit) aufgenommen wird.[331] Die spezifische Definition des Umweltkostenbegriffs erfordert darüber hinaus zwingend eine Spezifizierung des Güterverzehrs hinsichtlich der umweltrelevanten Aspekte der betrieblichen Leistungserstellung in einer Periode.

In Anlehnung an die genannten Aspekte können *Umweltkosten* definiert werden als

> *bewerteter sachzielbezogener Verzehr von Gütern und Dienstleistungen, welcher durch den betrieblichen Umweltschutz und durch die im Rahmen der betrieblichen Leistungserstellung verursachten Umweltwirkungen je Ausbringungsmengeneinheit bzw. je Periode entsteht.*[332]

Die allgemeine Kostendefinition differenziert zwischen der Mengen- und der Wertkomponente. Demnach setzt die Ermittlung von Umweltkosten die Erfassung des *mengenmäßigen* Verzehrs an Gütern voraus (Mengenkomponente), bevor dieser (i.d.R. monetär) *bewertet* wird (Wertkomponente). Die mengenmäßige Erfassung erfolgt un-

---

[328] Beispielsweise werden im reststofforientierten Ansatz ausschließlich die *Reststoffkosten* als Umweltkosten begriffen, während im material- und energieflussorientierten Ansatz alle den materiellen und energetischen Einsatzgütern zugehörigen *Fluss- und Fließkosten* unter die Umweltkosten gefasst werden; vgl. Fischer (2001), S. 123 ff., oder Fichter/Loew/Seidel (1997), S. 77 ff. Einen umfassenden Überblick über die diversen Umweltkostenbegriffe der verschiedenen Ansätze geben FICHTER/LOEW/SEIDEL, vgl. Fichter/Loew/Seidel (1997), S. 34 ff. und S. 126 ff. Darin grenzen sie die Kosten des nachsorgenden Umweltschutzes, des integrierten Umweltschutzes, Umweltschutzkosten, Reststoffentstehungskosten, Reststoffkosten, Flusskosten und Kosten des unterlassenen Umweltschutzes gegeneinander ab.

[329] Auf den Zusammenhang der verschiedenen Umweltwirkungs- und Umweltkostenkategorien wird an späterer Stelle noch genauer eingegangen.

[330] Schweitzer/Küpper (1998), S. 17. Ähnlich definieren auch KLOOCK/SIEBEN/SCHILDBACH den Begriff der *Kosten*; vgl. Kloock/Sieben/Schildbach (1999), S. 28. Diese Definition geht auf den von SCHMALENBACH geprägten Kostenbegriff zurück, welcher besagt, dass Kosten „die in der Kostenrechnung anzusetzenden Werte der für Leistungen verzehrten Güter" sind; Schmalenbach (1963), S. 6. Unter den Begriff der *Güter* werden neben den rein physischen Einsatzfaktoren auch Dienstleistungen und weitere immaterielle Vermögensgegenstände subsumiert; vgl. Letmathe (1998), S. 5.

[331] Vgl. Schmalenbach (1963), S. 6, Kistner (1993), S. 5 f., oder Kosiol (1964), S. 19 ff.

[332] Vgl. Letmathe (1998), S. 13 f.

ter Berücksichtigung des betrieblichen Wertschöpfungsprozesses, indem beispielsweise Umweltwirkungen der Beschaffung, der Produktion und des Absatzes ermittelt werden. Eine systematische Dokumentation und Analyse der Umweltwirkungen, z.B. in Form von Stoff- und Energiebilanzen, kann bereits auf der Mengenebene Ansatzpunkte für Verbesserungen aufzeigen.[333] Bei der Bewertung von Umweltwirkungen können verschiedene Ansätze genutzt werden. Zur Verdeutlichung des Einflusses von Umweltwirkungen auf finanzielle Ziele des Unternehmens bietet sich eine monetäre Bewertung in Geldeinheiten an. Doch auch für diese existieren unterschiedliche Ansätze, wie volkswirtschaftliche Bewertungsansätze (z.B. zu Vermeidungs- oder Verminderungskosten) oder die Bewertung zu pagatorischen Kosten. Bei der Wahl eines Bewertungsansatzes schlägt LETMATHE ein Anforderungsprofil vor, welches unter anderem beinhaltet, dass die Bewertung der Umweltwirkungen „in erster Linie die betrieblichen Ziele berücksichtigen"[334] sollte.[335] Die weiteren Bestandteile der Definition werden im Folgenden ausführlich dargestellt.

- *Systematik der Umweltkosten*

Die Definition bezieht sich auf alle betrieblichen Aktivitäten, welche einen umweltbezogenen Güterverzehr mit sich bringen.[336] Dies sind zum einen Aktivitäten, die mit dem betrieblichen Umweltschutz einhergehen und Umweltschutzleistungen darstellen, da sie auf eine Vermeidung oder Verminderung der betrieblichen Umweltwirkungen abzielen. Zum anderen handelt es sich um Aktivitäten, die durch die Beseitigung oder Verwertung tatsächlich angefallener Umweltwirkungen initiiert werden.

Eine entsprechende Definition, welche die unterschiedlichen Aktivitäten aufgreift, findet sich bei ROTH. Diese versteht unter Umweltschutzkosten „die bewerteten sachzielorientierten Güterverbräuche für den betrieblichen Umweltschutz einer Unternehmung, also alle durch betriebliche Maßnahmen zur Vermeidung, Verringerung, Beseitigung und Verwertung unternehmensinduzierter Umweltbelastungen verursachten bewerteten Güterverbräuche einschließlich derjenigen Güterverbräuche, die aus betrieblichen Aktivitäten zur Überwachung der Einhaltung von Umweltschutzvorschriften, zur Kontrolle laufender Umweltschutzmaßnahmen und zur Absicherung von durch Stör- und Katastrophenfälle hervorgerufenen Umweltbelastungen resultieren"[337].

---

[333] Vgl. Letmathe (1998), S. 47 ff.

[334] Letmathe (1998), S. 92. Daneben nennt er die Berücksichtigung von ökologischen Schadwirkungen und Marktgegebenheiten (z.B. Forderungen relevanter Anspruchsgruppen) sowie die Forderung nach vollständiger Erfassung, wissenschaftlicher Fundierung, Klarheit und Willkürfreiheit als wichtige Aspekte der Bewertung von Umweltwirkungen.

[335] Eine umfassende Betrachtung monetärer Bewertungsansätze von Umweltwirkungen einschließlich der damit einhergehenden Bewertungsproblematik liefert Letmathe (1998), S. 87 ff. Im Rahmen dieser Arbeit wird nicht vertiefend auf diesen Themenkomplex eingegangen.

[336] Vgl. im Folgenden Letmathe (1998), S. 13 ff. Beispiele für beide Kostenkategorien finden sich bei Letmathe (1998), S. 14, Tab. 1.

[337] Roth (1992), S. 107. Zur Entwicklung des Begriffs der *Umweltschutzkosten* siehe auch Seidel (2003), S. 378 f.

Die Kosten des betrieblichen Umweltschutzes umfassen solche Kosten, die aufgrund von gesetzlich geforderten oder freiwilligen betrieblichen Umweltschutzmaßnahmen entstehen. Dies können beispielsweise Kosten für innerbetriebliches Recycling, Kosten der innerbetrieblichen Abwasserbehandlung oder der Abluftfilterung sein. Darunter fallen jedoch auch Mehrkosten, die bei der Substitution umweltgefährdender durch weniger umweltgefährdende Einsatzstoffe anfallen; gleiches gilt für den Einsatz produktionsintegrierter Umweltschutztechnologien.[338] Die Kosten tatsächlicher Umweltwirkungen, auch *Umweltwirkungs-* oder *Umweltbelastungskosten* genannt,[339] können als externe Kosten[340] auftreten, die von der Gesellschaft getragen werden. Dies sind beispielsweise Kosten, die aus der CO_2-Klimabelastung oder aus der verschlechterten Qualität von Gewässern und Luft resultieren und sich in Gesundheitsschäden, Wald- oder Gebäudeschäden niederschlagen.[341] Dies sind jedoch auch Umweltkosten, die über Abgaben oder Auflagen internalisiert werden und somit im innerbetrieblichen Rechnungswesen eines Unternehmens berücksichtigt werden müssen.[342] Internalisierte Umweltwirkungskosten treten beispielsweise dann auf, wenn das Unternehmen für seine Emissionen in Luft, Boden oder Wasser Abgaben an den Staat leisten muss (Abfall- oder Abwassergebühren, Deponiegebühren etc.).

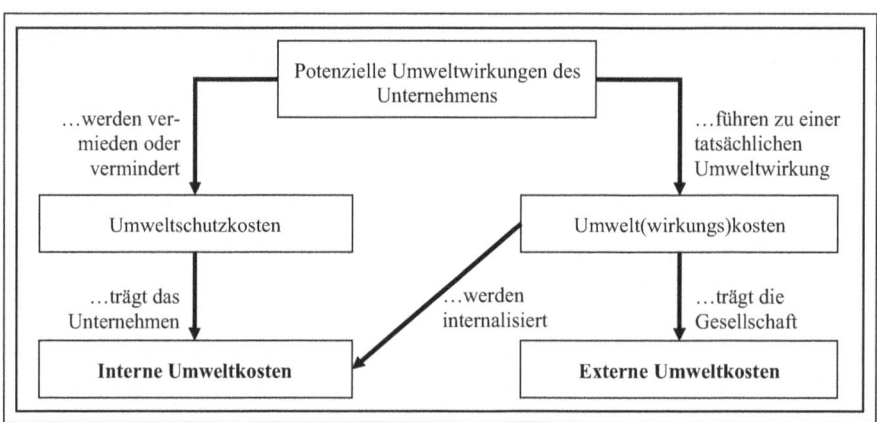

Abb. C-1: Systematik der Umweltkosten
(in Anlehnung an Bundesumweltministerium/Umweltbundesamt (Hrsg.) (1996), S. 44)

---

[338] Die Differenzbetrachtung im Rahmen der Erfassung umweltbezogener Mehrkosten erweist sich meist als schwierig; vgl. Fischer (1997), S. 14. MASELLI beschreibt ausführlich die sachliche Abgrenzung von Umweltkosten, indem er sich schwerpunktmäßig auf produktionsintegrierte Technologien konzentriert und diesbezüglich unterschiedliche Verfahren der Abgrenzung vorstellt; vgl. Maselli (2001), S. 114 ff.

[339] Vgl. Letmathe (1998), S. 14, Schreiner (1996), S. 6, und Bundesumweltministerium/Umweltbundesamt (Hrsg.) (1996), S. 44.

[340] Umweltkosten, die aus tatsächlichen Umweltwirkungen resultieren, jedoch nicht von einzelnen Wirtschaftsobjekten getragen oder nicht über den Markt erfasst und somit von Dritten (bzw. der Gesellschaft) getragen werden, werden als externe Umweltkosten bezeichnet; vgl. Wicke (1989), S. 43 ff., und Maselli (2001), S. 103 ff.

[341] Vgl. Bundesumweltministerium/Umweltbundesamt (Hrsg.) (2003), S. 38. Laut dieser Quelle belaufen sich allein die externen Kosten, welche durch Verkehr aus unternehmerischen aber auch privaten Aktivitäten verursacht werden, in Deutschland auf rund 35 Mio. Euro jährlich.

[342] Vgl. Letmathe (1998), S. 14 ff., und Wagner/Faßbender-Wynands (2001), S. 16.

- *Sachzielbezug der Umweltkosten*

Innerhalb der oben beschriebenen Systematik sind diejenigen Kosten des Umweltschutzes und der Umweltwirkung relevant, welche in einem unmittelbaren Zusammenhang mit dem unternehmerischen Sachziel[343] stehen. Ein umweltbezogener Güterverzehr ist dann sachzielbezogen, wenn er im Rahmen der dem Betriebszweck entsprechenden Leistungserstellung anfällt.[344] Dieser leistungsbezogene Güterverzehr beschränkt sich nicht auf die Leistungserstellung im engeren Sinne, also auf die eigentliche Produktion, sondern umfasst die gesamte Leistungserbringung (inkl. Beschaffung, Verwaltung etc.) bis hin zum Vertrieb der gefertigten Produkte.[345] Einbezogen sind damit auch Maßnahmen, die die Einhaltung von rechtlichen Vorgaben (Umweltvorschriften) oder die Erhöhung der Reputation gegenüber den Anspruchsgruppen in Form von freiwilligen Umweltschutzmaßnahmen betreffen.

- *Bewertung der Umweltkosten*

Zur Bewertung des umweltbezogenen Güterverzehrs können – analog zur klassischen Kostentheorie[346] – der pagatorische oder der wertmäßige Kostenbegriff herangezogen werden.

Der *pagatorische* Kostenbegriff, welcher von KOCH geprägt wurde, basiert auf dem Wertansatz der Anschaffungs- oder Wiederbeschaffungskosten, also auf tatsächlich zu zahlenden Entgelten.[347] Damit gehen Umweltkosten als Grundkosten[348] in die Kostenrechnung ein und werden in das unternehmerische Entscheidungskalkül integriert. Diese internalisierten Kosten, die aus öffentlichen Abgaben, Umweltschutzauflagen, Haftungsansprüchen oder freiwilligen Umweltschutzmaßnahmen resultieren, stellen Umweltkosten dar, welche durch entstandene Emissionen und Rückstände sowie durch Maßnahmen zur Reduktion von Umweltbelastungen verursacht werden.[349]

Die Bewertung der Kosten gemäß dem *wertmäßigen* Kostenbegriff, welcher auf SCHMALENBACH zurückgeht, erfolgt nach dem (monetären) Grenznutzen, welchen die Unternehmen unter Berücksichtigung der Unternehmensziele aus dem Güterverzehr

---

[343] Das unternehmerische Sachziel „gibt dabei Art, Zeitpunkt bzw. Zeiträume von zu fertigenden sowie abzusetzenden betrieblichen Gütern an"; Kloock/Sieben/Schildbach (1999), S. 29. Dies wäre in der chemischen Industrie beispielsweise die Herstellung von Lacken oder Lösemitteln.

[344] Vgl. Schweitzer/Küpper (1998), S. 21.

[345] Vgl. Kloock/Sieben/Schildbach (1999), S. 29. KLOOCK/SIEBEN/SCHILDBACH führen neben dem Sachzielbezug von Kosten als weiteres Merkmal an, dass Kosten auch *ordentlich* sein müssen, also im Rahmen des üblichen Betriebsablaufes anfallen.

[346] Eine ausführliche Abgrenzung und Diskussion unterschiedlicher Kostenbegriffe findet sich bei KOCH (1958), S. 355 ff. Neben den monetären Kostenbegriffen – dem pagatorischen und dem wertmäßigen Kostenbegriff – führt KOCH auch den *psychologischen Kostenbegriff* ein, welcher der subjektivistischen Wertlehre entspringt. Der Wert eines Gutes oder einer Dienstleistung richtet sich im letzteren Fall nach subjektiven Nutzenvorstellungen, die sich nicht unbedingt immer quantifizieren lassen, sondern auch in qualitativer Form vorliegen; vgl. Koch (1958), S. 356 ff.

[347] Vgl. Koch (1958), S. 361 f., und Kloock/Sieben/Schildbach (1999), S. 31.

[348] Kosten, die aufwandsgleich sind, werden auch als Zweckaufwand oder Grundkosten bezeichnet; vgl. Kloock/Sieben/Schildbach (1999), S. 37.

[349] Vgl. Kloock (1993), S. 182, sowie Piro (1994), S. 35, und Roth (1992), S. 107.

herleiten.³⁵⁰ Die Kostenbewertung basiert auf dem Grenznutzen der besten, nicht realisierten Verwendungsmöglichkeit, welcher sich laut REHKUGLER „aus der Grenzausgabe für die letzte verzehrte Einheit und dem entgangenen monetären Nutzen, der bei der Wahl der nächst besten Alternative hätte erzielt werden können (Opportunitätskosten)"³⁵¹, zusammensetzt.

Für die Umweltkosten bedeutet dies, dass neben den zahlungsbasierten Kosten auch kalkulatorische Kosten berücksichtigt werden, wie beispielsweise kalkulatorische Abschreibungen oder freiwillige Umweltschutzmaßnahmen, deren Bewertung nicht an tatsächliche Zahlungsgrößen anknüpft.³⁵² Neben den Opportunitätskosten können mithilfe des wertmäßigen Kostenbegriffs auch Wertvorstellungen widergespiegelt werden, falls beispielsweise höhere betriebliche Verrechnungspreise als Signal der Knappheit bestimmter Ressourcen eingeführt werden, auch wenn diese (noch) nicht im Marktpreis enthalten sind. Dies sind beispielsweise Kosten, die aus Boden-, Luft- oder Wasserbelastungen resultieren, welche zwar durch das Unternehmen verursacht wurden, bislang jedoch nicht von diesem getragen werden und damit auch nicht in die Kostenrechnung eingehen. Als kalkulatorische Zusatzkosten können sie jedoch internalisiert werden.

Den Zielen und Anforderungen des Umweltkostenmanagements wird damit lediglich der wertmäßige Kostenbegriff gerecht. Vor dem Hintergrund der Anforderungen, die an das Umweltkostenmanagement gestellt werden, berücksichtigt dieser sämtliche entscheidungsrelevanten Kosten. Dieser Ansatz ermöglicht die optimale Allokation und Lenkung der Güter im Unternehmen.³⁵³

Der Einwand der willkürlichen Bewertung, der von Vertretern des entscheidungsorientierten oder des pagatorischen Kostenbegriffs bezüglich des wertorientierten Kostenbegriffs hervorgebracht wird,³⁵⁴ findet seine Entkräftung in dem Argument, dass subjektive Nutzenvorstellungen, die in klaren Zielvorgaben und Zielsetzungen münden, nicht mit subjektiver Willkür gleichzusetzen sind. ADAM spricht in diesem Zusammenhang von der *Offenheit* – SCHNEEWEIß von dem *großen Gestaltungsspielraum* – des wertmäßigen Kostenbegriffs gegenüber individuellen Nutzenvorstellungen, und

---

³⁵⁰ Vgl. Schmalenbach (1963), S. 6, Rehkugler (1993), Sp. 2322, und Kloock/Sieben/Schildbach (1999), S. 31.
³⁵¹ Rehkugler (1993), Sp. 2322. Ähnlich definiert SCHNEEWEIß den Begriff der *Opportunitätskosten* als „Einnahmeverlust, der durch den (notwendigen) Verzicht auf die beste sich außerhalb des Entscheidungsfeldes befindlichen Alternative" entsteht; Schneeweiß (1993), S. 1034. Dabei muss nicht zwingend von dem Gewinnziel als alleinigem Ziel ausgegangen werden. Vielmehr wird hier ein Nutzenbegriff unterstellt, welcher auch andere unternehmerische Ziele berücksichtigen kann.
³⁵² Vgl. Fassbender-Wynands (2001), S. 17. Auch Rehkugler greift den Aspekt der Knappheit als Grundlage für Opportunitätskostenüberlegungen auf, indem er darauf hinweist, dass im Falle der *unbeschränkten* Verfügbarkeit von Einsatzgütern keine Opportunitätskosten anfallen und der Kostenwert damit den Anschaffungsausgaben entspricht; vgl. Rehkugler (1993), Sp. 2322.
³⁵³ Vgl. Schweitzer/Küpper (1998), S. 22 f.
³⁵⁴ Vgl. Riebel (1994), S. 409 f., sowie Koch (1958), S. 355 ff.

verdeutlicht, dass die Bewertung der Kosten durch die Festlegung und Definition dieser Nutzenvorstellungen in der unternehmerischen Zielfunktion objektiviert wird.[355]

- *Periodenbezug der Umweltkosten*

Zentraler Bestandteil der Definition ist zudem der Periodenbezug der Umweltkosten.[356] MASELLI weist darauf hin, dass ausschließlich „die durch die Produktion der laufenden Periode verursachten Umweltkosten [...] dieser auch zugerechnet werden [sollen]"[357]. Der umweltbezogene Güterverzehr der laufenden Periode, welcher durch unterlassenen Umweltschutz in vorangehenden Perioden verursacht wurde, ist insbesondere für operative Fragestellungen nicht entscheidungsrelevant. So sollten Kosten der Altlastensanierung als Folge von Umweltwirkungen vergangener Perioden keinen Einfluss auf die Bestimmung der Preisuntergrenzen im Rahmen der Kalkulation oder auf die Wirtschaftlichkeitsprüfung bestimmter Kostenstellen haben. Allerdings spielen derartige Kosten für strategische, zukunftsgerichtete Fragestellungen sehr wohl eine große Rolle. Die derzeitige Produktion wird Kosten in der Zukunft verursachen, die mit mehr Voraussicht geplant und gestaltet werden sollten. Vor dem Hintergrund steigender Produktverantwortung und ausgeweiteter Rücknahmeverpflichtungen sind daraus entstehende Umweltkosten schon heute entscheidungsrelevant.

1.1.2 Kosteneinflussgrößen im betrieblichen Umweltschutz

Kosteneinflussgrößen (KEG) werden in der betriebswirtschaftlichen Literatur synonym als Bestimmungsfaktoren oder Determinanten der betrieblichen Kosten bezeichnet.[358] Die bedeutendsten Ansätze gehen auf SCHMALENBACH, GUTENBERG, KILGER und HEINEN zurück.

---

[355] Vgl. Adam (1998), S. 267 f. Zur weiteren Diskussion der Vorteilhaftigkeit des wertmäßigen Kostenbegriffs im umweltorientierten Rechnungswesen sei auf Letmathe (1998), S. 6 ff., verwiesen. Eine allgemeine Abgrenzung und Bewertung der verschiedenen Kostenbegriffe findet sich bei Schneeweiß (1993), S. 1025 ff.
[356] Vgl. auch im Folgenden Maselli (2001), S. 119 ff.
[357] Maselli (2001), S. 119. Vgl. ebenso Kloock/Sieben/Schildbach (1999), S. 35.
[358] Vgl. auch im Folgenden Haupt (1993), Sp. 2330.

Schmalenbach (1963)	Gutenberg (1975)	Kilger (1982)	Heinen (1983)
synthetisch-orientierte KEG-Systeme		analytisch-orientierte KEG-Systeme	
Primäre/dominante KEG: • Beschäftigungsgrad Sekundäre/ abhängige KEG: • Größe (der Kapazitäten) • Auflage (der Produkte) • Beschleunigung (der Leistung)	• Beschäftigungsgrad • Produktionsbedingungen (*Faktormengen, Faktorqualitäten*) • Faktorpreise • Betriebsgröße • Fertigungsprogramm	• Prozessparameter (*Bedienungsrelationen, Seriengrößen, technologische Prozessparameter*) • Ausbringungsmenge • Anpassungsformen (q*uantitativ, zeitlich, intensitätsmäßig*) • Einsatzmenge (*Produktionsfaktoren*)	• Kostenwert • KEG des Fertigungsprogramms • KEG des produktionswirtschaftlichen Instrumentariums (*Ausstattung, Prozesse*)

Tab. C-1: Klassische Kosteneinflussgrößensysteme[359]

Kritik wird an den klassischen Kosteneinflussgrößensystemen dahingehend geübt, dass sie vornehmlich im Produktions- und Beschaffungsbereich verwendbar sind. Die Anwendung in anderen Funktionsbereichen des Unternehmens bedarf einer Erweiterung der bestehenden Systeme bzw. einer ganzheitlichen, geschlossenen Systematik, wie sie beispielsweise von COOPER/KAPLAN und auch HORVÁTH/MAYER vorgenommen wird.[360] Zusätzlich zu den eher traditionellen Kosteneinflussgrößen sprechen diese Autoren den Größen *Variantenvielfalt* und *Komplexitätsgrad* sowie weiteren spezifischen Kostentreibern einen starken Einfluss auf die Kostensituation in einem Unternehmen zu.[361]

---

[359] Vgl. Schmalenbach (1963), S. 41 ff. und S. 103 ff., Gutenberg (1975), S. 65 ff., Kilger (1982), S. 109 ff., und Heinen (1983), S. 571 ff. Die Unterscheidung in *synthetisch-orientierte* und *analytisch-orientierte* Kostenmodelle geht auf Heinen (1983), S. 449 ff., zurück. Die synthetisch-orientierten Ansätze, deren Hauptvertreter SCHMALENBACH hier aufgegriffen wird, beinhalten eine hierarchische Ordnung, die den Beschäftigungsgrad als dominante Einflussgröße (primäre KEG) und alle anderen Faktoren als abhängige Einflussgrößen (sekundäre KEG) ausweist.

[360] Vgl. Fischer (1993), S. 28.

[361] Sowohl die Erhöhung der Variantenvielfalt als auch die Zunahme der Komplexität innerhalb und außerhalb des Unternehmens haben eine Veränderung der Kostensituation zur Folge; siehe Teil A, Kapitel 3 der vorliegenden Arbeit. Hinsichtlich der Variantenvielfalt lässt sich beispielsweise anführen, dass in der Konstruktion neue Teile und Produktmodule entwickelt werden müssen; der Einkauf wird mit einem erhöhten Aufwand für die Materialbedarfsermittlung, mit mehr Bestell- und Liefervorgängen sowie mit höheren Einstandspreisen aufgrund geringerer Stückzahlen konfrontiert; die Fertigung verzeichnet erhöhte Rüstkostenanteile aufgrund kleinerer Lose und gegebenenfalls eine zunehmende Verwechslungsgefahr bei Einbau der verschiedenen Module; der Vertrieb muss mit einem erhöhten Schulungsbedarf bei Mitarbeitern und Kunden rechnen sowie den Kundendienst umfangreicher, d.h. mit vielen verschiedenen Varianten, ausstatten; vgl. Fischer (1993), S. 29. Analog verhält es sich mit der Komplexitätszunahme, welche über ähnliche Wirkungsmechanismen die Kostensituation in Unternehmen verändert.

Der betriebliche Umweltschutz als Querschnittsfunktion[362] bedarf hinsichtlich der die Umweltkosten determinierenden Einflussgrößen einer näheren Betrachtung. Da die betrieblichen Umweltkosten Teil der betrieblichen Kosten sind, stellt sich die Frage, inwiefern die klassischen Bestimmungsfaktoren Einfluss auf die betrieblichen Umweltkosten haben und die dargestellten Zusammenhänge Gültigkeit bewahren. Darüber hinaus bleibt zu prüfen, welche zusätzlichen Faktoren – speziell im Umweltschutzbereich – die Kosten determinieren.[363] Beispielsweise beeinflusst die Umweltgesetzgebung über die Festlegung bestimmter Mindest- oder Höchststandards, Grenzwerte sowie Ge- und Verbote die betrieblichen Umweltkosten sowohl mittelbar als auch unmittelbar.

Umweltkosten beinhalten laut der Definition *Umweltschutzkosten* und *Umweltwirkungskosten*. Die Höhe der jeweiligen Kostenkategorie wird zum einen durch die Maßnahmen des integrierten oder des nachsorgenden Umweltschutzes[364] und zum anderen durch den monetären Internalisierungsgrad tatsächlicher Umweltwirkungen bestimmt. Das Ausmaß der Umweltschutzmaßnahmen bzw. der zu kompensierenden Umweltwirkungen hängt in erster Linie von der potenziellen und von der tatsächlichen Emissionshöhe ab. Je höher die Emissionen als Folge der betrieblichen Leistungserstellung sind, desto höher werden auch die Umweltschutz- und die Umweltwirkungskosten ausfallen.

Schwerpunkt der Betrachtung sind die betrieblichen Emissionen, da diese direkt oder indirekt Umweltkosten verursachen. In der Literatur zur (betrieblichen) Umweltökonomie überwiegt die Ansicht, dass die Emissionen und damit die Umweltkosten direkt von dem Beschäftigungsgrad abhängen.[365] Je höher die Ausbringungsmenge der Unternehmen ist, desto höher seien tendenziell auch die stofflichen und energetischen Emissionen und damit die Umweltkosten. Eine genaue Betrachtung zeigt jedoch, dass sich für den Bereich des betrieblichen Umweltschutzes Kosteneinflussgrößen identifizieren lassen, die direkt aus den Bezugsobjekten des Umweltkostenmanagements (z.B. Faktorarten und Faktormengen, Produktionsverfahren) hergeleitet werden können.

Umweltwirkungen treten während des gesamten betrieblichen Leistungserstellungsprozesses auf. In Form von stofflichen oder energetischen Emissionen fallen sie mit

---

[362] Der Umweltschutzbereich stellt keine eigene betriebliche Funktion dar. Vielmehr werden umweltorientierte Entscheidungen in anderen betrieblichen Funktionen und Bereichen berücksichtigt. Daraus sind spezielle Gebiete innerhalb der traditionellen Unternehmensfunktionen erwachsen, wie beispielsweise die umweltorientierte Beschaffung, die umweltorientierte Produktion, der umweltorientierte Absatz sowie das umweltorientierte Controlling oder Personalwesen. Vgl. Matschke/Jaeckel/Lemser (1996), S. 1 ff., und Michaelis (1999), S. 1 ff.

[363] Vor dem Hintergrund der sich ändernden gesamtwirtschaftlichen Rahmenbedingungen kann eine Verlagerung der relevanten Kosteneinflussgrößen von den direkten hin zu den indirekten Unternehmensbereichen festgestellt werden. Daher spielt die Identifizierung der relevanten Kosteneinflussgrößen eine bedeutende Rolle im Kostenmanagement; vgl. Becker (1993), S. 280.

[364] Maßnahmen des produkt- bzw. produktionsintegrierten Umweltschutzes verhindern oder vermeiden Umweltbelastungen. Maßnahmen des nachsorgenden Umweltschutzes (End-of-Pipe-Technologien) sind der Produktion oder der Produktnutzung nachgeschaltet; vgl. Wagner/Faßbender-Wynands (2001), S. 18 f.

[365] Vgl. exemplarisch Matschke/Jaeckel/Lemser (1996), S. 212, Abb. 88. Die Beschäftigung wird in diesem Fall über die Ausbringungsmenge definiert.

dem Einsatz von Produktionsfaktoren (*Input*), während des Umwandlungs- bzw. Transformationsprozesses (*Throughput*) oder durch den Ge- und Verbrauch der gefertigten Produkte (*Output*) an.[366]

Auf der *Inputseite* werden die Umweltkosten durch den Faktoreinsatz bestimmt. Dabei spielen die jeweiligen *Faktormengen*, *Faktorpreise* und *Faktorqualitäten*[367] eine wichtige Rolle. Aspekte hinsichtlich der Preise umweltschonender Produktionsfaktoren, der Verbrauchsmengen an Materialien, des Einsatzes umweltbelastender Stoffe und umweltschonender Fertigungsanlagen werden aufgegriffen. Auch die Mehrkosten, die z.B. dadurch entstehen, dass umweltbelastende Stoffe durch weniger umweltschädliche Materialien substituiert werden, können in dieser Kategorie Berücksichtigung finden.[368]

Im *Throughput* werden die Umweltkosten durch die laufenden Produktionsprozesse bestimmt. Einfluss nehmen die *Fertigungsverfahren* und der *Beschäftigungsgrad*. Beispielsweise sind in dieser Kategorie Fragen nach der Umweltverträglichkeit von Verfahren oder nach dem Einsatz von Umwelttechnologien möglich. Ebenso werden die Aspekte der intensitätsmäßigen, zeitlichen und quantitativen Kapazitätsanpassung beleuchtet, d.h. es wird betrachtet, wie sich die Umweltkosten in Abhängigkeit von dem Beschäftigungsgrad verändern.[369]

Auf der *Outputseite* beeinflussen die gefertigten Produkte die Umweltkosten. Die *Ausbringungsmenge* als eine definitorische Variante des Beschäftigungsgrades[370] hat Einfluss auf die Höhe der Emissionen und damit auf die Umweltkosten. Ebenso ist die Art der hergestellten Produkte relevant: Handelt es sich beispielsweise um Kuppelprodukte im Sinne von Rückständen, die verwertet, behandelt oder entsorgt werden müssen, so gehen auch diese als direkte Umweltkosten in die Betrachtung mit ein. Weiterhin spielen Aspekte des *Produktprogramms* eine Rolle: insbesondere die Anzahl der Produktvarianten, da mit verschiedenen Produktvarianten auch verschiedene Einsatzfaktoren verwendet werden, welche wiederum unterschiedliche Umweltwirkungen verursachen können. Der Mengeneffekt der Umweltwirkungen wird über die zu produzierende Ausbringungsmenge beeinflusst. Wird von einer Produktvariante mit niedrigen Umweltwirkungen eine hohe Ausbringungsmenge produziert, werden trotzdem umfangreiche Emissionen generiert. Im umgekehrten Fall können Produktvarianten mit

---

[366] Vgl. Schreiner (1996), S. 58 f. Siehe ebenso die ausführliche Herleitung der verschiedenen Umweltwirkungskategorien in Teil B, Abschnitt 1.2.3.
[367] Verweis auf Gutenberg (1975), S. 65 ff.
[368] Letzteres erfordert detaillierte Differenzbetrachtungen, die die Opportunitätskosten des Umweltschutzes separieren.
[369] Schon GUTENBERG definiert den Begriff *Beschäftigungsgrad* als Kapazitätsgrad oder Nutzungsgrad in intensitätsmäßiger, zeitlicher und quantitativer Hinsicht; vgl. Gutenberg (1975), S. 65.
[370] Während der Begriff der *Ausbringungsmenge* die Anzahl der gefertigten Produkte beschreibt (in Stückzahlen oder in bestimmten Maßeinheiten, z.B. Kilogramm, Tonnen oder Liter), umfasst der Begriff des *Beschäftigungsgrades* den Nutzungsgrad der quantitativen Kapazität im Rahmen der Leistungserstellung; vgl. Schwinn (1993), S. 495. Demnach steht die Ausbringungsmenge in direktem Zusammenhang mit der Beschäftigung – je höher der Beschäftigungsgrad, desto höher auch die Ausbringungsmenge.

hohen Umweltwirkungen unproblematisch sein, falls eine geringe Seriengröße hergestellt wird.

Die Abbildung C-2 gibt einen Überblick über umweltbezogene Kosteneinflussgrößen.

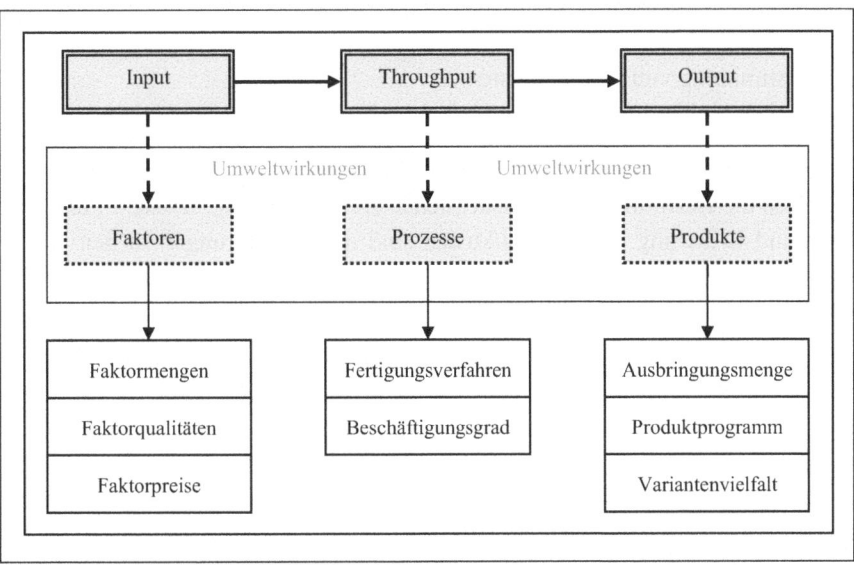

Abb. C-2: Kosteneinflussgrößensystem des Umweltkostenmanagements

Die Abbildung verdeutlicht, dass die klassischen Kosteneinflussgrößen auch für Umweltkosten gelten, jedoch entsprechend den Umweltwirkungskategorien gegliedert werden können. Dies ist vor dem Hintergrund einer systematischen und integrierten Kosteneinflussgrößen- und Kostensituationsanalyse im Umweltkostenmanagement unumgänglich. Diese Systematik folgt dem Ansatz analytisch-orientierter Kosteneinflussgrößensysteme, da die Dominanz einer Kosteneinflussgröße nicht gegeben ist – vielmehr bestimmen alle genannten Größen die betrieblichen Umweltkosten, wenn sie auch nicht unabhängig voneinander existieren, sondern sich gegenseitig beeinflussen. Die Substitution eines Einsatzstoffes durch einen anderen hat beispielsweise auch Auswirkungen auf die zu zahlenden Preise; und unterschiedliche Faktorqualitäten können variierende Ausbringungsmengen bzw. einen erhöhten Ausstoß an Rückständen und Emissionen bedingen.[371]

Der Einfluss der Umweltgesetzgebung ist in der aufgeführten Systematik enthalten, da sich beispielsweise der Einsatz bestimmter Produktionsfaktoren oder Fertigungsverfahren und -technologien an geltenden Vorschriften zu Emissionsgrenzwerten ausrichtet. Die Umweltgesetzgebung und weitere Kontextfaktoren – z.B. Umweltorientierung

---

[371] Die Betriebsgröße wird nicht explizit in dieser Systematik aufgeführt, da sie implizit in der Betrachtung der Produktionsfaktoren enthalten ist; insbesondere die Ausstattung mit technischen Anlagen und Maschinen lässt Rückschlüsse auf die Betriebsgröße zu.

der Gesellschaft oder Wettbewerb – sind als Rahmenbedingungen zu verstehen, die Einfluss auf die betrieblichen Umweltkosten haben und als mittelbare Kosteneinflussgrößen bezeichnet werden können. Auf die in Abbildung C-2 dargestellten umweltorientierten Einflussgrößen kann unmittelbar eingewirkt werden.

1.1.3 Bestimmung von Umweltkosten

Die konkrete Bestimmung von Umweltkosten stellt die Unternehmen häufig vor vielschichtige Probleme. Nicht nur die Identifikation und Erfassung ist problematisch, sondern auch die Bestimmung der tatsächlichen Höhe der Umweltkosten. Für die Identifikation und Erfassung der Umweltkosten sind die Ausführungen in den vorhergehenden Abschnitten 1.1.1 und 1.1.2 hilfreich. Sie geben Ansatzpunkte zur systematischen Erfassung.

Hinsichtlich der Bestimmung der Umweltkostenhöhe wurde in Abschnitt 1.1.1 unter *Bewertung der Umweltkosten* auf den pagatorischen und wertmäßigen Kostenansatz hingewiesen. Notwendig ist die monetäre Bewertung der betrieblichen Umweltwirkungen. Nachdem diese identifiziert und mengenmäßig erfasst sind, kann die wertmäßige Bewertung erfolgen. Welche Aspekte dabei Berücksichtigung finden, hängt im Wesentlichen von den Umweltzielen und verfolgten Auswertungszwecken ab.[372] Sie bestimmen, in welchem Umfang interne und externe Umweltkostenbestandteile in die Bewertung eingehen.

Für die vorliegende Arbeit eignet sich der Ansatz zur *Bewertung von Umweltwirkungen in einer entscheidungsorientierten Kostenrechnung* nach LETMATHE.[373] Dieser Ansatz unterstützt die weiteren Ausführungen im Rahmen des linearen Optimierungsmodells[374], da die relevanten Kostenkomponenten dort aufgegriffen und integriert werden.

Die relevanten Kostenkomponenten für die Bewertung von Umweltwirkungen zur Bestimmung von Umweltkosten sind:[375]

- *direkte pagatorische Kosten* für Umweltwirkungen (z.B. Beschaffungspreise für Inputfaktoren oder Abgaben für Emissionen),
- *Behandlungskosten* (z.B. Recyclingkosten, Reinigungskosten etc.),
- *Logistikkosten* (z.B. Lagerung und Transport von Umweltwirkungen),
- *Kosten aus Rücknahmeverpflichtungen* (z.B. Kosten der Rücknahmesysteme und Demontageaktivitäten bei Altprodukten),
- *Kosten von Umweltrisiken* (z.B. kalkulatorische Kosten für erwartete Umwelthaftungsrisiken, Störfälle oder Absatzeinbußen) und

---

[372] Vgl. Letmathe (1998), S. 141 ff.
[373] Vgl. Letmathe (1998), S. 175 ff.
[374] Siehe Teil C, Kapitel 2.
[375] Vgl. hier und im Folgenden Letmathe (1998), S. 176 ff.

- *Kosten in indirekten Bereichen* (z.B. anteilige Umweltkosten in der Verwaltung, im Einkauf und im Vertrieb sowie die Kosten für Umweltschutzbeauftragte).

Verfolgt das Unternehmen über das traditionelle betriebliche Ziel der Gewinnmaximierung hinaus weitere Umweltziele, so kann es sinnvoll sein, zusätzlich externe Kosten zu berücksichtigen, die bislang nicht internalisiert sind. In diesem Fall kann das Unternehmen drei weitere Kostenkomponenten zur Ermittlung der Umweltkostenhöhe betrachten:[376]

- Kosten aufgrund von *Verhaltensänderungen der Anspruchsgruppen* (z.B. nicht realisierte Deckungsbeiträge)
- *ökologische Kosten* (z.B. Kompensationskosten für Umweltschäden) und
- *Kostenzuschläge für Steuerungszwecke* (z.B. Festlegung höherer Umweltkosten als Anreiz zur Minimierung der Umweltwirkung).

Die genannten Kostenkomponenten implizieren ein strukturiertes Vorgehen bei der Identifizierung und Zurechnung von Umweltkosten. Dennoch bleibt die Bewertung von Umweltwirkungen, insbesondere hinsichtlich der kalkulatorischen und externen Umweltkosten, aufgrund unzureichender Schätz- und Quantifizierungsverfahren problematisch.[377]

1.2 Kostenmanagement

1.2.1 Begriffsdefinition

Obwohl im Rahmen der Forschungs- und Anwendungsbereiche des Umweltkostenmanagements zahlreiche Veröffentlichungen existieren, gibt es in der Literatur keine einheitliche Definition des Begriffs *Umweltkostenmanagement*. Dies vor allem deshalb nicht, weil in wissenschaftlichen Publikationen mit den unterschiedlichen Auffassungen als frühzeitiges, dynamisches, strategisches, modernes, proaktives oder effektives Kostenmanagement[378] unterschiedliche Schwerpunkte gesetzt werden. Trotzdem las-

---

[376] Für die Ermittlung der externen Kosten existiert eine Vielzahl an ökologischen Bewertungsverfahren. Grundsätzlich wird zwischen dem Vermeidungs- und dem Schadenskostenansatz unterschieden; vgl. Bundesumweltministerium/Umweltbundesamt (Hrsg.) (2001), S. 518 f. Neben qualitativen Verfahren werden auch quantitative Verfahren verwendet, welche Äquivalenzwerte oder Schadenswerte ermitteln und für die Bewertung nutzen; vgl. Projektgruppe Ökologische Wirtschaft (1987), S. 17 ff., Baron (1995), S. 1 ff., Hallay/Pfriem (1992), S. 92 ff., Müller-Wenk (1978), S. 1 ff., Heijungs u.a. (1992), S. 1 ff., und Schaltegger/Sturm (1994), S. 107.

[377] Vgl. Bundesumweltministerium/Umweltbundesamt (Hrsg.) (2001), S. 521 f.

[378] Die Liste des mit Attributen belegten Kostenmanagementbegriffs lässt sich beliebig fortsetzen. Der Kreativität der Autoren scheint in diesem Bereich keine Grenzen gesetzt zu sein. Die Akzentuierung der jeweiligen Publikation wird dabei keineswegs in Frage gestellt, wenn auch eine *wesentliche* inhaltliche Unterscheidung oftmals vermisst wird. Vertreter der wichtigsten Richtungen sind MÄNNEL für das moderne und das frühzeitige Kostenmanagement; vgl. Männel (Hrsg.) (1996), S. 1 ff., und Männel (Hrsg.) (1995), S. 1 ff.; FRÖHLING für das dynamische Kostenmanagement; vgl. Fröhling (1994b), S. 1 ff.; HORVÁTH für das strategische (bzw. strategieorientierte) Kostenmanagement; vgl. Horváth (1990), S. 175 ff.; FRANZ/KAJÜTER für das proaktive Kostenmanagement; vgl. Franz/Kajüter (1997b), S. 5 ff.; und SCHULTE für das effektive Kostenmanagement; vgl. Schulte (Hrsg.) (1992), S. 1 ff.

sen sich inhaltliche und formale Merkmale identifizieren, anhand derer das Umweltkostenmanagement systematisch charakterisiert werden kann.[379]

Der Ausdruck *Umweltkostenmanagement* ist eine Zusammensetzung der Begriffe *Umwelt, Kosten* und *Management*.[380] Unter dem allgemeinen Managementbegriff werden die spezifischen Subsysteme des Unternehmens subsumiert, beispielsweise das Personalmanagement, das Produktionsmanagement oder eben das Kostenmanagement. Aus der allgemeinen Definition hergeleitet, kann unter dem Begriff des *Kostenmanagements* zunächst die zielorientierte Gestaltung der betrieblichen Kosten verstanden werden.[381] Ähnlich interpretieren auch DELLMANN und STREITFERDT das Kostenmanagement. Beide Autoren definieren das Kostenmanagement als Gesamtheit aller Maßnahmen, die zur aufgaben- und zielorientierten Kostengestaltung in einem Unternehmen ergriffen werden.[382]

Der Begriff des *Umweltkostenmanagements* umfasst folglich die zielorientierte Gestaltung der betrieblichen Umweltkosten. Werden die Ausführungen von STREITFERDT zugrunde gelegt, so kann das Umweltkostenmanagement wie folgt definiert werden:[383]

Das Umweltkostenmanagement beinhaltet alle Maßnahmen, die in einem Unternehmen ergriffen werden, um die Umweltkosten unter Berücksichtigung der betrieblichen Zielsetzung zu gestalten.

1.2.2 Umweltkostenmanagement und Umweltkostenrechnung

Im Gegensatz zur Umweltkostenrechnung, welche als Instrument zur vollständigen und spezifischen Erfassung und Verrechnung sowie zum gesonderten Ausweis der tatsächlich angefallenen betrieblichen Umweltkosten verstanden wird,[384] geht es im Rahmen des Umweltkostenmanagements um die vorausschauende und zielbezogene Gestaltung der betrieblichen Umweltkosten.[385] Während die Umweltkostenrechnung maßgeblich die Unterstützung operativer Entscheidungen zum Ziel hat, verfolgt das Umweltkostenmanagement einen Ansatz zur Entscheidungsfindung mit unterschiedlicher Reichweite.[386]

Unumstritten ist, dass das Umweltkostenmanagement ohne eine funktionierende, auf das Unternehmen zugeschnittene Umweltkostenrechnung nicht auskommt.[387] Die rechnerische Erfassung und Abbildung der betrieblichen Umweltkosten in der Umweltkostenrechnung ist eine notwendige Voraussetzung für die zielorientierte und

---

[379] Diese Merkmale werden in Teil C, Abschnitt 3.2 vorgestellt und abgegrenzt.
[380] Zum *Managementbegriff* sei auf die Ausführungen in Teil B, Abschnitt 2.1.1 und die dort angegebene Literatur verwiesen.
[381] Vgl. Friedl (1997), S. 419, und weiterführend Dellmann (1994), S. 8, und Streitferdt (1993), Sp. 1216 f.
[382] Vgl. Dellmann (1994), S. 8, und Streitferdt (1993), Sp. 1216 f.
[383] Vgl. Streitferdt (1993), Sp. 1216 f.
[384] Vgl. Wagner/Faßbender-Wynands (2001), S. 11.
[385] Vgl. Faßbender-Wynands (2001), S. 14.
[386] Vgl. Lorson (1994), S. 178 und S. 181.
[387] Vgl. Müller (1995), S. 187, und Maselli (2000), S. 624.

frühzeitige Gestaltung derselben, da die Kostentransparenz erhöht wird und so unentbehrliche maßnahmenbezogene und entscheidungsorientierte Informationen geliefert werden.[388] Über die quantitativen Daten aus der Umweltkostenrechnung hinaus (wie dem Anteil der Umweltkosten an den Herstell- oder Selbstkosten) werden im Umweltkostenmanagement auch qualitative Informationen benötigt, welche beispielsweise Aussagen über die Umweltverträglichkeit eines Produktes oder Prozesses enthalten.[389] Die relevanten Daten werden etwa den Stoff- und Energiebilanzen in Form von umweltorientierten Betriebs-, Prozess-, Produkt- oder Standortbilanzen entnommen, welche im Zuge der Umweltkostenrechnung als mengenmäßiges Gerüst vorliegen und auswertungsspezifisch aufbereitet werden können. Darüber hinaus finden im Rahmen des Umweltkostenmanagements Umweltkennzahlen(systeme), Ergebnisse der Umweltverträglichkeitsprüfung, von ökologischen Bewertungsverfahren oder der umweltorientierten Investitionsrechnung Verwendung.

---

[388] Vgl. Schulte (2000), S. 4, Burger (1994), S. 4, und Corsten/Stuhlmann (1996), S. 13.
[389] Vgl. Franz/Kajüter (1997b), S. 8.

2 Optimierungsmodell zur Gestaltung von Umweltkosten

Die Berücksichtigung von Umweltkosten in der betrieblichen Entscheidungsfindung ist aufgrund der Veränderungen der internen und externen Rahmenbedingungen notwendig.[390] Interne Wirtschaftlichkeitsüberlegungen und die Generierung von Optimierungspotenzialen sowie die externen Erfordernisse (z.B. Gesetzgebung, Ansprüche der Stakeholder etc.) lassen eine Nichtberücksichtigung in der heutigen Wirtschaftsrealität nicht mehr zu. Es bedarf eines systematischen Ansatzes, um die Gestaltungsbereiche im Unternehmen (Input, Throughput, Output) hinsichtlich ihrer Umwelt- und damit Kostenwirkungen zu optimieren.

Um dieser Forderung nachzukommen, wird im Folgenden ein lineares Optimierungsmodell zur Bestimmung der optimalen Prozesswahl unter Berücksichtigung von Umweltkosten aufgestellt. Als Planungsmodell integriert es traditionelle Wirtschaftlichkeitsüberlegungen mit den umweltbezogenen Herausforderungen, die an Unternehmen herangetragen werden. Als Steuerungs- und Kontrollmodell ermöglicht es beispielsweise durch den Soll-Ist-Abgleich die Identifikation von Abweichungen und die Generierung von Verbesserungsmaßnahmen.[391]

Das Modell baut auf den Erkenntnissen zur Kreislaufwirtschaft[392] auf und zeigt, dass strategische und operative Entscheidungen unterschiedlich ausfallen, wenn betriebliche Umweltaspekte in die Überlegungen einbezogen werden.

2.1 Überblick über Optimierungsansätze im Forschungsfeld Umweltkostenmanagement

Neben den konzeptionellen und qualitativen Ansätzen hat das Forschungsfeld *Umweltkostenmanagement* eine Vielzahl von Veröffentlichungen hervorgebracht, die sich mit quantitativen Methoden und mathematischen Modellen unterschiedlicher Schwerpunkte beschäftigen. Gegenstand der Modelle ist die Optimierung betrieblicher input-, throughput- oder outputbezogener Aktivitäten hinsichtlich der Minimierung oder Maximierung spezifischer Zielgrößen.

Im deutschsprachigen Raum finden sich die ersten Ansätze quantitativer Methoden bei RENTZ, bei DYCKHOFF und bei KISTNER im Rahmen der umweltorientierten Produktionstheorie: Sowohl erste *stoff- und energiestromorientierte Ansätze* als auch die *Aktivitätsanalyse* und die *lineare Programmierung* legen die Grundsteine für die Forschungsbestrebungen, die in den 1980er Jahren aufkommen.[393] DINKELBACH/PIRO greifen dies beispielsweise in ihren Ausführungen zur Berücksichtigung von Entsor-

---

[390] Siehe die einführenden Ausführungen in Teil A, Abschnitt 3.2.
[391] Auf die Anwendung des Modells im Rahmen der Rechnungszwecke des Umweltkostenmanagements wird in Teil C, Abschnitt 4.2 eingegangen.
[392] Siehe Teil B, Abschnitt 1.2.1.
[393] Vgl. Rentz (1979), S. 153 ff. und S. 264 ff., Dyckhoff (1993a), S. 1 ff., und Kistner (1983), S. 389 ff.

gungs- und Recyclingaspekten in der Produktions- und Kostentheorie auf.[394] KISTNER wendet die Erkenntnisse im Rahmen der umweltbezogenen Produktionsplanung an.[395]

Seither hat sich dieser quantitative Forschungszweig in viele Richtung weiterentwickelt. Insbesondere in den letzten 15 Jahren ist eine Vielzahl interessanter und zukunftsweisender Modelle mit unterschiedlichen Schwerpunkten erarbeitet und veröffentlicht worden.[396] Die quantitativen Ansätze unterscheiden sich hauptsächlich hinsichtlich des spezifischen inhaltlichen Schwerpunktes und der formalen Verwendung mathematischer Methoden. Dabei erstrecken sich die inhaltlichen Schwerpunkte und die Verfahren der statischen Optimierung über eine große Bandbreite an Themen und quantitativen Ansätzen.

Der Bewertung von Umweltwirkungen widmen sich beispielsweise KUOSMANEN/KORTELAINEN mit einer Kosten-Nutzen-Analyse, während WU/ CHANG einen Ansatz der *Fuzzy Optimierung* wählen.[397] Letztere beschäftigen sich in einem späteren Artikel – ebenso wie KALPIĆ/MORNAR/BARANOVIĆ bereits 1995 – mit der Produktionsplanung unter Verwendung multikriterieller Optimierungsansätze.[398] Der umweltbezogenen Produktionsplanung (im Sinne der optimalen Produkt- und Prozesswahl unter Berücksichtigung umweltbezogener Nebenbedingungen und Restriktionen) nähern sich SPENGLER U.A., PENKUHN U.A., SOUREN/AHN/SCHMITZ, LETMATHE/BALAKRISHNAN sowie LETMATHE/WAGNER mithilfe der linearen Programmierung, während LI U.A. Methoden der *Fuzzy Programmierung* wählen.[399]

SPENGLER/RENTZ nutzen im Forschungsfeld *Rückführungsplanung* bzw. *Reverse Logistics* ebenfalls Ansätze *Fuzzy Linearer Progammierung*. Dies wird später von WUTZ aufgegriffen, welcher das Wagner-Whitin-Modell nutzt, um eine Heuristik zur deterministischen Losgrößenplanung aufzustellen. Ein linearer Programmierungsansatz zur Recyclingplanung im Rahmen des Altfahrzeug-Gesetzes findet sich bei WILLIAMS U.A.[400]

Ein Themenfeld, welchem im betrieblichen Umweltkostenmanagement zunehmend Aufmerksamkeit zukommt, ist der Aspekt der *Schattenpreise* bzw. *Opportunitätskosten*. DIAZ-BALTEIRO/ROMERO sowie VAN SOEST/LIST/JEPPESEN nutzen die lineare

---

[394] Vgl. Dinkelbach/Piro (1989a), S. 398 ff., und Dinkelbach/Piro (1989b), S. 474 ff.
[395] Vgl. Kistner (1989), S. 30 ff.
[396] Einen umfassenden Überblick über Veröffentlichungen und Forschungsarbeiten im Schnittstellenbereich zwischen *Operational Research* und *Betrieblichem Umweltmanagement* geben Bloemhof-Ruwaard u.a. (1995), S. 229 ff., Daniel/Diakoulaki/Pappis (1997), S. 248 ff., Nijkamp/van den Bergh (1997), S. 180 ff., und Fleischmann u.a. (1997), S. 1 ff. Zur Modellierung von Optimierungsproblemen im Forschungsfeld *Reverse Logistics* sei auf den Überblicksartikel von Schultmann/Zumkeller/Rentz (2007), S. 1033 ff., verwiesen. Neue Herausforderungen und Forschungslücken zeigt ReVelle (2000) auf, S. 218 ff.
[397] Vgl. Kuosmanen/Kortelainen (2007), S. 56 ff., und Wu/Chang (2003), S. 175 ff.
[398] Vgl. Wu/Chang (2004), S. 68 ff., und Kalpić/Mornar/Baranović (1995), S. 658 ff. Das von WU/CHANG erarbeitete Modell unter Unsicherheit nutzt Ansätze des so genannten *Grey Compromise Programming*.
[399] Vgl. Spengler u.a. (1997), S. 308 ff., Penkuhn u.a. (1997), S. 327 ff., Souren/Ahn/Schmitz (2005), S. 361 ff., Letmathe/Balakrishnan (2005), S. 398 ff., Letmathe/Wagner (2006), S. 91 ff., und Li u.a. (2008), S. 399 ff.
[400] Vgl. Spengler/Rentz (1998), S. 199 ff., Wutz (2008), S. 134, und Williams u.a. (2007), S. 969 ff. Zum Wagner-Whitin-Modell im Bereich der *Reverse Logistics* sei auf Richter/Sombrutzki (2000), S. 304 ff., und Richter/Weber (2001), S. 447 ff., verwiesen.

Programmierung; LEE/PARK/KIM, AIKEN sowie VAN HA/KANT/ MACLAREN verwenden den Ansatz der *Distance Functions*.[401]

Vielfältige weitere quantitative Modelle finden sich in den unterschiedlichsten Forschungsfeldern des betrieblichen Umweltmanagements: LETMATHE/STEVEN greifen im Rahmen von betrieblichen Investitionsentscheidungen auf Ansätze der linearen Programmierung zurück – ebenso ROBERGE/BAETZ im Rahmen des Abfallmanagements.[402] CRUZ beschäftigt sich mit multikriteriellen Optimierungsansätzen im Supply Chain Management.

2.2 Modell zur Bestimmung der optimalen Prozesswahl unter Berücksichtigung von Umweltkosten

Die Entwicklung eines Optimierungsmodells bedarf einer klaren Problemdefinition sowie der mathematischen Formulierung der Zielfunktion und der Nebenbedingungen. In diesem Modell wird davon ausgegangen, dass in Unternehmen entsprechend den kreislaufwirtschaftlichen Zusammenhängen sowohl Produktionsprozesse als auch Recyclingprozesse vorhanden sind. Ein Teil der in der Produktion entstehenden Emissionen wird im Recyclingprozess transformiert und (teilweise) wieder der Produktion zugeführt.

Die Bestimmung der Prozesswahl im Unternehmen (in der Produktion und im Recycling) unter Berücksichtigung verschiedener umwelt- und produktionsbezogener Nebenbedingungen mit dem Ziel der Kostenminimierung ist zentrales Anliegen des Modells. Indem Umweltkosten in die Zielfunktion integriert werden, wird berücksichtigt, dass Umweltaspekte Einfluss auf die betriebliche Entscheidungsfindung im Rahmen der Prozesswahl haben.

Die dargestellten Prozesse in dem Modell verursachen diverse Umweltwirkungen in unterschiedlicher Menge. Mit der Auswahl bestimmter betriebliche Prozesse werden daher gleichzeitig die betrieblichen Umweltwirkungen determiniert und die damit einhergehenden Umweltkosten (z.B. Abwasserabgabe) festgelegt. Zusätzlich ist die Abgabe von Emissionen im Modell durch Grenzwerte eingeschränkt. Die Berücksichtigung der Grenzwerte führt in dem Unternehmen dazu, dass bei Überschreiten derselben zusätzliche Kosten für Umweltwirkungen anfallen, da beispielsweise Strafkosten gezahlt oder Emissionszertifikate zugekauft werden müssen.

Die Vermeidung zusätzlicher Umweltkosten kann dadurch erreicht werden, dass bei Überschreiten eines bestimmten Grenzwertes andere Prozesse gewählt werden, welche geringere Umweltkosten verursachen. Den Unternehmen steht ein gewisser Hand-

---

[401] Vgl. Lee/Park/Kim (2002), S. 365 ff., Aiken (2006), S. 168 ff., van Soest/List/Jeppesen (2006), S. 1151 ff., Diaz-Balteiro/Romero (2008), S. 517 ff., und Van Ha/Kant/Maclaren (2008), S. 98 ff. CHAO und PECK ermitteln beispielsweise die Schattenpreise von umweltbezogenen Forschungs- und Entwicklungskapazitäten mithilfe linearer Optimierungsansätze; vgl. Chao/Peck (1999), S. 871 ff.
[402] Vgl. Roberge/Baetz (1994), S. 35 ff., Letmathe/Steven (1995), S. 120 ff. sowie S. 167 ff., und Cruz (2008), S. 1005 ff.

lungsspielraum durch die Substitution von Prozessen zur Verfügung – das Modell sucht hierfür die kostengünstigste Variante.

Das Optimierungsmodell beinhaltet die folgenden Aspekte:

- mehrere Produktionsprozesse – mit spezifischem Faktorverbrauch und Emissionsanfall pro Prozesseinheit,
- mehrere Recyclingoptionen, welche die Emissionsmenge beeinflussen und damit auf die Prozesswahl wirken,
- mehrere Produkte – mit spezifischem Faktorverbrauch und Emissionsanfall pro Produkteinheit (in Abhängigkeit vom eingesetzten Produktionsprozess),
- Primär- und Sekundärressourcen als Einsatzfaktoren, die sich gegenseitig substituieren können, und die damit verbundenen spezifischen Umweltwirkungen,
- Nachfrage, welche zum Teil von der Umweltverträglichkeit abhängt (im Sinne der Emissionsmenge je Produkteinheit),
- endliche Ressourcenverfügbarkeit,
- unterschiedliche Kosten der eingesetzten Inputfaktoren,
- Emissionsgrenzwerte, welche in faktorbezogene und produktbezogene Grenzwerte differenziert werden,
- Emissionszertifikatehandel, welcher den Zukauf und Verkauf von Emissionszertifikaten für bestimmte Emissionen unter Berücksichtigung von Transaktionskosten impliziert,
- Sanktionskosten (z.B. Steuern oder Strafen), welche im Falle des Überschreitens von Emissionsgrenzwerten oder der Nicht-Verfügbarkeit von Emissionszertifikaten auftreten und
- Schadensgrenzwerte, welche für bestimmte Umweltschäden nicht überschritten werden dürfen.

In dem Modell wird angenommen, dass für jedes Produkt unterschiedliche Herstellungsalternativen bestehen. Jede Alternative zeichnet sich durch die Verwendung bestimmter Produktions- und Recyclingprozesse aus. Damit verknüpft sind aufgrund der produktionswirtschaftlichen Zusammenhänge spezifische Faktorverbräuche, ein festgelegtes Produktionsergebnis (d.h. Anzahl der Produkteinheiten) sowie der Emissionsanfall (d.h. input-, throughput- und outputbezogene Umweltwirkungen).

Die betrieblichen Umweltwirkungen werden bewertet, indem ihnen die durch sie verursachten Kosten zugerechnet werden.[403] Dies sind Steuern oder Abgaben; dazu zählen jedoch auch Kosten für die Beseitigung von Umweltwirkungen, Kosten für die Reparatur von Umweltschäden sowie Kosten im Rahmen des Emissionszertifikatehandels. Resultat sind betriebliche Kosten der Umweltwirkungen, die je nach Auswertungs-

---

[403] Vgl. Letmathe (1998), S. 93 ff., und Letmathe/Stürznickel/Tschesche (2002), S. 53 f.

zweck als interne Verrechnungspreise oder Schattenpreise interpretiert werden können.[404]

Mithilfe des Modells werden relevante Informationen generiert, die für die Berücksichtigung von Umweltaspekten in betrieblichen Entscheidungen notwendig sind. Das Unternehmen kann auf einer verbesserten Datenlage entscheiden, welche Prozesse gewählt werden sollten, um bestimmte Produktionsmengen zu erzeugen. Die Produkte und deren Produktionsmengen werden aus der Nachfrage hergeleitet und sind im Modell vorgegeben. Wie diese Produkte hergestellt werden, welche Prozesse zur Anwendung kommen, ob Recyclingoptionen genutzt und welche Inputfaktoren eingesetzt werden – all dies ist Gegenstand der Entscheidungsfindung.

Unter Berücksichtigung der umwelt- und produktionsbezogenen Nebenbedingungen ermittelt das Modell, wie eine bestimmte Produktionsmenge unter Verwendung unterschiedlicher Prozesskombinationen hergestellt wird. Das folgende Beispiel verdeutlicht dies: Von einem Produkt werden 1.000 Einheiten nachgefragt. Die kostenminimale Herstellungsalternative – unter Berücksichtigung der Nebenbedingungen – wäre Prozessoption 1.[405] Jedoch können mit diesem Prozess lediglich 500 Stück produziert werden, bevor eine Nebenbedingung verletzt wird. Die nächstbeste Alternative wäre Prozessoption 2, welche diese Nebenbedingung nicht weiter verletzt: 300 weitere Produkteinheiten können hergestellt werden, bevor wiederum die nächste Nebenbedingung einschränkend zum Tragen kommt. Es wird auf Prozessoption 3 zurückgegriffen, mit welcher die fehlenden 200 Einheiten gefertigt werden. Indem unterschiedliche Herstellungsalternativen für die Produkte berücksichtigt werden, liegt mit diesem Modell ein sukzessives Planungsinstrument vor, welches traditionelle produktionswirtschaftliche Zusammenhänge[406] und kreislaufwirtschaftliche Aspekte integriert. Relevante Interdependenzen zwischen umwelt- und produktionsbezogenen Nebenbedingungen, wie beispielsweise absolute und faktorbezogene Emissionsgrenzwerte, Kosten im Rahmen des Emissionszertifikatehandels, Schadensgrenzen, Faktorpreise und maximale Ressourcenverfügbarkeiten, werden in dem Modell berücksichtigt.

2.2.1 Problemdefinition und -formulierung

Die mathematische Formulierung des linearen Optimierungsmodells greift auf die Notation der einzelwirtschaftlichen Betrachtung kreislaufwirtschaftlicher Zusammenhänge in Teil B, Abschnitt 1.2.1 zurück. Die Ausführungen von LETMATHE, LETMATHE/BALAKRISHNAN und LETMATHE/WAGNER dienen zudem als Grundlage für die folgenden Ausführungen.[407]

---

[404] Vgl. Letmathe (1998), S. 164 ff., und Letmathe/Stürznickel/Tschesche (2002), S. 55 f.
[405] Unter Prozessoption wird nicht lediglich ein bestimmter Prozess, sondern vielmehr die Kombination mehrerer Prozesses verstanden (in Produktion und Recycling).
[406] Vgl Kistner (1993), S. 145 ff., zur Aktivitätsanalyse und linearen Programmierung in der neoklassischen Produktionstheorie.
[407] Vgl. Letmathe (1998), S. 105 ff., Letmathe/Balakrishnan (2005), S. 402 ff., und Letmathe/Wagner (2006), S. 96 f.

1. Kostenminimierende Zielfunktion

Die Zielfunktion ist eine lineare Kostenfunktion, welche aus den Kosten des Faktoreinsatzes (Primär- und Sekundärressourcen) sowie aus den betrieblichen Umweltkosten besteht. Das Ziel ist die Kostenminimierung im Sinne der kostenminimalen Kombination von Inputfaktoren und Umweltwirkungen.

Die Zielfunktion lautet:

$$C = \sum_{i=1}^{I} q_i \cdot r_i + \sum_{m=1}^{M} \left(\tau_m \cdot e_m + \tilde{\tau}_m \cdot \tilde{e}_m + \tilde{\tilde{\tau}}_m \cdot \tilde{\tilde{e}}_m \right) \Rightarrow \min! \qquad (1)$$

Die Kosten des Faktoreinsatzes ergeben sich aus der eingesetzten Menge der Inputfaktoren[408] i multipliziert mit den entsprechenden Faktorpreisen q_i (mit $i = 1,...,I_1$ für Primärressourcen und $i = I_{1+1},...,I$ für Sekundärressourcen).

Die betrieblichen Umweltkosten setzen sich zusammen aus:

- den pagatorischen Kosten τ je Emissionseinheit[409] m (mit $m = 1,..., M_1$ für Emissionen aus Produktionsaktivitäten und $m = M_{1+1},..., M$ für Emissionen aus Recyclingaktivitäten) multipliziert mit der verursachten Menge der Emission; dies sind beispielsweise Steuern oder Abgaben, deren Höhe von der Emissionsmenge abhängt.
- den Transaktionskosten $\tilde{\tau}$ je Emissionseinheit m multipliziert mit der spezifischen Menge der Emission, für welche Transaktionskosten gezahlt werden müssen; dies ist beispielsweise die Differenz aus Kauf- und Verkaufspreis, die im Rahmen des Emissionszertifikatehandels berücksichtigt wird.
- den Strafkosten $\tilde{\tilde{\tau}}$ je Emissionseinheit m multipliziert mit der spezifischen Menge der Emission, für welche Strafkosten gezahlt werden müssen; dies sind beispielsweise die den Kaufpreis übersteigenden Sanktionskosten, die entrichtet werden müssen, wenn mehr Emissionen verursacht werden, als gesetzlich erlaubt oder die nicht durch Emissionsrechte gedeckt sind.

Die relevanten produktions- und umweltbezogenen Nebenbedingungen werden im Folgenden eingeführt.

2. Festlegung der Ausbringungsmenge

Für jedes Produkt existieren diverse Herstellungsmöglichkeiten im Sinne der verwendeten Prozesse – jede Prozessoption mit den spezifischen hinterlegten Verfahren, notwendigen Kapazitäten sowie Produktions- und Recyclingprozessen. Die

---

[408] Kapazitäten und Verfügbarkeiten sind in Faktoreinheiten angegeben, wie die Maschinenkapazität in Stunden und Rohstoffe z.B. in Kilogramm.
[409] Emissionsangaben (wie Grenzwerte, Emissionsmenge etc.) liegen als spezifische Emissionseinheiten vor (z.B. Abwassergrenzwerte in Litern oder Kohlendioxidaufkommen in Kubikmetern).

Anzahl der erstellten Produkte hängt von der Durchführungshäufigkeit der Prozesse ab, was in Gleichung (2) dargestellt ist.[410]

$$x_j = \sum_{l=1}^{L} a_{jl}^{TP} \cdot y_l \qquad\qquad j = 1,\ldots, J. \qquad (2)$$

Die Ausbringungsmenge x_j ergibt sich aus der Multiplikation der Anzahl der hergestellten Produkte a_{jl}^{TP} je Produktionsprozess l mit der Durchführungshäufigkeit des Produktionsprozesses y_l. Die vorgegebene Produktionsmenge x_j kann durch die Verwendung multipler Prozesse hergestellt werden.

3. Bestimmung des Ressourcenverbrauchs

Die Analyse des Ressourcenverbrauchs lässt eine Differenzierung in unterschiedliche Faktorarten zu: Neben den Primärressourcen, die Eingang in die Prozesse und damit in die Produkte finden, werden Sekundärressourcen verwendet, welche die Primärressourcen ergänzen oder substituieren.

Der Verbrauch an Primärressourcen wird mithilfe der Nebenbedingung (3) bestimmt:

$$r_i^P = \sum_{l=1}^{L} a_{il}^{FT} \cdot y_l + \sum_{k=1}^{K} a_{ik}^{FR} \cdot z_k \leq \bar{r}_i \qquad\qquad i = 1,\ldots, I_1. \qquad (3)$$

Demnach resultiert der Verbrauch der Primärressource i (mit $i = 1,\ldots, I_1$) aus der benötigten Faktoreinsatzmenge in Produktion und Recycling. Der gesamte Verbrauch ergibt sich aus der Addition der

a) produktionsbezogenen Ressourcenkoeffizienten a_{il}^{FT} (benötigte Menge der Primärressource i je Durchführung des Produktionsprozesses l) multipliziert mit der Produktionsprozesshäufigkeit y_l und der

b) recyclingbezogenen Ressourcenkoeffizienten a_{ik}^{FR} (benötigte Menge der Primärressource i je Durchführung des Recyclingprozesses k) multipliziert mit der Recyclingprozesshäufigkeit z_k.

Die Ressourcenbeschränkung besagt, dass der gesamte Verbrauch der Primärressource r_i^P die maximale Verfügbarkeit der Ressource $\bar{r}_i$ nicht überschreiten darf. Derartige Beschränkungen gelten in der Regel ausschließlich für einzelne Ressour-

---

[410] Die Schriftattribute RT, FT und TP als Hochstellung in den Funktionen bedeuten *Recyclingtransformation* (RT), *Faktortransformation* (FT) und *Transformationsprozess* (TP). Sie weisen auf das Objekt hin, auf welches sich der jeweilige Koeffizient bezieht. *Recyclingtransformation* bezeichnet also Koeffizienten, die für den Recyclingprozess relevant sind; *Faktortransformation* steht für Koeffizienten, die die Umwandlung von Inputfaktoren betreffen, und *Transformationsprozess* kennzeichnet Koeffizienten im Rahmen der Produktionsprozesse.

cenarten, z.B. für die verfügbaren Maschinenkapazitäten, die auf diese Weise ebenfalls erfasst werden können.

Analog zum Vorgehen bei den Primärressourcen wird der Verbrauch der Sekundärressource i (mit $i = I_{l+1},..., I$) ermittelt – wie der erneute Einsatz recycelter Materialien in der Produktion. Dazu wird der angegebene Koeffizient a_{il}^{FT} (benötigte Menge der Sekundärressource i je Durchführung des Produktionsprozesses l) mit der Produktionsprozesshäufigkeit y_l multipliziert. Dies ist in der Nebenbedingung (4) abgebildet:

$$r_i^R = \sum_{l=1}^{L} a_{il}^{FT} \cdot y_l \leq \sum_{k=1}^{K} a_{mk}^{RT} \cdot z_k \qquad i = I_{l+1},..., I \text{ und } M = M_{l+1},..., M. \quad (4)$$

Es gilt, dass der Verbrauch an Sekundärressourcen in der Produktion kleiner oder gleich der im Rahmen des Recyclings hervorgebrachten Menge an Sekundärressourcen (bzw. Recyclingoutput) sein muss. Diese wird ermittelt, indem die Recyclingprozesshäufigkeit z_k mit dem Koeffizienten a_{mk}^{RT} (erstellte Menge des Recyclingoutputs m je Durchführung des Recyclingprozesses k) multipliziert wird.

Zusammenfassend ergibt sich die absolute Menge eingesetzter Ressourcen r_i aus der Addition des Verbrauchs an Primärressourcen und Sekundärressourcen:

$$r_i = r_i^P + r_i^R \qquad i = 1,..., I. \quad (5)$$

4. Bestimmung der Emissionsmenge

Die Emissionen, die im Zuge der betrieblichen Tätigkeit entstehen, werden mit ihren Kosten bewertet (z.B. Abfallgebühren) und als relevante Information in die Zielfunktion aufgenommen. Das Modell berücksichtigt sowohl Emissionen, die in der Produktion verursacht werden, als auch Emissionen, die durch das Recycling generiert werden. Dadurch wird gewährleistet, dass die kostenminimale Kombination aus Produktions- und Recyclingprozessen zur Produktion der vorgegebenen Ausbringungsmenge unter Berücksichtigung der auftretenden Emissionen identifiziert werden kann.

Für die Menge der Emissionen e_m^P, die aus den Produktions- und Recyclingprozessen resultiert und an die natürliche Umwelt abgegeben wird, gilt:

$$e_m^P = \sum_{i=1}^{I} b_{mi} \cdot r_i + \sum_{l=1}^{L} c_{ml} \cdot y_l + \sum_{j=1}^{J} d_{mj} \cdot x_j - \sum_{k=1}^{K} f_{mk} \cdot z_k \geq 0 \qquad m = 1,..., M_1. \quad (6)$$

Dabei finden die genannten Umweltwirkungskategorien implizit Berücksichtigung.[411] Die Menge der Emissionen ist die Summe aus:

---

[411] Vgl. Letmathe (1998), S. 60 ff., und die Ausführungen in Teil B, Abschnitt 1.2.3.

- den inputbezogenen Umweltwirkungen je Inputeinheit b_{mi} multipliziert mit der benötigten Menge des Inputfaktors r_i,

- den throughputbezogenen Umweltwirkungen je Produktionsprozessdurchführung c_{ml} multipliziert mit der Durchführungshäufigkeit y_l,

- den outputbezogenen Umweltwirkungen je Produkteinheit d_{mj} multipliziert mit der Ausbringungsmenge x_j und

- der recyclingbezogenen Differenzmenge je Recyclingprozessdurchführung f_{mk} multipliziert mit der Durchführungshäufigkeit z_k.

Mit dem letztgenannten Aspekt wird im Modell berücksichtigt, dass einerseits ein Teil der Emissionen aus den Produktionsprozessen dem Recycling zugeführt wird und andererseits ein Teil der Emissionen in Recyclingprozessen verursacht wird. Die dem Recycling zugeführten Emissionen gelangen entsprechend nicht in die natürliche Umwelt und werden daher von den ursprünglich verursachten Emissionen subtrahiert, während die im Recyclingprozess verursachten Emissionen hinzuaddiert werden. Die Differenz zwischen den Emissionen wird durch die Differenzmenge je Recyclingprozessdurchführung f_{mk} ausgedrückt und zur Ermittlung des Anteils an den gesamten Emissionen mit der Durchführungshäufigkeit der Recyclingprozesse z_k multipliziert.

Diese Differenzbetrachtung lässt sich an folgendem Beispiel verdeutlichen: Gegeben seien drei Recyclingprozesse 1, 2 und 3, welche in unterschiedlichem Umfang Emissionen aus der Produktion aufnehmen bzw. Emissionen generieren. Dies sei anhand folgender Tabelle veranschaulicht:

Recycling-prozess	Im Recycling aufgenommene Emissionen	Im Recycling generierte Emissionen	Differenzmenge f_{mk}
1	1	2	-1
2	3	0	3
3	2	1	1

Tab. C-2: Differenz aus im Recycling aufgenommenen und im Recycling generierten Emissionsmengen

Wie das Beispiel zeigt, drückt die Differenzmenge aus, dass die verschiedenen Recyclingprozesse Emissionsmengen in unterschiedlichem Umfang aufnehmen bzw. generieren und entsprechend in unterschiedlichem Maße zur Gesamtemissionsmenge beitragen. Während Recyclingprozess 1 lediglich eine Emissionsmengeneinheit aus dem Produktionsprozess aufnimmt, verursacht er gleichzeitig zwei Emissionsmengeneinheiten, was zu einer Erhöhung der Gesamtemissionsmenge je Recyclingprozessdurchführung um eine Emissionsmengeneinheit führt. Recyclingprozess 2 und 3 nehmen hingegen mehr Emissionseinheiten auf als sie generieren, was eine Verminderung der absoluten Emissionsmenge bei Einsatz dieser Recyclingprozesse bewirkt.

Weiterhin gilt, dass die Menge der Emissionen e_m^P nicht negativ sein darf (≥ 0). Daraus folgt auch, dass die aus den Recyclingprozessen resultierende Differenzmenge an aufgenommenen und generierten Emissionen kleiner oder gleich der Menge an Emissionen sein muss, die durch input-, throughput- oder outputbezogene Umweltwirkungen generiert werden.

Die in den Recyclingprozessen generierten Emissionen e_m^R, welche an die natürliche Umwelt abgegeben werden, resultieren aus der Differenz der im Recycling verursachten Emissionen (im Sinne von recycelten Sekundärrohstoffen) und den genutzten (d.h. wiedereingesetzten) Sekundärrohstoffen. Die Nebenbedingung (7) trägt dem Zusammenhang Rechnung, dass die Recyclingstoffe nicht vollständig in weiteren Prozessen genutzt werden können:

$$e_m^R = \sum_{k=1}^{K} a_{mk}^{RT} \cdot z_k - \sum_{l=1}^{L} a_{ml}^{FT} \cdot y_l \geq 0 \qquad m = M_{1+1},...,M. \qquad (7)$$

Die Bestimmung der im Recycling verursachten Menge der Emission m (mit $m = M_{1+1},...,M$) erfolgt über die Multiplikation des Recyclingkoeffizienten a_{mk}^{RT} (Emissionsmenge bzw. Menge an Sekundärrohstoffen je Recyclingprozessdurchführung) mit der Durchführungshäufigkeit der Recyclingprozesse z_k. Unter Berücksichtigung des Prinzips geschlossener Kreisläufe wird von diesen Emissionen der Anteil des Recyclingoutputs subtrahiert, welcher als Sekundärressourcen wieder in den Produktionsprozess eingeht, da dieser nicht an die natürliche Umwelt abgegeben wird. Zu dessen Ermittlung wird die Menge der Emissionen, die als Sekundärressource in einer Prozesseinheit genutzt werden (a_{ml}^{FT}), mit der Anzahl der Prozessdurchläufe y_l multipliziert.

Aufgrund der Tatsache, dass nicht mehr Sekundärressourcen in der Produktion eingesetzt werden können, als im Recycling hervorgebracht werden, gilt die Nebenbedingung, dass die Differenz zwischen dem Output aus dem Recyclingprozess und der in der Produktion wiedereingesetzten Menge größer oder gleich Null sein muss.

Zusammenfassend ergibt sich die absolute Emissionsmenge e_m aus der Addition der in den Produktions- und Recyclingprozessen generierten Emissionsmengen, welche an die natürliche Umwelt abgegeben werden:

$$e_m = e_m^P + e_m^R \qquad m = 1,...,M. \qquad (8)$$

5. Berücksichtigung von Emissionsgrenzwerten

Da in dem Modell die relevanten Kosten der Emissionen berücksichtigt werden, müssen auch die spezifischen Emissionsgrenzwerte als Nebenbedingung eingeführt werden. Diese gesetzliche Restriktion muss durch eine Prozesswahl sichergestellt werden, welche den gesetzlichen Vorgaben Rechnung trägt und damit Rechtskonformität gewährleistet. In Anlehnung an die Umweltgesetze in Deutschland, der Europäischen Union oder auch weltweit können die Grenzwerte je nach Geltungsbereich in dem Modell angepasst werden.

Die erste Nebenbedingung besagt, dass die Gesamtmenge der Emissionen e_m kleiner oder gleich der maximal zulässigen Emissionsmenge $\bar{e}_m$ sein muss:

$$e_m \leq \bar{e}_m \qquad \textit{für alle relevanten } m = 1,...,M. \qquad (9)$$

Umweltgesetze geben nicht immer Grenzwerte bezogen auf die gesamte Emissionsmenge vor, sondern beziehen sich teilweise auf den Emissionsanfall je Referenzeinheit.[412] Üblich sind Grenzwerte, die die Emissionsmenge je Faktoreinheit (z.B. betriebsmittelbezogen) oder je Produkteinheit einschränken. Daher werden in dem vorliegenden Optimierungsmodell inputbezogene Grenzwerte $\bar{e}_{mi}$ und produktbezogene Grenzwerte $\bar{e}_{mj}$ berücksichtigt.

Die zweite Nebenbedingung betrifft inputbezogene Emissionsvorgaben: Diese besagt, dass die durchschnittliche Emissionsmenge je Faktoreinheit einen gesetzlich vorgegebenen Wert nicht überschreiten darf. Dies kann durch die Ungleichung ausgedrückt werden, dass die Gesamtmenge einer Emission e_m abzüglich der erlaubten Emissionsmenge je Faktoreinheit $\bar{e}_{mi}$ multipliziert mit der Faktoreinsatzmenge r_i kleiner oder gleich Null sein muss:

$$e_m - \bar{e}_{mi} \cdot r_i \leq 0 \qquad \textit{für alle relevanten } m = 1,...,M \text{ und } i = 1,...,I. \qquad (10)$$

Ob diese Nebenbedingungen im Rahmen der Optimierung zum Einsatz kommen, hängt davon ab, ob für die jeweiligen Emissionsarten entsprechende Grenzwerte vorliegen. Es bleibt anzumerken, dass diese Grenzwerte für Emissionen sowohl aus der Produktion als auch aus dem Recycling Anwendung finden.

6. Integration des Emissionszertifikatehandels

Betriebliche Umweltkosten für Emissionen oder im Rahmen des Emissionszertifikatehandels für Kohlendioxid sind Bestandteil der Zielfunktion. Das Optimierungsmodell identifiziert die Minimalkostenkombination sowohl hinsichtlich der Inputfaktoren als auch der Umweltwirkungen. Bezogen auf die Umweltwirkungen bedeutet dies, dass Umweltabgaben, Umweltsteuern oder die Preise für Emissions-

---

[412] In der Technischen Anleitung Luft (TA Luft) ist beispielsweise geregelt, dass der Kohlenmonoxidausstoß pro Stunde und je Anlage 100kg/h nicht überschreiten darf; vgl. TA Luft (2004), Abschnitt 5.3.3.2.

zertifikate in die Überlegungen einbezogen werden. Im Rahmen des Emissionszertifikatehandels kann es beispielsweise günstiger sein, entweder zusätzliche Emissionszertifikate zu erwerben oder Strafkosten für eine zu hohe Emissionsmenge zu zahlen, anstatt alternative Prozesse zu verwenden – ebenso ist der gegenteilige Fall denkbar.

Ist der Emissionszertifikatehandel für Unternehmen relevant, so müssen die entsprechenden Kostenwirkungen in die betriebliche Entscheidungsfindung integriert werden. Ähnlich den Emissionsgrenzwerten im vorigen Abschnitt, existieren auch hier Restriktionen, die den Handlungsspielraum der Unternehmen beeinflussen. Die Nebenbedingung, die in diesem Zusammenhang aufgenommen wird, bezieht sich auf die zulässige Emissionsmenge unter Berücksichtigung der dem Unternehmen zugesprochenen Emissionsrechte $\bar{e}_m^A$:

$$e_m - \tilde{e}_m - \tilde{\tilde{e}}_m \leq \bar{e}_m^A \qquad m = 1,...,M. \qquad (11)$$

Die Nebenbedingung besagt, dass die Gesamtmenge der Emission e_m abzüglich der zugekauften (bzw. zuzüglich der verkauften) Emissionsrechte $\tilde{e}_m$ und abzüglich der Emissionen $\tilde{\tilde{e}}_m$, für welche Strafkosten gezahlt werden, kleiner oder gleich der zugeteilten Emissionsmenge $\bar{e}_m^A$ ist. Anders ausgedrückt, darf die Gesamthöhe der Emissionen die zugeteilten und zugekauften Emissionsrechte sowie die mit Strafkosten versehenen Emissionen nicht übersteigen.[413]

7. Berücksichtigung von Umweltschäden

Unternehmerische Vorgaben beziehen sich nicht ausschließlich direkt auf Emissionen, sondern können auch auf Umweltschäden abzielen, welche durch Emissionen verursacht werden. Dieser Emissionsausstoß wird nicht direkt gesteuert, sondern über betriebliche Grenzwerte für Umweltschäden indirekt beeinflusst.

Mit der Kenntnis der Emissionsmengen und dem Wissen über deren Wirkung auf die natürliche Umwelt können diese Aspekte ebenfalls in das Optimierungsmodell aufgenommen werden. Der Umweltschaden, den ein Unternehmen verursacht, wird dabei meist durch interne Vorgaben im Rahmen der betrieblichen Umweltpolitik begrenzt. Die Nebenbedingung (12) lässt sich auf beide Aspekte beziehen:

$$S = \sum_{m=1}^{M} s_m \cdot e_m \leq \bar{S}. \qquad (12)$$

Der gesamte Umweltschaden S, der durch betriebliche Aktivitäten verursacht wird, wird ermittelt, indem der Umweltschaden je Emissionseinheit s_m mit der Emissionsmenge e_m multipliziert wird. Der resultierende betriebliche Umweltschaden darf

---

[413] Vgl. Letmathe/Wagner (2006), S. 97.

den maximal zulässigen Umweltschaden $\bar{S}$ (laut betrieblicher Vorgaben) nicht überschreiten.

Neben einschränkenden Bestimmungen zum gesamten Umweltschaden können auch spezifische Grenzwerte im Unternehmen vorgegeben werden, die das Ausmaß des Umweltschadens für bestimmte Schadenskategorien, z.B. Schäden in Luft, Boden oder Wasser, beschränken.[414] In diesem Fall darf der gesamte Umweltschaden je Schadenskategorie S_u das zulässige Ausmaß $\bar{S}_u$ nicht übersteigen:

$$S_u = \sum_{m=1}^{M} s_{mu} \cdot e_m \leq \bar{S}_u \qquad u = 1,...,U. \qquad (13)$$

Das Ausmaß des Umweltschadens je Schadenskategorie wird ermittelt, indem der Umweltschadenskoeffizient s_{mu} (d.h. der spezifische Umweltschaden in dem Schadenskategorie u je Emissionseinheit m) mit der Emissionsmenge e_m multipliziert wird.

8. Nicht-Negativitäts-Bedingungen

Um negative Ausbringungsmengen oder Ressourcenverbräuche auszuschließen, werden zuletzt noch Nicht-Negativitätsbedingungen aufgestellt. Die Ausbringungsmenge ist über die Gleichung (2) mit der Prozesswahl verknüpft; die Ressourcenverbräuche über die Nebenbedingungen (4) und (5). Da das Modell der optimalen Prozesswahl dient, gilt, dass weder die Produktionsprozesse noch die Recyclingprozesse negative Durchführungshäufigkeiten aufweisen dürfen:

$$y_l \geq 0 \qquad l = 1,...,L \text{ und} \qquad (14)$$

$$z_k \geq 0 \qquad k = 1,...,K. \qquad (15)$$

Damit ist das lineare Kostenminimierungsmodell zur Bestimmung der optimalen Prozesswahl unter Berücksichtigung von Umweltkosten vollständig. Im folgenden Abschnitt wird ein nummerisches Beispiel vorgestellt, dessen Ergebnisse und Interpretation im weiteren Verlauf der Arbeit aufgegriffen werden.

2.2.2 Nummerisches Beispiel

In dem nummerischen Beispiel, welches als Grundlage für die Diskussion und als Illustrationsbeispiel für die modellgestützte Herleitung einer entscheidungsorientierten Umweltkostenmanagement-Konzeption fungiert, werden Prozesse und die damit verbundenen input- und outputbezogenen Aktivitäten definiert. Die Programmierung wird in GAMS (**G**eneral **A**lgebraic **M**odeling **S**ystem) vorgenommen. Neben der Definition

---

[414] Diese können beispielsweise unter Berücksichtigung des *Global Warming Potential* (GWP) formuliert werden, welches den Beitrag einer festgelegten Emissionsmenge zum Treibhauseffekt angibt. Orientierungswerte für Unternehmen bietet die *Global Warming Initiative* (www.gwi-nc.org) oder auch das *Intergovernmental Panel on Climate Change* (IPCC, www.ipcc.ch).

der Indizes und Parameter ist die mathematische Formulierung des Modells als Minimierungsproblem enthalten.[415]

Das Beispiel dient der Illustration unterschiedlicher Szenarien im Rahmen des im vorigen Abschnitt eingeführten Modells. Es diskutiert hingegen nicht, wie die Veränderung von Rahmenbedingungen die Prozesswahl beeinflusst.

Folgende Rahmenbedingungen gelten für das Beispiel:

- fünf Produkte j ($j = 1,...,5$),

- zwölf Faktorarten i: neun Primärressourcen ($i = 1,...,9$) und drei Sekundärressourcen ($i = 10,...,12$),[416]

- darüber hinaus 21 spezifische prozessbezogene Faktorarten h, die in den Produktionsprozessen ($h = 1,...,15$) bzw. in den Recyclingprozessen ($h = 16,...,21$) zum Einsatz kommen,

- acht Emissionsarten m: fünf Emissionsarten in der Produktion ($m = 1,...,5$) und drei Emissionsarten im Recycling ($m = 6,...,8$),[417]

- fünfzehn Produktionsprozesse l ($l = 1,...,15$),

- sechs Recyclingprozesse k ($k = 1,...,6$) und

- drei Umweltschadenskategorien u ($u = 1,...,3$).

Die folgenden Parameter gelten für die Inputs und die Outputs:

- Inputparameter

Die Inputparameter enthalten die Stückpreise und die maximal verfügbare Menge der Einsatzfaktoren i ($i = 1,...,12$).

i	1	2	3	4	5	6	7	8	9	10	11	12
q_i	2	2	2	2	4	4	4	16	20	0	0	0
$\bar{r}_i$	3500	3500	3500	3500	3500	3500	3500	3500	10000	--	--	--

Tab. C-3: Inputparameter (mit q_i = Stückpreis von Inputfaktor i ;
$\bar{r}_i$ = maximal verfügbare Menge des Inputfaktors i)

Zusätzlich zu Einsatzfaktoren i existieren in diesem nummerischen Beispiel spezifische prozessbezogene Inputfaktoren h. Den Produktions- und Recyclingprozessen

---

[415] Anhang 1 enthält die mathematische Formulierung des linearen Optimierungsmodells in GAMS.
[416] Die Sekundärressourcen werden im Rahmen des Recyclings hervorgebracht und entsprechen damit den dort verursachten Emissionen (vgl. Nebenbedingung (11), Abschnitt 2.1.2.1).
[417] Die im Recycling verursachten Emissionsarten können als Sekundärressourcen in der Produktion eingesetzt werden. Damit entsprechen die Emissionsarten 6, 7 und 8 den Sekundärressourcen 10, 11 und 12.

sind bestimmte Betriebsmittel zugeordnet, die den jeweiligen Prozess ermöglichen, jedoch auch Kapazitätsgrenzen aufweisen und damit die Prozessdurchführungshäufigkeiten beschränken. Jeder Prozess greift genau auf eine Betriebsmittelart zurück, so dass keine Substitutionsmöglichkeiten zwischen den Betriebsmitteln existieren. Dabei wird zusätzlich davon ausgegangen, dass für jede Prozessdurchführung genau eine Kapazitätseinheit des Betriebsmittels genutzt wird. Die folgende Tabelle gibt die Kapazitätsgrenzen für die spezifischen Inputfaktoren in den Produktionsprozessen an:

h	1	2	3	4	5	6	7	8	9	10	11	12	13	14	15
$\bar{r}_h$	60	60	60	60	60	60	90	90	90	90	30	30	60	60	--

Tab. C-4: *Maximale Ressourcenverfügbarkeit der spezifischen Inputfaktoren für die Produktionsprozesse (mit $\bar{r}_h$ = maximale Ressourcenverfügbarkeit des spezifischen Inputfaktors h ($h = 1,...,16$) aufgrund eingeschränkter Betriebsmittelkapazitäten)*

Gleiches gilt entsprechend für die spezifischen Inputfaktoren in den Recyclingprozessen:

h	16	17	18	19	20	21
$\bar{r}_h$	100	100	100	100	--	--

Tab. C-5: *Maximale Ressourcenverfügbarkeit der spezifischen Inputfaktoren für die Recyclingprozesse (mit $\bar{r}_h$ = maximale Ressourcenverfügbarkeit des spezifischen Inputfaktors h ($h = 16,...,21$) aufgrund eingeschränkter Betriebsmittelkapazitäten)*

- Emissionsparameter

Die Emissionsparameter enthalten die Stückkosten, die Transaktionskosten, die Strafkosten sowie die maximal zulässige Emissionsmenge, die zugeteilten Emissionsrechte und den Umweltschaden der Emissionen m ($m = 1,...,8$) aus der Produktion.

m	1	2	3	4	5	6	7	8
τ_m	2	1	1	5	5	1	5	5
$\tilde{\tau}_m$	0,4	0,4	0	0	0	0	0	0
$\tilde{\tilde{\tau}}_m$	20	20	0	0	0	0	0	0
$\bar{e}_m$	15000	15000	8000	10000	6000	--[unbeschränkt]--		
$\bar{e}_m^A$	8000	8000	---------[unbeschränkt]---------					
s_m	1	5	10	1	5	1	20	1

Tab. C-6: *Emissionsparameter (mit τ_m = Stückkosten der Emission m; $\tilde{\tau}_m$ = Transaktionskosten je Emissionseinheit m; $\tilde{\tilde{\tau}}_m$ = Strafkosten je Emissionseinheit m; $\bar{e}_m$ = maximal zulässige Emissionsmenge der Emission m; $\bar{e}_m^A$ = zugeteilte Emissionsrechte der Emission m; s_m = Umweltschaden je Emissionseinheit m)*

- Produktparameter

Das Modell bestimmt die optimale Prozesswahl für spezifische Produktionsniveaus, welche vorgegeben werden. Dies deckt den bereits erwähnten Aspekt ab, dass die Nachfrage als gegeben angenommen und im Modell als festgeschriebenes Produktionsniveau berücksichtigt wird. Ein Produktionsniveau von 90 bedeutet beispielsweise, dass von allen fünf Produkten 90 Einheiten gefertigt werden. Das Modell bestimmt, mit welchen Prozessen dieses Produktionsniveau hergestellt wird – und damit auch welche Ressourcen genutzt und welche Emissionen entstehen.

Das vorliegende nummerische Beispiel läuft über ein Intervall von 0 bis 123. Über dieses Intervall hinaus existiert keine optimale Prozesswahl, ohne Nebenbedingungen zu verletzen – und damit keine zulässige Lösung.

- Parameter der Umweltschadenskategorie

Der Parameter der Umweltschadenskategorie gibt den maximal zulässigen Umweltschaden je Schadenskategorie u ($u=1,...,3$) sowie den maximal zulässigen Gesamtumweltschaden an.

u	1	2	3
$\bar{S}_u$	100000	100000	100000
$\bar{S}$	300000		

Tab. C-7: *Parameter der Umweltschadenskategorie (mit $\bar{S}_u$ = maximaler Umweltschaden je Schadenskategorie u; $\bar{S}$ = maximal zulässiger Gesamtumweltschaden)*

Weiterhin müssen die relevanten input-, throughput- und outputbezogenen Koeffizienten festgelegt werden:

- Input- bzw. Ressourcenkoeffizienten

Die Input- bzw. Ressourcenkoeffizienten geben die Menge der Emission m je Einheit des allgemeinen Inputfaktors i sowie den inputbezogenen Emissionsgrenzwert $\bar{e}_{mi}$ an.

		Inputfaktor i											
b_{mi}		1	2	3	4	5	6	7	8	9	10	11	12
Emission m ($m=1,...,5$)	1	1	1	1	1	1	1	1	1	1	--	1	--
	2	1	3	--	2	1	1	--	--	--	1	--	--
	3	1	3	5	--	--	1	2	--	--	--	1	--
	4	1	3	5	2	--	1	1	--	--	--	--	1
	5	1	3	--	4	2	--	1	--	--	1	--	1
$\bar{e}_{mi}$		1	2	3	4	5	6	7	8	9	10	11	12
Emission m ($m=1,...,8$)	1	--	--	100	100	100	--	100	--	100	--	--	--
	2	--	--	100	100	100	--	100	--	100	--	--	--
	3	--	--	100	100	100	--	100	--	100	--	--	--
	4	--	--	100	100	100	--	100	--	100	--	--	--
	5	--	--	100	100	100	--	100	--	100	--	--	--
	6	--	--	100	100	100	--	100	--	100	--	--	--
	7	--	--	100	100	100	--	100	--	100	--	--	--
	8	--	--	100	100	100	--	100	--	100	--	--	--

Tab. C-8: Input- bzw. Ressourcenkoeffizienten (mit b_{mi} = Menge der Emission m ($m=1,...,5$) je Inputfaktoreinheit i; $\bar{e}_{mi}$ = maximal zulässige Menge der Emission m je Einheit des Inputfaktors i)

- Produktionsprozesskoeffizienten

Die Produktionsprozesskoeffizienten beinhalten jeweils je Durchführung von Produktionsprozess l:

1. die Anzahl der gefertigten Produkte j,
2. die benötigte Menge des Inputfaktors i,
3. die benötigte Menge des spezifischen Inputfaktors h ($h=1,...,15$),

4. die Menge der Emission m ($m = 6,...,8$), die als Sekundärressource Einsatz findet, und

5. die Menge der Emission m ($m = 1,...5$).

a_{jl}^{TP}		Produktionsprozess l														
		1	2	3	4	5	6	7	8	9	10	11	12	13	14	15
Produkt j	1	1	1	--	--	--	--	--	--	--	--	1	1	--	--	--
	2	--	--	1	1	--	--	--	--	--	--	--	--	1	--	--
	3	--	--	--	--	1	1	--	--	--	--	--	--	--	1	--
	4	--	--	--	--	--	--	1	1	--	--	--	--	--	--	--
	5	--	--	--	--	--	--	--	--	1	1	--	--	--	--	--
a_{il}^{FT}		1	2	3	4	5	6	7	8	9	10	11	12	13	14	15
Inputfaktor i ($i=1,...,9$)	1	2	2	--	--	2	--	--	--	10	30	2	--	--	2	1
	2	2	2	--	--	2	--	--	--	10	--	2	2	--	2	1
	3	2	1	1	3	1	4	--	--	1	--	--	--	--	--	--
	4	2	--	--	5	--	6	--	--	1	--	2	1	--	--	--
	5	1	--	4	--	--	--	--	5	--	--	1	--	--	--	1
	6	--	--	4	--	--	--	10	--	--	--	--	--	4	--	--
	7	--	--	2	5	--	--	--	5	--	--	--	--	2	1	--
	8	--	1	--	--	2	1	--	--	1	--	--	0,5	--	--	--
	9	--	--	--	--	--	--	--	--	--	--	--	--	--	--	--

Tab. C-9: Produktionsprozesskoeffizienten (mit a_{jl}^{TP} = gefertigte Menge von Produkt j je Durchführung von Produktionsprozess l; a_{il}^{FT} = benötigte Menge des Inputfaktors i ($i=1,...,9$) je Durchführung von Produktionsprozess l)

		Produktionsprozess l														
a_{hl}^{FT}		1	2	3	4	5	6	7	8	9	10	11	12	13	14	15
Spezifischer Inputfaktor h ($h=1,...,15$)	1	1	--	--	--	--	--	--	--	--	--	--	--	--	--	--
	2	--	1	--	--	--	--	--	--	--	--	--	--	--	--	--
	3	--	--	1	--	--	--	--	--	--	--	--	--	--	--	--
	4	--	--	--	1	--	--	--	--	--	--	--	--	--	--	--
	5	--	--	--	--	1	--	--	--	--	--	--	--	--	--	--
	6	--	--	--	--	--	1	--	--	--	--	--	--	--	--	--
	7	--	--	--	--	--	--	1	--	--	--	--	--	--	--	--
	8	--	--	--	--	--	--	--	1	--	--	--	--	--	--	--
	9	--	--	--	--	--	--	--	--	1	--	--	--	--	--	--
	10	--	--	--	--	--	--	--	--	--	1	--	--	--	--	--
	11	--	--	--	--	--	--	--	--	--	--	1	--	--	--	--
	12	--	--	--	--	--	--	--	--	--	--	--	1	--	--	--
	13	--	--	--	--	--	--	--	--	--	--	--	--	1	--	--
	14	--	--	--	--	--	--	--	--	--	--	--	--	--	1	--
	15	--	--	--	--	--	--	--	--	--	--	--	--	--	--	1
a_{ml}^{FT}		1	2	3	4	5	6	7	8	9	10	11	12	13	14	15
Emission m	6	--	--	--	--	--	--	--	--	--	--	2	2	--	1	4
	7	--	--	--	--	--	--	--	--	--	--	2	--	2	1	4
	8	--	--	--	--	--	--	--	--	--	--	2	2	2	--	--
c_{ml}		1	2	3	4	5	6	7	8	9	10	11	12	13	14	15
Emission m ($m=1,...,5$)	1	1	1	1	1	1	1	2	2	2	--	--	--	--	--	--
	2	--	--	--	1	1	1	2	2	2	1	1	1	2	2	1
	3	1	1	1	1	1	1	--	--	--	1	1	1	--	--	--
	4	2	2	2	1	1	1	1	1	1	1	1	1	2	2	1
	5	--	--	--	--	--	--	--	1	1	1	1	1	1	--	--

Tab. C-9 (Forts.): Produktionsprozesskoeffizienten (mit a_{hl}^{FT} = benötigte Menge des spezifischen Inputfaktors h ($h=1,...,15$) je Durchführung von Produktionsprozess l; a_{ml}^{FT} = Menge der Emission m ($m=6,...,8$), die als Sekundärressource in eine Durchführung von Produktionsprozess l eingeht [entspricht damit dem Inputfaktor i ($i=10,...,12$)]; c_{ml} = Menge der Emission m ($m=1,...,5$) je Durchführung von Produktionsprozess l)

- Recyclingprozesskoeffizienten

Wie bei den Produktionsprozesskoeffizienten definieren die folgenden Koeffizienten die Aktivitäten im Recycling. Die Recyclingprozesskoeffizienten geben die folgenden Informationen jeweils je Durchführung von Recyclingprozess k:

1. benötigte Menge des Inputfaktors i ($i = 1,...,9$),
2. die benötigte Menge des spezifischen Inputfaktors h ($h = 16,...,21$),
3. Menge der Emission m ($m = 1,...,5$), die in das Recycling eingeht, und
4. Menge der Emission m ($m = 6,...,8$), die aus dem Recycling resultiert.

a_{ik}^{FR}		Recyclingprozess k					
		1	2	3	4	5	6
Inputfaktor i ($i=1,...,9$)	1	1	--	--	--	--	--
	2	--	--	--	--	--	--
	3	1	1	1	1	1	--
	4	--	--	--	--	--	--
	5	--	--	--	--	--	--
	6	--	--	--	--	--	--
	7	--	--	--	--	--	--
	8	5	--	--	--	--	--
	9	--	--	--	--	--	10
a_{hk}^{FR}		1	2	3	4	5	6
Spezifischer Inputfaktor h ($h=16,...,21$)	1	1	--	--	--	--	--
	2	--	1	--	--	--	--
	3	--	--	1	--	--	--
	4	--	--	--	1	--	--
	5	--	--	--	--	1	--
	6	--	--	--	--	--	1

Tab. C-10: Recyclingprozesskoeffizienten (mit a_{ik}^{FR} = benötigte Menge des Inputfaktors i ($i = 1,...,9$) je Durchführung von Recyclingprozess k; a_{hk}^{FR} = benötigte Menge des spezifischen Inputfaktors h ($h = 16,...,21$) je Durchführung von Recyclingprozess k)

		Recyclingprozess k					
f_{mk}		1	2	3	4	5	6
Emission m ($m=1,...,5$)	1	--	2	--	1	2	--
	2	--	--	3	1	--	--
	3	60	--	--	--	--	10
	4	--	--	--	2	3	8
	5	--	2	2	1	--	10
a_{mk}^{RT}		1	2	3	4	5	6
Emission m	6	3	1	2	2	1	--
	7	--	2	1	--	--	--
	8	--	--	--	1	2	--

Tab. C-10 (Forts.): Recyclingprozesskoeffizienten (mit f_{mk} = Differenzmenge aus den im Recyclingprozess k aufgenommenen und durch diesen generierten Emissionen m ($m=1,...,5$); a_{mk}^{RT} = Menge der Emission m ($m=6,...,8$), die aus einer Durchführung von Recyclingprozess k resultiert und als Sekundärressource genutzt werden kann [entspricht damit dem Inputfaktor i ($i=10,...,12$)])

- Output- bzw. Produktkoeffizient

Der Outputkoeffizient gibt die Menge der Emission m je Produkteinheit j an.

		Produkt j				
d_{mj}		1	2	3	4	5
Emission m ($m=1,...,5$)	1	1	--	--	--	1
	2	--	2	--	1	--
	3	--	--	2	--	--
	4	--	2	--	--	2
	5	1	--	1	2	--

Tab. C-11: Produktkoeffizienten (mit d_{mj} = Menge der Emission m ($m=1,...,5$) je Produkteinheit j; $\bar{e}_{mj}$ = maximale Menge der Emission m ($m=1,...,8$) je Produkteinheit j)

Abschließend werden Informationen über den Umweltschaden einer Emissionseinheit in Bezug auf spezifische Schadenskategorien gegeben:

s_{mu}		Umweltmedium u		
		1	2	3
Emission m ($m=1,...,8$)	1	1	--	1
	2	1	1	--
	3	--	1	1
	4	--	2	--
	5	1	--	1
	6	1	1	--
	7	--	1	1
	8	1	--	1

Tab. C-12: Umweltschadenskoeffizient (mit s_{mu} = Umweltschaden einer Emissionseinheit m ($m=1,...,8$) auf die Schadenskategorie u)

2.3 Ergebnisse des Optimierungsmodells

2.3.1 Minimalkostenkombination bei gegebenem Produktionsniveau

Das Modell zur optimalen Prozesswahl unter Berücksichtigung von Umweltkosten und der genannten Nebenbedingungen ergibt die folgende Minimalkostenfunktion. Dargestellt sind die minimalen variablen Kosten bei entsprechender Prozesswahl zur Erstellung eines gegebenen Produktionsniveaus.

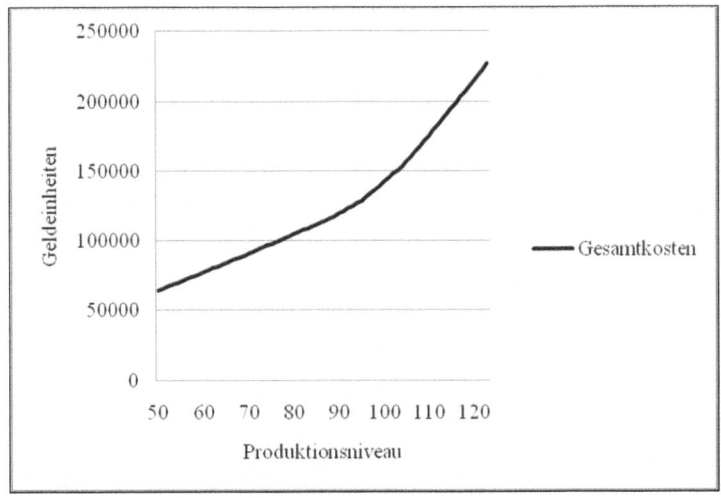

Abb. C-3: Minimalkostenfunktion bei optimaler Prozesswahl

Die Minimalkostenkurve hat einen konvexen, ansteigenden Verlauf. Dies entspricht den *Sätzen der parametrischen Programmierung* nach DINKELBACH, nach welchen die optimale Lösungsfunktion im Definitionsbereich konvex verläuft, falls die zugrundeliegende Zielfunktion einen Parameter enthält (hier: Emissionsparameter).[418]

Die Lösung in Form einer Minimalkostenkombination gibt an:

- welche Prozesse (in Produktion und im Recycling) wie häufig durchgeführt werden,
- welche Einsatzfaktoren in welchen Mengen eingesetzt werden und
- welche Emissionen in welchen Mengen entstehen.

Weiterhin wird ermittelt:

- ob und gegebenenfalls wie viele Emissionsrechte einer bestimmten Emissionsart erstanden werden müssen und
- ob und in welchem Umfang Emissionsmengen mit Strafkosten belegt sind.

Die Minimalkostenkurve weist einen linearen Verlauf mit zwei Knickstellen bei den Produktionsniveaus von 96 und 105 Einheiten auf, in welchen jeweils ein Basiswechsel stattfindet. Die Auswertung der Ergebnisse zeigt, dass sich bei einem Produktionsniveau von 96 Einheiten die Wahl der verwendeten Produktionsprozesse ändert. Der Grund für diese Änderung der Prozessnutzung ist, dass die generierte Menge der Emission 5 ihren absoluten Grenzwert erreicht hat. Nun könnte diese Menge durch Recyclingaktivitäten reduziert werden, um weiterhin unter dem zulässigen Grenzwert zu bleiben. Allerdings hat auch der zuständige Recyclingprozess 2 aufgrund der Ressourcenbeschränkungen seine maximale Durchführungshäufigkeit erreicht, so dass auf diesem Wege keine Reduzierung der Emissionsmenge erfolgen kann. Folglich findet ein Produktionsprozesswechsel statt: Die Durchführungshäufigkeit von Prozess 3 wird geringer, während Prozess 13 stark zunimmt. Die Menge von Emission 5 steigt nicht weiter an, jedoch erhöhen sich die Mengen der Emissionen 4, 6, 7 und 8 ab diesem Produktionsniveau überproportional. Das Modell identifiziert diesen Prozesswechsel als kostenminimale Lösung.

Ähnliches liegt bei dem Produktionsniveau von 105 Einheiten vor. Hier ist wieder aufgrund der eingeschränkten Ressourcenverfügbarkeit die maximale Durchführungshäufigkeit von Produktionsprozess 3 erreicht. Es ist jedoch nicht möglich, auf andere – kostengünstigere – Prozesse auszuweichen. Dieser Prozess ist bei diesem Produktionsniveau nicht substituierbar. Zusätzlich setzt der kostenintensivere Produktionsprozess 4 ein. Diese Kombination treibt die Menge von Emission 1 über die mit Emissions-

---

[418] Im Rahmen der parametrischen Programmierung wird untersucht, wie systematische Veränderungen einzelner oder mehrere Parameter (z.B. Emissionskosten oder -grenzwerte) die optimale Lösung des linearen Programms beeinflussen; vgl. Ossadnik (2003), S. 213. Im Rahmen des vorliegenden nummerischen Beispiels sei auf die relevanten Sätze der parametrischen Programmierung nach DINKELBACH verwiesen; vgl. Dinkelbach (1969), S. 93.

rechten abgedeckte Emissionsmenge. Da kein Ausweichen auf andere Produktionsprozesse möglich ist, müssen zusätzliche Emissionsrechte erstanden werden, was die Kosten überproportional ansteigen lässt.

Anhand dieser beiden Situationen, die die Knickstellen in der Minimalkostenfunktion erklären, wird deutlich, dass umweltbezogene Grenzwerte und die mit betrieblichen Umweltwirkungen einhergehenden Kosten die optimale Prozesswahl mit dem Ziel der Kostenminimierung maßgeblich beeinflussen. Eine Vernachlässigung dieser Aspekte in der Entscheidungsfindung würde zu höheren Kosten führen.

Es kann beispielsweise sinnvoll sein, Prozesse mit höheren Ressourcenverbräuchen einzusetzen – was zunächst höhere Kosten induziert –, wenn demgegenüber weniger Emissionen generiert werden und so auf den kostenintensiven Zukauf von Emissionsrechten verzichtet werden kann. Umgekehrt kann es jedoch sinnvoll sein, weitere Emissionsrechte zu kaufen, anstatt auf ressourcenintensivere Prozesse auszuweichen. Abhängig ist die Entscheidungsfindung von den hinterlegten Kosten für die Einsatzfaktoren und die Umweltwirkungen. Daher ist es eine betriebliche Notwendigkeit, die entsprechenden entscheidungsrelevanten Kosteninformationen vollständig zu berücksichtigen.

2.3.2 Interne Verrechnungspreise als entscheidungsrelevante Information

Neben den minimalen variablen Kosten je Produktionsniveau bei entsprechender Prozesswahl werden in dem linearen Optimierungsmodell die internen Verrechnungspreise für Inputfaktoren und Emissionen ermittelt.[419]

Zu den Marktpreisen für Inputfaktoren und Emissionen werden die input- bzw. outputbezogenen Opportunitätskosten addiert. Die Summe ergibt die jeweiligen internen Verrechnungspreise.[420] Die Opportunitätskosten entsprechen den Schattenpreisen der verschiedenen Restriktionen. Der Schattenpreis gibt dabei jeweils an, „um wieviel Einheiten sich der Zielfunktionswert verbessert bzw. verschlechtert, wenn die betreffende Restriktion um eine infinitesimal kleine Einheit gelockert bzw. verschärft wird."[421] Im vorliegenden Modell werden Schattenpreise für Umweltwirkungen (mit den Emissionen als Träger), Inputfaktoren und Umweltschäden ermittelt. Die resultierenden Opportunitätskostensätze sind nicht stabil, sondern abhängig von dem Produktionsniveau und damit von der Prozesswahl in der Produktion und im Recycling.

Der interne Verrechnungspreis je Einheit des Inputfaktors i wird in Abhängigkeit von dem Produktionsniveau wie folgt ermittelt:

---

[419] Auf die Faktoreinsatzmengen bzw. Emissionsmengen wird in Teil C, Abschnitt 3.3 im Rahmen der Handlungsfelder des Umweltkostenmanagements eingegangen.
[420] Vgl. hier und im Folgenden Letmathe (1998), S. 166 f. und S. 189 f.
[421] Letmathe (1998), S. 189.

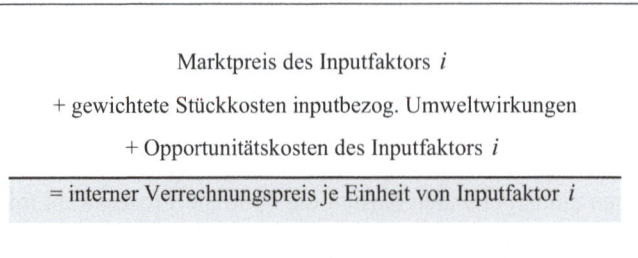

Abb. C-4: Schema zur Ermittlung der internen Verrechnungspreise der Inputfaktoren[422]

Abbildung C-5 zeigt, wie sich die internen Verrechnungspreise für die primären Inputfaktoren in Abhängigkeit von dem Produktionsniveau in dem nummerischen Beispiel entwickeln.[423]

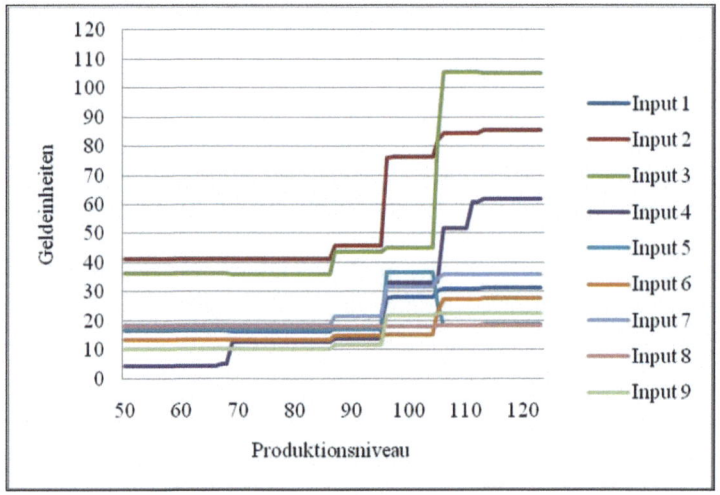

Abb. C-5: Interne Verrechnungspreise der primären Inputfaktoren im nummerischen Beispiel

Erkennbar ist, dass die internen Verrechnungspreise nicht konstant sind, was hauptsächlich auf die Schwankungen der Opportunitätskosten zurückzuführen ist. Werden einzelne Grenzwerte erreicht oder greifen Restriktionen in die Prozesswahl ein, äußert sich dies in den internen Verrechnungspreisen. Teilweise sind diese über bestimmte Intervalle konstant: So weist der Inputfaktor 4 im Produktionsniveauintervall [1,66] einen internen Verrechnungspreis von 4,149 Geldeinheiten (GE) auf. Bei einem Produktionsniveau von 67 Einheiten ändert sich der Recyclingmodus. Ab hier werden erstmals mehr Emissionen recycelt als wieder in der Produktion eingesetzt werden können. Dies bringt Veränderungen in der Produktions- und Recyclingprozesswahl mit

---

[422] In Anlehnung an Letmathe (1998), S. 179, und Letmathe/Doost (2000), S. 429.
[423] Die folgenden Abbildungen zeigen die Entwicklungen im Produktionsniveauintervall von 50 bis 123 Einheiten, da in diesem Intervall die für die folgenden Ausführungen relevanten Veränderungen sichtbar werden.

sich und führt im vorliegenden Beispiel zu höheren Kosten. Im Ausbringungsintervall [69,86] liegen die internen Verrechnungspreise dann konstant bei 12,56 GE.

Ähnliche Entwicklungen – teilweise in identischen Intervallen – können für alle anderen Inputfaktoren identifiziert werden. Insbesondere im Produktionsniveauintervall zwischen 96 und 113 Einheiten werden viele Sprünge in den internen Verrechnungspreisen verzeichnet. Ein großer Sprung zeigt sich beispielsweise bei einem Produktionsniveau von 105 Einheiten: Der interne Verrechnungspreis von Inputfaktor 3 steigt von 82,371 GE auf 105,622 GE an. Bei diesem Produktionsniveau setzt der Emissionshandel ein: Für die Emission 1 müssen zusätzliche Emissionsrechte gekauft werden. Aufgrund der produktionswirtschaftlichen Zusammenhänge, welche über die Output-, Throughput- und Inputkoeffizienten hinterlegt sind, steigt dadurch der Opportunitätskostensatz des Inputfaktors 3.

Die Auswertungen des nummerischen Beispiels zeigen, dass die Veränderungen des internen Verrechnungspreises immer auf einen der folgenden Sachverhalte zurückzuführen sind:

- Ausschöpfung der maximalen Ressourcenverfügbarkeit,
- Erreichen der Emissionsgrenzwerte (absolut oder faktorbezogen),
- Zukauf von zusätzlichen Emissionsrechten,
- Erreichen der maximal zulässigen Umweltschadenshöhe oder der spezifischen Grenzwerte der Umweltschadenskategorien.

Die gleichen Mechanismen greifen bei den internen Verrechnungspreisen der Emissionen (aus der Produktion). Diese werden nach dem folgenden Schema ermittelt:

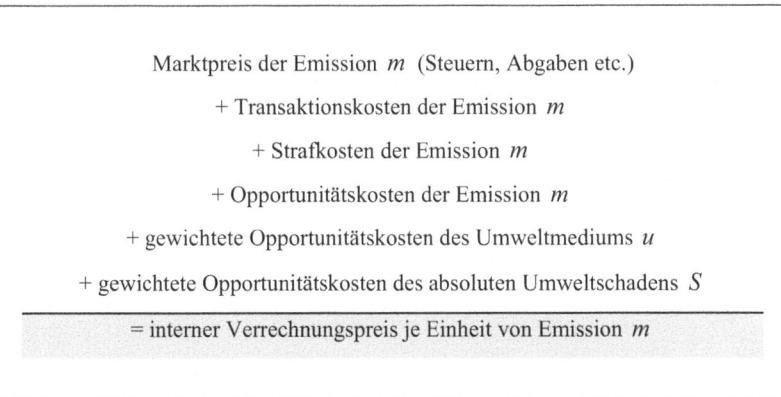

Abb. C-6: Schema zur Ermittlung der internen Verrechnungspreise der Emissionen

Die Entwicklung der internen Verrechnungspreise der Emissionen aus der Produktion kann der Abbildung C-7 entnommen werden. Die gleichen markanten Stellen (Produktionsniveau von 96 Einheiten und 105 Einheiten), an denen ein Basiswechsel stattfindet, weisen große Sprünge in den internen Verrechnungspreisen auf. Grund sind die bereits genannten Veränderungen in der Prozesswahl, die auf die Überschreitung von Grenzwerten bzw. das Tangieren der Restriktionen zurückzuführen sind.

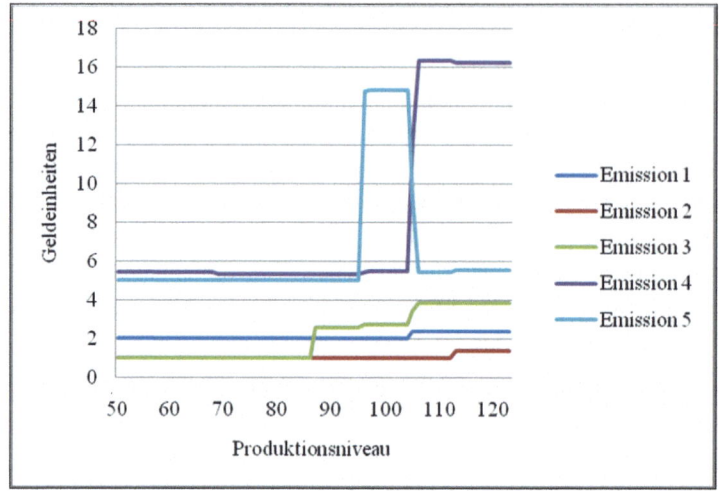

Abb. C-7: Interne Verrechnungspreise der Produktionsemissionen im nummerischen Beispiel

Die Berücksichtigung der Opportunitätskosten dient hauptsächlich Koordinationszwecken.[424] Die kostenrechnerische Betrachtung dient der optimalen Allokation und Steuerung von betrieblichen Umweltwirkungen. Allerdings wendet LETMATHE ein, dass „durch die Opportunitätskosten insgesamt höhere Kosten ausgewiesen werden, als tatsächlich angefallen sind. Umgekehrt führt die Nichtberücksichtigung der Opportunitätskosten zu einer Fehlallokation der Umweltwirkungen [...]."[425] Die Berücksichtigung umweltbezogener Opportunitätskosten ist damit für die betriebliche Entscheidungsfindung unerlässlich.

Werden für spezifische Entscheidungen beispielsweise Aussagen über die Umweltfreundlichkeit von Produkten benötigt, so können die internen Verrechnungspreise zur Bestimmung des internen Verrechnungspreises je Produkteinheit hinzugezogen werden.

Abbildung C-8 zeigt die Entwicklung der produktspezifischen internen Verrechnungspreise in Abhängigkeit von dem Produktionsniveau.

---

[424] Vgl. Letmathe (1998), S. 166 und S. 189.
[425] Vgl. Letmathe (1998), S. 166.

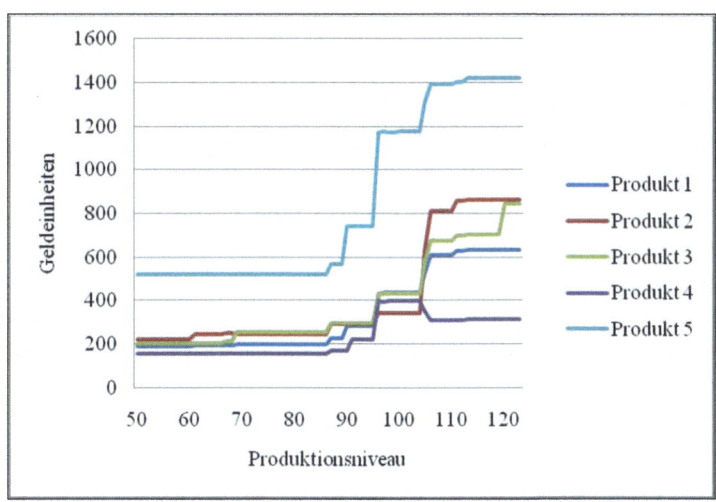

Abb. C-8: Interne Verrechnungskosten je erstellter Produkteinheit im nummerischen Beispiel

Hohe Ressourcenverbräuche und Emissionsmengen in der Produktion werden direkt ersichtlich – wie hier bei Produkt 5. Jegliche Veränderung der internen Verrechnungspreise kann über die hinterlegten Wirkungszusammenhänge auf Änderungen der Opportunitätskostensätze für Inputfaktoren und Emissionen zurückgeführt werden. Über die Input-, Throughput- und Outputkoeffizienten können die internen Verrechnungspreise für Inputfaktoren und Emissionen direkt den einzelnen Produkten zugerechnet werden. Dies gewährleistet, dass Umweltkosten auch in produktspezifischen Entscheidungen berücksichtigt werden.

3 Modellgestützte Herleitung einer entscheidungsunterstützenden Umweltkostenmanagement-Konzeption

3.1 Umweltkostenmanagement und Umweltmanagement

Das Umweltmanagement und das Umweltkostenmanagement sind keine separaten, voneinander unabhängigen Systeme. Über ihre Zielgrößen, d.h. über Umweltwirkungen und Umweltkosten, sind sie miteinander verknüpft. Aus dieser Verknüpfung lassen sich Ansätze für ein systematisches Umweltkostenmanagement herleiten. Die folgende Abbildung zeigt, wie das Umweltkostenmanagement in das Umweltmanagement eingebettet ist.[426]

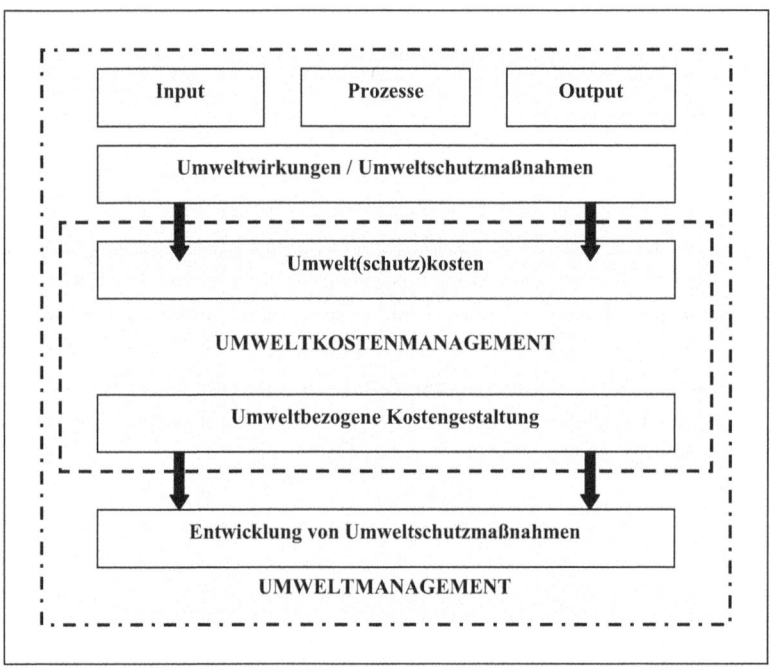

Abb. C-9: Integration von Umweltmanagement und Umweltkostenmanagement

Das Umweltmanagement gibt den strukturellen und zielbezogenen Rahmen für das Umweltkostenmanagement vor. Innerhalb dieses Rahmens erfüllt das Umweltkostenmanagement die übergeordnete Funktion der Entscheidungsunterstützung in zwei Perspektiven:[427]

---

[426] Vergleichbar ist diese Herleitung mit der Darstellung nach Dyckhoff (2000a), S. 6. Darin wird zwar das Zusammenspiel von *Öko-Controlling* und *Umweltmanagement* beschrieben, jedoch wird auch hier auf die Funktionalität des Instruments für das Umweltmanagement eingegangen.

[427] Dies verdeutlicht, woran seit jeher von Wirtschaftswissenschaftlern erinnert wird: Die Instrumente des internen Rechnungswesens – so auch Instrumente des umweltbezogenen Rechnungswesens – werden nicht zum Selbstzweck durchgeführt, sondern sind vielmehr *Mittel zum Zweck*; vgl. Weber (1977), S. 114.

- Entscheidungen, die im Zuge der Implementierung und Durchführung des betrieblichen Umweltmanagements anfallen und
- Entscheidungen, die im Zuge der konkreten Planung, Steuerung und Kontrolle der Material- und Energieströme sowohl innerhalb des eigenen Unternehmens als auch unternehmensübergreifend in der gesamten relevanten Wertschöpfungskette getroffen werden.[428]

Im ersten Fall werden mithilfe des Umweltkostenmanagements Daten generiert und aufbereitet, welche den Erfolg der Implementierung, Durchführung und kontinuierlichen Verbesserung des betrieblichen *Umweltmanagements* maßgeblich beeinflussen. Dabei geht es um das Managementsystem an sich, insbesondere um aufbau- und ablauforganisatorische Aspekte, während im zweiten Fall entscheidungsrelevante Informationen zur Verbesserung des betrieblichen *Umweltschutzes* geliefert werden. Hier steht der betriebliche Umweltschutz als Primärziel im Vordergrund, da die Informationen zur konkreten Gestaltung von umweltbezogenen Tätigkeiten und Prozessen genutzt werden.

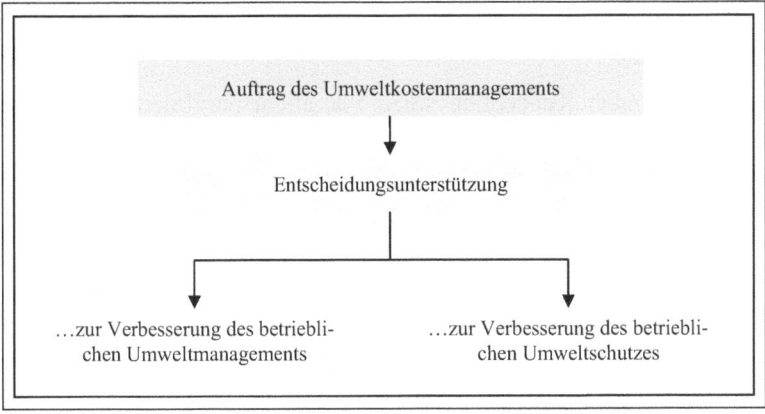

Abb. C-10: Auftrag des Umweltkostenmanagements

Ausgangspunkt für beide Perspektiven sind in dieser Konzeption die Zielgrößen des Umweltmanagements und des Umweltkostenmanagements, die eng miteinander verknüpft sind. Das betriebliche Umweltmanagement hat sowohl die Vermeidung bzw. Verminderung der betrieblichen Umweltwirkungen als auch die Optimierung der betrieblichen Umweltschutzmaßnahmen zum Ziel. Die zielorientierte Gestaltung der betrieblichen Umweltwirkungen und Umweltschutzmaßnahmen bedarf eines systematischen Ansatzes, in welchem mithilfe von entscheidungsrelevanten Informationen und adäquaten Instrumenten Maßnahmen entwickelt werden, welche die Zielerreichung unterstützen.

---

[428] Vgl. Letmathe/Doost (2000), S. 425.

Das Umweltmanagement an sich verfügt nur begrenzt über derlei Instrumente; sehr viel mehr Spielraum bietet das Umweltkostenmanagement, welches die Transferleistung von Zielgrößen in konkret durchzuführende Maßnahmen leistet. Dies geschieht über die Transformation der Zielgrößen *Umweltwirkungen* und *Umweltschutzmaßnahmen*, welche originär im Umweltmanagement betrachtet werden, in die Zielgrößen *Umweltkosten* und *Umweltschutzkosten*.[429] Diese Transformationsleistung wird über die monetäre Bewertung der Umweltwirkungen und Umweltschutzmaßnahmen geleistet.[430] Die derart hergeleiteten Zielgrößen liefern die Ausgangssituation für das Umweltkostenmanagement, denn über diese wird die Gestaltung der Umweltkosten vorgenommen.

Der Einsatz unterschiedlicher Instrumente im Umweltkostenmanagement richtet sich nach den jeweils relevanten Kosten, die betrachtet werden, und nach den jeweils verfolgten Auswertungszwecken, welche implizit aus dem Umweltmanagement hergeleitet werden können.[431] Die Ergebnisse der Umweltkostengestaltung liefern konkrete Impulse zur Entwicklung zielführender Umweltschutzmaßnahmen und zur Ausschöpfung von Kostensenkungspotenzialen, z.B. bezüglich der Optimierung von relevanten Stoff- und Energieströmen, sowie zur langfristigen Ausrichtung des betrieblichen Umweltmanagements.

In dieser integrierenden Konzeption spielt vor allem der Interaktionsmechanismus zwischen beiden Systemen eine Rolle: Es existieren vielfältige Schnittstellen, was insbesondere an der Ähnlichkeit der jeweiligen Zyklen – also des Umweltmanagementzyklus und des Umweltkostenmanagement-Zyklus –, an den gemeinsamen Gestaltungsbereichen und der identischen zeitlichen Ausrichtung erkennbar ist. Die Nutzung dieser Schnittstellen beeinflusst maßgeblich den Erfolg beider Systeme.

Nicht zufällig ähneln sich die Zyklen des Umweltmanagements und des Umweltkostenmanagements: Um das Umweltmanagement mit den notwendigen entscheidungsunterstützenden Informationen zu versorgen, bedarf es eines Umweltkostenmanagements, welches in den entsprechenden Phasen die richtigen Daten generiert.[432] In der Abbildung C-11 ist der Umweltkostenmanagement-Zyklus grob dargestellt.

Der Gesamtzyklus des Umweltkostenmanagements kann in einen *Hilfszyklus* und einen *Hauptzyklus* unterteilt werden. Der Hilfszyklus enthält vorbereitende Aktivitäten

---

[429] Diesen Zusammenhang greift auch KRAEMER auf, wenn er davon spricht, dass die betrieblichen Kosten *symptomatisch* für bestimmte betriebliche Vorgänge und Wirkungen stehen; vgl. Kraemer (1993), S. 17.
[430] Die Bewertung der betrieblichen Umweltwirkungen und Umweltschutzmaßnahmen ist nicht Gegenstand dieser Arbeit. Es sei jedoch auf Quellen hingewiesen, welche sich mit dieser Thematik auseinandersetzen: Letmathe (1997), Letmathe (1998), S. 87 ff., Petersen (2004), S. 78 ff., und Grenzdörffer u.a. (Hrsg.) (1995).
[431] Auf die Bedeutung der Rechnungszwecke im Zusammenspiel zwischen Umweltmanagement und Umweltkostenmanagement wird an späterer Stelle detailliert eingegangen.
[432] Vgl. Letmathe/Doost (2000), S. 425.

wie Identifikation, Erfassung, Bewertung, Analyse und Zurechnung.[433] Hier wird die Informationsgrundlage für alle weiteren Tätigkeiten im Hauptzyklus gelegt, in welchem Planungs-, Steuerungs- und Kontrollaktivitäten angesiedelt sind.

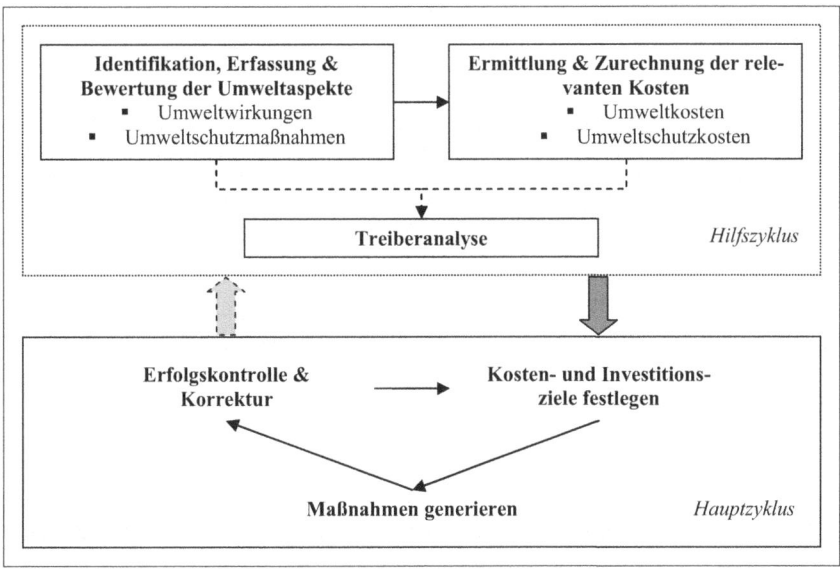

Abb. C-11: Umweltkostenmanagement-Zyklus[434]

Die Trennung in einen Hilfs- und einen Hauptzyklus impliziert nicht die separate Durchführung der einzelnen Aktivitäten. Vielmehr befinden sich beide Teilzyklen in einem regelmäßigen Austausch, in welchem Feed-forward- und Feed-back-Schleifen integriert sind: So liefert der Hilfszyklus wichtige und grundlegende Informationen an den Hauptzyklus, welche dort im Rahmen der Planung, Steuerung und Kontrolle weiterverwendet und -verarbeitet werden. Der Neubeginn des Hauptzyklus initiiert jedoch nicht zwangsläufig einen neuen Hilfszyklus (d.h. die erneute Identifikation, Erfassung und Bewertung der Umweltaspekte). Vielmehr ist es hinreichend, die vorliegenden Daten auf den aktuellen Stand zu bringen oder gegebenenfalls in ihrer Reichweite oder Analysetiefe anzupassen. Die Aufbereitungsform der Informationen muss in jenen Fällen verändert werden, in welchen die Aufgabenstellungen im Hauptzyklus nach alter-

---

[433] Die Aufgabenbereiche sind dem Hilfszyklus in Anlehnung an Letmathe/Doost (2000), S. 426, zugeordnet. Dort wird zwar ein schrittweises Vorgehen vorgeschlagen, eine Zusammenfassung der Schritte führt jedoch zu einer alternativen Betrachtung, wie sie in diesem Konzept vorgeschlagen wird. Die Aufgabeninhalte sind weiterhin identisch.

[434] Unter Berücksichtigung der Ausführungen von Bundesumweltministerium/Umweltbundesamt (Hrsg.) (2003), S. 9.

nativen Ausführungen des Hilfszyklus verlangen.[435] Dazu benötigt der Hilfszyklus zuvor Informationen aus dem Hauptzyklus, um derart adäquate Daten liefern zu können.

Vorbereitend werden im Hilfszyklus, welcher in der oberen Hälfte der Abbildung C-11 dargestellt ist, die relevanten *Umweltaspekte*[436] identifiziert, erfasst und gegebenenfalls bereits hinsichtlich ihrer Relevanz für das Unternehmen bewertet. Aus diesen meist rein mengenmäßig vorliegenden Informationen können in einem nächsten Schritt die *relevanten Kosten* ermittelt werden, indem die erfassten Umweltwirkungen und Umweltschutzmaßnahmen bewertet und somit in Kostengrößen transformiert werden.

Resultat sind sowohl Umweltkosten, welche auf Umweltwirkungen zurückzuführen sind, als auch Umweltschutzkosten, welche durch betriebliche Umweltschutzmaßnahmen verursacht werden. Eine Zurechnung der ermittelten Umweltkosten zu unterschiedlichen Zurechnungsobjekten im Rahmen der betrieblichen Umweltkostenrechnung kann in diesem Hilfszyklus ebenfalls vorgenommen werden, so dass für den Hauptzyklus und die darin zu erfüllenden Gestaltungsaufgaben input-, throughput- oder outputbezogene Umweltkosteninformationen vorliegen.

Die Informationen über relevante Umweltaspekte und Umweltkosten werden in einem letzten Schritt des Hilfszyklus in der *Kostentreiberanalyse* verwendet. In der Treiberanalyse werden die Haupteinflussgrößen für das Entstehen und die Entwicklung von Umweltaspekten und Umweltkosten sowie die damit verbundenen Ursache-Wirkungs-Zusammenhänge identifiziert und untersucht. Die Ergebnisse der Treiberanalyse, welche aus der detaillierten Kenntnis der Einflussfaktoren und deren Wechselbeziehungen bestehen, liefern wertvolle Informationen für die Planung im Rahmen des Umweltkostenmanagement-Hauptzyklus.

Im Gegensatz zu den vorbereitenden Aktivitäten im Hilfszyklus werden im Hauptzyklus konkrete Gestaltungsaufgaben erfüllt; diese werden in der unteren Hälfte der Abbildung C-11 dargestellt. Die Informationen aus dem Hilfszyklus werden zunächst zur *Festlegung der Kosten- und Investitionsziele* für die kommenden Perioden genutzt. Hilfreich ist dabei das Wissen aus der Treiberanalyse, welches die relevanten *kostentreibenden* Umweltwirkungen und Umweltschutzmaßnahmen offenlegt. Die Zielfestlegung im Rahmen der strategischen und operativen Planung berücksichtigt im Hinblick auf diese Kostentreiber sowohl langfristige als auch kurzfristige Optimierungspotenziale.

Sind die umweltbezogenen Kosten- und Investitionsziele festgelegt, müssen konkrete *Maßnahmen* zur Zielerreichung durchgeführt werden. Dazu werden im Umweltkos-

---

[435] Ein solcher Fall liegt beispielsweise vor, wenn bezüglich einer bestimmten betrieblichen Umweltwirkung die relevanten Prozesse überprüft wurden, dies jedoch nicht zum gewünschten Erfolg hinsichtlich der Vermeidung oder Verminderung der Emission geführt hat. Werden die vorliegenden Daten neu strukturiert und ausgewertet, jedoch statt des Prozessbezuges eine Produktzurechnung vorgenommen, können mit derart modifizierten Erkenntnissen alternative Handlungsempfehlungen zustande kommen.
[436] Darunter fallen sowohl die betrieblichen Umweltwirkungen als auch die Umweltschutzmaßnahmen, die vom Unternehmen durchgeführt wurden bzw. werden.

tenmanagement Alternativen generiert, im Hinblick auf die Zielkriterien verglichen und in Abhängigkeit vom Zielerreichungsgrad eine Auswahl getroffen. Im Anschluss an die Auswahl wird die Durchführung der Umweltschutzmaßnahmen vom Umweltmanagement veranlasst.

Die Durchführung selbst wird wiederum vom Umweltkostenmanagement begleitet, indem kontinuierliche *Kontrollen* vorgenommen – meist im Sinne eines Soll-Ist-Vergleichs bzw. einer Abweichungsanalyse – und so die Implementierungs- und Durchführungsprozesse gesteuert und konsequent auf die vorgegebenen Ziele ausgerichtet werden. Diese Form der *Erfolgskontrolle* führt im Fall einer Abweichung entweder zu einer Anpassung der Maßnahmen oder zu einer Revision der festgelegten Ziele. Zudem werden in dieser Phase erneut Informationen aus dem Hilfszyklus angefordert, um eventuell eingetretenen Veränderungen Rechnung zu tragen – beispielsweise der betrieblichen Rahmenbedingungen – und die dadurch entstandene neue Datenlage zu berücksichtigen. Hilfreich sind ebenfalls die Erkenntnisse aus der Treiberanalyse, die Aufschluss darüber geben können, warum es zu bestimmten Abweichungen von den Zielgrößen kommt.

Die Schnittstellen zum Umweltmanagement liegen in diesem Konzept sowohl in funktionalen als auch objektbezogenen Bereichen. Im *funktionalen Bereich* zeigen sie sich in den spezifischen Aufgaben, die im Umweltkostenmanagement mit der Entscheidungsunterstützung der jeweilgen Umweltmanagementphase einhergehen (Abbildung, Bewertung, Analyse, Planung, Steuerung und Kontrolle). Im *objektbezogenen Bereich* sind die Schnittstellen hingegen in den verschiedenen Gestaltungsbereichen zu finden, auf welche sich die Bestrebungen des Umweltkostenmanagements und des Umweltmanagements beziehen (Input, Throughput und Output).

Im Folgenden wird das Konzept eines entscheidungsunterstützenden Umweltkostenmanagements vertieft und in seinen einzelnen Elementen erläutert. Dies umfasst:

1. die Betrachtung der relevanten Dimensionen,
2. die Analyse der übergeordneten Handlungsfelder und
3. die Untersuchung der Zielhierarchie.

Mit den Ergebnissen werden die Auswertungszwecke des Umweltkostenmanagements identifiziert und kategorisiert, um in einem weiteren Schritt die Umweltkostenmanagement-Instrumente auf ihre spezifischen Auswertungszwecke[437] hin zu untersuchen und entsprechend einzuordnen. Eine Zusammenfassung dieser Analyse ergibt ein entscheidungsorientiertes Instrumentarium, welches in den einzelnen Phasen des Umweltmanagements zur Erfüllung der spezifischen Aufgaben ganz gezielt Instrumente vorschlägt, um die Oberziele des Umweltmanagements effizient zu erreichen.

---

[437] Rechnungszwecke sind übergeordneter Natur, während die Auswertungszwecke der Instrumente eine Kategorisierung nach mehreren Kriterien umfasst. Dazu zählen neben den übergeordneten Rechnungszwecken die Gestaltungsbereiche und die Ausrichtung. Vgl. hierzu auch Letmathe/Stürznickel/Tschesche (2002), S. 53, und Heupel (2007), S. 117 f.

Die Abbildung C-12 gibt einen Überblick über die Elemente des Umweltkostenmanagements sowie den chronologischen Fortgang der weiteren Analyse.

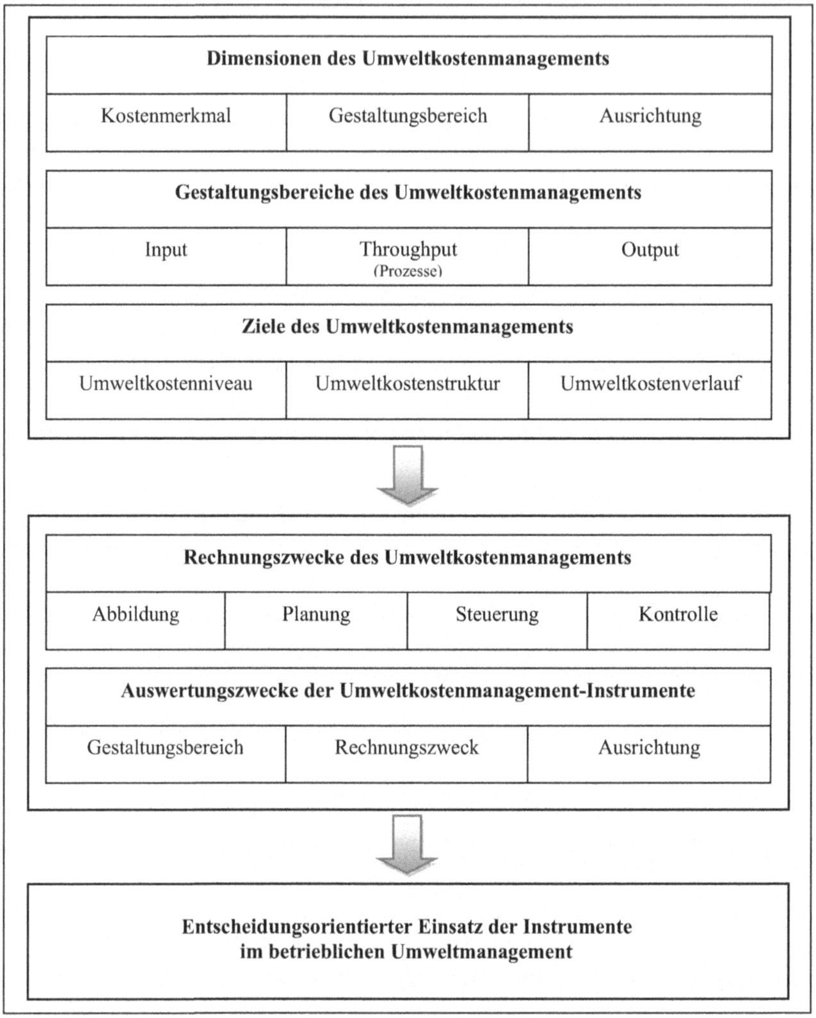

Dimensionen des Umweltkostenmanagements		
Kostenmerkmal	Gestaltungsbereich	Ausrichtung

Gestaltungsbereiche des Umweltkostenmanagements		
Input	Throughput (Prozesse)	Output

Ziele des Umweltkostenmanagements		
Umweltkostenniveau	Umweltkostenstruktur	Umweltkostenverlauf

⬇

Rechnungszwecke des Umweltkostenmanagements			
Abbildung	Planung	Steuerung	Kontrolle

Auswertungszwecke der Umweltkostenmanagement-Instrumente		
Gestaltungsbereich	Rechnungszweck	Ausrichtung

⬇

Entscheidungsorientierter Einsatz der Instrumente im betrieblichen Umweltmanagement

Abb. C-12: Herleitung des entscheidungsunterstützenden Umweltkostenmanagements

3.2 Dimensionen des Umweltkostenmanagements

Im Umweltkostenmanagement lassen sich ebenso wie im traditionellen Kostenmanagement verschiedene Dimensionen unterscheiden, welche jeweils eine andere Perspektive eröffnen und als Folge ein breites Auswertungsspektrum und damit vielfältige Handlungsfelder aufspannen. Die Dimensionen, die sich sowohl in der wissenschaftlichen Literatur als auch in der betrieblichen Praxis durchgesetzt haben, sehen Unterscheidungen nach dem *Kostenmerkmal*, nach der *Ausrichtung* und nach dem *Gestaltungsbereich* des Umweltkostenmanagements vor:[438]

- Die Differenzierung in verschiedene *Kostenmerkmale* erlaubt eine detaillierte Betrachtung, Analyse und Gestaltung einzelner Merkmale der betrieblichen Kostensituation.

- Die Wahl der *Ausrichtung*, welche sich in den zu betrachtenden betrieblichen Sachverhalten, in der Anwendung bestimmter Instrumente oder im Institutionalisierungsgrad betrieblicher Strukturen und Verfahren niederschlägt, impliziert unterschiedliche Reichweiten des Umweltkostenmanagements.

- Faktoren (Input), Prozesse (Throughput) und Leistungen (Output) stellen die *Gestaltungsbereiche* dar, auf welche sich die gestaltenden Maßnahmen beziehen, auf welche sie einwirken und bei welchen sie Veränderungen herbeiführen.

3.2.1 Kostenmerkmale im Umweltkostenmanagement

Das Umweltkostenmanagement umfasst die zielorientierte, frühzeitige und antizipative Gestaltung und Beeinflussung der umweltbezogenen Kostensituation im Unternehmen.[439]

Diese lässt sich durch drei Merkmale charakterisieren:

1. Kostenhöhe bzw. das Kostenniveau,
2. Kostenstruktur und
3. Kostenverlauf.[440]

Die Analyse und Gestaltung dieser drei Merkmale impliziert unterschiedliche Fragestellungen. Im ersten Fall stellt sich die Frage nach dem *Kostenniveau* und den Möglichkeiten der vorteilhaften Gestaltung derselben. Bereits die Beantwortung dieser Frage ist mit Schwierigkeiten verbunden, da die Erfassung der Umweltkosten im Unternehmen problematisch ist.[441] So ist eine klare Abgrenzung umweltbezogener Kosten

---

[438] Vgl. Corsten/Stuhlmann (1996), S. 13 f. FRÖHLING verwendet den Begriff der *Entscheidungsobjekte*, um den „stark operativ verhafteten Kostenrechnungsterminus *«Bezugsobjekte»*" (Fröhling (1994a), S. 96) durch einen strategiebezogenen, auf alle betriebswirtschaftlich interessanten Objekte gerichteten Begriff zu ersetzen; vgl. Fröhling (1994a), S. 96. Im Rahmen dieser Arbeit wird aus gleichem Grund der Begriff *Gestaltungsbereich* – unabhängig von seiner operativen oder strategischen Ausrichtung – gewählt. Um Verwechselungen zu vermeiden, wird der von CORSTEN/STUHLMANN verwendete Begriff der *Gestaltungsobjekte* gleichzeitig durch den Terminus *Kostenmerkmal* ersetzt.

[439] Vgl. Dellmann/Franz (1994), S. 17.

[440] Vgl. Gupta (1998), S. 8, und Hardt (1998), S. 9. MÄNNEL bezieht die Aspekte der *Kostenflexibilität*, des *Kostenverhaltens* und der *Kostentransparenz* als Merkmale der Kostensituation zusätzlich in seine Betrachtung ein; vgl. Männel (1992b), S. 289. Die *Kostenflexibilität* und das *Kostenverhalten* sind verwandte Bereiche und können zum *Kostenverlauf* zusammengefasst werden; vgl. Corsten/Stuhlmann (1996), S. 14. Die *Kostentransparenz* gilt als notwendige Grundlage für eine gezielte Kostengestaltung und wird aus diesem Grunde nicht als Merkmal der Kostensituation aufgefasst; vgl. Corsten/Stuhlmann (1996), S. 13.

[441] Vgl. Wagner/Faßbender-Wynands (2001), S. 15. Zur Erfassungsproblematik sei auf Teil C, Abschnitt 1.1.3 verwiesen.

gegenüber traditionellen Kosten beispielsweise nicht immer möglich. Bestimmte betriebliche Kosten lassen sich eindeutig als Umweltkosten identifizieren, wie bspw. die Abschreibungskosten für umweltrelevante Anlagen, das Gehalt des Umweltbeauftragten oder die Abwassergebühr. Hingegen können jedoch auch Kosten anfallen, die einen zunächst unbestimmten Umweltkostenanteil aufweisen.[442] Dies sind einerseits Kosten, die im Zuge von Maßnahmen entstehen, die auch anderen betrieblichen Zielen neben dem Umweltschutz dienen, wie der Produktion, dem Arbeitsschutz oder der Qualitätssicherung.[443] Andererseits sind dies aber auch Kosten, die sich proportional zum tatsächlichen Verzehr durch Umweltschutzmaßnahmen bestimmen lassen, wie bspw. der Anteil an Hilfs- und Betriebsstoffen oder der Anteil an Lohn- und Gehaltskosten.

Neben der Problematik, Umweltkosten eindeutig gegenüber traditionellen Kosten abzugrenzen, stellt sich jedoch auch die Frage, ob dies überhaupt sinnvoll ist. Vielfach lassen sich diese Größen kaum voneinander trennen, was in vielen Fällen zu einer Unterteilung beruhend auf Schätzungen führen würde. Der Forderung nach einer vollständigen Erfassung und trennscharfen Abgrenzung der Umweltkosten steht damit der Aufwand gegenüber, der mit dieser Forderungserfüllung einhergehen würde. Die Verantwortlichen im Unternehmen sollten im Rahmen dieser Abwägung das eigentliche Ziel des Umweltkostenmanagements, die Gestaltung der Umweltkosten unter Berücksichtigung der betrieblichen Ziele, verfolgen und eine aufwendige, künstlich herbeigeführte Trennung in umweltbezogene und traditionelle Kosten vermeiden.

Die Analyse des zweiten Merkmals, der *Kostenstruktur*, zielt auf die Bestimmung des Anteils verschiedener Kostenkategorien sowie auf die Beeinflussung dieser Anteilsverhältnisse ab. So kann beispielsweise das Verhältnis der Umweltkosten zu den konventionellen Kosten, der fixen zu den variablen Umweltkosten oder der Umweltgemeinkosten zu den Umwelteinzelkosten durch kostengestalterische Maßnahmen beeinflusst werden.[444] Die Abhängigkeit der Umweltkosten von Kosteneinflussgrößen wird von dem dritten Merkmal, dem *Kostenverlauf*, aufgegriffen. Die Frage nach dem Zusammenhang zwischen Art, Umfang und Entwicklung der Umweltwirkungen und der damit verbundenen Veränderung der Umweltkosten wird untersucht, um Rückschlüsse auf mögliche Gestaltungspotenziale aufzudecken und zu realisieren.

Entsprechend wird das Umweltkostenmanagement nach diesen Kostenmerkmalen in die Erscheinungsformen *umweltbezogenes Kostenniveaumanagement, Kostenstrukturmanagement* und *Kostenverlaufsmanagement* unterteilt.[445] DELLMANN / FRANZ erweitern ihre Definition dahingehend und fassen das Kostenmanagement entsprechend

---

[442] Vgl. Piro (1994), S. 73.
[443] Vgl. Roth (1992), S. 113 f.
[444] Vgl. Schehl (1994), S. 231.
[445] Vgl. Götze (2000), S. 268 f., und Burger (1994), S. 5 ff. Auf das umweltbezogene Kostenniveau-, Kostenstruktur- und Kostenverlaufsmanagement wird in Teil C, Abschnitt 3.2.1 detaillierter eingegangen. An dieser Stelle wird ein kurzer Überblick über die Gestaltungsbereiche des Umweltkostenmanagements gegeben. Die Kosteneinflussgrößen werden in Teil C, Abschnitt 1.1.2 näher betrachtet.

als „Gesamtheit aller Steuerungsmaßnahmen [auf], die der frühzeitigen und antizipativen Beeinflussung von Kostenstruktur und Kostenverhalten sowie der Senkung des Kostenniveaus dienen"[446].

Die Betrachtung einzelner *Kostenmerkmale* umfasst die Gestaltung veränderlicher, vom Unternehmen beeinflussbarer Merkmale der Umweltkosten. Ausgehend von den exemplarischen Fragestellungen in Tabelle C-13, welche die Entwicklung der einzelnen Merkmale im Zeitablauf und die aktuellen Merkmalsausprägungen thematisieren, kann das Umweltkostenmanagement an jedem einzelnen Merkmal ansetzen, um die Situation der Umweltkosten im Unternehmen zielorientiert zu gestalten.

Umweltkostenniveau
<ul><li>Wie können betriebliche Umweltkosten identifiziert, erfasst, gemessen und/oder bewertet werden?</li><li>Wie hoch sind die betrieblichen Umweltkosten absolut und in Relation zu anderen Kostenarten, z.B. Personalkosten oder Reparaturkosten?</li><li>Welche Höhe weisen einzelne Unterarten der Umweltkosten, wie Luftreinhaltungskosten, Gewässerschutzkosten, Kosten für additive oder integrierte Umweltschutzmaßnahmen, Kosten für umweltbezogene Mitarbeiterschulungen, Entsorgungskosten oder auch umweltschadensinduzierte Sanktionskosten auf?</li><li>Welchen Anteil haben die einzelnen Kostenunterarten an den gesamten Umweltkosten?</li></ul>
Umweltkostenstruktur
<ul><li>Fallen die identifizierten Umweltkosten als Einzel- oder als Gemeinkosten an?</li><li>Handelt es sich um variable oder um fixe Umweltkosten?</li><li>Wie hoch ist der Anteil der Einzel- bzw. Gemeinkosten und der variablen bzw. fixen Kosten an den gesamten Umweltkosten?</li><li>Lassen sich im Unternehmen spezifische Entwicklungen hin zu einem Anstieg der umweltbezogenen Gemein- oder Fixkosten erkennen?</li></ul>
Umweltkostenverlauf
<ul><li>Welche allgemeine Entwicklung weisen die betrieblichen Umweltkosten auf – steigen oder fallen sie?</li><li>Wie verhalten sich die Umweltkosten in Abhängigkeit von bestimmten Einflussgrößen wie Ausbringungsmenge und Emissionsmenge?</li><li>Spielen Aspekte der kurzfristigen Anpassung eine Rolle? Verändern sich Umweltkosten bei zeitlicher, intensitätsmäßiger oder quantitativer Anpassung in der betrieblichen Produktion? Und falls ja, wie?</li><li>Wie verhalten sich die Umweltkosten im Falle mittel- bis langfristiger Anpassungsmaßnahmen?</li></ul>

Tab. C-13: Fragestellungen zu den Kostenmerkmalen

---

[446] Dellmann/Franz (1994), S. 17.

3.2.2 Ausrichtung des Umweltkostenmanagements

Bezüglich der *Ausrichtung* des Umweltkostenmanagements wird – wie in anderen Managementbereichen[447] auch – zwischen dem strategischen und dem operativen Ansatz differenziert.[448] Kriterien zur Einordnung der Instrumente und Maßnahmen des Umweltkostenmanagements zu einem der beiden Ansätze liegen in der Literatur vielfältig vor; die Abgrenzung des operativen gegenüber dem strategischen Umweltkostenmanagement beruht in dieser Arbeit ausschließlich auf dem Kriterium der *Flexibilität von Kapazitäten und Strukturen*.[449]

Im operativen Umweltkostenmanagement wird von gegebenen, unveränderlichen Kapazitäten und Strukturen ausgegangen, während diese im Rahmen des strategischen Umweltkostenmanagements veränderlich sind.[450] Entsprechend werden im Rahmen des strategischen Umweltkostenmanagements eher Rechnungssysteme der Vollkostenrechnung eingesetzt, da in (sehr) langfristiger Perspektive alle Kosten disponierbar sind. Im operativen Umweltkostenmanagement werden hingegen eher teilkostenbasierte Rechnungssysteme genutzt, welche lediglich die beeinflussbaren Kosten der jeweiligen Periode berücksichtigen.[451]

Das strategische Umweltkostenmanagement spielt eine wichtige Rolle, da Umweltkosten einen hohen Gemeinkostenanteil aufweisen und dieser durch langfristige Überlegungen und Veränderungen der Kostenstruktur gestaltet werden kann. Diese Veränderungen können wiederum nur vorgenommen werden, wenn Kapazitäten und Strukturen zur Disposition stehen. Eine frühzeitige Beeinflussung der Umweltkosten ist nur dann erfolgreich, wenn strategisch mit veränderlichen Kapazitäten und Strukturen geplant wird, da nur in diesem Fall Kostensenkungen im Gemeinkostenbereich möglich sind.

Hinsichtlich der obigen Ausführungen kann eine Zuordnung zum operativen oder strategischen Umweltkostenmanagement anhand der Fragestellung in Tabelle C-14 erfolgen:

---

[447] Generell wird im Bereich der Managementlehre zwischen der normativen, der strategischen, der taktischen und der operativen Managementebene unterschieden – gleiches gilt für das Umweltmanagement; vgl. Dyckhoff (1998), S. 87. Siehe hierzu die Ausführungen in Teil B, Abschnitt 2.2.1.

[448] Der Begriff des *strategischen Kostenmanagements* wird aufgrund der zunehmend inflatorischen Verwendung der Worte *strategisch* und *Management* in der Betriebswirtschaftslehre kritisiert; vgl. Fröhling (1994b), S. 81 f. In dieser Arbeit wird der Begriff definitorisch genau erfasst und daher auch in seiner eigentlichen Bedeutung verwendet.

[449] In abgewandelter Form übernommen von Günther (1997), S. 104.

[450] Vgl. Gupta (1998), S. 7, Burger (1994), S. 4, Hardt (1998), S. 7 f., und Lorson (1994), S. 178. Gegebene Kapazitäten und Strukturen induzieren eine gegebene Ausstattung mit Produktionsfaktoren, während variable Kapazitäten und Strukturen die potenzielle Neugestaltung und Veränderung von Produkten oder Prozessen beinhalten; vgl. Götze (2000), S. 266, und Horváth/Brokemper (1998), S. 584 f. Diese Differenzierung weist einen Zusammenhang zu den Ausführungen von Gutenberg auf; vgl. Gutenberg (1979), S. 361 ff. Kurzfristige Anpassungsformen, also zeitliche, quantitative und intensitätsmäßige Anpassungen im Leistungserstellungsprozess, geschehen im Rahmen gegebener Kapazitäten und Strukturen, während mittel- bis langfristige Maßnahmen oftmals zu kapazitativen und strukturellen Veränderungen führen, z.B. die Neugestaltung des Leistungsprogramms oder der Prozesse; vgl. Matschke/ Jaeckel/Lemser (1996), S.199 ff. und S. 236 ff.

[451] Vgl. Schulte (2000), S. 43 f.

operative vs. strategische Ausrichtung
• Wird hinsichtlich des jeweiligen Entscheidungsobjektes – z.B. Einsatzfaktoren, Prozesse oder bestimmte Leistungen – von veränderlichen, variablen oder von nicht veränderlichen, fixen Kapazitäten und Strukturen ausgegangen?

Tab. C-14: Fragestellungen zur Ausrichtung

3.2.3 Gestaltungsbereiche des Umweltkostenmanagements

Das Umweltkostenmanagement umfasst in dieser Dimension die Gestaltung und Steuerung des betrieblichen Outputs, des Throughputs und des Inputs mit den Umweltkosten als Zielgröße.[452] Die zentralen Fragen zielen auf die relevanten betrieblichen Gestaltungsbereiche, die im Fokus des Umweltkostenmanagements stehen, und auf die Art und Weise, wie diese unter Beachtung der festgelegten Zielvorgaben beeinflusst und verändert werden können.

Das gesamte Produktprogramm, die einzelnen Produkte, die verwendeten Produktionsverfahren und Fertigungsprozesse, die eingesetzten Roh-, Hilfs- und Betriebsstoffe sowie die mit diesen Aspekten verbundenen Umweltwirkungen beeinflussen die Kostensituation im Unternehmen. Dies verdeutlicht, dass das Umweltkostenmanagement einen hohen internen Fokus aufweist. Zwar wird der gesamte Wertschöpfungskreislauf in die Betrachtung aufgenommen, das Potenzial zur zielorientierten Beeinflussung wird jedoch hauptsächlich innerhalb des Unternehmens gesehen. Dies schließt nicht aus, dass auch extern, also in der Unternehmensumwelt, Wirkungen auftreten können und gestalterische Maßnahmen, beispielsweise in der Lieferantenkette, angestoßen werden. So kann die Substitution eines Rohstoffes durch einen anderen dazu führen, dass sich der Markt für die entsprechenden Rohstoffe ändert. Stellt sich im Rahmen des Umweltkostenmanagements heraus, dass ein bestimmter Rohstoff aus ökologischen Gründen und – über den gesamten Lebenszyklus des Produktes betrachtet – auch aus ökonomischen Gründen vorteilhafter ist, so sollte das Unternehmen den bislang eingesetzten Rohstoff durch diesen ersetzen.[453] Die veränderte Nachfrage führt auf den betreffenden Märkten zu Mengen- und Wert- bzw. Preisverschiebungen, insbesondere dann, wenn auch andere Unternehmen mit dem Einsatz des alternativen Rohstoffes auf einen technologischen oder ökonomischen Vorteil hoffen. Ähnliche

---

[452] Vgl. Männel (1995), S. 27, Franz/Kajüter (1997b), S. 11 f., Letmathe/Doost (2000), S. 426, und Faßbender-Wynands (2001), S. 14. Siehe Teil B, Abschnitt 1.2.3.

[453] Diese Tendenz lässt sich vor dem Hintergrund veränderter Entsorgungsregularien und -optionen feststellen. Durch die gesetzlich vorgeschriebene Verantwortung der Unternehmen für die Entsorgung Ihrer Produkte – z.B. im Rahmen der Altfahrzeug-Verordnung oder EG-Richtlinie zu Elektro- und Elektronikalt-/-schrottgeräten (WEEE) – müssen Unternehmen schon in frühen Phasen der Produktentwicklung nach Alternativen suchen, die einen veränderten Einsatz an Rohstoffen oder die Umstellung von Prozessen und Fertigungsverfahren implizieren, um am Ende des Produktlebenszyklus die Rücknahme- und Entsorgungskosten möglichst gering zu halten. Die Internalisierung dieser Kosten führt damit zu einem gänzlich anderen Kalkül über den gesamten Lebenszyklus hinweg.

Mechanismen setzen ein, wenn inhaltliche Forderungen an Lieferanten gestellt werden, z.B. die ausschließliche Lieferung von Holzprodukten mit dem Siegel des *Forest Stewardship Council* (FSC) oder die Beschränkung von Lebensmittellieferungen aus regionalen Anbaugebieten.

Maßnahmen, die die Höhe des Absatzes und damit das Erlösmanagement betreffen, werden hier nicht weiter betrachtet. Diese könnten sich als vorteilhaft erweisen, wenn betriebliche Anspruchsgruppen umweltbezogene Forderungen an das Unternehmen stellen, die zu betrieblichen Handlungen führen, deren Motive über reine Kosten- und gegebenenfalls auch Erlösbetrachtungen hinausgehen.

Die exemplarischen Fragestellungen in Tabelle C-15 zeigen Ansatzpunkte für das Umweltkostenmanagement in den jeweiligen Gestaltungsbereichen auf:

Output

- In welchen Ausbringungs- bzw. Emissionsmengen wird erwünschter und auch unerwünschter Output erstellt?
- Welche spezifischen, umweltbezogenen Produkteigenschaften weisen die erwünschten Leistungen auf, z.B. hinsichtlich Produktdesign, -funktionalität, -nutzung und -entsorgung?
- Existieren Optimierungspotenziale hinsichtlich der quantitativen und qualitativen Eigenschaften des hergestellten Outputs, welche gleichsam produktbezogene Umweltwirkungen und damit verbundene Umwelt- und Wertschöpfungsverlustkosten reduzieren?
- Wie werden betriebliche Emissionen behandelt? Gibt es Optimierungspotenziale im Umgang mit betrieblichen Emissionen?
- Was geschieht mit Altprodukten?

Throughput

- Welcher Art sind die unternehmerischen Prozesse?
- Wie ist der eigentliche Leistungserstellungsprozess gestaltet und existieren Optimierungspotenziale bezüglich der einzusetzenden Fertigungsverfahren, der zeitlichen, quantitativen und intensitätsmäßigen Nutzung der Anlagen, aber auch der räumlichen, funktionellen und zeitlichen Anordnung der einzelnen Teilprozesse, die gleichsam throughputbezogene Umweltwirkungen und damit verbundene Umwelt- bzw. Wertschöpfungsverlustkosten reduzieren?
- Gilt Ähnliches für die Prozesse abseits der Leistungserstellung, wie Organisations- oder Verwaltungsprozesse?
- Existieren betriebliche Recyclingprozesse und wie sind diese gestaltet? Gibt es diesbezüglich Optimierungspotenziale hinsichtlich der eingesetzten Verfahren und Technologien?

Input

- Welche Einsatzfaktoren (z.B. Maschinen, Personal, Roh-, Hilfs- und Betriebsstoffe) werden im Unternehmen eingesetzt bzw. als Sekundärstoffe wieder eingesetzt?
- Finden Umwelt- und Kostenziele Berücksichtigung in der Beschaffung und dem Einsatz der primären und sekundären Einsatzfaktoren?
- Existieren Optimierungspotenziale im Faktoreinsatz, die gleichsam faktorbezogene Umweltwirkungen und damit verbundene Umwelt- und Wertschöpfungsverlustkosten reduzieren?
- Welche veränderten Produktionsprozesse würden aus einem umgestalteten Faktoreinsatz resultieren?

Tab. C-15: Fragestellungen zu den Gestaltungsbereichen

3.2.4 Zusammenführung der drei Dimensionen des Umweltkostenmanagements

Die folgende Abbildung C-13 gibt einen Überblick über die Ausgestaltung des Umweltkostenmanagements nach den vorgestellten drei Dimensionen.

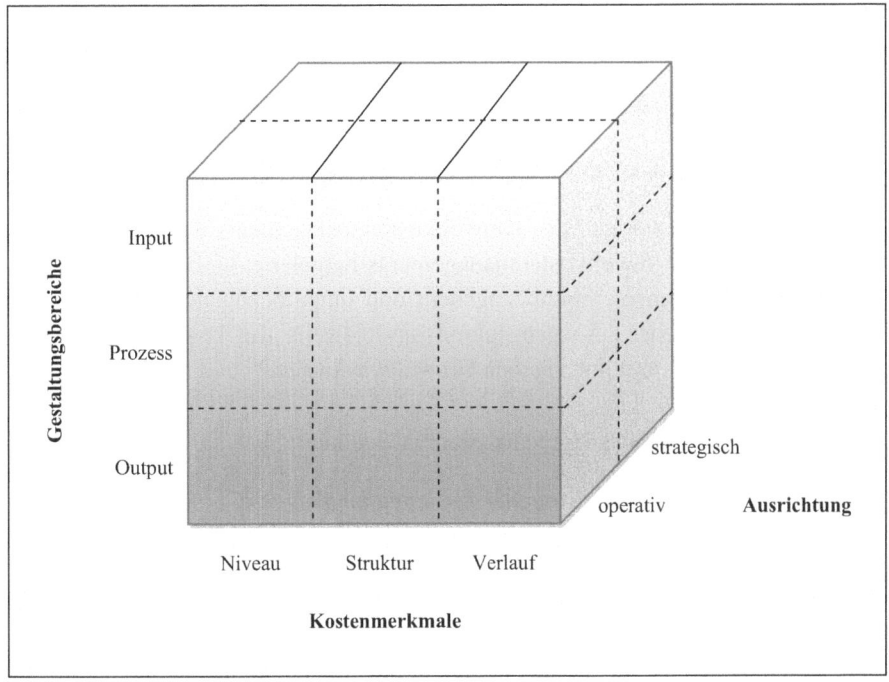

Abb. C-13: Möglichkeiten der Ausgestaltung eines Umweltkostenmanagements

In Erweiterung zu der Definition in Teil C, Abschnitt 1.2.1 liefern die drei dargestellten Dimensionen – Kostenmerkmale, Ausrichtung und Gestaltungsbereiche – die Kernpunkte der dargestellten Umweltkostenmanagement-Konzeption:

Das Umweltkostenmanagement befasst sich mit der zielorientierten Gestaltung im Sinne von Planung, Steuerung und Kontrolle von Input, Throughput und Output über die operative und strategische Beeinflussung des Niveaus, der Struktur und des Verlaufs der betrieblichen Umweltkosten, welche die Zielgröße des Umweltkostenmanagements darstellen.

Die Instrumente des Umweltkostenmanagements beschränken sich dabei nicht auf die Anwendung in einem der Quader (z.B. strategische Beeinflussung der Kostenstruktur eines Prozesses), sondern sind durch ihre flexible Handhabung vielseitig einsetzbar. So können die Resultate der Lebenszyklusrechnung Maßnahmen anstoßen, die sowohl das Kostenniveau als auch die Kostenstruktur eines Produktes verändern. Eine eindeutige

Abgrenzung und Zuordnung – wie beispielsweise GÜNTHER sie vornimmt[454] – ist demnach nicht möglich, jedoch auch nicht notwendig.

Flexibilität heißt allerdings nicht Willkür: So ist der Einsatz unbedingt an den von den einzelnen Instrumenten verfolgten Auswertungszwecken auszurichten. Die Übereinstimmung der betrieblichen Sachlage, des Gestaltungsziels sowie der zur Erreichung dieser Ziele einzusetzenden Instrumente und durchzuführenden Maßnahmen ist unabdingbar, um ein effizientes Umweltkostenmanagement zu etablieren.

3.3 Handlungsfelder des Umweltkostenmanagements

Die relevanten Handlungsfelder des Umweltkostenmanagements werden aus den Gestaltungsbereichen des Umweltkostenmanagements hergeleitet.[455] Demnach wird zwischen throughputbezogenem, inputbezogenem und outputbezogenem Umweltkostenmanagement unterschieden. Ausgangspunkt sind jeweils die kostenverursachenden throughput-, input- und outputbezogenen Umweltwirkungen.[456]

3.3.1 Throughputbezogenes Umweltkostenmanagement

3.3.1.1 Gestaltung throughputbezogener Entscheidungsobjekte

Das throughputbezogene Umweltkostenmanagement umfasst ebenso wie im traditionellen Kostenmanagement die Analyse und Gestaltung der Prozesse unter Kostenaspekten, erweitert die Perspektive jedoch um umweltbezogene Aspekte. Durch die Identifikation throughputbezogener Umweltwirkungen in betrieblichen Prozessen können umweltbezogene Kosteneinflussgrößen sichtbar gemacht, klassifiziert und gestaltet werden.

Mögliche Ansatzpunkte für die Gestaltung der throughputbezogenen Entscheidungsobjekte sind beispielsweise:

- *Prozesssubstitutionen*: Werden Emissionsgrenzwerte erreicht oder im Rahmen neuer Umweltgesetze reduziert, so kann es sinnvoll sein, bisherige Prozesse zu ersetzen. Der Grund liegt nicht allein in der Gesetzeskonformität, sondern auch in kostenbezogenen Überlegungen. Die Emissionskosten steigen stärker an (wie im nummerischen Beispiel, wenn Emissionsrechte hinzugekauft werden müssen), so dass eine völlig neue Kostensituation entsteht. Ein Wechsel zu vormals kostenintensiveren Prozessen kann nun durchaus günstiger sein.

---

[454] Vgl. Günther (1997), S. 105.
[455] Vgl. Corsten/Stuhlmann (1995), S. 6. In weiteren Quellen zum traditionellen Kostenmanagement wird in diese drei Aufgabenbereiche unterschieden, die Bezugsobjekte sind jedoch trotz der Namensgleichheit nicht in jedem Fall identisch mit denen des Umweltkostenmanagements; vgl. Männel (1997), S. 168 ff., und Kajüter (1997), S. 225 ff.
[456] Da das lineare Optimierungsmodell der Prozesswahl mit dem Ziel der Kostenminimierung dient, wird zunächst das prozessbezogene Umweltkostenmanagement betrachtet, bevor die input- und outputbezogenen Implikationen beschrieben werden.

- *Verbesserung bestehender Produktions- und Reduktionsanlagen*: Der starke Anstieg von Umweltkosten (falls z.B. Strafkosten fällig werden) kann auf Ineffizienzen in den Prozessen hinweisen. Mit der Zuordnung der Emissionen zu einzelnen Prozessen ist es möglich, diese zu identifizieren und gegebenenfalls zu beheben.

- *Vermeidung/Verminderung von Emissionen*: Da die Produktions- und Recyclingprozesse unter Berücksichtigung von Umweltkosten gewählt werden und angenommen wird, dass die Umweltkosten mit zunehmenden Emissionen ansteigen, können Emissionen durch die Zielfunktion der Kostenminimierung vermieden oder vermindert werden. Weniger Emissionen bedeuten in diesem Fall weniger Kosten.

3.3.1.2 Implikationen des Optimierungsmodells für throughputbezogene Entscheidungen

Das lineare Optimierungsmodell nutzt bei der Gestaltung der Prozesse die Kosteninformationen über Einsatzfaktoren und Emissionen. Implizit werden dabei die input- und emissionsbezogenen Grenzwerte sowie die angegebenen Restriktionen beachtet.

Abbildung C-14 stellt die Prozesswahl in der Produktion bei einem gegebenen Produktionsniveau dar.

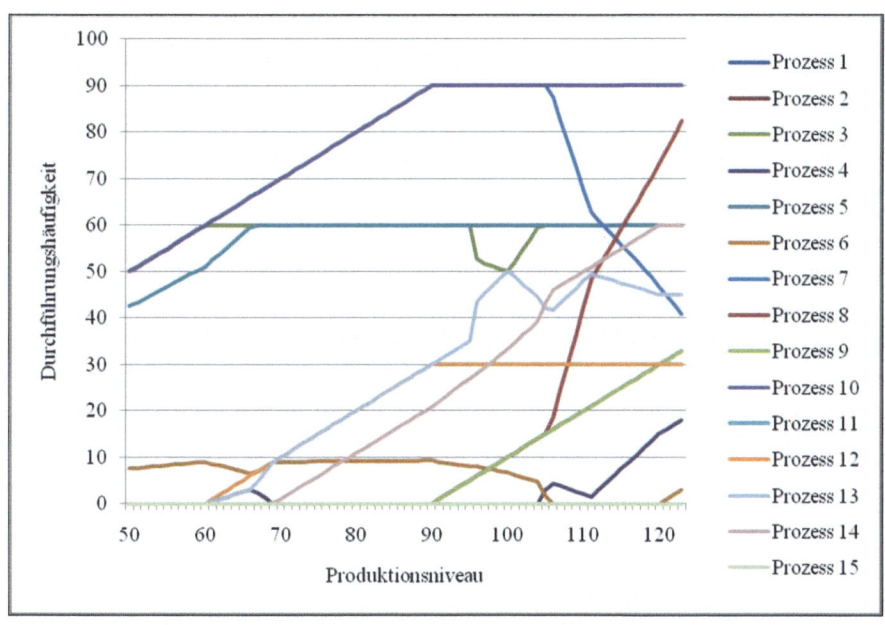

Abb. C-14: Durchführungshäufigkeit der Produktionsprozesse im nummerischen Beispiel

Es ist ersichtlich, dass der Einsatz der Produktionsprozesse stark variiert. Während einige Prozesse bei maximaler Ausschöpfung der jeweils eingesetzten Ressourcen konstant bleiben, sobald diese erreicht werden (z.B. Prozess 10 bei einem Produktionsniveau von 91 Einheiten oder Prozess 5 bei einem Produktionsniveau von 67 Einheiten), ist der Einsatz andere Prozesse rückläufig (z.B. Prozess 7 bei einem Produktionsniveau von 106 Einheiten). Prozess 7 läuft im Intervall von 90 bis 105 Einheiten bei maximaler Ressourcenausschöpfung. Da jedoch bei 105 Einheiten der Produktionsprozess 3 die spezifische maximale Ressourcenverfügbarkeit erreicht, setzt Prozess 4 ein, welcher zwar kostenintensiver ist, jedoch bei einem höheren Produktionsniveau zur kostenminimalen Prozesskombination gehört. Dieser Wechsel erfordert eine Umdisponierung von Prozess 7 auf 8, da die Prozesse 3 und 7 sowie 4 und 8 aneinander gekoppelt sind. Ihre jeweilige Kombination erfüllt die Forderung der Kostenminimierung. Ausgelöst wird die veränderte Kostensituation für die Prozesse ab dem Produktionsniveau von 105 Einheiten durch den erstmaligen Zukauf von Emissionsrechten für die Emission 1. Da sich damit die internen Verrechnungskosten ändern, wird Prozess 7 zu teuer und durch Prozess 8 ersetzt. Einen interessanten Verlauf in Abhängigkeit vom Produktionsniveau zeigt auch Prozess 13. Dieser setzt erstmalig bei einem Produktionsniveau von 61 Einheiten ein, da hier die spezifischen Ressourcenkapazitäten der Prozesse 2 und 3 erschöpft sind. Im Produktionsniveauintervall von 69 bis 95 Einheiten steigt die Durchführungshäufigkeit des Prozesses 13 linear um jeweils eine Durchführung. Bei einem Produktionsniveau von 96 Einheiten hat die Emission 5 jedoch ihren Grenzwert erreicht, was dazu führt, dass die internen Verrechnungspreise stark ansteigen. Dies führt zu einem Prozesswechsel: Prozess 3 ist rückläufig, während Prozess 13 stark ansteigt. Bei einem Produktionsniveau von 101 Einheiten wird diese Entwicklung umgekehrt, da der Grenzwert der Emission 4 erreicht wird, sich dadurch wiederum die internen Verrechnungspreise ändern und der Einsatz von Prozess 13 im Vergleich zu anderen Prozessen höhere Kosten verursacht.

Insbesondere im Produktionsniveauintervall zwischen 90 und 123 Einheiten gibt es viele Prozesswechsel, da Emissionsgrenzwerte erreicht werden und Kapazitätsengpässe auftreten. Ein ähnliches Bild ergibt sich für die optimale Wahl der Recyclingprozesse. Der starke Anstieg der internen Verrechnungspreise lässt sich auch darauf zurückführen, dass mit steigender Emissionsmenge und dem Erreichen von Grenzwerten Recyclingprozesse intensiver beansprucht werden.

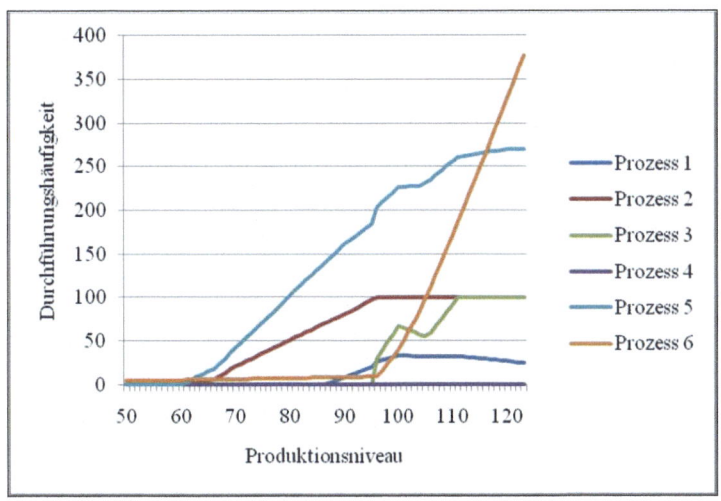

Abb. C-15: Durchführungshäufigkeit der Recyclingprozesse im nummerischen Beispiel

Insbesondere für die Recyclingprozesse 5 und 6 kann ein sehr starker Anstieg verzeichnet werden. Bei Recyclingprozess 6 liegt das daran, dass bei einem Produktionsniveau von 96 Einheiten der maximal zulässige Grenzwert der Emission 5 erreicht ist. Es wäre nun einerseits möglich, weitere Emissionsrechte dieser Emission zu erstehen – dies ist jedoch im vorliegenden Fall nicht die kostenminimale Lösung. Stattdessen wird vermehrt recycelt: Der Recyclingprozess 6 verarbeitet 10 Mengeneinheiten der Emission 5 je Durchführung, was den starken Anstieg in der Grafik erklärt.

3.3.2 Inputbezogenes Umweltkostenmanagement

3.3.2.1 Gestaltung inputbezogener Entscheidungsobjekte

Im traditionellen Verständnis bildet das potenzial- bzw. ressourcenorientierte Kostenmanagement das Pendant zum inputbezogenen Umweltkostenmanagement, jedoch mit der Einschränkung, dass im herkömmlichen Sinne hauptsächlich die Kosten der Bereitstellung und Nutzung von Kapazitäten im Sinne maschineller Anlagen Fokus der Betrachtung sind.[457] Das inputbezogene Umweltkostenmanagement befasst sich mit den Kosten, die aus faktorbezogenen Umweltwirkungen resultieren, und setzt damit an der Gestaltung der faktorbezogenen Kosteneinflussgrößen an. Ausgangspunkt der Betrachtung sind dabei die Umweltwirkungen der vorliegenden Kapazitäten[458] sowie der tatsächlichen und potenziellen Leistungsnutzung der Faktoren.

Mögliche Ansatzpunkte für die Gestaltung der inputbezogenen Entscheidungsobjekte sind beispielsweise:

---

[457] Vgl. Männel (1997), S. 176 ff., und Corsten/Stuhlmann (1995), S. 9.
[458] Im inputbezogenen Umweltkostenmanagement wird der Fokus dahingehend erweitert, dass neben Betriebsmitteln beispielsweise auch Rohstoffe und Personal betrachtet werden.

- *Auswahl umweltgerechter Inputfaktoren*: Bei der Auswahl der einzusetzenden Faktoren sollte frühzeitig darauf geachtet werden, dass die spezifischen, tatsächlichen und potenziellen Umweltwirkungen gering sind bzw. dass der mit diesen Umweltwirkungen einhergehende Umweltschaden niedrig ist. Wird bereits bei der Auswahl darauf geachtet, Inputfaktoren mit niedrigem Umweltwirkungspotenzial zu beschaffen, so werden auch die througput- und outputbezogenen Umweltwirkungen tendenziell niedriger sein.
- *Vermeidung bzw. Verminderung des Faktoreinsatzes*: Neben den Kostensenkungspotenzialen, die mit der Vermeidung und Verminderung hoher Faktoreinsätze einhergehen, impliziert ein vermiedener bzw. verminderter Einsatz geringere Umweltwirkungen und ein niedrigeres Schadenspotenzial. Auch Ineffizienzen im Faktoreinsatz können durch Maßnahmen in diesem Bereich aufgedeckt und abgebaut werden, da die Optimierungsmaßnahmen häufig auf den Abbau von Verschwendungen im Ressourceneinsatz zielen.
- *Substitution umweltbelastender Inputfaktoren*: Hohe Umweltkosten umweltbelastender Inputfaktoren – wie Strafkosten für hohe Mengen toxischer Substanzen, falls diese an die Umwelt abgegeben werden – gelten als betriebliche Risikopotenziale. Die Bemühungen richten sich darauf, diese Risiken zu minimieren, indem Inputfaktoren mit hohem Risikopotenzial substituiert werden.

3.3.2.2 Implikationen des Optimierungsmodells für inputbezogene Entscheidungen

Bei der Optimierung des Faktoreinsatzes greift das nummerische Beispiel auf die in dem mathematischen Modell aufgestellten Restriktionen zurück und berücksichtigt so explizit die internen Verrechnungspreise für die Einsatzfaktoren im Ressourceneinsatz.

Auch hier wird anhand der ermittelten optimalen Mengen ersichtlich, dass das Erreichen von Emissionsgrenzwerten oder der Zukauf von Emissionsrechten Auswirkungen auf die Faktorwahl hat. Die internen Verrechnungspreise bestimmter Inputfaktoren bei einem spezifischen Produktionsniveau steigen beispielsweise, wenn die inputbezogenen Emissionen aufgrund des Zukaufs von Emissionszertifikaten oder der Zahlung von Strafkosten kostenintensiver werden. In diesem Fall werden Inputfaktoren eingesetzt, die zuvor zwar vergleichsweise teuer waren, nun jedoch aufgrund der geänderten Kostenposition vorteilhafter sind.

Abbildung C-16 zeigt die Entwicklung der primären Faktoreinsatzmengen in dem nummerischen Beispiel.

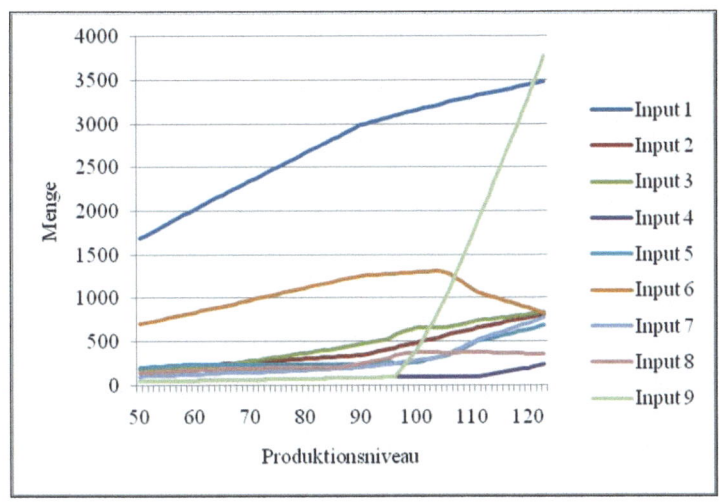

Abb. C-16: Einsatzmenge primärer Inputfaktoren im nummerischen Beispiel

Die eingesetzten Faktormengen und die Faktorkombinationen ändern sich aufgrund der Veränderungen der internen Verrechnungspreise. Besonders prägnant ist dies bei den primären Einsatzfaktoren beispielsweise für den Inputfaktor 9. Dieser wird ab einem Produktionsniveau von 97 Einheiten verstärkt eingesetzt. Hier ist der maximal zulässige Grenzwert für die Emission erreicht, so dass alternative Prozesse mit anderen Emissionswirkungen gewählt werden müssen. Noch stärker wird der Inputfaktor 9 jedoch ab einem Produktionsniveau von 105 Einheiten genutzt. Ab diesem Produktionsniveau müssen Emissionsrechte für die Emission 1 zugekauft werden, was die internen Verrechnungspreise teilweise extrem erhöht: So steigen die interne Verrechnungspreise wie folgt:

- Inputfaktor 3 von 82,371 GE auf 105,622 GE,
- Inputfaktor 4 von 33,544 GE auf 51,796 GE und
- Inputfaktor 6 von 22,994 GE auf 27,644 GE.

Demgegenüber steigt der interne Verrechnungspreis von Inputfaktor 9 lediglich von 22 GE auf 22,4 GE. Unter Berücksichtigung der notwendigen Einsatzmengen wird der Inputfaktor 6 insbesondere durch den Inputfaktor 9 substituiert, wie auch der Abbildung zu entnehmen ist.

Hinsichtlich der sekundären Faktoreinsatzmengen lassen sich ähnliche Mechanismen erkennen. Im Produktionsniveauintervall von einer bis 60 Einheiten werden keine sekundären Einsatzfaktoren eingesetzt. Erst bei einem Produktionsniveau von 61 Einheiten, wenn die Prozesse 2 und 3 ihre Ressourcenkapazitäten ausgeschöpft haben und durch den damit einhergehenden Prozesswechsel erstmals Sekundärrohstoffe in den Recyclingprozessen hervorgebracht werden, finden sekundäre Inputfaktoren Einsatz in den Produktionsprozessen. Die Recyclingprozesse 2 und 5, in welchen die Sekundärrohstoffe 10, 11 und 12 entstehen, werden ab diesem Produktionsniveau genutzt.

Abbildung C-17 zeigt die sekundären Faktoreinsatzmengen in Abhängigkeit von dem Produktionsniveau.

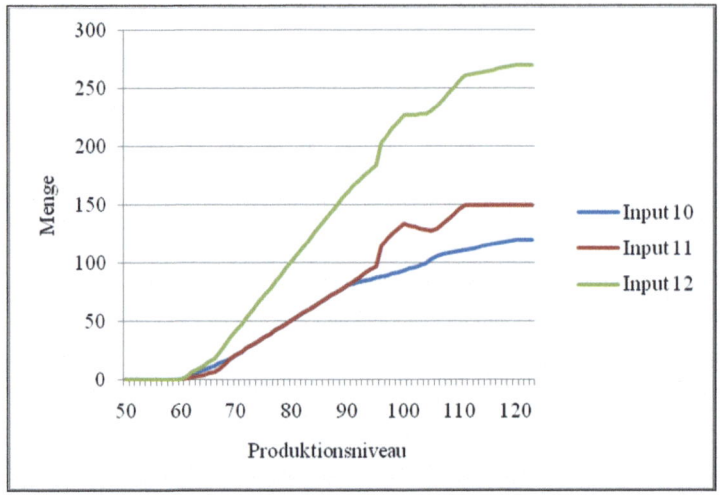

Abb. C-17: Einsatzmenge sekundärer Inputfaktoren im nummerischen Beispiel

3.3.3 Outputbezogenes Umweltkostenmanagement

3.3.3.1 Gestaltung outputbezogener Entscheidungsobjekte

Der Ansatz des herkömmlichen Produktkostenmanagements basiert auf der Betrachtung aller zur Herstellung der Produkte notwendigen Güterverbräuche, was beispielsweise den Verbrauch an Rohstoffen und die Belegung von Maschinenkapazitäten einschließt.[459] Im Rahmen des outputbezogenen Umweltkostenmanagements werden zusätzlich die Kosten betrieblicher Umweltwirkungen berücksichtigt. Dazu wird auf die Unterscheidung zwischen faktor-, throughput- und outputbezogenen Umweltwirkungen zurückgegriffen. Das outputbezogene Umweltkostenmanagement beschäftigt sich mit jenen Kosten, welche durch outputbezogene Umweltwirkungen hervorgerufen werden, und setzt damit an der Gestaltung der outputbezogenen Kosteneinflussgrößen an. Dabei fällt der Schwerpunkt auf die Verbesserung der Produkteigenschaften in frühen Phasen der Entwicklung und Konstruktion, um so die Beziehung zwischen Produktkosten, Produkterlösen, Produktnutzen, Produktdesign und outputbezogenen Umweltwirkungen zu optimieren.[460]

---

[459] Vgl. Männel (1997), S. 172.
[460] Vgl. Männel (1995), S. 34.

Mögliche Ansatzpunkte für die Gestaltung der outputbezogenen Entscheidungsobjekte sind beispielsweise:

- *Outputvariation, -innovation und -eliminierung*: Die outputbezogenen internen Verrechnungspreise zeigen, dass sich durch die Erreichung von Grenzwerten auch die produktbezogenen Schattenpreise ändern. Sie geben Hinweis darauf, ob und welche Optimierungspotenziale in dem bestehenden Produktprogramm existieren: Welche Produkte sind ressourcenintensiv oder emissionsintensiv? Und wie ändern sich die internen Verrechnungspreise in Knappheitssituationen? Da sich die internen Verrechnungspreise in Abhängigkeit von dem Produktionsniveau ändern, ist ebenso die Frage nach der Produktionsmenge relevant.

- *Wirtschaftlichkeit der Produkte*: Im Vergleich mit den erzielbaren Marktpreisen ist zudem eine Aussage über den wirtschaftlichen Erfolg der Produkte möglich. Decken die am Markt erzielbaren Preise zusätzlich zu den traditionellen Kosten auch die Umweltkosten, welche durch die spezifischen Umweltwirkungen verursacht werden – inklusive der Schattenpreise? Da im vorliegenden Beispiel ausschließlich variable Kosten verwendet werden, sind außerdem Aussagen über Deckungsbeiträge und damit die Wirtschaftlichkeit der Produkte möglich.[461]

- *Vermeidung bzw. Verminderung von Emissionen*: Da auch die Emissionen zum betrieblichen Output zählen, zielt das outputbezogene Umweltkostenmanagement auch auf deren Optimierung. Über die internen Verrechnungspreise können auch hinsichtlich der Emissionen Erkenntnisse erlangt werden, da sich über die Schattenpreise das Erreichen von Emissionsgrenzwerten bzw. der Zukauf von Emissionsrechten bemerkbar macht. Ansätze finden sich im Emissionsmanagement dahingehend, dass kostenintensive Emissionsmengen vermieden bzw. vermindert werden. Welche Emissionen relevant sind, ergibt sich aus den internen Verrechnungspreisen.

3.3.3.2 Implikationen des Optimierungsmodells für outputbezogene Entscheidungen

In dem nummerischen Beispiel kann der Effekt, den der Emissionshandel bzw. die Emissionsgrenzwerte ausüben, gut nachgezeichnet werden. Abbildung C-18 zeigt die Entwicklung der aus der Prozesswahl resultierenden Emissionsmenge je Emissionsart.

---

[461] Da die internen Verrechnungspreise Opportunitätskosten berücksichtigen, dienen sie hauptsächlich der Koordination und optimalen Entscheidungsfindung. Den Anforderungen einer aussagekräftigen Erfolgsermittlung genügen sie jedoch nicht; vgl. Letmathe (1998), S. 166.

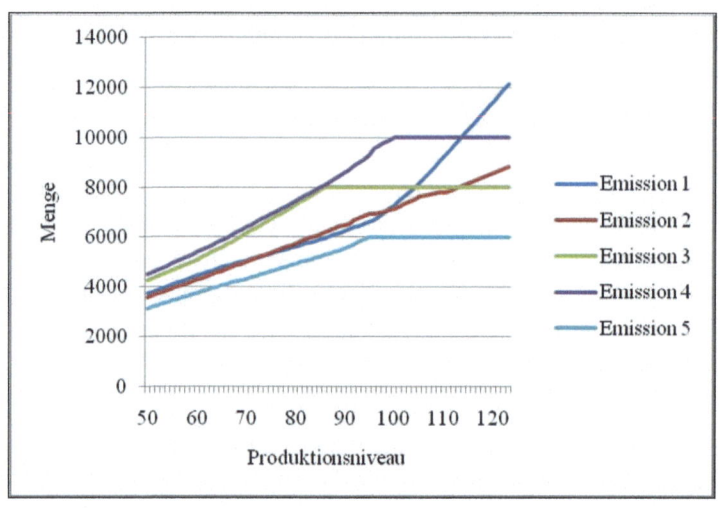

Abb. C-18: Emissionsmenge aus der Produktion im nummerischen Beispiel

Beispielhaft seien die Emissionen 4 und 5 herausgegriffen. Beide Emissionsarten gelangen bei einem spezifischen Produktionsniveau an ihre absoluten Grenzwerte in Form maximal zulässiger Emissionsmengen: die Emission 4 bei einem Produktionsniveau von 100 Einheiten und die Emission 5 bei einem Produktionsniveau von 96 Einheiten. Bei Emission 4 hat dies nur geringe Auswirkungen auf die Prozesswahl: Der Prozess 3 ist im Produktionsniveauintervall [60,95] konstant bei maximalen Ressourcenauslastung, wird im Intervall von 96 bis 100 Einheiten weniger genutzt und nun wieder leicht vermehrt eingesetzt, um die Prozesse 6 und 13 zu substituieren. Allerdings werden keine großen Veränderungen bei der Prozesswahl verzeichnet: Die internen Verrechnungspreise für Emission 4 bleiben bei 5,47 GE. Erst ab einem Produktionsniveau von 105 Einheiten steigen diese auf 16,38 GE, da hier der Zukauf von Emissionsrechten für Emission 1 beginnt.

Vor dem Hintergrund des Prozesswechsels, der bei diesem Produktionsniveau aufgrund einer maximaler Ressourcenauslastung auftritt, ist der Zukauf von Emissionszertifikaten der Emission 1 kostengünstiger als die Verursachung anderer Emissionsarten. Der Anstieg des internen Verrechnungspreises der Emission 4 ist darauf zurückzuführen, dass durch den Zukauf von Emissionsrechten der Emission 1 ein Substitutionseffekt bei den Inputfaktoren 3 und 6 stattfindet – Inputfaktor 3 wird vermehrt eingesetzt, während die Einsatzmenge von Inputfaktor 6 zurückgeht. Diese Änderung bewirkt gleichzeitig, dass die Mengen der Sekundärressourcen 10 und 11, die in den Recyclingprozessen hergestellt werden, deutlich zunehmen. Der Prozesswechsel mit dem einhergehenden Zukauf von Emissionsrechten für Emission 1 verursacht insbesondere über den veränderten primären und sekundären Faktoreinsatz eine Anpassung der internen Verrechnungspreise auch für andere Emissionsarten.

Ganz anders verhält es sich für die Emission 5, obwohl die gleiche Ausgangssituation vorliegt. Die maximal zulässige Emissionsmenge von 6.000 Einheiten wird bei einem Produktionsniveau von 96 Einheiten erreicht. Die Auswertungen zeigen, dass diese Einschränkung weitreichende Folgen für die Prozesswahl und damit für die internen Verrechnungspreise hat. Der Prozess 13 wird intensiver genutzt, da dieser bei dem gegebenen Produktionsniveau eine geringere Emissionsmenge 5 verursacht; allerdings erhöht sich die Menge für die Emission 1 beträchtlich. Der interne Verrechnungspreis der Emission 5 steigt von 5 GE auf 14,764 GE – im Vergleich ist dies jedoch die kostenminimale Lösung.

Aus Gründen der Vollständigkeit zeigt Abbildung C-19 die Entwicklung der zugekauften Emissionsrechte. Mit dem erstmaligen Zukauf bei einem Produktionsniveau von 105 Einheiten ändern sich die internen Verrechnungspreise für Einsatzfaktoren und Emissionen drastisch. Die Kostenwirkungen sind auch beim erstmaligen Zukauf von Emissionsrechten für die Emission 2 bei einem Produktionsniveau von 113 Einheiten direkt spürbar: Der interne Verrechnungspreis der Emission 2 steigt von 1 GE auf 1,40 GE; ebenso verändern sich auch die relevanten internen Verrechnungspreise der Einsatzfaktoren, welche das Aufkommen der Emission 2 beeinflussen.

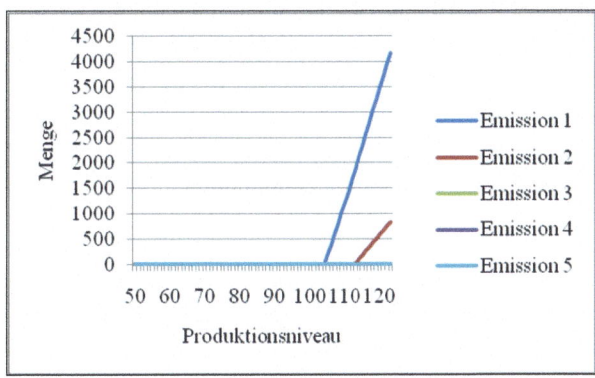

Abb. C-19: Menge zugekaufter Emissionszertifikate im nummerischen Beispiel

Erst die Berücksichtigung von Umweltkosten in der betrieblichen Entscheidungsfindung gibt ein vollständiges Bild über die Zusammenhänge zwischen Input, Throughput und Output. Diese Erkenntnisse und die entsprechenden quantifizierten Informationen bereitzustellen und zu nutzen, verbessert unternehmerische Entscheidungen. So können beispielsweise frühzeitig Prozessänderungen vorgenommen werden, um steigende Kosten aufgrund von Transaktions- oder Strafkosten zu verhindern. Die Kenntnis der Kostenwirkungen betrieblicher Aktivitäten über die Vorlage interner Verrechnungspreise ermöglicht damit Entscheidungen, ob eine weitere Ausbringungsmengeneinheit produziert wird oder nicht. Die Grenzkosten jeder weiteren Einheit sind bei dieser Frage ein zentrales Entscheidungskriterium.

4 Umweltkostenmanagement als entscheidungsunterstützendes Instrumentarium

Die Gestaltung und die Implementierung eines entscheidungsunterstützenden Umweltkostenmanagements richten sich an den zu treffenden betrieblichen Entscheidungen und dem damit einhergehenden Bedarf an entscheidungsrelevanten Informationen und Daten aus.[462]

Entscheidungen sind gekennzeichnet durch verschiedene Merkmalsausprägungen hinsichtlich des relevanten Entscheidungs- bzw. Gestaltungsobjektes, der Reichweite der Entscheidung und der Umweltmanagementphase, in welcher eine Entscheidung getroffen wird. Die Kombination der einzelnen Merkmalsausprägungen definiert einen bestimmten Auswertungszweck, welcher den Entscheidungsraum abbildet und gleichzeitig adäquat zu unterstützen sucht.

Die Auswertungszwecke des betrieblichen Umweltkostenmanagements sind eng mit den Zielen des Umweltkostenmanagements verknüpft. Der Einsatz der Instrumente im Umweltkostenmanagement orientiert sich an den intendierten Auswertungszwecken, um eine möglichst hohe Effektivität und Effizienz hinsichtlich der zu treffenden Entscheidungen sicherzustellen. SCHÄFFER spricht in diesem Sinn von einer *Zweckrationalität*, welche als „effiziente Mittelverwendung bei gegebenen Zwecken"[463] definiert wird.

4.1 Zielhierarchie des Umweltkostenmanagements

Die Literatur zum Thema Umweltkostenmanagement weist eine unüberschaubare Vielfalt an Zielen auf.[464] Oftmals werden diese in ungeordneten Zusammenhängen präsentiert, ohne den Abhängigkeiten zwischen unterschiedlichen Zielebenen gerecht zu werden. Die Ziele lassen sich jedoch in eine hierarchische Ordnung bringen, welche in Ober- und Unterziele unterscheidet.

Enthält das unternehmerische Leitbild die Verpflichtung zu einem umfassenden Umweltmanagement, so ist das *Oberziel* des Umweltkostenmanagements die langfristige und dauerhafte Wettbewerbsfähigkeit und Existenzsicherung des Unternehmens durch die Verbesserung der absoluten und relativen Kostenposition.[465] Die Gestaltung der Umweltkosten kann entsprechend nicht als Selbstzweck aufgefasst werden, sondern dient im Sinne einer Mittel-Zweck-Beziehung dem unternehmerischen Oberziel.[466]

---

[462] Dies entspricht der Forderung im internen Rechnungswesen, dass der Rechnungszweck über die Rechnungsziele die Rechnungsinhalte bestimmen sollte; vgl. Schmalenbach (1963), S. 5, sowie Schneider (1997), S. 45.
[463] Schäffer (2003), S. 240.
[464] Vgl. Bundesumweltministerium/Umweltbundesamt (Hrsg.) (2003), S. 1 ff., Schaltegger u.a. (2002), S. 1 ff., Fischer u.a. (Hrsg.) (1997), S. 1 ff., und Bundesumweltministerium/Umweltbundesamt (Hrsg.) (1996), S. 1 ff.
[465] Vgl. Gupta (1998), S 7, Becker (1993), S. 280, und Männel (1995), S. 27 f.
[466] Vgl. Horváth (1990), S. 180, Männel (1993a), S. 211, und Weber (1977), S. 114.

Eine Differenzierung in *untergeordnete, weniger abstrakte Ziele* ist notwendig, um den Anwendungs- und Wirkungsbereich des Umweltkostenmanagements zu spezifizieren. In diesem Zusammenhang lassen sich die folgenden *Unterziele* identifizieren, welche zur Erfüllung des übergeordneten Unternehmensziels beitragen:[467]

- Verbesserung der Umweltkostentransparenz,
- Identifikation der umweltbezogenen Kosteneinflussgrößen (oder Kostentreiber),
- Senkung des Umweltkostenniveaus,
- Optimierung der Umweltkostenstruktur und
- Optimierung des Umweltkostenverlaufs.

Die beiden erstgenannten Ziele sind notwendige Voraussetzungen für die darauf folgenden Ziele. Eine genaue Kenntnis der Höhe, der Struktur und des Verlaufs der Umweltkosten ist ebenso unerlässlich wie die Kenntnis der relevanten Einflussgrößen bzw. Kostentreiber, die die Umweltkosten determinieren.[468]

Identifikation, Analyse und Beeinflussung der Kosteneinflussgrößen sind zentraler Bestandteil des Umweltkostenmanagements – und gleichzeitig die größte Schwierigkeit, da die angefallenen Umweltkosten lediglich Symptom der sie verursachenden Einflussgrößen sind.[469]. Ihre Unterteilung in input-, throughput- und outputbezogene Kostentreiber erleichtert die damit verbundenen Aufgaben und fügt sich in den Gesamtzusammenhang von Umweltkostenmanagement und Umweltmanagement.

Die drei letztgenannten Ziele stehen in einem engen Wirkungszusammenhang, so dass keinesfalls von einem independenten Zielkatalog gesprochen werden kann. Die Umweltkostenstruktur beeinflusst maßgeblich den Umweltkostenverlauf, und beide bestimmen wesentlich das Umweltkostenniveau.[470] Diese Abhängigkeiten werden anhand eines Beispiels in Abbildung C-20 erläutert.

---

[467] Vgl. Männel (1995), S. 27 f. Zahlreiche Veröffentlichungen beschäftigen sich mit den Zielen eines Kostenmanagements und entsprechend existiert eine Vielzahl unterschiedlicher Zielkataloge, welche zum Teil erhebliche Redundanzen aufweisen. Eine Konzentration auf die genannten Unterziele entspricht dem der Arbeit zugrunde liegenden Aufbau, da die Gestaltungsobjekte *Kostenniveau, Kostenstruktur* und *Kostenverlauf* den Zielkanon bestimmen.
[468] Vgl. Franz/Kajüter (1997a), S. 484.
[469] Vgl. Reiß/Corsten (1990), S. 390, Kraemer (1993), S. 17, und Franz/Kajüter (1997a), S. 484.
[470] Vgl. Franz/Kajüter (1997a), S. 484.

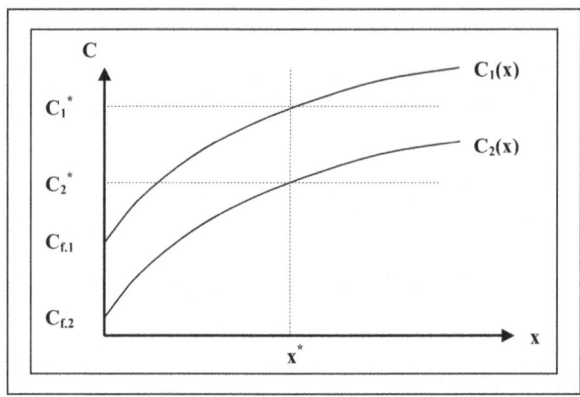

Abb. C-20: Zusammenhang von Umweltkostenstruktur, -verlauf und -höhe

In der Abbildung werden zwei unterschiedliche Umweltkostenfunktionen $C_1(x)$ und $C_2(x)$ betrachtet, welche den gleichen Umweltkostenverlauf in Abhängigkeit von der Ausbringungsmenge, jedoch Fixkosten in unterschiedlicher Höhe aufweisen ($C_{f,1}$ und $C_{f,2}$).[471] Die Umweltkostenfunktionen verlaufen zwar gleichförmig, jedoch ausgehend von einem unterschiedlichen umweltbezogenen Fixkostenniveau. Ein Anstieg (bzw. eine Senkung) der umweltbezogenen Fixkosten bewirkt eine Verschiebung der Umweltkostenfunktion nach oben (oder unten). Diese Verschiebung des Umweltkostenverlaufs hat wiederum Auswirkungen auf die tatsächliche Höhe der Umweltkosten bezogen auf eine bestimmte Ausbringungsmenge x^*: Im Falle der niedrigeren umweltbezogenen Fixkosten $C_{f,2}$ liegen auch die Kosten C_2^* für x^* niedriger als im Falle der höheren Fixkosten $C_{f,1}$ mit C_1^*.

Abbildung C-21 zeigt die Zusammenhänge zwischen den einzelnen Unterzielen eines Umweltkostenmanagements.

---

[471] Die Annahme, dass beide Kostenfunktionen den gleichen Verlauf aufweisen, wird hier getroffen, um die Vergleichbarkeit zu gewährleisten und damit die Darstellung der Auswirkungen von Kostenstruktur auf Kostenverlauf und deren Auswirkungen auf das Kostenniveau zu ermöglichen.

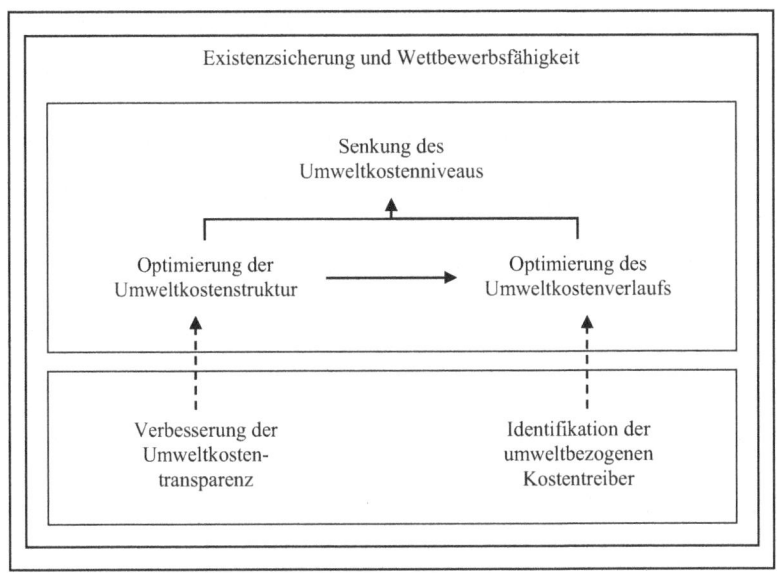

Abb. C-21: Zielordnung des Umweltkostenmanagements

Einer Studie von FRANZ/KAJÜTER zufolge hat das Ziel der Kostenniveausenkung höchste Priorität in Unternehmen, gefolgt von der Identifikation der Kostentreiber (Rang 2), der Erhöhung der Kostentransparenz (Rang 3), der Optimierung der Kostenstruktur (Rang 4) und des Kostenverlaufs (Rang 5).[472] Differenziert nach Branchen weichen die Ergebnisse teilweise von dieser Einschätzung ab. Anhand der Resultate ist erkennbar, dass in Branchen mit hohem Wettbewerbs- und Kostendruck (z.B. Automobilhersteller, Maschinenbau, Bergbau) die Kostensenkung höchste Priorität hat, während in Branchen mit niedrigerem Wettbewerbs- und Kostendruck die Ziele der Kostentransparenzerhöhung und Kostentreiberidentifikation an höherer Stelle stehen.[473] Alle Ziele dienen letztlich dem Oberziel der Existenzsicherung, da die Kenntnis und Gestaltung der betrieblichen Kosten und der damit verbundenen Zusammenhänge eine Verbesserung der relativen Kostenposition im Wettbewerb bewirkt.

Entsprechend den genannten Zielen ergeben sich drei Teilbereiche des Umweltkostenmanagements.[474] Die Reduzierungsmaßnahmen im Rahmen des *umweltbezogenen Kostenniveaumanagements* zielen entweder auf die Mengenkomponente oder auf die Wertkomponente der Umweltkosten. Eine mengenorientierte Maßnahme beeinflusst z.B. die durch den betrieblichen Umweltschutz verursachten Verbrauchsmengen an eingesetzten Gütern, während wertorientierte Maßnahmen beispielsweise auf alternati-

---

[472] Die Studie zum *Kostenmanagement in Deutschland* bezieht sich nicht explizit auf umweltbezogene Ansätze des Kostenmanagements. Dennoch spiegeln die Ergebnisse die Bedeutung einzelner Ziele wider.
[473] Vgl. Franz/Kajüter (1997a), S. 484 ff., insbesondere Tab. 2, S. 485.
[474] Vgl. Kremin-Buch (2001), S. 9 ff., und Reiß/Corsten (1992), S. 1480 ff.

ve Marktpreise abzielen und so einen Wechsel der Bezugsquellen oder die Entscheidung zum Fremdbezug beinhalten können.[475]

Weiterhin beschäftigt sich das umweltbezogene Kostenniveaumanagement mit *Kostenremanenzen* und *Kostenpräkurrenzen*.[476] Im Falle der Kostenremanenz reagieren die Umweltkosten auf Veränderungen der input-, throughput- oder outputbezogenen Umweltwirkungen (z.B. im Zuge von Kapazitätsanpassungen oder Faktorsubstitutionen) mit einer zeitlichen Verzögerung, so dass die Kosten zu einem bestimmten Zeitpunkt über oder unter dem erforderlichen Niveau liegen. Umgekehrt im Falle der Kostenpräkurrenz: Die Kosten reagieren auf derartige Veränderungen mit einem zeitlichen Vorlauf, so dass beispielsweise Kapazitätsanpassungen bereits kostenwirksam werden, bevor sie überhaupt genutzt werden können.

Die Kategorisierung der betrieblichen Gesamtkosten liefert für die Strukturoptimierung im Rahmen des *umweltbezogenen Kostenstrukturmanagements* die folgenden relevanten Ansatzpunkte:[477]

1. die Gestaltung der strukturellen Zusammensetzung der gesamten primären Umweltkosten,
2. die Gestaltung des strukturellen Verhältnisses der primären zu den sekundären Umweltkosten,
3. die Gestaltung der lebenszyklusspezifischen Kostenstruktur,
4. die Gestaltung des strukturellen Verhältnisses zwischen Einzel- und Gemeinkosten bzw. zwischen variablen und fixen Kosten.[478]

Im Rahmen des ersten Ansatzpunktes werden insbesondere Faktorsubstitutionspotenziale offengelegt, die den knappheitsbedingten Preisentwicklungen auf den Faktormärkten entgegenwirken sollen. Steigende Preise führen in einem antizipativen Umweltkostenmanagement zu einer frühzeitigen Substitution der betreffenden Güter. Der zweite Ansatzpunkt greift Optimierungspotenziale hinsichtlich des Verhältnisses von Kosten fremdbezogener Leistungen zu den Kosten eigenerstellter Leistung auf. Die Gestaltung der lebenszyklusspezifischen Kostenstruktur (Ansatzpunkt 3) schließt neben der Betrachtung der Umweltkosten der Leistungsphase ebenso die Integration der umweltbezogenen Vorleistungs- und Nachleistungskosten ein. Der Ansatzpunkt 4 spielt im umweltbezogenen Kostenstrukturmanagement eine besondere Rolle, da ein hoher Anteil der Umweltkosten als Gemein- bzw. Fixkosten anfällt.

Das umweltbezogene Gemeinkostenmanagement zielt auf die Steuerung der Gemeinkosten verursachenden Ressourcen über die Einrichtung von Ressourcen-Pools, auf die alle Bereiche des Unternehmens zugreifen können und die eine optimale Allokation

---

[475] Vgl. Reiß/Corsten (1992), S. 1480 f., Burger (1994), S. 5, und Vollmuth (1997), 19 f.
[476] Vgl. auch im Folgenden Burger (1994), S. 6, und Reiß/Corsten (1990), S. 1483 f.
[477] Vgl. im Folgenden Schehl (1994), S. 231 ff., und Hardt (1998), S. 11 ff.
[478] Umweltbezogenen Gemein- und Fixkosten sind beispielsweise die Gehälter der Umweltschutzbeauftragten oder die technische Ausstattung (Computer, Messgeräte usw.) der Umweltmanagementabteilung.

der Ressourcen erlauben.[479] Im Falle unechter Gemeinkosten kann eine Umwandlung in Einzelkosten beispielsweise über die Entwicklung aussagefähiger Schlüsselgrößen angestrebt werden.[480] Das umweltbezogene Fixkostenstrukturmanagement verfügt über ähnliche Ansätze. Die Umwandlung von fixen in variable Umweltkosten ist eine Möglichkeit zur Verbesserung der Umweltkostensituation, beispielsweise durch Leasing oder Leistungs- statt Zeitentlohnung. Weiterhin kann durch die Umlastung der Fixkosten verursachenden Ressourcen in andere Unternehmensbereiche die Umweltkostensituation des betreffenden Bereiches verbessert werden. Dadurch wird zwar nicht die Situation des Gesamtunternehmens verändert, für die Wirtschaftlichkeit einzelner Organisationsbereiche spielen diese Möglichkeiten jedoch eine große Rolle.[481]

Im *umweltbezogenen Kostenverlaufsmanagement* geht es um die zielorientierte Beeinflussung des Kostenverhaltens in Abhängigkeit von bestimmten Kosteneinflussgrößen. Ein niedriges, umweltbezogenes Stückkostenniveau gilt dabei als Maßstab aller Bemühungen. In Abbildung C-22 werden typische Umweltkostenverläufe[482] dargestellt, wobei eine Abhängigkeit der Umweltkosten von der Emissionsmenge (als Träger für Umweltwirkungen) angenommen wird.

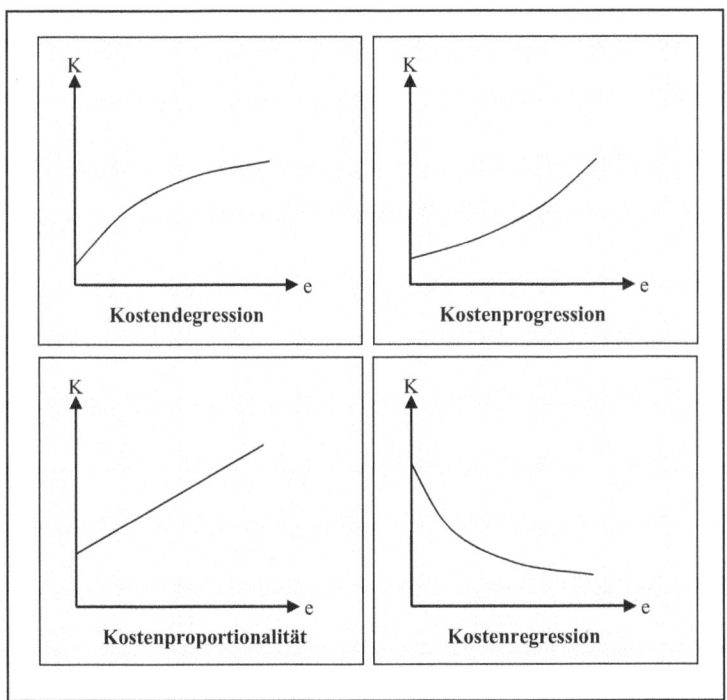

Abb. C-22: Umweltkostenverläufe

---

[479] Vgl. Reiß/Corsten (1992), S. 1485.
[480] Vgl. Hardt (1998), S. 12, und Reiß/Corsten (1992), S. 1486.
[481] Vgl. Reiß/Corsten (1992), S. 1484 f.
[482] Vgl. Kloock/Sieben/Schildbach (1999), S. 46 f., und weiterführend Burger (1994), S. 5 f.

Die Unterteilung in ein umweltbezogenes Kostenniveau-, Kostenstruktur- und Kostenverlaufsmanagement ist theoretisch schlüssig, in der Praxis jedoch kaum praktikabel, da eine getrennte Behandlung der einzelnen Bereiche aufgrund der bereits dargestellten Wechselwirkungen nicht möglich ist.[483]

4.2 Rechnungszwecke eines entscheidungsunterstützenden Umweltkostenmanagements

Der oberste Rechnungszweck[484] des betrieblichen Umweltkostenmanagements ist die *Unterstützung aller Entscheidungen*,[485] die im Rahmen der zielorientierten Gestaltung der betrieblichen Umweltkosten getroffen werden. Dieser sehr allgemein gehaltene und breit angelegte Rahmen induziert, dass die Entscheidungen in diesem Bereich auf unterschiedlichste Aspekte gerichtet und daher sehr verschieden sein können. Beispielsweise fallen Entscheidungen in den verschiedenen Phasen des Umweltmanagements für vielfältige Entscheidungsobjekte und mit divergierenden Reichweiten bzw. Wirkungen für das Unternehmen an. Die betrieblichen Entscheidungssituationen können anhand der Dimensionen *Gestaltungsbereiche*, (strategische oder operative) *Ausrichtung* und *Umweltmanagementphasen* differenziert werden:[486] Die Zusammenfassung zu *typologischen Entscheidungssituationen* erfolgt durch die Kombination der einzelnen Merkmalsausprägungen.

Die Abbildung C-23 zeigt mithilfe der *Methode des morphologischen Kastens* die möglichen Merkmalskombinationen auf, durch welche die betrieblichen, umweltbezogenen Entscheidungssituationen charakterisiert sein können.

---

[483] Siehe Teil C, Abschnitt 4.1.
[484] In Teil C, Abschnitt 4.3.2 wird der Begriff des *Auswertungszweckes* eingeführt. Rechnungszwecke sind übergeordneter Natur, während die Auswertungszwecke der Instrumente eine Kategorisierung nach mehreren Kriterien umfasst. Dazu zählen neben den übergeordneten Rechnungszwecken die Gestaltungsbereiche und die Ausrichtung.
[485] Die *Entscheidungsunterstützung* als Rechnungszweck wird schon 1964 von KOSIOL thematisiert, wenngleich sie dort gleichrangig mit der Informationsaufbereitung sowie mit der Bestimmung von Lenkungsgrößen (zur Planung und Steuerung) genannt wird. Eine hierarchische Systematisierung, wie sie hier vorgenommen wird, liegt weder bei Kosiol (1964), S. 61, noch bei Schmalenbach (1934), S. 119 ff., vor; vgl. auch Schäfer (1975), S. 21 f., und Weber (1977), S. 117.
[486] Eine Unterscheidung umweltbezogener Entscheidungssituationen nach Kostenmerkmalen macht in diesem Zusammenhang wenig Sinn, da die Relevanz der verschiedenen Kostenmerkmale erst im Zuge des Kostenmanagements erörtert und gegebenenfalls berücksichtigt wird.

Merkmalsausprägungen von Entscheidungssituationen				
Gestaltungsbereich	Input	Throughput		Output
Ausrichtung	operativ		strategisch	
Umweltmanagementphase	Planung	Implementierung & Durchführung	Kontrolle & Korrektur	Bewertung & Anpassung

Abb. C-23: Morphologischer Kasten zur Typologie von betrieblichen umweltbezogenen Entscheidungssituationen

Insgesamt ergeben sich 24 *typische* Entscheidungssituationen, beispielsweise Entscheidungen im Rahmen der strategischen Planung der Einsatzfaktoren (Input – strategisch – Planung), Entscheidungen im Zuge der operativen Umsetzung von Produktionsprozessen (Throughput – operativ – Implementierung & Durchführung) oder auch Entscheidungen im Rahmen der strategischen Kontrolle unerwünschter Outputs (Output – strategisch – Kontrolle & Korrektur).[487]

Innerhalb der einzelnen Entscheidungstypen lassen sich spezifische Rechnungszwecke, Rechnungsziele und -inhalte herleiten, welche konkret auf die Entscheidungssituationen zugeschnitten sind. Die Entscheidungssituationen können in Abhängigkeit von den genannten Merkmalsausprägungen kategorisiert werden,[488] was in einer Hierarchie der Rechnungszwecke resultiert, in welcher die oberen Ebenen jeweils den Rahmen für die unteren Ebenen vorgeben und somit die Zweckorientierung im Umweltkostenmanagement über alle Ebenen und Funktionen hinweg gewährleistet wird.

Eine sinnvolle und praktikable Kategorisierung der relevanten Rechnungszwecke ist den allgemein anerkannten Rechnungszwecken des internen Rechnungswesens entlehnt. Das Umweltkostenmanagement verfolgt entsprechend

- den Rechnungszweck der *Abbildung*,
- den Rechnungszweck der *Planung*,
- den Rechnungszweck der *Steuerung* und
- den Rechnungszweck der *Kontrolle*.[489]

---

[487] Die weiteren Entscheidungstypen ergeben sich aus einer entsprechenden Kombination der jeweiligen Merkmalsausprägungen.

[488] So legen beispielsweise strategische Entscheidungen in einem Bereich den Rahmen für spätere operative Entscheidungen fest.

[489] Die Kategorisierung der Rechnungszwecke in Abhängigkeit von ihrer Relevanz für bestimmte Aufgaben bzw. Phasen im Umweltmanagement ist den Ausführungen von VIRKKUNEN entlehnt, welcher die bekannten Rechnungszwecke nach SCHMALENBACH (1934) und KOSIOL (1964) in Bezug auf die Gesamtaufgaben der Unternehmensführung systematisiert. Auch VIRKKUNEN unterscheidet in Planungs-, Lenkungs-, Kontroll- und Informationszwecke; vgl. Virkkunen (1956), S. 50 ff.

Die Rechnungszwecke der *Dokumentation* und der *Bereitstellung* entscheidungsrelevanter Umweltinformationen haben flankierenden Charakter.[490] Die Dokumentation umfasst schriftliche und archivarische Tätigkeiten, um die Informationen in geeigneter Form festzuhalten und zu strukturieren. Die Bereitstellung zielt insbesondere auf die Kommunikation der Informationen: Wo und für wen im Unternehmen welche Informationen zur Verfügung gestellt werden, ist zentrales Anliegen.[491]

Die Ausrichtung dieser Rechnungszwecke auf den übergeordneten Rechnungszweck der *Entscheidungsunterstützung* lässt eine Differenzierung in die Bereitstellung von Informationen zur *Vorbereitung* und zur *Nachbereitung* von Entscheidungen beispielsweise für Soll-Ist-Vergleiche zu.[492] Die Vorbereitung von Entscheidungen betrifft insbesondere die Abbildung und Planung, während die Nachbereitung von Entscheidungen insbesondere in der Steuerungs- und Kontrollphase relevant ist.[493]

Innerhalb der jeweiligen Kategorien kann ein differenziertes Bild der jeweiligen Rechnungsziele[494] im Umweltkostenmanagement gezeichnet werden. Darin werden die unterschiedlichen Ausprägungen je nach Gestaltungsbereich und Ausrichtung berücksichtigt. Abbildung C-24 stellt diesen Ansatz dar und zeichnet den Rahmen für die Herleitung spezifischer Rechnungsziele innerhalb der genannten Oberkategorien.

---

[490] Vgl. Letmathe/Doost (2000), S. 425, Küpper (2002), Sp. 2031 f., und Bea (1993), Sp. 3699. Speziell zum operativen Kostenmanagement sei auf Schulte (2000), S. 43 und S. 145 ff., verwiesen.

[491] Vgl. Petersen (2004), S. 55 ff., und Bundesumweltministerium/Umweltbundesamt (2001), S. 22 ff. PETERSEN nimmt davon abgesehen eine andere Kategorisierung der Rechnungszwecke vor, indem sie zwischen der Unterstützung der betrieblichen Preispolitik und der Unterstützung der betrieblichen Entscheidungsfindung unterscheidet. Dieser Einteilung soll in der vorliegenden Arbeit nicht gefolgt werden, da nach Ansicht der Verfasserin die betriebliche Preispolitik ebenso Gegenstand der Entscheidungsfindung ist wie andere, im Folgenden noch zu nennende Sachverhalte.

[492] Vgl. Wielenberg (2002), Sp. 1669 f.

[493] Die Nachbereitung von Entscheidungen zielt insbesondere auf die Verhaltensbeeinflussung im Rahmen der Steuerung und Kontrolle ab. Daher unterscheiden einige Autoren grundsätzlich zwischen den Rechnungszwecken der Entscheidungsunterstützung und der Verhaltenssteuerung; vgl. Wielenberg (2002), Sp. 1669 ff. Diesem Ansatz soll hier nicht weiter gefolgt werden, da die Verhaltenssteuerung selbst Entscheidungen hervorbringt, welche es durch eine adäquate Informationsbereitstellung zu unterstützen gilt. Daher wird die Verhaltenssteuerung unter die Entscheidungsunterstützung subsumiert.

[494] Zur Abgrenzung der Begriffe *Rechnungszweck*, *Rechnungsziel* und *Rechnungsinhalt* sei auf Weber (1977), S. 115, und Schneider (1997), S. 109 ff. sowie S. 235, verwiesen. Letzterer definiert den Rechnungszweck als einen präzisen Wissenswunsch, welcher mit dem Einsatz adäquater Instrumente erfüllt werden kann. Dazu werden Rechnungsziele, d.h. quantifizierbare Größen zur Abbildung des Rechnungszwecks, identifiziert und Regeln zu deren Ermittlung – die Rechnungsinhalte – aufgestellt.

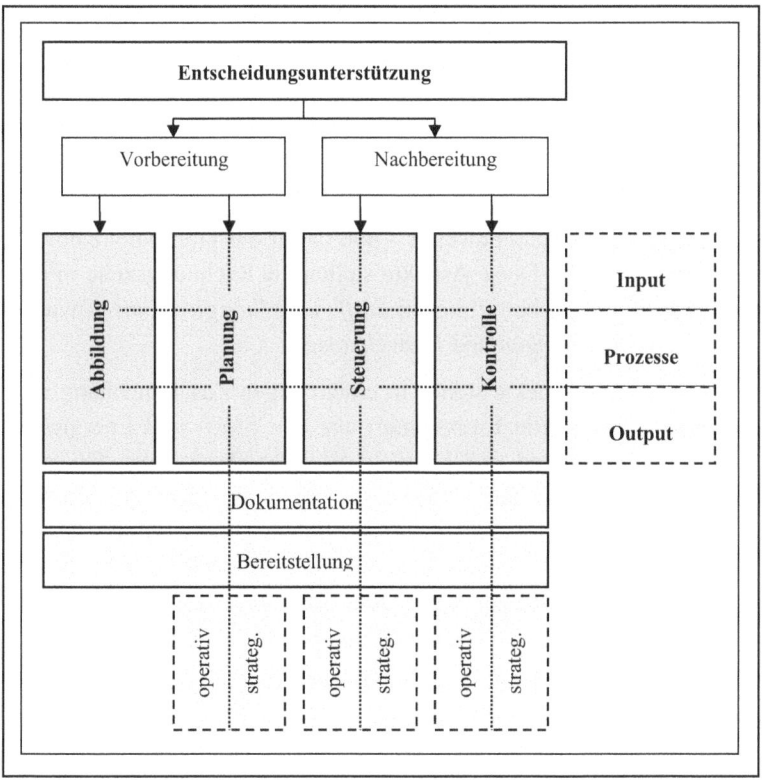

Abb. C-24: Kategorisierung der Rechnungszwecke im Umweltkostenmanagement

4.2.1 Rechnungszweck: Abbildung

Der Rechnungszweck der *Abbildung* bildet die Grundlage des Umweltkostenmanagements, da die unter dieser Kategorie subsumierten Rechnungszwecke auf die Verbesserung der Informationstransparenz[495] abzielen. Dabei geht es insbesondere um die Erfassung, die spezifische Aufbereitung und den gesonderten Ausweis umweltrelevanter Daten, um diese sowohl für interne Zwecke als auch für die externe Kommunikation zu nutzen, beispielsweise im Rahmen der Umwelt- oder Nachhaltigkeitsberichterstattung.[496]

Die Bereitstellung und Nutzung umweltbezogener Daten zur internen Optimierung der Wertschöpfungsprozesse verbessert einerseits die generelle Kenntnis über die ökologische Relevanz betrieblicher Aktivitäten und damit auch die Fähigkeit, Umweltwirkun-

---

[495] In der Veröffentlichung von BUNDESUMWELTMINISTERIUM/UMWELTBUNDESAMT wird diese Kategorie daher auch als *Informationsfunktion* bezeichnet; vgl. Bundesumweltministerium/Umweltbundesamt (Hrsg.) (2001), S. 22 ff.

[496] Vgl. Petersen (2004), S. 55. Der Aspekt der Kommunikation mit externen Stakeholdern wird im Folgenden nicht weiter verfolgt, da sich die Arbeit schwerpunktmäßig mit der internen Optimierung befasst.

gen und deren Kostenimplikationen zu beurteilen. Andererseits verringert sie die Unsicherheit, mit welcher Aussagen über bestimmte umweltrelevante Ursache-Wirkungs-Zusammenhänge getätigt werden, da eine umfassende und gleichzeitig spezifische Informationsbasis zur Verfügung steht. Damit können Fehler, die aus Unsicherheiten resultieren, vermieden werden.[497]

Detaillierte Informationen über umweltbezogene Aspekte[498] werden identifiziert, erfasst, analysiert, aufbereitet und bewertet – und damit die Transparenz über umweltrelevante Sachverhalte erhöht. Diese Aspekte stellen die Rechnungsziele in dieser Kategorie dar; dazu gehören die betrieblichen *Stoff- und Energieströme* sowie die daraus resultierenden *Umweltwirkungen* und *Umweltkosten*.

Diese umweltbezogenen Aspekte stehen in einem engen Zusammenhang miteinander, da die Umweltwirkungen (wie Emissionen) aus den Stoff- und Energieströmen des Unternehmens resultieren und die Umweltkosten wiederum aus den betrieblichen Umweltwirkungen sowie aus den Maßnahmen zur Optimierung der Stoff- und Energieströme hergeleitet werden können.[499] Sowohl die Untersuchung dieser Ursache-Wirkungs-Zusammenhänge zwischen den einzelnen Aspekten als auch die separate Analyse der Einzelaspekte bringen zusätzliche Erkenntnisse mit sich, welche die Informationsgrundlage für Planung, Steuerung und Kontrolle darstellen.

Für die genannten Rechnungsziele in dieser Kategorie gilt, dass die Bereitstellung der Informationen zunächst die Identifikation der relevanten Daten sowie deren Erfassung und gegebenenfalls eine erste ökologische und/oder monetäre Analyse und Bewertung erfordert. Damit lassen sich die Rechnungsziele und -inhalte für den Rechnungszweck der *Abbildung* wie folgt darstellen:

---

[497] Vgl. Bundesumweltministerium/Umweltbundesamt (Hrsg.) (2001), S. 22 f.
[498] Unter einem *Umweltaspekt* wird eine betriebliche Aktivität, ein Produkt oder eine Dienstleistung verstanden, welche Veränderungen in der natürlichen Umwelt bewirken kann; vgl. ISO 14001:2004, Abschnitt 3.6. Die tatsächliche – positive oder negative – Veränderung der natürlichen Umwelt wird als *Umweltwirkung* bezeichnet; vgl. ISO 14001:2004; Abschnitt 3.7.
[499] Vgl. Stahlmann (1999), S. 232 f. und S. 237, Müller (1995), S. 61, Kirchgäßner (1995), S. 141, und Brunner (1997), S. 264.

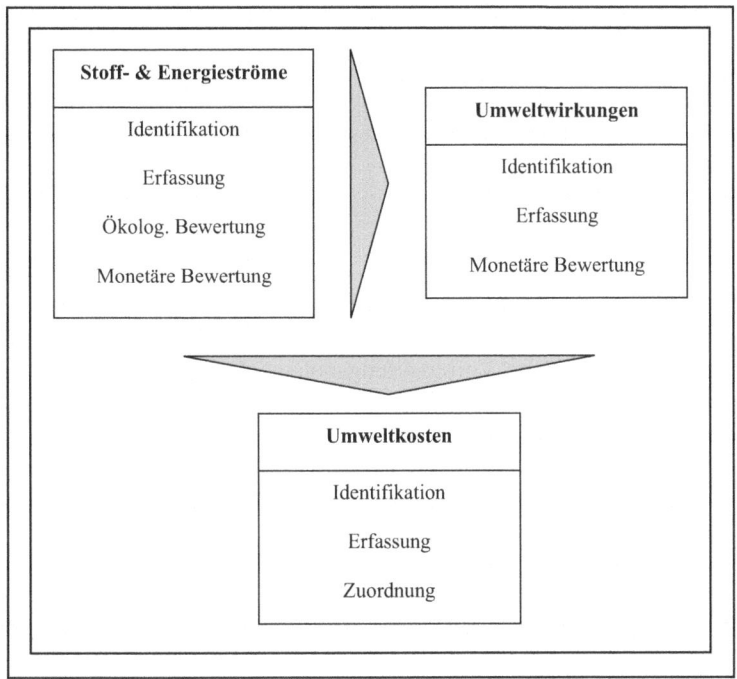

Abb. C-25: Rechnungsziele in der Kategorie Abbildung & Dokumentation

Die *Identifikation* und die *Erfassung* aller für ein zuvor festgelegtes Untersuchungs- bzw. Entscheidungsobjekt[500] relevanten betrieblichen Stoff- und Energieströme stehen am Anfang jeglicher Bestrebungen im Umweltmanagement und Umweltkostenmanagement. Mit der *ökologischen Bewertung* der erfassten Stoff- und Energieströme werden Aussagen über die ökologische Relevanz oder auch das ökologische Gefährdungspotenzial verschiedener Umweltaspekte gemacht. Mit diesen Erkenntnissen können betriebliche Umweltwirkungen *identifiziert* und in einem weiteren Schritt *erfasst* werden. Die *monetäre Bewertung* sowohl der Stoff- und Energieströme bzw. der Maßnahmen, die ihrer Optimierung gelten, als auch der betrieblichen Umweltwirkungen resultiert in der *Identifikation* und *Erfassung* der betrieblichen Umweltkosten. Diese werden dann soweit möglich den verursachenden Input-, Throughput- oder Outputgrößen *zugeordnet*.[501]

---

[500] Als Untersuchungsgegenstand kann sowohl eine einzelne Betriebseinheit im Sinne einer Werkstatt oder Abteilung, ein einzelner Betrieb oder auch eine Einheit von mehreren Betrieben in einem Unternehmen, z.B. Konzern, definiert werden. Weiterhin kann sich der Untersuchungsgegenstand auch auf bestimmte Einsatzfaktoren, Prozesse oder Produkte beziehen.

[501] Nicht für alle Umweltaspekte muss die Informationsgenerierung und -bereitstellung zwingend dieser Vorgehensweise folgen. Manche Umweltkosten lassen sich auch ohne genaue Kenntnis der entsprechenden Stoffströme oder Umweltwirkungen ermitteln, z.B. Abfallgebühren oder Anschaffungskosten einer Filteranlage. Trotzdem sind auch in diesen Fällen Hintergrundinformationen über die zugehörigen Stoffströme und Umweltwirkungen sinnvoll.

Bereits im Rahmen der Abbildung wird eine Unterteilung in *input-, throughput-* und *outputbezogene* Aspekte vorgenommen, um die spätere Zurechnung, Analyse und Optimierung derjenigen Größen im Unternehmen zu gewährleisten, welche Einfluss auf die Höhe der jeweiligen Stoff- und Energieströme, Umweltwirkungen und Umweltkosten haben.

4.2.2 Rechnungszweck: Planung

Mit den umweltspezifischen Informationen, die im Rahmen der Abbildung generiert und bereitgestellt werden, lassen sich umweltbezogene Schwächen, Risiken und Ineffizienzen sowie weiterführende Verbesserungspotenziale identifizieren. Für diese Potenziale wird im Rahmen der *Planung* der konkrete Handlungsbedarf hergeleitet, welcher in der Festlegung von Umweltzielen und -strategien sowie in der Formulierung von detaillierten Umweltprogrammen mündet.[502]

In die Festlegung der Umweltziele und -strategien fließen Erkenntnisse über zukünftige Entwicklungen und Trends ein, welche im Rahmen einer Risikofrüherkennung und Umfeldanalyse identifiziert werden können. Das Resultat der Abstimmung der einzelnen Umweltziele findet seinen Niederschlag im Umweltprogramm, da dort alle umweltbezogenen Maßnahmen inklusive quantifizierter Zielvorgaben, genauer Zeit-, Zuständigkeits- und Budgetvorgaben angegeben sind und damit einen spezifischen Bezug zu einzelnen Umweltschutzzielen zulassen.[503]

Insbesondere in der Planung ist eine Fortführung der im Rahmen der Abbildung vorgenommenen Differenzierung in die verschiedenen Gestaltungsbereiche des Umweltkostenmanagements sinnvoll. Der erfasste Ist-Zustand hinsichtlich der Stoff- und Energieströme, der Umweltwirkungen und Umweltkosten wird aufgegriffen, um im Zuge der Planung in den einzelnen Bereichen adäquate Maßnahmen zur Verbesserung des betrieblichen Umweltschutzes unter Berücksichtigung der Umweltkostenziele zu generieren.

Im Rahmen der Planung werden mengen- und wertmäßige Vorgaben hinsichtlich der Umweltwirkungen und Umweltkosten aufgestellt. Dabei orientieren sich die Verantwortlichen an dem erfassten Ist-Zustand sowie an den vorgegebenen betrieblichen Zielen, welche sowohl Produktions- als auch Umweltziele umfassen können. Die Herausforderung besteht darin, eine konsistente Planung für die drei Gestaltungsbereiche (Input, Throughput und Output) zu erstellen. Wechselwirkungen zwischen Ausbringungsmenge, Produktionsverfahren und Einsatzfaktoren müssen berücksichtigt und die

---

[502] Vgl. Petersen (2004), S. 57, Bundesumweltministerium/Umweltbundesamt (Hrsg.) (2001), S. 27, und Franz/Kajüter (2002), S. 288. Umweltprogramme sind detaillierte umweltbezogene Zielpläne, welche genau beschreiben, welche Maßnahmen durchgeführt werden, um bestimmte quantifizierte Zielvorgaben zu erreichen. Darüber hinaus wird darin oftmals spezifiziert, wer für diesen Bereich verantwortlich zeichnet, bis wann bestimmte Ziele erreicht werden sollen und welche Ressourcen dafür zur Verfügung stehen; vgl. ISO 14001:2004.
[503] Vgl. Franz/Kajüter (2002), S. 287 f.

jeweilige Vorteilhaftigkeit abgewogen werden.[504] In den überwiegenden Fällen wird der Outputseite eine dominante Position zugewiesen: Die Produktnachfrage am Markt ist der Bestimmungsfaktor für die Ausbringungsmenge; zusätzlich gelten Emissionsrestriktionen, die berücksichtigt werden müssen. Input und Throughput richten sich nach diesen outputbezogenen Vorgaben, weisen jedoch häufig Handlungsspielräume in der konkreten Umsetzung auf.[505]

Die drei Gestaltungsbereiche werden sowohl separat im Sinne einer autonomen Optimierung der input-, throughput- und outputbezogenen Umweltwirkungen und Umwelt(schutz)kosten als auch integriert im Sinne der Abstimmung einzelner Teilpläne betrachtet. Die integrative Betrachtung berücksichtigt die Zusammenhänge zwischen den drei Größen, die sich gegenseitig auf mannigfaltige Weise beeinflussen. Ansätze der simultanen Optimierung finden hier Anwendung. SCHIWEK macht darauf aufmerksam, dass neben der Unterteilung nach Gestaltungsbereichen auch eine Differenzierung in operative und strategische Entscheidungsobjekte notwendig ist.[506]

Die Planung des *Outputs* umfasst die Planung des Leistungsprogramms, worunter sowohl die erwünschten als auch die unerwünschten Leistungen fallen. Entscheidungen über die Einführung neuer Leistungen, die konkrete Ausgestaltung einzelner Leistungsmerkmale[507], die Veränderung oder auch die Elimination bestehender Leistungen fallen in den strategischen Bereich. In der operativen Planung geht es hingegen um die Bestimmung des Fertigungsprogramms und die Preisgestaltung. Die Planung des Fertigungsprogramms umfasst Entscheidungen über die zu erstellenden Leistungsmengen. Die Preisplanung zielt einerseits auf die strategische Bestimmung von Absatz- bzw. Marktpreisen für Produkte und Dienstleistungen, andererseits auf die Bildung von Verrechnungspreisen zur internen Steuerung der betrieblichen Umweltschutzaktivitäten.[508]

Throughputbezogene Aspekte sind vor allem die Technologiewahl, welche sowohl die Festlegung des Anwendungswissens als auch der einzusetzenden Verfahren und der Prozessabläufe beinhaltet. In operativer Perspektive wird über den Einsatz und die Nutzung der Prozess- und Verfahrensalternativen sowie über eventuelle kurzfristige Dispositionen bzw. Einsatzänderungen entschieden. Erneut zeigen sich die Interdependenzen zwischen den Gestaltungsbereichen, da beispielsweise mit der Verfahrenswahl der Einsatz bestimmter Verbrauchsfaktoren determiniert ist.

Die strategische Planung *inputbezogener* Aspekte umfasst beispielsweise die Entscheidung über Potenzial- bzw. Gebrauchsfaktoren, die im Unternehmen zur Leis-

---

[504] Vgl. Schiwek (2002), S. 315 f.
[505] Diese Sichtweise – die Dominanz der Outputperspektive – entspricht dem Ansatz des Market-Based View; vgl. Müller-Stewens/Lechner (2005), S. 145 f.
[506] Vgl. auch im Folgenden Schiwek (2002), S. 83, und ebenso Wielenberg (2002), Sp. 1672.
[507] Unter Leistungsmerkmalen werden typische Eigenschaften der erstellten Leistungen verstanden. Dies kann die Funktionalität sein, umfasst jedoch auch Aspekte wie Design, Lebensdauer etc.
[508] Vgl. zur Bestimmung von Marktpreisen Petersen (2004), S. 57, und zur Bildung von Verrechnungspreisen Letmathe (1998), S. 163 ff.

tungserstellung eingesetzt werden sollen. Strategisch wird in diesem Rahmen ebenfalls die Verteilung der betrieblichen Ressourcen im Unternehmen festgelegt. Operativ stehen Entscheidungen über zu beschaffende und in den Transformationsprozess eingehende Repetier- bzw. Verbrauchsfaktoren im Vordergrund. Der hohe Verknüpfungsgrad zu anderen Gestaltungsbereichen zeigt sich beispielsweise darin, dass mit der Entscheidung für bestimmte Potenzialfaktoren der Rahmen für Prozessentscheidungen festgelegt ist.

Die Planung dieser Entscheidungsobjekte orientiert sich insbesondere an den durch sie verursachten potenziellen und tatsächlichen Umweltwirkungen sowie an den daraus resultierenden Umweltkosten, welche als Rechnungsziele in der Planung Gegenstand der Gestaltungsaktivitäten sind. Verschiedene Handlungs- bzw. Maßnahmenalternativen, die in den konkreten Entscheidungsfällen zur Auswahl stehen, werden anhand dieser Rechnungsziele bewertet und letztlich ausgewählt.

Der Rechnungszweck der *Planung* umfasst die Generierung, Durchsetzung und Sicherung von verbindlichen Zielvorgaben sowohl bezüglich der Umweltwirkungen als auch der Umweltkosten. Beispielsweise werden Kostenobergrenzen im Sinne von umweltbezogenen Ziel-, Plan- oder Sollkosten in der Gestaltung der Faktoreinsätze, Produktionsprozesse und Leistungen berücksichtigt, was im Rahmen der Kontrolle nachträgliche Soll-Ist-Vergleiche ermöglicht.[509] Die konkreten Umweltwirkungs- und Umweltkostenziele fungieren als entscheidungsunterstützende Kriterien im Planungsprozess, beispielsweise zu Herleitung spezifischer Umweltschutzmaßnahmen.

4.2.3 Rechnungszweck: Steuerung und Kontrolle

Die *Steuerung* als Rechnungszweck beschäftigt sich hauptsächlich mit Koordinations- und Lenkungsüberlegungen, die der Frage nachgehen, ob die umweltbezogenen Aktivitäten im Unternehmen planmäßig verlaufen.[510] Die umweltorientierte Steuerung sieht für den Fall von Soll-Ist-Abweichungen sowohl hinsichtlich der betrieblichen Umweltwirkungen als auch der Umwelt(schutz)kosten Änderungen der umweltbezogenen Aktivitäten vor, die sich in konkreten Gegensteuerungsmaßnahmen oder Zielanpassungen niederschlagen.

Damit ist die Kontrolle, welche derartige Soll-Ist-Vergleiche ermöglicht, integraler Bestandteil der Steuerung, da nur bei Kenntnis der Abweichungen entsprechende Steuerungsaufgaben (z.B. Vorschaurechnungen oder Forecasts) wahrgenommen werden können.[511]

Die Steuerung orientiert sich hauptsächlich an kurz- und mittelfristig gestaltbaren Einflussgrößen der Umweltwirkungen und Umweltkosten, welche bereits Gegenstand der

---

[509] Vgl. Franz/Kajüter (2002), S. 288, und Bundesumweltministerium/Umweltbundesamt (Hrsg.) (2003), S. 27. Ebenso Friedl (1997), S. 420, Streitferdt (1993), Sp. 1219 ff., Reiß/Corsten (1992), S. 1489 f.
[510] Vgl. Faßbender-Wynands/Seuring (2003), S. 139.
[511] Vgl. Reiß/Corsten (1992), S. 1489.

Planungsaktivitäten sind. Der stete Abgleich zwischen Zielvorgaben und Ist-Daten im Rahmen der Kontrolle ist notwendige Voraussetzung für eine funktionierende, zielorientierte Steuerung des täglichen betrieblichen Geschehens.

Im Rahmen der Kontrolle wird einerseits der Erfolg von Umweltschutzmaßnahmen beurteilt, indem Zielerreichungsgrade und Etappenziele hinsichtlich der betreffenden Umweltwirkungen und Umweltkosten bestimmt werden;[512] andererseits werden im Zuge von Wirtschaftlichkeitskontrollen betriebliche Ineffizienzen und Fehler sowie deren Ursachen identifiziert und analysiert.[513] Beispielsweise wird durch den täglichen Soll-Ist-Abgleich der Emissionswerte von maschinellen Anlagen verhindert, dass Ineffizienzen in Form von zu hohen Rückständen unerkannt bleiben und zu kostenintensiven Reparaturen oder Störfällen führen. Auch der stete Abgleich erreichter umweltbezogener Verbesserungen mit den vorgegebenen betrieblichen Umweltzielen im Rahmen des Umweltmanagements führt dazu, dass frühzeitigen Fehlentwicklungen vorgebeugt werden kann. Dies bezieht sich insbesondere auf die Frage, ob die durchgeführten Maßnahmen ihre intendierte Wirkung entfalten. Bezüglich der Umweltkosten werden sowohl die effiziente Umsetzung von Umweltschutzmaßnahmen als auch die effiziente Einhaltung der Umweltschutzgesetze hinterfragt. Darüber hinaus gilt es, das Umweltmanagement und die darin angelegten Aktivitäten aus der Perspektive der Umweltkosten zu überwachen.

Die Soll-Ist-Vergleiche, die im Rahmen der Kontrolle systematisch durchgeführt werden, vereinfachen die Fehlersuche im Unternehmen und die Identifizierung der Abweichungsursachen. Eine strukturierte Kontrolle ermöglicht die Früherkennung von Risiken und Chancen, gibt durch die Kenntnis der Abweichungsursachen Hinweise auf weitere Verbesserungspotenziale und schafft damit neue Handlungsspielräume, welche sich in Korrektureingriffen im Rahmen der Steuerung manifestieren.[514]

Die Steuerung greift insbesondere operative Entscheidungsfälle auf, bei welchen es um die Integration umweltbezogener Aspekte in die täglichen Abläufe geht. In diesem Sinne gilt es, kurzfristig angelegte Gestaltungsspielräume so zu nutzen, dass mit Blick auf die vorgegebenen Umweltwirkungs- und Umweltkostenziele operative Verbesserungspotenziale ausgeschöpft und in den Gesamtkanon der betrieblichen, umweltbezogenen Aktivitäten integriert werden.[515] Die Umweltwirkungs- und Umweltkostenvorgaben bieten eine Orientierungshilfe für Verantwortliche auf allen Ebenen, um

---

[512] Anders als bei Zielerreichungsgraden, welche den Grad der Zielrealisierung in Form von dem Anteil des bislang realisierten Zielbeitrages am Gesamtziel darstellen, geht es bei Etappenzielen um zuvor in der Planung festgelegte Zwischenziele, welche als so genannten Meilensteine der autonomen Realisierung bedürfen.
[513] Vgl. Friedl (1997), S. 420, Bundesumweltministerium/Umweltbundesamt (Hrsg.) (2001), S. 29, Franz/Kajüter (2002), S. 289, und Faßbender-Wynands/Seuring (2003), S. 139.
[514] Vgl. Bundesumweltministerium/Umweltbundesamt (Hrsg.) (2001), S 29. Kontrolle, Steuerung und Planung stehen in einem reziproken Verhältnis, da die Erkenntnisse im Rahmen der Kontrolle beispielsweise Impulse für steuernde Aktivitäten oder auch Vorgaben für Planungsanpassungen geben.
[515] Vgl. Bundesumweltministerium/Umweltbundesamt (Hrsg.) (2001), S. 28.

frühzeitig in Richtung der gesetzten Ziele in den drei Gestaltungsbereichen (Input, Throughput, Output) zu steuern.[516]

4.3 Entscheidungsorientierter Einsatz der Umweltkostenmanagement-Instrumente

Die Analyse der Auswertungszwecke ermöglicht einen alternativen Zugang zu den Instrumenten, die im Rahmen des Umweltkostenmanagements eingesetzt werden. Die erweiterte Perspektive erlaubt über die differenzierte Zuweisung von Zielen und Inhalten hinaus den an spezifischen Auswertungszwecken orientierten Instrumenteneinsatz und damit eine sachgerechte Entscheidungsunterstützung.

Diese konsequente Ausrichtung des Instrumenteneinsatzes an Auswertungszwecken zeigt, dass die meisten Instrumente keinen Universalcharakter haben. Beispielsweise wird die Stoff- und Energiestrombilanzierung häufig als allumfassender Problemlösungsansatz eingeführt, mit dem Probleme erkannt, analysiert, Maßnahmen generiert und durchgeführt werden – mit der damit verbundenen Hoffnung, dass dadurch die betrieblichen umweltbezogenen Probleme gelöst werden können.[517] Eine solche Vielzahl an Aufgaben kann ein einzelnes Instrument nicht erfüllen. Die Instrumente bieten in den meisten Fällen keine Komplettlösungen, sondern beziehen sich häufig auf einen konkreten Problemausschnitt oder eine einzelne Phase im jeweils vorliegenden Entscheidungsfall.

Die Kategorisierung der Instrumente nach Rechnungszwecken, Gestaltungsbereichen und nach der Ausrichtung eröffnet ein Spektrum möglicher Auswertungszwecke.[518]

4.3.1 Auswahl der relevanten Umweltkostenmanagement-Instrumente

Die Auswahl der relevanten Instrumente orientiert sich an zwei Kriterien: Das erste Auswahlkriterium zielt darauf ab, inwiefern die Instrumente in Forschung und Praxis auf Akzeptanz stoßen und Anwendung finden; das zweite Kriterium unternimmt den Versuch einer Beurteilung des potenziellen Einsatzes in der Zukunft in Abhängigkeit von der Erfolgsgüte des Instruments. Dabei kann hinsichtlich dieser Kriterien auf zwei Studien zurückgegriffen werden, welche im Auftrag des Bundesministeriums für Umwelt, Naturschutz und Reaktorsicherheit (BMU) bzw. im Auftrag des Umweltbundesamtes (UBA) durchgeführt wurden.

Die erste Studie, welche im Jahre 2002 im Auftrag des BMU veröffentlicht wurde, beschäftigt sich unter dem Titel *Nachhaltigkeitsmanagement in Unternehmen* mit Konzepten und Instrumenten zur nachhaltigen Unternehmensentwicklung.[519] Darin

---

[516] Vgl. Schulte (2000), S. 45.
[517] Vgl. Strebel (1992), S. 9 f., und Stahl/Hermann (1995), S. 121 f. Allerdings weist u.a. WYNANDS darauf hin, dass Stoff- und Energiebilanzen der Erfassung und Bewertung dienen; vgl. Wynands (2000), S. 177 f.
[518] Diese Kategorisierung kann analog zur Typologisierung betrieblicher, umweltbezogener Entscheidungssituationen vorgenommen werden; vgl. Abbildung C-23.
[519] Vgl. die Studie von Schaltegger u.a. (2002), S. 1 ff.

werden unterschiedliche Konzepte und Instrumente des nachhaltigen Wirtschaftens vorgestellt und dahingehend beurteilt, inwieweit sie den einzelnen Dimensionen einer nachhaltigen Entwicklung – den ökonomischen, ökologischen und sozialen Herausforderungen – nachkommen und die Verbesserung der jeweiligen Leistungsindikatoren unterstützen. Neben den gängigen Dimensionen werden auch Integrationsherausforderungen betrachtet; dahinter steht die Frage, ob und bis zu welchem Grad einzelne Instrumente zu Verbesserungen in mehreren Dimensionen gleichzeitig beitragen.

Die in dieser Studie ausgewählten Instrumente und Konzepte decken eine hohe Bandbreite an einsetzbaren Alternativen in Unternehmen ab. Allerdings werden nicht ausschließlich Instrumente mit Bezug zum internen Rechnungswesen oder speziell zum Kostenmanagement betrachtet, sondern ebenso Marketing-, Personalentwicklungs- und Qualitätsinstrumente sowie Managementsysteme in die Untersuchung eingeschlossen. Eine Auswahl aus dem Instrumentenkatalog der BMU-Studie wird für die vorliegende Arbeit insofern getroffen, als dass ausschließlich Instrumente mit unmittelbarem Bezug zum umweltorientierten Kostenmanagement berücksichtigt werden. Zudem werden umfassende Konzepte wie beispielsweise das Supply Chain Management oder das Total Quality Management vernachlässigt, da diese Konzepte nicht als Einzelinstrumente zu betrachten sind, sondern vielmehr selbst einzelne Instrumente in ihrem spezifischen *Werkzeugkasten* bereit halten.

Die zweite Studie, welche im Jahr 2003 im Auftrag des UBA entstanden ist, untersucht Ansätze der Umweltkostenrechnung und unterzieht diese einer vergleichenden Beurteilung hinsichtlich des jeweiligen Hauptfokus und Hauptziels.[520] Die Autoren unterteilen die Ansätze der Umweltkostenrechnung in solche, die sich schwerpunktmäßig mit Kostenwirkungen von (1) Umweltschutzmaßnahmen, (2) Material- und Energieflüssen oder (3) Umweltwirkungen beschäftigen. In den drei Kategorien wird darüber hinaus zwischen operativen Ansätzen der Umweltkostenrechnung sowie strategischen Ansätzen des Umweltkostenmanagements und des Investitionsmanagements unterschieden. Die Hauptziele der jeweiligen Ansätze reichen von der effizienten Erfüllung der Gesetzeskonformität in Kategorie (1) über die effiziente Gestaltung der Material- und Energieströme in Kategorie (2) bis zur Absicherung der Unternehmensstrategie im Sinne einer frühzeitigen Antizipation von zukünftigen Herausforderungen in der Investitionsplanung in Fall (3). Tabelle C-16 verdeutlicht den Rahmen der Studie.

---

[520] Vgl. Loew u.a. (2003), S. 1 ff.

Fokus	Relevante Kosten	Hauptziel
Umweltschutz-maßnahmen	Umweltschutzkosten & -aufwendungen	Compliance-Effizienz (Umweltschutzmaßnahmen wirtschaftlich umsetzen)
Material- und Energieflüsse	Material- und Energieflusskosten	Material- und Energie- bzw. Öko-Effizienz (Kostensenkung durch effiziente Prozesse und Produkte)
Umweltwirkungen	Externe Kosten	Strategieabsicherung (durch Investitionsplanung; Profilierung als Environmental Pioneer)

Tab. C-16: Kategorien der Umweltkostenrechnungsansätze (in Anlehnung an Loew u.a. (2003), S. 157).

Für die vorliegende Arbeit werden nicht alle existierenden bzw. in der Studie von LOEW U.A. betrachteten Ansätze ausgewählt, da diese zum Teil landes- bzw. branchenspezifisch an bestimmte Rechnungssysteme angeglichen sind. Relevant sind vor dem Hintergrund der Auswertungszweckanalyse die übergeordneten Ansatzkategorien, so dass *Umweltkostenrechnungssysteme* mit Hauptfokus auf Umweltschutzmaßnahmen, *materialflussbasierte Systeme* sowie *Ansätze des umweltorientierten Investitionsmanagements* in die Betrachtung eingehen.

Aus beiden Studien ergibt sich eine Liste der im Folgenden zu berücksichtigenden Instrumente. Tabelle C-17 gibt einen Überblick über die Umweltkostenmanagement-Instrumente[521] sowie eine Auswahl der jeweils relevanten Veröffentlichungen.[522]

---

[521] Ein Überblick über verschiedene Umweltkostenmanagement-Instrumente findet sich beispielsweise bei Fischer u.a. (Hrsg.) (1997), S. 1 ff., Fichter/Loew/Seidel (1997), S. 1 ff., Bundesumweltministerium/Umweltbundesamt (Hrsg.) (2001), S. 1 ff., Schaltegger u.a. (2002), S. 1 ff., Loew u.a. (2003), S. 1 ff., Schäffer (2003), S. 28 ff., und Jäger/Karger (2006), S. 1 ff.
[522] Die angegebenen Veröffentlichungen sind Grundlage der Auswertungszweckanalyse im folgenden Abschnitt.

Instrumente	Umweltbezogene Veröffentlichungen
Balanced Scorecard	Figge u.a. (2003), Pitsch/Czymmek (2002), Sturm (2003), Waniczek/Werderitz (2006)
Benchmarking	Goldmann/Schellens (1995), Schneidewind/Dyllick (1997), Kottmann (Hrsg.) (1998)
Flusskostenrechnung	Arndt (1995), Wagner/Strobel (1999), Antes (2000), Fichter/Loew/Strobel (2000)
Investitionsmanagement	Schröder/Willeke (1995), Epstein/Roy (1997), Günther/Fischer (1999)
Kennzahlen(systeme)	Günther (1994), Goldmann/Schellens (1995), Loew/Hjálmarsdóttir (1996), Seidel (Hrsg.) (1998), Palloks-Kahlen/Diederichs (2001a), Palloks-Kahlen/Diederichs (2001b), Krivanek/Eifler/Kramer (2003)
Lebenszyklusrechnung	Rückle/Klein (1994), Günther/Kriegbaum (1999), Kralj (1999), Faßbender-Wynands (2001), Kumaran u.a. (2001), Zehbold (2001)
Prozesskostenrechnung	Schaltegger/Muller (1997), Heupel/Wendisch (2003)
Ressourcenkostenrechnung	Letmathe/Stürznickel/Tschesche (2002)
Reststoffkostenrechnung	Fischer (1998), Fischer (2001)
Stoff-/Energiestromanalyse	Frankenberger/Nassour (1998), Friege/Engelhardt/Henseling (Hrsg.) (1998), Henseling (1998), Sterr (1998), Mahammadzadeh (2004)
Umweltkostenrechnung	Kloock (1990), Roth (1992), Lange/Fischer (1998), Letmathe (1998), Piro (1998), Bartolomeo u.a. (1999), Claes/Böggemann/Pfriem (1999), Letmathe/Doost (2000), Rogler (2000), Letmathe/Wagner (2002), Loew (2003), Seidel (2003), Petersen (2004)
Umwelt-/Öko-Bilanzierung	Strebel (1992), Stahl/Hermann (1995), Lundie (1999), Wynands (2000), Strebel (2003b)
Umweltstücklisten	Letmathe (1998), Letmathe/Doost (2000)
Zielkostenrechnung	Goldbach (2003), Agbejule/Fernández/d'Espiney (2004)

Tab. C-17: Ausgewählte Instrumente des Umweltkostenmanagements und deren Auseinandersetzung in der Fachliteratur

4.3.2 Auswertungszweckanalyse der Umweltkostenmanagement-Instrumente

Die gewählten Umweltkostenmanagement-Instrumente werden exemplarisch einer Auswertungszweckanalyse unterzogen.[523] Unternehmen sollten vor dem Instrumenteneinsatz prüfen, welche Ziele sie mit der Verwendung der Instrumente verfolgen: Welche Entscheidungssituation liegt vor und welche Informationen werden zur Entscheidungsfindung benötigt? Hilfreich ist die systematische Herangehensweise, wie sie im Folgenden vorgeschlagen wird. Die typischen Fragestellungen sind:[524]

---

[523] Die präsentierten Ergebnisse sind Resultat einer umfassenden Literatursichtung. Die verwendeten Veröffentlichungen sind in Tabelle C-17 angegeben.
[524] Eine Differenzierung nach Gestaltungsbereichen wird nicht vorgenommen, da die meisten Instrumente das Potenzial bergen, Informationen für alle Gestaltungsbereiche bereitzustellen.

1. Welche Rechnungszwecke werden verfolgt? Werden Informationen zur Planung, Steuerung oder Abbildung benötigt? Oder bedarf es einer umfassenden Abbildung als Grundlage für weiterführende Instrumente?
2. Welche Ausrichtung weisen die Überlegungen auf? Stehen strategische Optimierungspotenziale oder kurzfristige Anpassungspotenziale im Vordergrund?

Die Ergebnisse der Instrumentenanalyse werden im Folgenden dargestellt.

- *Übergeordnete Rechnungszwecke der relevanten Umweltkostenmanagement-Instrumente*

  Mit der Zuordnung zu Rechnungszwecken ist die Frage verbunden, was diese Instrumente tatsächlich leisten können und wie sie damit zur Entscheidungsunterstützung im Rahmen des betrieblichen Umweltmanagements beitragen können. Dabei bleibt zu berücksichtigen, dass einige Instrumente durchaus in der Lage sind, mehrere Rechnungszwecke zu erfüllen; häufig lässt sich jedoch eine Prioritätenfolge im Sinne von Haupt- und Nebenzwecken aufstellen. Die folgende Tabelle gibt einen Überblick über die primären und flankierenden Rechnungszwecke.[525]

Instrumente	Abbildung	Planung	Steuerung	Kontrolle
Balanced Scorecard	++	+	++	+
Benchmarking	++	+		
Flusskostenrechnung	++	+	+	+
Investitionsmanagement	+	++		
Kennzahlen(systeme)	++	+	+	+
Lebenszyklusrechnung	+	++	+	
Prozesskostenrechnung	+	++	++	+
Ressourcenkostenrechnung	++	++	+	+
Reststoffkostenrechnung	++		+	
Stoff-/Energiestrommanagement	++	+	+	+
Umwelt-/Öko-Bilanzierung	++	+		
Umweltkostenrechnung	++	+	++	++
Umweltstücklisten	++	+	+	+
Zielkostenrechnung		++	+	+

Tab. C-18: Rechnungszwecke der Umweltkostenmanagement-Instrumente
(* Skala: (++) primärer Rechnungszweck, (+) flankierender Rechnungszweck)

---

[525] *Primär* bedeutet in diesem Fall, dass entsprechend gekennzeichnete Instrumente hauptsächlich den markierten Rechnungszweck verfolgen. *Flankierend* heißt, dass das Instrument auch Informationen für andere Rechnungszwecke liefern und diese unterstützen kann, dies jedoch nicht Hauptzweck ist.

- *Ausrichtung der Umweltkostenmanagement-Instrumente*

Eine Analyse der spezifischen Ausrichtung der Instrumente ergibt die folgenden Ergebnisse.

Instrumente	Operativ	Strategisch
Balanced Scorecard	++	++
Benchmarking	++	++
Flusskostenrechnung	++	+
Investitionsmanagement		++
Kennzahlen(systeme)	++	++
Lebenszyklusrechnung		++
Prozesskostenrechnung	+	++
Ressourcenkostenrechnung	++	++
Reststoffkostenrechnung	++	++
Stoff-/Energiestrommanagement	+	++
Umwelt-/Öko-Bilanzierung	+	++
Umweltkostenrechnung	++	+
Umweltstücklisten	++	
Zielkostenrechnung		++

Tab. C-19: Ausrichtung der Umweltkostenmanagement-Instrumente
(* Skala: (++) primäre Ausrichtung, (+) flankierender Einsatz)

Eine Zusammenführung der drei Kategorien ergibt die spezifischen Auswertungszwecke der Umweltkostenmanagement-Instrumente. Für die gewählten Instrumente wird zeilenweise angegeben, welche Auswertungszwecke erfüllt werden können.[526]

---

[526] Dabei wird in der jeweils ersten Zeile die möglichen Rechnungszwecke, in der zweiten Zeile die potenziellen Gestaltungsbereiche und in der dritten Zeile die Ausrichtung angegeben. Die grau markierten Begriffe verdeutlichen, dass diese Aspekte lediglich flankierend wirken.

Instrumente	Auswertungszwecke
Balanced Scorecard	Abbildung, Steuerung, Planung, Kontrolle
	Input, Throughput, Output
	operativ, strategisch
Benchmarking	Abbildung, Planung
	Input, Throughput, Output
	operativ, strategisch
Flusskostenrechnung	Abbildung, Planung, Steuerung, Kontrolle
	Input, Throughput, Output
	operativ, strategisch
Investitionsmanagement	Planung, Abbildung
	Input, Output
	strategisch
Kennzahlen(systeme)	Abbildung, Planung, Steuerung, Kontrolle
	Input, Throughput, Output
	strategisch
Lebenszyklusrechnung	Abbildung, Planung, Steuerung
	Output
	strategisch
Prozesskostenrechnung	Abbildung, Planung, Steuerung, Kontrolle
	Throughput
	operativ, strategisch
Ressourcenkostenrechnung	Abbildung, Planung, Steuerung, Kontrolle
	Input, Throughput, Output
	operativ, strategisch
Reststoffkostenrechnung	Abbildung, Steuerung
	Input, Output
	operativ, strategisch
Stoff-/Energiestrommanagement	Abbildung, Planung, Steuerung, Kontrolle
	Input, Throughput, Output
	operativ, strategisch
Umwelt-/Öko-Bilanzierung	Abbildung, Planung
	Throughput, Output
	operativ, strategisch
Umweltkostenrechnung	Abbildung, Planung, Steuerung, Kontrolle
	Input, Throughput, Output
	operativ, strategisch
Umweltstücklisten	Abbildung, Planung, Steuerung, Kontrolle
	Throughput, Output
	operativ
Zielkostenrechnung	Planung, Steuerung, Kontrolle
	Output
	strategisch

Tab. C-20: Auswertungszwecke der Umweltkostenmanagement-Instrumente

4.3.3 Auswertungszweckbezogene Einsatzpotenziale der Umweltkostenmanagement-Instrumente

Mit der vorausgehenden Analyse sind die potenziellen Auswertungszwecke der Umweltkostenmanagement-Instrumente identifiziert worden. Dies ist hilfreich, da die Instrumente mithilfe dieser Kategorisierung gezielt im Unternehmen eingesetzt werden können. In Abhängigkeit von der Entscheidungssituation sollten Unternehmen die Instrumente wählen, die entsprechend ihren Auswertungszwecken die entscheidungsrelevanten Informationen liefern.

Dazu ist es notwendig, dass die Unternehmen in einem ersten Schritt die Entscheidungssituation klar erfassen. Mit Kenntnis der Entscheidungssituation kann in einem zweiten Schritt die Auswahl der adäquaten Umweltkostenmanagement-Instrumente vorgenommen werden. Unternehmen können mithilfe eines Entscheidungsbaumes diese Auswahl leisten. Es bleibt jedoch zu berücksichtigen, dass allein die Auswahl eines adäquaten Umweltkostenmanagement-Instruments noch nicht gewährleistet, dass dieses auch tatsächlich eingeführt und genutzt wird. Der Implementierungsaufwand einzelner Instrumente ist teilweise sehr hoch, so dass konkrete Kosten-Nutzen-Überlegungen angestellt werden müssen.[527]

Wird davon ausgegangen, dass sich Unternehmen primär an dem Entscheidungsgegenstand orientieren, so steht der Aspekt der *Gestaltungsbereiche* im Vordergrund. Möchte das Unternehmen aufgrund einer bestimmten Entscheidungsinformation beispielsweise den Anlagenpark durch die Beschaffung neuer Maschinen umweltgerecht modernisieren (Input), so ergibt dies eine Kombination aus dem Gestaltungsbereich *Input*, der *strategischen* Ausrichtung und dem Rechnungszweck *Planung*. Informationen aus der umweltbezogenen Investitionsrechnung oder dem Investitionsmanagement sind dazu notwendig.

Ein Entscheidungsbaum, der die auswertungsbezogenen Einsatzpotenziale der Instrumente berücksichtigt, ist in Abbildung C-26 dargestellt. Neben weiteren Umweltkostenmanagement-Instrumenten ist das oben genannte Beispiel darin abgebildet.

---

[527] Auf das Kosten-Nutzen-Verhältnis der einzelnen Umweltkostenmanagement-Instrumente wird im Rahmen dieser Arbeit nicht weiter eingegangen.

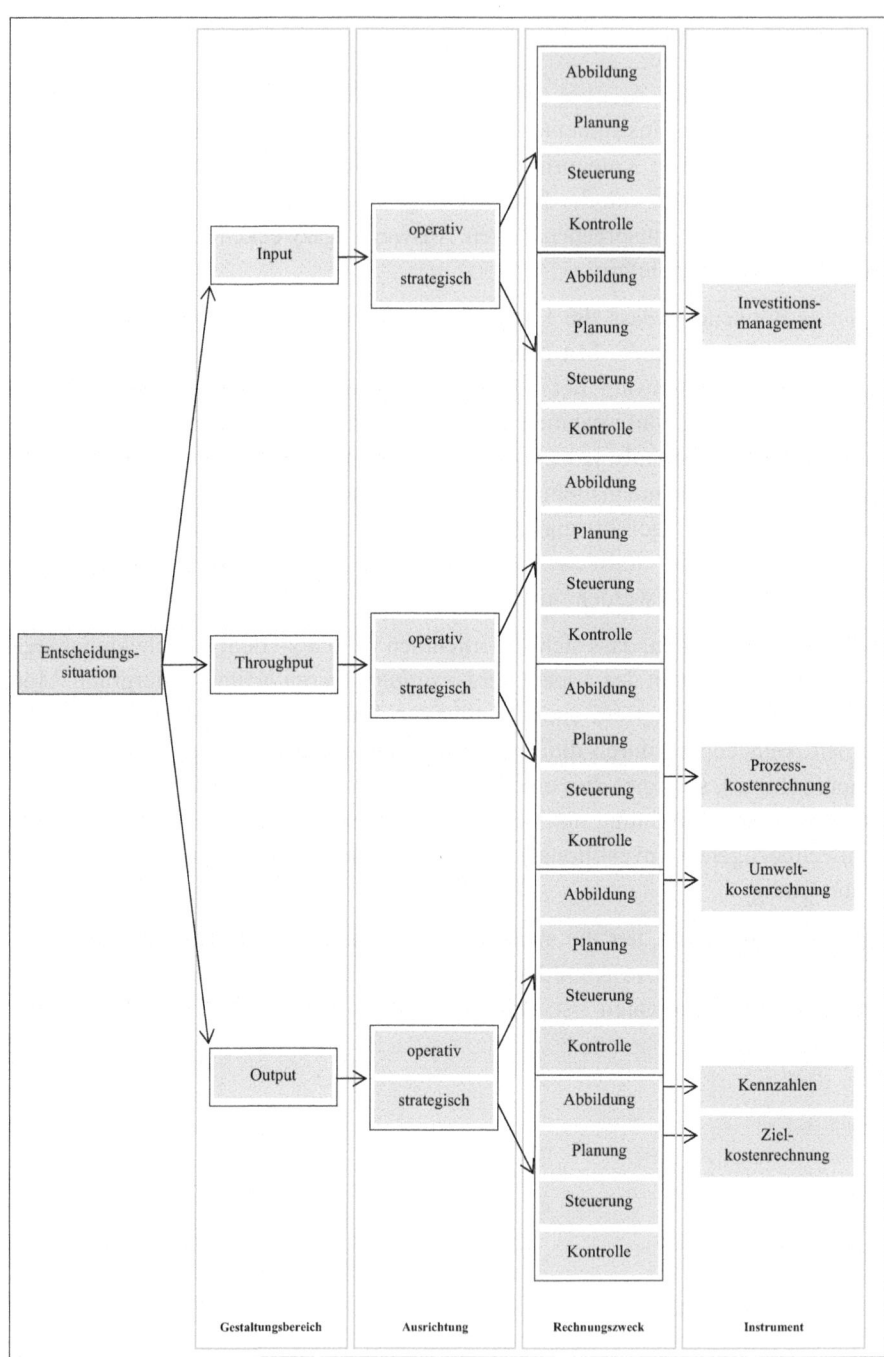

Abb. C-26: Entscheidungsbaum zur auswertungszweckorientierten Instrumentenwahl[528]

---

[528] Aus Gründen der Übersichtlichkeit werden in der Abbildung Instrumente lediglich exemplarisch angegeben.

Die Entscheidungsträger im Unternehmen folgen nach Definition der Entscheidungssituation den einzelnen Entscheidungspfaden, indem sie den Gestaltungsbereich, die Ausrichtung und den Rechnungszweck wählen und festlegen. Das Resultat ist ein Vorschlag zur Wahl und zum Einsatz eines Umweltkostenmanagement-Instruments, welches relevante Informationen zur Entscheidungsunterstützung liefert. Wie bereits erwähnt, muss der mit dem Einsatz der Instrumente einhergehende Implementierungsaufwand berücksichtigt und entsprechende Kosten-Nutzen-Überlegungen angestellt werden.

D Fazit und Ausblick

Vor dem Hintergrund neuer Herausforderungen, denen sich Unternehmen heute gegenübersehen, beschäftigt sich die vorliegende Arbeit mit der Konzeption eines entscheidungsorientierten Umweltkostenmanagements. Ziele der Arbeit sind:

1. die systematische Herleitung einer stringenten Umweltkostenmanagement-Konzeption, die die Zusammenhänge zwischen Kreislaufwirtschaft, Umweltmanagement und Umweltkostenmanagement berücksichtigt, und
2. die Entwicklung einer strukturierten Methodik zum entscheidungsorientierten Instrumenteneinsatz im Rahmen des Umweltkostenmanagements.

Die erarbeitete Umweltkostenmanagement-Konzeption baut auf den Erkenntnissen auf, die im Rahmen der Auseinandersetzung mit den Themen *Kreislaufwirtschaft* und *Umweltmanagement* gewonnen wurden. Das Element der *Gestaltungsbereiche* im Sinne der Einsatzfaktoren (Input), Prozesse (Throughput) und Leistungen (Output) zieht sich als roter Faden durch die gesamte Arbeit. Es stellt das zentrale Konzeptionselement dar, welches dem Umweltkostenmanagement seine Struktur gibt und gleichzeitig die Erfordernisse der Kreislaufwirtschaft und die Anforderungen des Umweltmanagements berücksichtigt. Als verbindendes Element schafft es eine umfassende Gesamtperspektive auf umweltbezogene Aktivitäten und Wirkungen im Unternehmen.

Die Umweltkostenmanagement-Konzeption integriert drei Dimensionen: die Umweltkostenmerkmale, die Ausrichtung und die Gestaltungsbereiche. Resultat sind die entscheidungsorientierten Handlungsfelder des input-, throughput- und outputbezogenen Umweltkostenmanagements.

Aufbauend auf der dargestellten Konzeption werden die Umweltkostenmanagement-Instrumente hinsichtlich ihrer Auswertungszwecke kategorisiert. Die Orientierung an dieser Kategorisierung ermöglicht den entscheidungsorientierten Einsatz der Instrumente.

Die Ergebnisse des linearen Optimierungsmodells zur Prozesswahl im Rahmen des nummerischen Beispiels zeigen, dass umweltrelevante Aspekte in den Unternehmen die Entscheidungssituation maßgeblich mitbestimmen.

Die zentralen Erkenntnisse der Arbeit sind:

- *Veränderungen im unternehmerischen Umfeld*, wie neue Umweltgesetze oder ein erhöhtes Umweltbewusstsein der Konsumenten, implizieren Auswirkungen auf die betriebliche Kostensituation. Diese müssen in der betrieblichen Entscheidungsfindung berücksichtigt werden.
- *Betriebliche Umweltaspekte*, in Form von Umweltwirkungen bzw. Umweltkosten, beeinflussen und verändern unternehmerische Entscheidungssituationen. Die Nichtberücksichtigung dieser umweltbezogenen Daten erhöht das Risiko von Fehlentscheidungen und führt zu überhöhten Kosten.

- *Umweltkostenmanagement-Instrumente* verfolgen keinen Selbstzweck, sondern dienen übergeordneten Zielen und sollten entsprechend zielorientiert eingesetzt werden. Sie bergen das Potenzial zur aktiven Gestaltung betrieblicher Umweltkosten.
- Die genaue *Kenntnis der Entscheidungssituation* ist notwendig, um im Rahmen des Umweltkostenmanagements die adäquaten Instrumente auszuwählen. Die Orientierung an Auswertungszwecken ist dabei nicht nur hilfreich, sondern auch notwendig, wenn entscheidungsrelevante Informationen bereitgestellt werden sollen.

Ein über diese Arbeit hinausgehender Forschungsbedarf existiert insbesondere hinsichtlich des zielorientierten Einsatzes und der effizienten Nutzung der Umweltkostenmanagement-Instrumente. Dazu müssen die Defizite einzelner Instrumente hinsichtlich der Erfüllung der identifizierten Auswertungszwecke identifiziert und die Instrumente selbst gegebenenfalls mit Blick auf die Erfordernisse des betrieblichen Umweltmanagements modifiziert werden, um eine unternehmerische Entscheidungsunterstützung mit den generierten Informationen auch tatsächlich zu gewährleisten.

Die Gestaltung der betrieblichen Umweltkosten im Rahmen des Umweltkostenmanagements erfordert einen systematischen, zielorientierten Ansatz – die unternehmerische Entscheidungsfindung entsprechend auszurichten und umweltbezogene Daten zu integrieren, ist nur konsequent.

Anhang 1: Formulierung des nummerischen Beispiels in GAMS

$title envcost

sets
    j   products /J1*J5/
    i   primary resources /I1*I9/
    h   specific resources /H1*H21/
    m   production emission /M1*M5/
    n   recycling output /N1*N3/
    l   production processes /L1*L15/
    k   recycling process /K1*K6/
    u   environmental category /U1*U3/;

scalars
    Squer   maximum absolute damage /300000/
    Xlevel   production level /100/;

parameters
    Xquer(j) demand of products j
        /J1 0, J2 0, J3 0, J4 0, J5 0/
    qP(i) unit cost of primary resource i
        /I1 2, I2 2, I3 2, I4 2, I5 4, I6 4, I7 4, I8 16, I9 20/
    qR(n) unit cost of recycled secondary resource n
        /N1 0, N2 0, N3 0/
    vP(m) unit cost of production emission m
        /M1 2, M2 1, M3 1, M4 5, M5 5/
    vR(n) unit cost of recycling output n
        /N1 1, N2 5, N3 5/
    vtP(m) unit transaction cost of production emission m
        /M1 0.4, M2 0.4, M3 0, M4 0, M5 0/
    vtR(n) unit transaction cost of recycling output n
        /N1 0, N2 0, N3 0/
    vpP(m) unit penalty of production emission m
        /M1 20, M2 20, M3 0, M4 0, M5 0/
    vpR(n) unit penalty of recycling output n
        /N1 0, N2 0, N3 0/
    gP(m) absolute threshold of production emission m
        /M1 15000, M2 15000, M3 8000, M4 10000, M5 6000/
    gR(n) absolute threshold of recycling output n
        /N1 100000, N2 100000, N3 100000/
    sP(m) damage per unit of production emission m
        /M1 1, M2 5, M3 10, M4 1, M5 5/
    sR(n) damage per unit of recycling output n
        /N1 1, N2 10, N3 1/
    sc(u) maximum damage to environmental category u
        /U1 100000, U2 100000, U3 100000/

rmax(i)   maximum availability of primary resource i
/I1 3500, I2 3500, I3 3500, I4 3500, I5 3500, I6 3500, I7 3500, I8 3500, I9 10000/

rmaxC(h) maximum availability of specific resource h
/H1 60, H2 60, H3 60, H4 60, H5 60, H6 60, H7 90, H8 90, H9 90, H10 90, H11 30, H12 30, H13 60, H14 60, H15 1000, H16 100, H17 100, H18 100, H19 100, H20 1000, H21 1000/

eTmaxP(m) maximum availability of traded production emission m
/M1 8000, M2 8000, M3 1000000, M4 1000000, M5 1000000/

eTmaxR(n) maximum availability of traded recycling emission n
/N1 1000000, N2 1000000, N3 1000000/

table b(m,i) production emission m per unit of primary resource i

	I1	I2	I3	I4	I5	I6	I7	I8	I9
M1	1	1	1	1	1	1	1	1	1
M2	1	3		2	1	1			
M3	1	3	5		1	2			
M4	1	3	5	2	1	1			
M5	1	3		4	2	1			

table c(m,l) production emission m per unit of process l

	L1	L2	L3	L4	L5	L6	L7	L8	L9	L10	L11	L12	L13	L14	L15
M1	1	1	1	1	1	1	2	2	2	2					
M2				1	1	1	2	2	2	1	1	1	2	2	1
M3	1	1	1	1	1	1			1	1	1				
M4	2	2	2	1	1	1	1	1	1	1	1	1	2	2	1
M5							1	1	1	1	1	1			

table d(m,j) production emission m per unit of product j

	J1	J2	J3	J4	J5
M1	1				1
M2		2		1	
M3			2		
M4		2			2
M5	1		1	2	

table w(m,n) production emission m per unit of secondary resource n

	N1	N2	N3
M1		1	
M2	1		
M3		1	
M4			1
M5	1		1

table f(m,k) difference quantity of emission m going into one unit of recycling process k and emission m generated in one unit of recycling process k

	K1	K2	K3	K4	K5	K6
M1		2		1	2	
M2			3	1		
M3	60					10
M4				2	3	8
M5		2	2	1		10

table aTP(j,l) product j per unit of process l

	L1	L2	L3	L4	L5	L6	L7	L8	L9	L10	L11	L12	L13	L14	L15
J1	1	1									1	1			
J2			1	1									1	1	
J3					1	1									
J4							1	1							
J5									1	1					

table aRT(n,k) recycling emission n from unit of recycling process k

	K1	K2	K3	K4	K5	K6
N1	3	1	2	2	1	
N2		2	1			
N3				1	2	

table aFTp(i,l) primary resource i per production process l

	L1	L2	L3	L4	L5	L6	L7	L8	L9	L10	L11	L12	L13	L14	L15
I1	2	2			2				10	30	2			2	1
I2	2	2			2				10		2	2		2	1
I3	2	1	1	3	1	4		1							
I4	2			5		6		1			2	1			
I5	1		4					5			1				1
I6			4			10							4		
I7			2	5				5					2	1	
I8		1			2	1		1				0.5			
I9															

table aFT(h,l) specific resource h per production process l

	L1	L2	L3	L4	L5	L6	L7	L8	L9	L10	L11	L12	L13	L14	L15
H1	1														
H2		1													
H3			1												
H4				1											
H5					1										
H6						1									
H7							1								
H8								1							
H9									1						
H10										1					
H11											1				
H12												1			

table aFT(h,l) specific resource h per production process l (cont.)

	L1	L2	L3	L4	L5	L6	L7	L8	L9	L10	L11	L12	L13	L14	L15
H13													1		
H14														1	
H15															1
H16															
H17															
H18															
H19															
H20															
H21															

table aFTr(n,l) secondary resource n per production process l

	L1	L2	L3	L4	L5	L6	L7	L8	L9	L10	L11	L12	L13	L14	L15
N1											2	2		1	4
N2											2		2	1	4
N3												2	2	2	

table aFR(i,k) primary resource i per reduction process k

	K1	K2	K3	K4	K5	K6
I1	1					
I2						
I3	1	1	1	1	1	
I4						
I5						
I6						
I7						
I8	5					
I9						10

table aFRc(h,k) specific resource h per reduction process k

	L1	L2	L3	L4	L5	L6
H1						
H2						
H3						
H4						
H5						
H6						
H7						
H8						
H9						
H10						
H11						
H12						
H13						
H14						
H15						

table aFRc(h,k) specific resource h per reduction process k (cont.)

	L1	L2	L3	L4	L5	L6
H16	1					
H17		1				
H18			1			
H19				1		
H20					1	
H21						1

table gFP(m,i) maximum limit of production emission m per primary resource i

	I1	I2	I3	I4	I5	I6	I7	I8	I9
M1	1000	1000	100	100	100	1000	100	1000	100
M2	1000	1000	100	100	100	1000	100	1000	100
M3	1000	1000	100	100	100	1000	100	1000	100
M4	1000	1000	100	100	100	1000	100	1000	100
M5	1000	1000	100	100	100	1000	100	1000	100

table gFR(n,i) maximum limit of recycling emission n per primary resource i

	I1	I2	I3	I4	I5	I6	I7	I8	I9
N1	1000	1000	100	100	100	1000	100	1000	100
N2	1000	1000	100	100	100	1000	100	1000	100
N3	1000	1000	100	100	100	1000	100	1000	100

table scP(m,u) damage of production emission m to environmental category u

	U1	U2	U3
M1	1		1
M2	1	1	
M3		1	1
M4		2	
M5	1		1

table scR(n,u) damage of reduction emission n to environmental category u

	U1	U2	U3
N1	1	1	
N2		1	1
N3	1		1

variables
- y(l)   amount of production process l
- z(k)   amount of reduction process k
- x(j)   production quantity of product j
- rP(i)   amount of primary input i
- rPR(h)   amount of specific input h
- rR(n)   amount of secondary input n
- eP(m)   amount of production emissions m
- eR(n)   amount of recycling emissions n
- eTP(m)   amount of production emissions m subject to transaction costs
- eTR(n)   amount of recycling emissions n subject to transaction costs

	ePP(m)	amount of production emissions m subject to penalty costs
	ePR(n)	amount of recycling emissions n subject to penalty costs
	co	total cost;

positive variables y, z, x, rP, rPR, rR, eP, eR, eTP, eTR, ePP, ePR;

equations
    cost   objective function on environmental costs

	emissionP(m)	emissions in production
	emissionR(n)	emissions in recycling
	products(j)	process-related output
	production(j)	constraint on production quantity
	productionlevel(j)	minimum production for all products
	ressourceP(i)	consumption of primary resources in processes
	ressourceC(h)	consumption of specific resources in processes
	ressourcePR(m)	constraint on resources from production to recycling
	ressourceR(n)	consumption of secondary resources in processes
	ressourceRR(n)	constraint on secondary resources
	etradingP(m)	constraint on tradable production emissions
	etradingR(n)	constraint on tradable reduction emissions
	thresholdP(m)	constraint on absolute threshold m
	thresholdR(n)	constraint on absolute threshold n
	thresholdFP(m,i)	constraint on factor-related threshold m
	thresholdFR(n,i)	constraint on factor related threshold n
	damageAbs	constraint on absolute damage
	damageCat(u)	constraint on damage per category
	resmax(i)	maximum availability of primary resources
	resmaxC(h)	maximum availability of specific resources;

cost.. co =e= sum(i, qP(i)* rP(i)) + sum(m, vP(m)*eP(m)) + sum(m, vtP(m)*eTP(m)) + sum(m, vpP(m)*ePP(m)) + sum(n, rR(n)*qR(n)) + sum(n, vR(n)*eR(n)) + sum(n, vtR(n)*eTR(n)) + sum(n, vpR(n)*ePR(n)) ;

emissionP(m).. eP(m) =e= sum(i, b(m,i)*rP(i)) + sum(n, w(m,n)*rR(n)) + sum(l, c(m,l)*y(l)) + sum(j, d(m,j)*x(j)) - sum(k, f(m,k)*z(k));

emissionR(n).. eR(n) =e= sum(k, aRT(n,k)*z(k)) - sum(l, aFTr(n,l)*y(l));

products(j).. x(j) =e= sum(l, (aTP(j,l)*y(l))) ;

production(j).. x(j) =g= Xquer(j) ;

productionlevel(j).. x(j) =g= Xlevel ;

ressourceP(i).. rP(i) =e= sum(l, aFTp(i,l)*y(l)) + sum(k, aFR(i,k)*z(k));

resmax(i).. rP(i) =l= rmax(i) ;

resourceC(h).. rPR(h) =e= sum(l, aFTc(h,l)*y(l)) + sum(k, aFRc(h,k)*z(k));

resmaxC(h).. rPR(h) =l= rmaxC(h);

ressourcePR(m).. sum(k, f(m,k)*z(k)) =l= sum(i, b(m,i)*rP(i)) + sum(n, w(m,n)*rR(n)) + sum(l, c(m,l)*y(l)) + sum(j, d(m,j)*x(j));

ressourceR(n).. rR(n) =e= sum(l, aFTr(n,l)*y(l));

ressourceRR(n).. rR(n) =l= eR(n);

etradingP(m).. eP(m) - eTP(m) - ePP(m) =l= eTmaxP(m) ;

```
etradingR(n).. eR(n) - eTR(n) - ePR(n) =l= eTmaxR(n) ;
thresholdP(m).. eP(m) =l= gP(m) ;
thresholdR(n).. eR(n) =l= gR(n) ;
thresholdFP(m,i).. eP(m) =l= gFP(m,i)*rP(i) ;
thresholdFR(n,i).. eR(n) =l= gFR(n,i)*rP(i) ;
damageAbs..  sum(m, sP(m)*eP(m)) + sum(n, sR(n)*eR(n)) =l= Squer ;
damageCat(u)..  sum(m, scP(m,u)*eP(m)) + sum(n, scR(n,u)* eR(n)) =l= sc(u);


model envcost /all/ ;
solve envcost using LP minimizing co;
option limrow = 0, limcol = 0 ;
display rP.L, rR.L, eP.L, eR.L, eTP.L, eTR.L, ePP.L, ePR.L, y.L, z.L, x.L, co.L ;
```

Anhang 2: Ergebnisse des nummerischen Beispiels

(für das Produktionsniveauintervall [90,113])[529]

$\bar{x}_j$	Emissionen					Inputfaktoren								
	1	2	3	4	5	1	2	3	4	5	6	7	8	9
90	2	1	2,574	5,33	5	17,903	45,71	43,516	13,866	17	14,903	21,477	18	11,837
91	2	1	2,574	5,33	5	17,903	45,71	43,516	13,866	17	14,903	21,477	18	11,837
92	2	1	2,574	5,33	5	17,903	45,71	43,516	13,866	17	14,903	21,477	18	11,837
93	2	1	2,574	5,33	5	17,903	45,71	43,516	13,866	17	14,903	21,477	18	11,837
94	2	1	2,574	5,33	5	17,903	45,71	43,516	13,866	17	14,903	21,477	18	11,837
95	2	1	2,574	5,33	5	17,903	45,71	43,516	13,866	17	14,903	21,477	18	11,837
96	2	1	2,766	5,43	14,764	27,96	75,879	44,977	33,058	36,528	15,195	31,725	18	21,874
97	2	1	2,772	5,474	14,849	28,095	76,284	45,231	33,226	36,697	15,246	31,867	18	22
98	2	1	2,772	5,474	14,849	28,095	76,284	45,231	33,226	36,697	15,246	31,867	18	22
99	2	1	2,772	5,474	14,849	28,095	76,284	45,231	33,226	36,697	15,246	31,867	18	22
100	2	1	2,772	5,474	14,849	28,095	76,284	45,231	33,226	36,697	15,246	31,867	18	22
101	2	1	2,772	5,474	14,849	28,095	76,284	45,231	33,226	36,697	15,246	31,867	18	22
102	2	1	2,772	5,474	14,849	28,095	76,284	45,231	33,226	36,697	15,246	31,867	18	22
103	2	1	2,772	5,474	14,849	28,095	76,284	45,231	33,226	36,697	15,246	31,867	18	22
104	2	1	2,772	5,474	14,849	28,095	76,284	45,231	33,226	36,697	15,246	31,867	18	22
105	2,4	1	3,46	12,134	9,233	30,227	81,88	82,371	33,544	25,865	22,994	34,687	18,4	22,4
106	2,4	1	3,862	16,383	5,432	31,077	84,43	105,622	51,796	18,264	27,644	35,938	18,4	22,4
107	2,4	1	3,862	16,383	5,432	31,077	84,43	105,622	51,796	18,264	27,644	35,938	18,4	22,4
108	2,4	1	3,862	16,383	5,432	31,077	84,43	105,622	51,796	18,264	27,644	35,938	18,4	22,4
109	2,4	1	3,862	16,383	5,432	31,077	84,43	105,622	51,796	18,264	27,644	35,938	18,4	22,4
110	2,4	1	3,862	16,383	5,432	31,077	84,43	105,622	51,796	18,264	27,644	35,938	18,4	22,4
111	2,4	1	3,862	16,383	5,432	31,077	84,43	105,622	60,894	18,264	27,644	35,938	18,4	22,4
112	2,4	1	3,862	16,383	5,432	31,077	84,43	105,622	60,894	18,264	27,644	35,938	18,4	22,4
113	2,4	1,4	3,859	16,273	5,523	31,455	85,564	105,059	61,838	18,846	27,932	35,913	18,4	22,4
114	2,4	1,4	3,859	16,273	5,523	31,455	85,564	105,059	61,838	18,846	27,932	35,913	18,4	22,4
115	2,4	1,4	3,859	16,273	5,523	31,455	85,564	105,059	61,838	18,846	27,932	35,913	18,4	22,4
116	2,4	1,4	3,859	16,273	5,523	31,455	85,564	105,059	61,838	18,846	27,932	35,913	18,4	22,4
117	2,4	1,4	3,859	16,273	5,523	31,455	85,564	105,059	61,838	18,846	27,932	35,913	18,4	22,4
118	2,4	1,4	3,859	16,273	5,523	31,455	85,564	105,059	61,838	18,846	27,932	35,913	18,4	22,4
119	2,4	1,4	3,859	16,273	5,523	31,455	85,564	105,059	61,838	18,846	27,932	35,913	18,4	22,4
120	2,4	1,4	3,859	16,273	5,523	31,455	85,564	105,059	61,838	18,846	27,932	35,913	18,4	22,4
121	2,4	1,4	3,859	16,273	5,523	31,455	85,564	105,059	61,838	18,846	27,932	35,913	18,4	22,4
122	2,4	1,4	3,859	16,273	5,523	31,455	85,564	105,059	61,838	18,846	27,932	35,913	18,4	22,4
123	2,4	1,4	3,859	16,273	5,523	31,455	85,564	105,059	61,838	18,846	27,932	35,913	18,4	22,4

Tab. Anhang-1: Interne Verrechnungspreise je Emissions- bzw. Inputfaktoreinheit

---

[529] Grau bzw. fett markiert sind jeweils die Produktionsniveaus, bei welchen Grenzwerte oder Kapazitätsrestriktionen erreicht werden bzw. Sprünge vorliegen.

$\bar{x}_j$	Produkte					Minimalkosten
	1	2	3	4	5	
90	**281,223**	292,778	296,313	171,362	**740,499**	119186,858
91	281,223	292,778	296,313	**219,714**	740,499	121017,385
92	281,223	292,778	296,313	219,714	740,499	122847,912
93	281,223	292,778	296,313	219,714	740,499	124678,439
94	281,223	292,778	296,313	219,714	740,499	126508,966
95	281,223	292,778	296,313	219,714	740,499	128339,493
96	432,664	343,807	427,747	397,988	1173,469	131057,589
97	434,939	345,407	429,918	395,543	1179,521	133842,2
98	434,939	345,407	429,918	**399,84**	**1175,224**	136627,529
99	434,939	345,407	429,918	399,84	1175,224	139412,857
100	434,939	345,407	429,918	399,84	**1179,521**	142198,186
101	434,939	345,407	429,918	399,84	1179,521	144987,812
102	434,939	345,407	429,918	399,84	1179,521	147777,438
103	434,939	345,407	429,918	399,84	1179,521	150567,064
104	434,939	345,407	429,918	399,84	1179,521	153356,69
105	523,671	633,53	584,295	350,393	1310,224	156619,99
106	610,973	813,95	678,059	311,491	1394,661	160234,796
107	610,973	813,95	678,059	311,491	1394,661	164043,904
108	610,973	813,95	678,059	311,491	1394,661	167853,039
109	610,973	813,95	678,059	311,491	1394,661	171662,174
110	610,973	813,95	678,059	311,491	1394,661	175471,309
111	629,169	859,438	700,803	311,491	1403,759	179284,993
112	629,169	859,438	700,803	311,491	1403,759	183189,652
113	633,404	863,21	705,415	315,637	1419,825	187098,892
114	633,404	863,21	705,415	315,637	1419,825	191036,383
115	633,404	863,21	705,415	315,637	1419,825	194973,875
116	633,404	863,21	705,415	315,637	1419,825	198911,366
117	633,404	863,21	705,415	315,637	1419,825	202848,857
118	633,404	863,21	705,415	315,637	1419,825	206786,349
119	633,404	863,21	705,415	315,637	1419,825	210723,84
120	633,404	863,21	**846,835**	315,637	1419,825	214661,332
121	633,404	863,21	846,835	315,637	1419,825	218740,242
122	633,404	863,21	846,835	315,637	1419,825	222819,153
123	633,404	863,21	846,835	315,637	1419,825	226898,063

Tab. Anhang-2: Interne Verrechnungspreise je Produkteinheit und Minimalkosten bei gegebenem Produktionsniveau

$\bar{x}_j$	Inputfaktoren											
	1	2	3	4	5	6	7	8	9	10	11	12
90	2989,715	341,422	467,582	85,733	240	1260	200,711	245,754	85,733	80,711	80,711	161,422
91	3006,697	355,96	479,757	87,119	240	1264	208,98	258,703	87,119	81,98	83,98	165,96
92	3023,679	370,498	491,931	88,505	252	1268	217,249	271,653	88,505	83,249	87,249	170,498
93	3040,66	385,036	504,106	89,891	258	1272	225,518	284,602	89,891	84,518	90,518	175,036
94	3057,642	399,574	516,281	91,277	264	1276	233,787	297,552	91,277	85,787	93,787	179,574
95	3074,624	414,112	528,455	92,663	270	1280	242,056	310,501	92,663	87,056	97,056	184,112
96	3094,515	428,056	581,452	95,833	246,406	1284	250,028	341,269	95,833	88,028	114,825	202,853
97	3111,065	442,667	601,478	97	248,336	1288	258,333	351,657	167,656	89,333	120,165	209,499
98	3127,34	457,333	618,757	98	252,2	1292	266,667	360,368	244,99	90,667	124,567	215,233
99	3143,616	472	636,036	99	256,064	1296	275	369,08	322,324	92	128,968	220,968
100	3159,892	486,667	653,315	100	259,928	1300	283,333	377,791	399,658	93,333	133,369	226,703
101	3174,527	501,667	654,15	100	275,368	1304	291,833	376,469	509,974	94,833	132,149	226,983
102	3189,163	516,667	654,986	100	290,808	1308	300,333	375,147	620,29	96,333	130,929	227,262
103	3203,798	531,667	655,821	100	306,249	1312	308,833	373,825	730,606	97,833	129,709	227,542
104	3218,434	546,667	656,656	100	321,689	1316	317,333	372,503	840,922	99,333	128,489	227,822
105	3238,078	566,479	657,936	100	330	1308,45	336,902	369,756	970,617	103,24	127,464	230,704
106	3255,595	584	666,395	100	348,959	1280,482	364,159	368,976	1114,264	106	129,2	235,2
107	3269,683	598	681,283	100	379,762	1237,277	395,162	370,415	1264,92	107	133,4	240,4
108	3283,771	612	696,171	100	410,564	1194,072	426,164	371,854	1415,576	108	137,6	245,6
109	3297,859	626	711,059	100	441,367	1150,867	457,167	373,293	1566,232	109	141,8	250,8
110	3311,947	640	725,947	100	472,169	1107,662	488,169	374,733	1716,888	110	146	256
111	3326,002	654	740,502	100,5	502,211	1065,578	518,711	376,011	1867,878	111	150	261
112	3339,416	668	748,416	111	517,045	1045,91	540,045	374,078	2025,56	112	150	262
113	3352,829	682	756,329	121,5	531,879	1026,242	561,379	372,144	2183,242	113	150	263
114	3366,242	696	764,242	132	546,713	1006,574	582,713	370,211	2340,924	114	150	264
115	3379,655	710	772,155	142,5	561,547	986,905	604,047	368,277	2498,607	115	150	265
116	3393,069	724	780,069	153	576,381	967,237	625,381	366,344	2656,289	116	150	266
117	3406,482	738	787,982	163,5	591,215	947,569	646,715	364,41	2813,971	117	150	267
118	3419,895	752	795,895	174	606,049	927,901	668,049	362,477	2971,653	118	150	268
119	3433,309	766	803,809	184,5	620,883	908,233	689,383	360,543	3129,335	119	150	269
120	3446,722	780	811,722	195	635,717	888,565	710,717	358,609	3287,018	120	150	270
121	3457,963	792	820,963	209	651,957	868,087	730,957	356,813	3451,023	120	150	270
122	3469,203	804	830,203	223	668,196	847,609	751,196	355,016	3615,029	120	150	270
123	3480,444	816	839,444	237	684,435	827,13	771,435	353,219	3779,035	120	150	270

Tab. Anhang-3: Benötigte Einsatzmengen der primären und sekundären Inputfaktoren

$\bar{x}_j$	Emissionen									Emissionsrechte							
	1	2	3	4	5	6	7	8		1	2	3	4	5	6	7	8
90	6242,385	6506,871	8000	8573,349	5542,604	186,301	80,711	161,422									
91	6314,455	6529,776	8000	8711,944	5633,896	200,17	83,98	165,96									
92	6386,526	6678,682	8000	8850,538	5725,188	214,039	87,249	170,498									
93	6458,597	6764,588	8000	8989,132	5816,479	227,908	90,518	175,036									
94	6530,667	6850,494	8000	9127,726	5907,771	241,777	93,787	179,574									
95	6602,738	6936,399	8000	9266,321	5999,062	255,647	97,056	184,112									
96	6689,085	6922,657	8000	9583,292	**6000**	353,503	114,825	202,853									
97	6835,61	6973,907	8000	9700	6000	386,021	120,165	209,499									
98	6986,139	7031,373	8000	9800	6000	412,854	124,567	215,233									
99	7136,668	7088,84	8000	9900	6000	439,688	128,968	220,968									
100	7287,196	7146,307	8000	**10000**	6000	466,521	133,369	226,703									
101	7461,682	7240,983	8000	1000	6000	**459,327**	**132,149**	226,983									
102	7636,167	7335,659	8000	1000	6000	452,134	130,929	227,262									
103	7810,652	7430,335	8000	1000	6000	444,94	129,709	227,542									
104	7985,138	7525,011	8000	1000	6000	437,747	128,489	227,822		1	2	3	4	5	6	7	8
105	**8173,924**	7624,771	8000	1000	6000	432,12	127,464	230,704		**173,924**	0	0	0	0	0	0	0
106	8378,03	7689,436	8000	1000	6000	**440,785**	**129,2**	235,2		378,03	0	0	0	0	0	0	0
107	8591,901	7720,521	8000	1000	6000	462,049	133,4	240,4		591,901	0	0	0	0	0	0	0
108	8805,772	7751,607	8000	1000	6000	483,312	137,6	245,6		805,772	0	0	0	0	0	0	0
109	9019,642	7782,692	8000	1000	6000	504,576	141,8	250,8		1019,642	0	0	0	0	0	0	0
110	9233,513	7813,777	8000	1000	6000	525,84	146	256		1233,513	0	0	0	0	0	0	0
111	9447,894	7847,291	8000	1000	6000	546,007	**150**	261		1447,894	0	0	0	0	0	0	0
112	9672,469	7929,37	8000	1000	6000	**544,247**	150	262		1672,469	0	0	0	0	0	0	0
113	9897,044	**8011,45**	8000	1000	6000	542,487	150	263		1897,044	**11,45**	0	0	0	0	0	0
114	10121,619	8093,529	8000	1000	6000	540,726	150	264		2121,619	93,529	0	0	0	0	0	0
115	10346,195	8175,608	8000	1000	6000	538,966	150	265		2346,195	175,608	0	0	0	0	0	0
116	10570,77	8257,687	8000	1000	6000	537,206	150	266		2570,77	257,687	0	0	0	0	0	0
117	10795,345	8339,767	8000	1000	6000	535,446	150	267		2795,345	339,767	0	0	0	0	0	0
118	11019,92	8421,846	8000	1000	6000	533,686	150	268		3019,92	421,846	0	0	0	0	0	0
119	11244,496	8503,925	8000	1000	6000	531,926	150	269		3244,496	503,925	0	0	0	0	0	0
120	11469,071	8586,005	8000	1000	6000	530,166	150	270		3469,071	586,005	0	0	0	0	0	0
121	11702,761	8666,006	8000	1000	6000	527,888	150	**270**		3702,761	666,006	0	0	0	0	0	0
122	11936,451	8746,008	8000	1000	6000	525,609	150	270		3936,451	746,008	0	0	0	0	0	0
123	12170,142	8826,009	8000	1000	6000	523,331	150	270		4170,142	826,009	0	0	0	0	0	0

Tab. Anhang-4: Emissionsmengen und Anzahl der zugekauften Emissionsrechte

$\bar{x}_j$	Produktionsprozesse														
	1	2	3	4	5	6	7	8	9	10	11	12	13	14	15
90	0	60	60	0	60	9,289	90	0	0	90	0	30	30	20,711	0
91	1	60	60	0	60	9,02	90	1	1	90	0	30	31	21,98	0
92	2	60	60	0	60	8,751	90	2	2	90	0	30	32	23,249	0
93	3	60	60	0	60	8,482	90	3	3	90	0	30	33	24,518	0
94	4	60	60	0	60	8,213	90	4	4	90	0	30	34	25,787	0
95	5	60	60	0	60	7,994	90	5	5	90	0	30	35	27,056	0
96	6	60	52,601	0	60	7,972	90	6	6	90	0	30	43,399	28,028	0
97	7	60	51,584	0	60	7,667	90	7	7	90	0	30	45,416	29,333	0
98	8	60	51,05	0	60	7,333	90	8	8	90	0	30	46,95	30,667	0
99	9	60	50,516	0	60	7	90	9	9	90	0	30	48,484	32	0
100	10	60	49,982	0	60	6,667	90	10	10	90	0	30	50,018	33,333	0
101	11	60	52,342	0	60	6,167	90	11	11	90	0	30	48,658	34,833	0
102	12	60	54,702	0	60	5,667	90	12	12	90	0	30	47,298	36,333	0
103	13	60	57,062	0	60	5,167	90	13	13	90	0	30	45,938	37,833	0
104	14	60	59,422	0	60	4,667	90	14	14	90	0	30	44,578	39,333	0
105	15	60	60	2,888	60	1,76	90	15	15	90	0	30	42,112	43,24	0
106	16	60	60	4,4	60	0	87,408	18,592	16	90	0	30	41,6	46	0
107	17	60	60	3,8	60	0	82,448	24,552	17	90	0	30	43,2	47	0
108	18	60	60	3,2	60	0	77,487	30,513	18	90	0	30	44,8	48	0
109	19	60	60	2,6	60	0	72,527	36,473	19	90	0	30	46,4	49	0
110	20	60	60	2	60	0	67,566	42,434	20	90	0	30	48	50	0
111	21	60	60	1,5	60	0	62,758	48,242	21	90	0	30	49,5	51	0
112	22	60	60	3	60	0	60,991	51,009	22	90	0	30	49	52	0
113	23	60	60	4,5	60	0	59,224	53,776	23	90	0	30	48,5	53	0
114	24	60	60	6	60	0	57,457	56,543	24	90	0	30	48	54	0
115	25	60	60	7,5	60	0	55,691	59,309	25	90	0	30	47,5	55	0
116	26	60	60	9	60	0	53,924	62,076	26	90	0	30	47	56	0
117	27	60	60	10,5	60	0	52,157	64,843	27	90	0	30	46,5	57	0
118	28	60	60	12	60	0	50,39	67,61	28	90	0	30	46	58	0
119	29	60	60	13,5	60	0	48,623	70,377	29	90	0	30	45,5	59	0
120	30	60	60	15	60	0	46,857	73,143	30	90	0	30	45	60	0
121	31	60	60	16	60	1	44,809	76,191	31	90	0	30	45	60	0
122	32	60	60	17	60	2	42,761	79,239	32	90	0	30	45	60	0
123	33	60	60	18	60	3	40,713	82,287	33	90	0	30	45	60	0

Tab. Anhang-5: Durchführungshäufigkeit der Produktionsprozesse

$\bar{x}_j$	Recyclingprozesse					
	1	2	3	4	5	6
90	8,293	80,711	0	0	161,422	8,573
91	10,737	83,98	0	0	165,96	8,712
92	13,18	87,249	0	0	170,498	8,851
93	15,624	90,518	0	0	175,036	8,989
94	18,068	93,787	0	0	179,574	9,128
95	20,511	97,056	0	0	184,112	9,266
96	26,459	**100**	**29,65**	0	202,853	9,583
97	28,398	100	40,331	0	209,499	**16,766**
98	30,007	100	49,133	0	215,233	24,499
99	31,616	100	57,936	0	220,968	32,232
100	33,225	100	66,739	0	226,703	39,966
101	**32,86**	100	**64,298**	0	226,983	50,997
102	32,496	100	61,858	0	227,262	62,029
103	32,132	100	59,418	0	227,542	73,061
104	31,767	100	56,978	0	227,822	84,092
105	31,599	100	54,929	0	230,704	97,062
106	31,595	100	58,4	0	235,2	111,426
107	31,683	100	66,8	0	240,4	126,492
108	31,771	100	75,2	0	245,6	141,558
109	31,859	100	83,6	0	250,8	156,623
110	31,947	100	92	0	256	171,689
111	32,002	100	**100**	0	261	186,788
112	31,416	100	100	0	262	202,556
113	30,829	100	100	0	263	218,324
114	30,242	100	100	0	264	234,092
115	29,655	100	100	0	265	249,861
116	29,069	100	100	0	266	265,629
117	28,482	100	100	0	267	281,397
118	27,895	100	100	0	268	297,165
119	27,309	100	100	0	269	312,934
120	26,722	100	100	0	**270**	328,702
121	25,963	100	100	0	270	345,102
122	25,203	100	100	0	270	361,503
123	24,444	100	100	0	270	377,904

Tab. Anhang-6: Durchführungshäufigkeit der Recyclingprozesse

Abkürzungsverzeichnis

Abb.	Abbildung
AbfG	Abfallgesetz
AG	Aktiengesellschaft
ASQC	American Society for Quality Control
Aufl.	Auflage
Bd.	Band
BGBl.	Bundesgesetzblatt
BiFA	Bayerisches Institut für Angewandte Umweltforschung und -technik
BMU	Bundesumweltministerium
BS	British Standard
BUIS	Betriebliche Umweltinformationssysteme
bzw.	beziehungsweise
ca.	circa
CEEM	Center for Energy and Environmental Management
CEN	Comité Européen de Normalisation (Europäisches Komitee für Normung)
COSY	Company-Oriented Sustainability
CSM	Centre for Sustainability Management
d.h.	das heißt
DIN	Deutsches Institut für Normung
DV	Datenverarbeitung
EDV	Elektronische Datenverarbeitung
EG	Europäische Gemeinschaft

EMAS	Eco Management and Audit Scheme
EN	Europäische Norm
erg.	ergänzt/e
erw.	erweitert/e
ETH	Eidgenössische Technische Hochschule Zürich
e.V.	eingetragener Verein
EWG	Europäische Wirtschaftsgemeinschaft
f.	folgende Seite
ff.	fortfolgende Seiten
F&E	Forschung und Entwicklung
GAB	Gesellschaft für angewandte Betriebswirtschaft mbH
GAMS	General Algebraic Modeling System
GDI	Gottlieb Duttweiler Institut
GE	Geldeinheiten
GmbH	Gesellschaft mit beschränkter Haftung
GRI	Global Reporting Initiative
GUC	Gesellschaft für Unternehmensrechnung und Controlling mbH
GWP	Global Warming Potential
hrsg.	herausgegeben
Hrsg.	Herausgeber
i.d.R.	in der Regel
IHK	Industrie- und Handelskammer
io	Industrielle Organisation
IÖW	Institut für ökologische Wirtschaftsforschung
IPCC	Intergovernmental Panel on Climate Change
ISAC	Integration von Umweltschutz in strategisches Handeln und Ansätze für ein erweitertes Controlling

ISO	International Organization for Standardization
i.S.v.	im Sinne von
IWÖ	Institut für Wirtschaftsökologie
KEG	Kosteneinflussgrößen
KrW-/AbfG	Kreislaufwirtschafts- und Abfallgesetz
KVP	Kontinuierlicher Verbesserungsprozess
LfU	Landesamt für Umwelt
Mrd.	Milliarden
Nr.	Nummer/n
o.Jg.	ohne Jahrgang
OR	Operational Research
S.	Seite/n
S+W	Steuer- und Wirtschaftsverlag
SME	small and medium sized companies
TA	Technische Anleitung
u.a.	und andere / unter anderem
UBA	Umweltbundesamt
überarb.	überarbeitet/e
vdf	Verlag der Fachvereine der ETH
VDM	Verlag Dr. Müller
verb.	verbessert/e
vgl.	vergleiche

vollst. vollständig/e

WRS Wirtschaft, Recht und Steuern

z.B. zum Beispiel

Symbolverzeichnis

a_{mk}^{RT} erzeugte Menge der Emission m je Durchführung von Recyclingprozess k

a_{ml}^{FT} benötigte Menge der Emission m als Sekundärressource je Durchführung von Produktionsprozess l

a_{jl}^{TP} erzeugte Menge von Produkt j je Durchführung von Produktionsprozess l

a_{il}^{FT} benötigte Menge des Inputfaktors i je Durchführung von Produktionsprozess l

a_{ik}^{FR} benötigte Menge des Inputfaktors i je Durchführung von Recyclingprozess k

a_{hl}^{FT} benötigte Menge des spezifischen Inputfaktors h je Durchführung von Produktionsprozess l

a_{hk}^{FR} benötigte Menge des spezifischen Inputfaktors h je Durchführung von Recyclingprozess k

b_{mi} Umfang der Umweltwirkung der Emissionsart m je eingesetzter Einheit des Inputfaktors i

c_{ml} Umfang der Umweltwirkung der Emissionsart m je Durchführung des Produktionsprozesses l

d_{mj} Umfang der Umweltwirkung der Emissionsart m je erzeugter Einheit von Produkt j

e_m erzeugte Gesamtmenge der Emission m

e_m^P erzeugte Menge der Emission m in der Produktion

e_m^R erzeugte Menge der Emission m im Recycling

$\tilde{e}_m$ Menge der Emission m, für welche Transaktionskosten gezahlt werden

$\tilde{\tilde{e}}_m$ Menge der Emission m, für welche Strafkosten gezahlt werden

$\bar{e}_m$ absoluter Grenzwert von Emission m

$\bar{e}_{mi}$ inputbezogener Grenzwert von Emission m je Einheit von Inputfaktor i

$\bar{e}_m^A$ maximale Verfügbarkeit von Emissionszertifikaten von Emission m

f_{mk} Differenzmenge aus der in Recyclingprozessen aufgenommenen und in Recyclingprozessen generierten Menge der Emission m

h Laufindex der spezifischen Inputfaktoren mit $h = 1,...,H$

i	Laufindex der Inputfaktoren mit $i = 1,...,I$
j	Laufindex für die Produkte mit $j = 1,...J$
k	Laufindex der Recyclingprozesse mit $k = 1,...,K$
l	Laufindex der Produktionsprozesse mit $l = 1,...,L$
m	Laufindex der Emissionen mit $m = 1,...,M$
p_j	Stückpreis des Produktes j
q_i	Stückkosten des Inputfaktors i
r_i	eingesetzte Menge des Inputfaktors i
r_h	eingesetzte Menge des spezifischen Inputfaktors h
r_i^P	eingesetzte Menge des Inputfaktors i in der Produktion
r_i^R	eingesetzte Menge des Inputfaktors i im Recycling
$\bar{r}_i$	maximale Verfügbarkeit bzw. Kapazität des Einsatzfaktors i
$\bar{r}_h$	maximale Verfügbarkeit bzw. Kapazität des spezifischen Einsatzfaktors h
τ_m	pagatorische Stückkosten der Emission m
$\tilde{\tau}_m$	Transaktionskosten je Einheit von Emission m
$\tilde{\tilde{\tau}}_m$	Strafkosten je Einheit von Emission m
S	absoluter Umweltschaden
$\bar{S}$	maximal zulässiger Umweltschaden
s_m	Umweltschaden je Einheit von Emission m
s_{mu}	Umweltschaden je Einheit von Emission m je Umweltschadenskategorie u
S_u	absoluter Umweltschaden je Umweltschadenskategorie u
$\bar{S}_u$	maximal zulässiger Umweltschaden je Umweltschadenskategorie u
u	Laufindex der Umweltschadenskategorie mit $u = 1,...,U$
x_j	Ausbringungsmenge von Produkt j
$\bar{x}_j$	vorgegebenes Produktionsniveau von Produkt j
y_l	Durchführungshäufigkeit des Produktionsprozesses l
z_k	Durchführungshäufigkeit des Recyclingprozesses k

%   Prozent
&   und

Literaturverzeichnis

Achleitner, Paul M. (1985): Sozio-politische Strategien multinationaler Unternehmungen, Haupt Verlag, Stuttgart 1985.

Adam, Dietrich (1993): Produktionsmanagement, 7. Aufl., Gabler Verlag, Wiesbaden 1993.

Adam, Dietrich (1998): Produktions-Management, 9. überarb. Aufl., Gabler Verlag, Wiesbaden 1998.

Agbejule, Adebayo/ Fernández, María/ d'Espiney, Sergio (2004): Approaches to environmental value analysis of products, processes, and services, in: Management of Environmental Quality – An International Journal 15 (2004), S. 111-130.

Aiken, Deborah V. (2006): Application of the distance function to non-market valuation of environmental goods and services – An illustrative example, in: Ecological Economics 60 (2006), S. 168-175.

Albach, Horst (Hrsg.) (1990): Betriebliches Umweltmanagement, Gabler Verlag, Wiesbaden 1990.

Annandale, David/ Morrison-Saunders, Angus/ Bouma, George (2004): The impact of voluntary environmental protection instruments on company environmental performance, in: Business Strategy and the Environment 13 (2004), S. 1-12.

Ansoff, Harry I./ McDonnell, Edward J. (1990): Implanting strategic management, 2. Aufl., Prentice Hall, New York u.a. 1990.

Antes, Ralf (2000): Die Flußkostenrechnung als Instrument betrieblicher Nachhaltigkeit?, Betriebswirtschaftliche Diskussionsbeiträge, Beitrag Nr. 39/2000, Halle (Saale) 2000.

Arndt, Hans-Knud (1995): Flußkostenrechnung – eine Umweltkostenkonzeption für das Umweltmanagement, in: Fichter, Klaus (Hrsg.), Die EG-Öko-Audit-Verordnung – mit Öko-Controlling zum zertifizierten Umweltmanagementsystem, Hanser Verlag, München/Wien 1995, S. 249-259.

Arndt, Hans-Knud/ Günther, Oliver (1996): Betriebliche Umweltinformationssysteme: ein Überblick, in: Umweltwirtschaftsforum 4 (1996), Heft 1, S. 11-16.

Arndt, Hans-Knud/ Günther, Oliver (1997): Betriebliche Umweltinformationssysteme: Konzeption und DV-technische Umsetzung, in: Umweltwirtschaftsforum 5 (1997), Heft 3, S. 22-26.

Ayres, Robert U./ Kneese, Allen V. (1969): Production, Consumption, and Externalities, in: The American Economic Review 59 (1969), S. 282-297.

Backhaus, Klaus/ Funke, Stephan (1997): Fixkostenmanagement, in: Franz, Klaus-Peter/ Kajüter, Peter (Hrsg.), Kostenmanagement, Wettbewerbsvorteile durch systematische Kostenrechnung, Schäffer-Poeschel Verlag, Stuttgart 1997, S. 29-43.

Baden, Axel (1998): Die strategische Kostenrechnung – Eine "revolutionäre Umorientierung des internen Rechnungswesens"?, in: Zeitschrift für Betriebswirtschaft 68 (1998), Heft 6, S. 605-626.

Baetge, Jörg (Hrsg.) (1975): Grundlagen der Wirtschafts- und Sozialkybernetik, Westdeutscher Verlag, Opladen 1975.

Bäuerle, Rolf/ Schulte, Christof (1992): Effektives Kostenmanagement – Anforderungen und neue Ansätze, in: Schulte, Christof (Hrsg.), Effektives Kostenmanagement – Methoden und Implementierung, Schäffer-Poeschel Verlag, Stuttgart 1992, S. 3-27.

Banker, Rajiv D./ Datar, Srikant, M./ Kekre, Sunder/ Mukhopadhyay, Tridas (1991): Kosten der Produkt- und Prozesskomplexität, in: Kaplan, Robert S. (Hrsg.), Spitzenleistungen in der Produktion, Ueberreuter Verlag, Wien 1991, S. 283-304.

Baron, Waldemar (1995): Technikfolgenabschätzung, Westdeutscher Verlag, Opladen 1995.

Bartolomeo, Matteo/ Bennett, Martin/ Bouma, Jan J./ Heydkamp, Peter/ James, Peter/ de Walle, Foppe/ Wolters, Teun (1999): Eco-Management Accounting, Kluwer Academic Publishers, Dordrecht 1999.

Baum, Heinz-Georg/ Coenenberg, Adolf G./ Günther, Edeltraud (Hrsg.) (1999): Betriebliche Umweltökonomie in Fällen, Band I: Anwendung betriebswirtschaftlicher Instrumente, Oldenbourg Verlag, München/Wien 1999.

Baum, Heinz-Georg/ Wittmann, Robert (1994): Systembegriffe der Kreislaufwirtschaft, BIfA-Texte Nr. 3, Augsburg 1994.

Baumann, Werner/ Kössler, Werner/ Promberger, Kurt (2005): Betriebliche Umweltmanagementsysteme, Anforderungen – Umsetzung – Erfahrungen, 2. überarb. Aufl., Linde Verlag, Wien 2005.

Baumast, Annett/ Pape, Jens (Hrsg.) (2003): Betriebliches Umweltmanagement – Theoretische Grundlagen, Praxisbeispiele, 2. Aufl., Ulmer Verlag, Stuttgart 2003.

Bayus, Barry L. (1994): Are Product Life Cycles Really Getting Shorter?, in: Journal of Product Innovation Management 11 (1994), Heft 4, S. 300-308.

Bea, Franz X. (1993): Rechnungswesen – Grundbegriffe, in: Wittmann, Waldemar/ Kern, Werner/ Köhler, Richard/ Küpper, Hans-Ulrich/ von Wysocki, Klaus (Hrsg.), Handwörterbuch der Betriebswirtschaft, Teilband 3, Enzyklopädie der Betriebswirtschaftslehre I, 5., völlig neu gestaltete Aufl., Schäffer-Poeschel Verlag, Stuttgart 1993, Sp. 3697-3715.

Beaumont, John R./ Pedersen, Lene M./ Whitaker, Brian D. (1993): Managing the environment – business opportunity and responsibility, Butterworth-Heinemann, Oxford u.a. 1993.

Becker, Wolfgang (1993): Frühzeitige markt- und rentabilitätsorientierte Kostensteuerung, in: Kostenrechnungspraxis 37 (1993), Heft 5, S. 279-287.

Behrendt, Siegfried/ Kreibich, Rolf/ Lundie, Sven (1997): Ökobilanzierung komplexer Elektronikprodukte. Innovationen und Umweltentlastungspotentiale durch Lebenszyklusanalyse, Springer Verlag, Berlin/Heidelberg 1997.

Bellmann, Klaus (1996): Ökologieorientierte Potential- und Prozessgestaltung, in: Kern, Werner/ Schröder, Hans-Horst/ Weber, Jürgen (Hrsg.), Handwörterbuch der Produktionswirtschaft, 2., völlig neu gestaltete Aufl., Schäffer-Poeschel Verlag, Stuttgart 1996, Sp. 1313-1325.

Bennet, Martin/ Rikhardsson, Pall M./ Schaltegger, Stefan (Hrsg.) (2003): Environmental Management Accounting – Purpose and Progress, Kluwer Academic Publishers, Dordrecht 2003.

Bergner, Heinz (1967): Der Ersatz fixer Kosten durch variable Kosten, in: Zeitschrift für betriebswirtschaftliche Forschung 19 (1967), S. 141-162.

Bilitewski, Bernd/ Härdtle, Georg/ Marek, Klaus (1990): Abfallwirtschaft – Eine Einführung, Springer Verlag, Berlin u.a. 1990.

Bleicher, Knut (2004): Das Konzept integriertes Management, Visionen – Missionen – Programme, 7., überarb. und erweiterte Aufl., Campus Verlag, Frankfurt am Main/New York 2004.

Bliss, Christoph (1998): Integriertes Komplexitätsmanagement – Ansätze und Lösungsmöglichkeiten, Arbeitspapiere der Wissenschaftlichen Gesellschaft für Marketing und Unternehmensführung e.V., Nr. 115, Münster 1998.

Bloemhof-Ruwaard, Jacqueline M./ van Beek, Paul/ Hordijk, Leen/ Van Wassenhove, Luk N. (1995): Interactions between operational research and environmental management, in: European Journal of Operational Research 85 (1995), S. 229-243.

Blume, Verena (2003): Informations- und Entscheidungsmanagement in der Kreislaufwirtschaft – Anforderungen zur Ausgestaltung des Informationsmanagements für die unternehmensübergreifende Entscheidungsunterstützung in Kreislaufwirtschaftssystemen, Peter Lang Verlag, Frankfurt am Main 2003.

Boms, Annette (2008): Unternehmensverantwortung und Nachhaltigkeit – Umsetzung durch das Sustainability Performance Measurement, Josef Eul Verlag, Lohmar/Köln 2008.

Brede, Hauke (1993): Entwicklungstrends in Kostenrechnung und Kostenmanagement, in: Die Unternehmung 47 (1993), Heft 4, S. 333-357.

Brede, Hauke (1994): Verbreitung des Kostenmanagements in schweizerischen Großunternehmen, in: Die Unternehmung 48 (1994), Heft 5, S. 335-350.

Brunner, Jürgen (1997): Der Beitrag des Controlling für ein ökologisches Management – Eine konzeptionelle und exploratorische Studie in mittelständischen und grossen Unternehmungen, Dissertation, St. Gallen 1997.

Büchl, Reinhard (1994): Kreislaufwirtschaft um jeden Preis?, in: Umweltwirtschaftsforum 2 (1994), Heft 4, S. 67-70.

Bundesumweltministerium (Hrsg.) (2008): Umweltbewusstsein in Deutschland 2008 – Ergebnisse einer repräsentativen Bevölkerungsumfrage, Reihe Umweltpolitik, Berlin 2008.

Bundesumweltministerium/ Umweltbundesamt (Hrsg.) (1996): Handbuch Umweltkostenrechnung, Vahlen Verlag, München 1996.

Bundesumweltministerium/ Umweltbundesamt (Hrsg.) (2001): Handbuch Umweltcontrolling, 2., völlig überarb. und erw. Aufl., Vahlen Verlag, München 2001.

Bundesumweltministerium/ Umweltbundesamt (Hrsg.) (2003): Leitfaden Betriebliches Umweltkostenmanagement, Berlin 2003.

Burger, Anton (1994): Kostenmanagement, Oldenbourg Verlag, München/Wien 1994.

Busse von Colbe, Walther/ Lassmann, Gert (1991): Betriebswirtschaftstheorie – Grundlagen, Produktions- und Kostentheorie, Band 1, 5. Aufl., Springer Verlag, Berlin 1991.

Busse von Colbe, Walther/ Coenenberg, Adolf G./ Kajüter, Peter/ Linnhoff, Ulrich (Hrsg.) (2002): Betriebswirtschaft für Führungskräfte – Eine Einführung in wirtschaftliches Denken und Handeln für Ingenieure, Naturwissenschaftler, Juristen und Geisteswissenschaftler, 2., überarbeitete und erweiterte Aufl., Schäffer-Poeschel Verlag, Stuttgart 2002.

Cansier, Dieter (1996): Umweltökonomie, 2. Aufl., Lucius & Lucius Verlag, Stuttgart 1996.

CEN (Hrsg.) (1996): Umweltmanagementsysteme – Spezifikation mit Anleitung zur Anwendung (ISO 14001:1996), Brüssel 1996.

Chao, Hung-Po/ Peck, Stephen (1999): A decision model for environmental R&D, in: Environment International 25 (1999), S. 871-886.

Chmielewicz, Klaus/ Schweitzer, Marcell (Hrsg.) (1993): Handwörterbuch des Rechnungswesens, Enzyklopädie der Betriebswirtschaftslehre III, 3., völlig neu gestaltete und erg. Aufl., Stuttgart 1993.

Claes, Thomas/ Böggemann, Petra/ Pfriem, Reinhard (1999): Umweltkostenrechnung als Teil der betrieblichen Kostenrechnung – Erfahrungen aus dem Projekt bei der Deutschen Bahn AG, in: Umweltwirtschaftsforum 7 (1999), Heft 1, S. 41-45.

Claus, Thorsten/ Kramer, Matthias/ Křivánek, Tomáš (2003): Umweltorientierte Beschaffung und Logistik, in: Kramer, Matthias/ Strebel, Heinz/ Kayser, Gernot (Hrsg.), Internationales Umweltmanagement, Band III: Operatives Umweltmanagement im internationalen und interdisziplinären Kontext, Gabler Verlag, Wiesbaden 2003, S. 31-70.

Corsten, Hans/ Reiß, Michael (Hrsg.) (1995): Handbuch Unternehmungsführung, Konzepte – Instrumente – Schnittstellen, Gabler Verlag, Wiesbaden 1995.

Corsten, Hans/ Stuhlmann, Stephan (1995): Rechtzeitiges Kostenmanagement – Konzeptioneller Rahmen und Instrumente, Diskussionsbeiträge der Wirtschaftswissenschaftlichen Fakultät Ingolstadt, Nr. 62, Ingolstadt 1995.

Corsten, Hans/ Stuhlmann, Stephan (1996): Grundlagen eines rechtzeitigen Kostenmanagement, in: Kostenrechnungspraxis 40 (1996), Sonderheft 1, S. 11-19.

Cruz, Jose M. (2008): Dynamics of supply chain networks with corporate social responsibility through integrated environmental decision-making, in: European Journal of Operational Research 184 (2008), S. 1005-1031.

Daniel, Stavros E./ Diakoulaki, Danae C./ Pappis, Costas P. (1997): Operations research and environmental planning, in: European Journal of Operational Research 102 (1997), S. 248-263.

Dellmann, Klaus (1994): Weiterentwicklung der Kostenrechnung für das Kostenmanagement, in: Männel, Wolfgang (Hrsg.), Kongress Kostenrechnung '94, Verlag der GAB, Lauf an der Pegnitz 1994, S. 1-12.

Dellmann, Klaus/ Franz, Klaus-Peter (1994): Von der Kostenrechnung zum Kostenmanagement, in: Dellmann, Klaus/ Franz, Klaus-Peter (Hrsg.), Neuere Entwicklungen im Kostenmanagement, Haupt Verlag, Bern/Stuttgart/Wien 1994, S. 15-30.

Dellmann, Klaus/ Franz, Klaus-Peter (Hrsg.) (1994): Neuere Entwicklungen im Kostenmanagement, Haupt Verlag, Bern/Stuttgart/Wien 1994.

Delmas, Magali (2001): Stakeholders and Competitive Advantage: The Case of ISO 14001, in: Production and Operations Management 10 (2001), Heft 3, S. 343-358.

Deming, William E. (1992): Out of the Crisis – Quality, Productivity and Competitive Position, 18. ed., Cambridge University Press, Cambridge 1992.

Diaz-Balteiro, Luis/ Romero, Carlos (2008): Valuation of environmental goods – A shadow value perspective, in: Ecological Economics 64 (2008), S. 517-520.

Dinkelbach, Werner (1969): Sensitivitätsanalysen und parametrische Programmierung, Springer Verlag, Berlin/Heidelberg/New York 1969.

Dinkelbach, Werner/ Piro, Andrea (1989a): Entsorgung und Recycling in der betriebswirtschaftlichen Produktions- und Kostentheorie: LEONTIEF-Technologien (I), in: Das Wirtschaftsstudium 18 (1989), Heft 7, S. 399-405.

Dinkelbach, Werner/ Piro, Andrea (1989b): Entsorgung und Recycling in der betriebswirtschaftlichen Produktions- und Kostentheorie: LEONTIEF-Technologien (II), in: Das Wirtschaftsstudium 18 (1989), Heft 8-9, S. 474-480.

Doktoranden-Netzwerk Öko-Audit e.V. (Hrsg.) (1998): Umweltmanagementsysteme zwischen Anspruch und Wirklichkeit – Eine interdisziplinäre Auseinandersetzung mit der EG-Öko-Audit-Verordnung und der DIN EN ISO 14001, Springer Verlag, Berlin u.a. 1998.

Donner, Hartwig/ Meyerholt, Ulrich (1995): Die Entwicklung des Abfallrechts von der Beseitigung zur Kreislaufwirtschaft – Entwicklungen und Probleme der Abfallwirtschaft vor dem Hintergrund des Gesetzes der Förderung der Kreislaufwirtschaft und Sicherung der umweltverträglichen Beseitigung von Abfällen in: Zeitschrift für Umweltpolitik und Umweltrecht 18 (1995), Heft 1, S. 81-99.

Dowell, Glen/ Hart, Stuart/ Yeung, Bernard (2000): Do Corporate Global Environmental Standards Create or Destroy Market Value?, in: Management Science 46 (2000), Heft 8, S. 1059-1074.

Dreher, Peter/ Faulstich, Martin/ Knauer, Peter/ Schenkel, Werner (1998): Abfallwirtschaft und Umwelt, Economica Verlag, Bonn 1998.

Dudel, Ernst G. (1996): Ökosysteme, in: Fiedler, Hans J./ Große, Holm/ Lehmann, Günter/ Mittag, Martin (Hrsg.), Umweltschutz – Grundlagen, Planung, Technologien, Management, Fischer Verlag, Jena/Stuttgart 1996, S. 21-52.

Dyckhoff, Harald (1993a): Aktivitätsanalytische Grundlagen einer umweltorientierten einzelwirtschaftlichen Produktions- und Erfolgstheorie, in: Zeitschrift für Wirtschafts- und Sozialwissenschaften 113 (1993), S. 1-16.

Dyckhoff, Harald (1993b): Theoretische Grundlagen einer umweltorientierten Produktionswirtschaft, in: Wagner, Gerd R. (Hrsg.), Betriebswirtschaft und Umweltschutz, Schäffer-Poeschel Verlag, Stuttgart 1993, S. 81-105.

Dyckhoff, Harald (1996): Kuppelproduktion und Umwelt – Zur Bedeutung eines in der Ökonomik vernachlässigten Phänomens für die Kreislaufwirtschaft, in: Zeitschrift für angewandte Umweltforschung 9 (1996), Heft 2, S. 173-187.

Dyckhoff, Harald (1998): Umweltschutz – Gedanken zu einer allgemeinen Theorie umweltorientierter Unternehmensführung, in: Dyckhoff, Harald/ Ahn, Heinz (Hrsg.), Produktentstehung, Controlling und Umweltschutz – Grundlagen eines ökologieorientierten F&E-Controlling, Physica-Verlag, Heidelberg 1998, S. 61-94.

Dyckhoff, Harald (2000a): Betriebliches Umweltmanagement im Überblick, in: Dyckhoff, Harald (Hrsg.), Umweltmanagement – Zehn Lektionen in umweltorientierter Unternehmensführung, Springer Verlag, Berlin u.a. 2000, S. 1-39.

Dyckhoff, Harald (2000b): Grundzüge der Produktionswirtschaft – Einführung in die Theorie betrieblicher Wertschöpfung, 3., überarb. Aufl., Springer Verlag, Berlin u.a. 2000.

Dyckhoff, Harald (2000c): Umweltschutz: Ein Thema für die Betriebswirtschaftslehre?, in: Dyckhoff, Harald (Hrsg.), Umweltmanagement – Zehn Lektionen in umweltorientierter Unternehmensführung, Springer Verlag, Berlin u.a. 2000, S. 41-58.

Dyckhoff, Harald (Hrsg.) (2000): Umweltmanagement – Zehn Lektionen in umweltorientierter Unternehmensführung, Springer Verlag, Berlin u.a. 2000.

Dyckhoff, Harald/ Ahn, Heinz (Hrsg.) (1998): Produktentstehung, Controlling und Umweltschutz – Grundlagen eines ökologieorientierten F&E-Controlling, Physica-Verlag, Heidelberg 1998.

Dyllick, Thomas (1989): Ökologisch bewusste Unternehmensführung – Der Beitrag der Managementlehre, Schriftenreihe der Schweizerischen Vereinigung für ökologisch bewußte Unternehmensführung, Nr. 1, St. Gallen 1989.

Dyllick, Thomas (1990): Management der Umweltbeziehungen – Öffentliche Auseinandersetzung als Herausforderung, Gabler Verlag, Wiesbaden 1990.

Dyllick, Thomas (1992): Ökologisch bewusste Unternehmungsführung – Bausteine einer Konzeption, in: Die Unternehmung (1992), Heft 6, S. 391-413.

Dyllick, Thomas (1999): Wirkungen und Weiterentwicklungen von Umweltmanagementsystemen, in: Seidel, Eberhard (Hrsg.), Betriebliches Umweltmanagement im 21. Jahrhundert – Aspekte, Aufgaben, Perspektiven, Springer Verlag, Berlin u.a. 1999, S. 117-130.

Dyllick, Thomas/ Belz, Frank/ Schneidewind, Uwe (1997): Ökologie und Wettbewerbsfähigkeit, Hanser Verlag, München/Wien 1997.

Dyllick, Thomas/ Hummel, Johannes (1996): Integriertes Umweltmanagement – Ein Ansatz im Rahmen des St. Galler Management-Konzepts, IWÖ-Diskussionsbeitrag Nr. 35, St. Gallen 1996.

Epstein, Marc J./ Roy, Mary-Josee (1997): Integrating environmental impacts into capital investment decisions, in: Greener Management International 17 (1997), S. 69-87.

Faßbender-Wynands, Ellen (2001): Umweltorientierte Lebenszyklusrechnung – Instrument zur Unterstützung des Umweltkostenmanagements, Gabler Verlag, Wiesbaden 2001.

Faßbender-Wynands, Ellen/ Seuring, Stefan A. (2003): Grundlagen des Umweltcontrolling – Aufgaben, Instrumente, Organisation, in: Baumast, Annett/ Pape, Jens (Hrsg.), Betriebliches Umweltmanagement – Theoretische Grundlagen, Praxisbeispiele, 2. Aufl., Ulmer Verlag, Stuttgart 2003, S. 135-149.

Fichter, Klaus (Hrsg.), Die EG-Öko-Audit-Verordnung – mit Öko-Controlling zum zertifizierten Umweltmanagementsystem, Hanser Verlag, München/Wien 1995.

Fichter, Klaus/ Loew, Thomas/ Seidel, Eberhard (1997): Betriebliche Umweltkostenrechnung – Methoden und praxisgerechte Weiterentwicklung, Springer Verlag, Berlin u.a. 1997.

Fichter, Klaus/ Loew, Thomas/ Strobel, Markus (2000): Flusskostenmanagement, in: Umweltwirtschaftsforum 8 (2000), Heft 1, S. 72-76.

Fiedler, Hans J./ Große, Holm/ Lehmann, Günter/ Mittag, Martin (Hrsg.) (1996): Umweltschutz – Grundlagen, Planung, Technologien, Management, Fischer Verlag, Jena/Stuttgart 1996.

Figge, Frank/ Hahn, Tobias/ Schaltegger, Stefan/ Wagner, Marcus (2003): The Sustainability Balanced Scorecard as a Framework to Link Environmental Management Accounting with Strategic Management, in: Bennett, Martin/ Rikhardsson, Pall M./ Schaltegger, Stefan (Hrsg.), Environmental Management Accounting – Purpose and Progress, Kluwer Academic Publishers, Dordrecht 2003, S. 17-40.

Fischer, Hartmut (1997): Environmental Cost Management, in: Fischer, Hartmut/ Wucherer, Christian/ Wagner, Bernd/ Burschel, Carlo (Hrsg.), Umweltkostenmanagement – Kosten senken durch praxiserprobtes Umweltcontrolling, Hanser Verlag, München/Wien 1997, S. 137-154.

Fischer, Hartmut (1998): Reststoffkostenrechnung, Springer Verlag, Berlin u.a. 1998.

Fischer, Hartmut (2001): Reststoff-Controlling – Ein neues Tool zur Steigerung der Material- und Energieeffizienz, Springer Verlag, Berlin u.a. 2001.

Fischer, Hartmut/ Wucherer, Christian/ Wagner, Bernd/ Burschel, Carlo (Hrsg.) (1997): Umweltkostenmanagement – Kosten senken durch praxiserprobtes Umweltcontrolling, Hanser Verlag, München/Wien 1997.

Fischer, Thomas M. (1993): Variantenvielfalt und Komplexität als betriebliche Kostenbestimmungsfaktoren?, in: Kostenrechnungspraxis 37 (1993), Heft 1, S. 27-31.

Fleischmann, Moritz/ Bloemhof-Ruwaard, Jacqueline M./ Dekker, Rommert/ van der Laan, Erwin/ van Nunen, Jo A.E.E./ Van Wassenhoven, Luk N. (1997): Quantitative models for reverse logistics: A review, in: European Journal of Operational Research 103 (1997), S. 1-17.

Frankenberger, Grit/ Nassour, Abdallah (1998): Integration der Stoffstromanalyse in das betriebliche Rechnungswesen, in: Umweltwirtschaftsforum 6 (1998), Heft 2, S. 30-33.

Franz, Klaus-Peter/ Kajüter, Peter (1997a): Kostenmanagement in Deutschland – Ergebnisse einer empirischen Untersuchung in deutschen Großunternehmen, in: Franz, Klaus-Peter/ Kajüter, Peter (Hrsg.), Kostenmanagement – Wettbewerbsvorteile durch systematische Kostenrechnung, Schäffer-Poeschel Verlag, Stuttgart 1997, S. 481-502.

Franz, Klaus-Peter/ Kajüter, Peter (1997b): Proaktives Kostenmanagement als Daueraufgabe, in: Franz, Klaus-Peter/ Kajüter, Peter (Hrsg.), Kostenmanagement – Wettbewerbsvorteile durch systematische Kostenrechnung, Schäffer-Poeschel Verlag, Stuttgart 1997, S. 5-27.

Franz, Klaus-Peter/ Kajüter, Peter (2002): Controlling, in: Busse von Colbe, Walther/ Coenenberg, Adolf G./ Kajüter, Peter/ Linnhoff, Ulrich (Hrsg.), Betriebswirtschaft für Führungskräfte – Eine Einführung in wirtschaftliches Denken und Handeln für Ingenieure, Naturwissenschaftler, Juristen und Geisteswissenschaftler, 2., überarbeitete und erweiterte Aufl., Schäffer-Poeschel Verlag, Stuttgart 2002, S. 287-312.

Franz, Klaus-Peter/ Kajüter, Peter (Hrsg.) (1997): Kostenmanagement – Wettbewerbsvorteile durch systematische Kostenrechnung, Schäffer-Poeschel Verlag, Stuttgart 1997.

Freeman, R. Edward (1984): Strategic Management – A Stakeholder Approach, Pitman, Marshfield 1984.

Freidank, Carl-Christian (1993): Die Prozeßkostenrechnung als Instrument des strategischen Kostenmanagement, in: Die Unternehmung 47 (1993), Heft 5, S. 387-405.

Freidank, Carl-Christian/ Götze, Uwe/ Huch, Burkhard/ Weber, Jürgen (Hrsg.) (1997): Kostenmanagement – Aktuelle Konzepte und Anwendungen, Springer Verlag, Berlin u.a. 1997.

Freimann, Jürgen (1996): Betriebliche Umweltpolitik, Praxis – Theorie – Instrumente, Haupt Verlag, Bern/Stuttgart/Wien 1996.

Freimann, Jürgen (1999): Jenseits von EMAS – Umweltmanagementsysteme, Erfahrungen und Perspektiven, in: Seidel, Eberhard (Hrsg.), Betriebliches Umweltmanagement im 21. Jahrhundert – Aspekte, Aufgaben, Perspektiven, Springer Verlag, Berlin u.a. 1999, S. 131-145.

Freimann, Jürgen (2001): Überlegungen zum Nutzen von Umweltmanagementsystem-Standards, in: Umweltwirtschaftsforum 9 (2001), Heft 1, S. 73-77.

Freimann, Jürgen (Hrsg.) (1999): Werkzeuge erfolgreichen Umweltmanagements – Ein Kompendium für die Unternehmenspraxis, Gabler Verlag, Wiesbaden 1999.

Friedl, Birgit (1997): Strategieorientiertes Kostenmanagement in der Industrieunternehmung, in: Küpper, Hans-Ulrich/ Troßmann, Ernst (Hrsg.), Das Rechnungswesen im Spannungsfeld zwischen strategischem und operativem Management – Festschrift für Marcell Schweitzer zum 65. Geburtstag, Verlag Duncker & Humblot, Berlin 1997, S. 411-432.

Friege, Henning (1997): Von der Abfallwirtschaft zum Management von Stoffströmen, in: Müll und Abfall 29 (1997), Heft 1, S. 4-12.

Friege, Henning/ Engelhardt, Claudia/ Henseling, Karl Otto (Hrsg.) (1998): Das Management von Stoffströmen, Geteilte Verantwortung – Nutzen für alle, Springer Verlag, Berlin u.a. 1998.

Fröhling, Oliver (1994a): Strategisches Kostenmanagement: Paradigmenbeschwörung überdeckt Konzeptionsdefizite, in: Dellmann, Klaus/ Franz, Klaus-Peter (Hrsg.), Neuere Entwicklungen im Kostenmanagement, Haupt Verlag, Bern/Stuttgart/Wien 1994, S. 79-131.

Fröhling, Oliver (1994b): Dynamisches Kostenmanagement – Konzeptionelle Grundlagen und praktische Umsetzung im Rahmen eines strategischen Kosten- und Erfolgs-Controlling, Vahlen Verlag, München 1994.

Gälweiler, Aloys (1987): Strategische Unternehmensführung, Campus-Verlag, Frankfurt am Main/New York 1987.

Garbe, Eberhard (1992): Aspekte einer Stoffkreislaufökonomie – aus industrieller Sicht, in: Umweltwirtschaftsforum 1 (1992), Heft 1, S. 16-23.

Gastl, René (2005): Kontinuierliche Verbesserung im Umweltmanagement – Die KVP-Forderung der ISO 14001 in Theorie und Unternehmenspraxis, vdf, Zürich 2005.

Gay, Jürgen (1998): Stoff- und Energieflußkostenrechnung – Ein Ansatz industrieller Kostenrechnung für eine kostensenkende und umweltorientierte Unternehmensführung, Eul Verlag, Lohmar 1998.

Georgescu-Roegen, Nicholas (1971): The Entropy Law and the Economic Process, Harvard University Press, Cambridge 1971.

Georgescu-Roegen, Nicholas (1974): Was geschieht mit der Materie im Wirtschaftsprozess?, in: Brennpunkte (gdi-topics) 5 (1974), Heft 2, S. 17-28.

Götze, Uwe (2000): Kostenrechnung und Kostenmanagement, 2. Aufl., Verlag der GUC, Chemnitz 2000.

Goldbach, Maria (2003): Koordination von Wertschöpfungsketten durch Target Costing und Öko-Target Costing – Eine agentur- und strukturationstheoretische Reflexion, Deutscher Universitätsverlag, Wiesbaden 2003.

Goldmann, Bernhard/ Schellens, Julia (1995): Betriebliche Umweltkennzahlen und ökologisches Benchmarking, Schriftenreihe "Wirtschaft und Umwelt", Band 6, Gutke Verlag, Köln 1995.

Grenzdörffer, Klaus/ Biesecker, Adelheid/ Heide, Holger/ Wolf, Sabine (Hrsg.) (1995): Neue Bewertungen in der Ökonomie, Centaurus Verlags-Gesellschaft, Pfaffenweiler 1995.

Günther, Edeltraud (1994): Ökologieorientiertes Controlling – Konzeption eines Systems zur ökologieorientierten Steuerung und empirische Validierung, Vahlen Verlag, München 1994.

Günther, Thomas (1997): Neuentwicklungen der Kostenrechnung – eine Antwort auf geänderte Fragestellungen, in: Freidank, Carl-Christian/ Götze, Uwe/ Huch, Burkhard/ Weber, Jürgen (Hrsg.), Kostenmanagement – Aktuelle Konzepte und Anwendungen, Springer Verlag, Berlin u.a. 1997, S. 97-120.

Günther, Thomas/ Fischer, Jochen (1999): Investitionsentscheidungen unter besonderer Berücksichtigung ökologischer Aspekte, in: Baum, Heinz-Georg/ Coenenberg, Adolf G./ Günther, Edeltraud (Hrsg.), Betriebliche Umweltökonomie in Fällen, Band I: Anwendung betriebswirtschaftlicher Instrumente, Oldenbourg Verlag, München/Wien 1999, S. 10-43.

Günther, Thomas/ Kriegbaum, Catharina (1999): Life Cycle Costing - Ein Instrument zur Unterstützung der ökologieorientierten Kostenrechnung, in: Baum, Heinz-Georg/ Coenenberg, Adolf G./ Günther, Edeltraud (Hrsg.), Betriebliche Umweltökonomie in Fällen, Band I: Anwendung betriebswirtschaftlicher Instrumente, Oldenbourg Verlag, München/Wien 1999, S. 232-266.

Gupta, Jan Ch. (1998): Marktinduziertes Ressourcen- und Kostenmanagement – Produktorientierte Gestaltung der Ressourcenstruktur in der Einzel- und Kleinserienfertigung, Shaker Verlag, Aachen 1998.

Gupta, Mahesh C. (1995): Environmental management and its impact on the operations function, in: International Journal of Operations & Production Management 15 (1995), S. 34-51.

Gutenberg, Erich (1962): Grundlagen der Betriebswirtschaftslehre, Bd. 1: Die Produktion, 7. Aufl., Springer Verlag, Berlin u.a. 1962.

Gutenberg, Erich (1975): Einführung in die Betriebswirtschaftslehre, Gabler Verlag, Wiesbaden 1975.

Gutenberg, Erich (1979): Grundlagen der Betriebswirtschaftslehre, Bd. 1: Die Produktion, 23. Aufl., Springer Verlag, Berlin u.a. 1979.

Gutenberg, Erich (1983): Grundlagen der Betriebswirtschaftslehre, Bd. 1: Die Produktion, 24. Aufl., Springer Verlag, Berlin u.a. 1983.

Haasis, Hans-Dietrich (1996): Betriebliche Umweltökonomie, Springer Verlag, Berlin u.a. 1996.

Haasis, Hans-Dietrich (1997): Ein Überblick über Betriebliche Umweltinformationssysteme, in: Umweltwirtschaftsforum 5 (1997), Heft 3, S. 4-6.

Haber, Wolfgang (1992): Landschaftsökologische Erkenntnisse als Grundlage wirtschaftlichen Handelns, in: Seidel, Eberhard (Hrsg.), Betrieblicher Umweltschutz – Landschaftsökologie und Betriebswirtschaftslehre, Gabler Verlag, Wiesbaden 1992, S. 15-30.

Haber, Wolfgang (1995): Ökosystem, in: Junkernheinrich, Martin/ Klemmer, Paul/ Wagner, Gerd R. (Hrsg.), Handbuch zur Umweltökonomie, Analytica Verlag, Berlin 1995, S. 193-198.

Halfmann, Marion (1996a): Ansatzpunkte einer Reduktionspotentialplanung, in: Umweltwirtschaftsforum 4 (1996), Heft 4, S. 40-43.

Halfmann, Marion (1996b): Industrielles Reduktionsmanagement – Planungsaufgaben bei der Bewältigung von Produktionsrückständen, Deutscher Universitäts-Verlag, Wiesbaden 1996.

Hallay, Hendric/ Pfriem, Reinhard (1992): Öko-Controlling, Campus Verlag, Frankfurt am Main/New York 1992.

Haller, Matthias/ Bleicher, Knut/ Brauchlin, Emil/ Pleitner, Hans-Jobst/ Wunderer, Rolf/ Zünd, André (Hrsg.) (1993): Globalisierung der Wirtschaft – Einwirkungen auf die Betriebswirtschaftslehre, 54. Wissenschaftliche Jahrestagung des Verbandes der Hochschullehrer für Betriebswirtschaft e.V. vom 9.-13. Juni 1992 in St. Gallen, Verlag Paul Haupt, Bern/Stuttgart/Wien 1993.

Hamschmidt, Jost (2002): Managementsysteme – vom Umwelt- zum Sustainability-Management?, in: Umweltwirtschaftsforum 10 (2002), Heft 1, S. 62-65.

Hardt, Rosemarie (1998): Kostenmanagement – Methoden und Instrumente, Oldenbourg Verlag, München/Wien 1998.

Haupt, Reinhard (1993): Kosteneinflußgrößen, in: Wittmann, Waldemar/ Kern, Werner/ Köhler, Richard/ Küpper, Hans-Ulrich/ von Wysocki, Klaus (Hrsg.), Handwörterbuch der Betriebswirtschaft, Teilband 2, Enzyklopädie der Betriebswirtschaftslehre I, 5., völlig neu gestaltete Aufl., Schäffer-Poeschel Verlag, Stuttgart 1993, Sp. 2330-2339.

Heijungs, Reinout/ Guinée, Jeroen B./ Huppes, Gjalt/ Lankreijer, Raymond M./ Udo de Haes, Helias A./ Wegener Sleeswijk, Anneke/ Ansems, A.M.M./ Eggels, P.G./ van Duin, R./ de Goede, H.P. (1992): Environmental Life Cycle Assessment of Products – Guide, Centrum voor Milieukunde, Leiden 1992.

Heinen, Edmund (1983): Betriebswirtschaftliche Kostenlehre – Kostentheorie und Kostenentscheidungen, 6., verb. u. erw. Aufl., Gabler Verlag, Wiesbaden 1983.

Heinen, Edmund (1991): Industriebetriebslehre – Entscheidungen im Industriebetrieb, 9. Aufl., Gabler Verlag, Wiesbaden 1991.

Hemenway, Caroline G. (1995): What is ISO 14000? – Questions and Answers, CEEM Information Services, CEEM Information Services/ASQC Quality Press, Fairfax 1995.

Hendrickson, Lorraine U./ Tuttle, Dale B. (1997): Dynamic management of the environmental enterprise: a qualitative analysis, in: Journal of Organizational Change Management 10 (1997), S. 363-382.

Henseling, Karl-Otto (1994): Aufgaben und Grenzen der Kreislaufwirtschaft – Leitbilder einer ökologischen Stoffwirtschaft, in: Umweltwirtschaftsforum 2 (1994), Heft 4, S. 15-18.

Henseling, Karl-Otto (1998): Stoffstrommanagement – Organisation des integrierten Umweltschutzes, in: Umweltwirtschaftsforum 6 (1998), Heft 2, S. 6-8.

Heupel, Thomas (2007): Betriebliche Nachhaltigkeitskostenrechnung – Begriffliche Grundlagen und konzeptioneller Diskurs, Shaker Verlag, Aachen 2008.

Heupel, Thomas/ Wendisch, Natalie (2003): Green Success: Process-based Environmental Cost Accounting - Implementation in SME's in Germany, in: Bennett, Martin/ Rikhardsson, Pall M./ Schaltegger, Stefan (Hrsg.), Environmental Management Accounting – Purpose and Progress, Kluwer Academic Publishers, Dordrecht 2003, S. 333-363.

Hitzler, Lothar (2003): Eine Typisierung des Umweltverhaltens von Unternehmen: Ergebnisse einer empirischen Untersuchung, in: Schmidt, Mario/ Schwegler, Regina (Hrsg.), Umweltschutz und strategisches Handeln – Ansätze zur Integration in das betriebliche Management, Gabler Verlag, Wiesbaden 2003, S. 271-283.

Hoffmann, Esther/ Ankele, Kathrin/ Nill, Jan (2003): Innovationswirkungen und Lerneffekte durch EMAS, in: Umweltwirtschaftsforum 11 (2003), Heft 1, S. 32-38.

Hofmeister, Sabine (1998): Von der Abfallwirtschaft zur ökologischen Stoffwirtschaft – Wege zu einer Ökonomie der Reproduktion, Westdeutscher Verlag, Opladen 1998.

Holt, Diane (1998): The perceived benefits of an environmental management standard, in: Business Process Management Journal 4 (1998), S. 204-213.

Hopfenbeck, Waldemar (1994): Umweltorientiertes Management und Marketing – Konzepte, Instrumente, Praxisbeispiele, 3. Aufl., Verlag Moderne Industrie, Landsberg/Lech 1994.

Hopfenbeck, Waldemar/ Willig, Matthias (1995): Umweltorientiertes Personalmanagement – Umweltbildung, Motivation, Mitarbeiterkommunikation, Verlag Moderne Industry, Landsberg/Lech 1995.

Horváth, Peter (1990): Revolution im Rechnungswesen: Strategisches Kostenmanagement, in: Horváth, Peter (Hrsg.), Strategieunterstützung durch das Controlling: Revolution im Rechnungswesen?, Poeschel Verlag, Stuttgart 1990, S. 175-193.

Horváth, Peter (Hrsg.) (1990): Strategieunterstützung durch das Controlling: Revolution im Rechnungswesen?, Poeschel Verlag, Stuttgart 1990.

Horváth, Péter/ Brokemper, Andreas (1998): Strategieorientiertes Kostenmanagement – Thesen zum Einsatz von Kosteninformationen im strategischen Planungsprozess, in: Zeitschrift für Betriebswirtschaft 68 (1998), Heft 6, S. 581-604.

IHK Hochrhein Bodensee (Hrsg.) (1997): Umweltmanagement im Großhandel, Leitfaden zur Anwendung der EG-Öko-Audit-Verordnung, Karlsruhe 1997.

Jacobs, Rolf (1994): Organisation des Umweltschutzes in Industriebetrieben, Physica Verlag, Heidelberg 1994.

Jäger, Tobias/ Karger, Cornelia R. (2006): Instrumente zur Nachhaltigkeitsbewertung – Eine Synopse, Projektbericht, Jülich 2006.

Jasch, Christine M. (2001): Umweltrechnungswesen – Grundsätze und Vorgehensweise, hrsg. vom Bundesministerium für Verkehr, Innovation und Technologie, Berichte aus Energie- und Umweltforschung 6a/2001, Wien 2001.

Jörgens, Helge/ Jörgensen, Kirsten (2000): Von der Abfallbeseitigung zur Kreislaufwirtschaft – Abfallpolitik in der Bundesrepublik Deutschland, in: Geographische Rundschau 52 (2000), Heft 6, S. 4-8.

Junkernheinrich, Martin/ Klemmer, Paul/ Wagner, Gerd R. (Hrsg.) (1995): Handbuch zur Umweltökonomie, Analytica Verlag, Berlin 1995.

Kajüter, Peter (1997): Prozessmanagement und Prozesskostenrechnung, in: Franz, Klaus-Peter/ Kajüter, Peter (Hrsg.), Kostenmanagement – Wettbewerbsvorteile durch systematische Kostensteuerung, Schäffer-Poeschel Verlag, Stuttgart 1997, S. 209 ff.

Kalpić, Damir/ Mornar, Vedran/ Baranović, Mirta (1995): Case study based on a multi-period multi-criteria production planning model, in: European Journal of Operational Research 87 (1995), S. 658-669.

Kamiske, Gerd F./ Butterbrodt, Detlef/ Dannich-Kappelmann, Martina/ Tammler, Ulrich (1995): Umweltmanagement – Moderne Methoden und Techniken zur Umsetzung, Carl Hanser Verlag, München/Wien 1995.

Kaplan, Robert S. (Hrsg.) (1991): Spitzenleistungen in der Produktion, Ueberreuter Verlag, Wien 1991.

Kern, Werner (1992): Industrielle Produktionswirtschaft, 5., durchgesehene und aktualisierte Aufl., Poeschel Verlag, Stuttgart 1992.

Kern, Werner (Hrsg.) (1979): Handwörterbuch der Produktionswirtschaft, Stuttgart 1979.

Kern, Werner/ Schröder, Hans-Horst/ Weber, Jürgen (Hrsg.) (1996): Handwörterbuch der Produktionswirtschaft, 2., völlig neu gestaltete Aufl., Schäffer-Poeschel Verlag, Stuttgart 1996.

Kieser, Alfred/ Spindler, Gerald/ Walgenbach, Peter (2002): Mehr Rechtssicherheit durch normative Managementkonzepte und Organisationsnormung?, in: Zeitschrift für betriebswirtschaftliche Forschung 54 (2002), S. 395-425.

Kilger, Wolfgang (1982): Die Theorie der industriellen Produktion auf der Grundlage dipositiv variierbarer Prozeßparameter, in: Koch, Helmut (Hrsg.), Neuere Entwicklungen in der Unternehmenstheorie, Erich Gutenberg zum 85. Geburtstag, Gabler Verlag, Wiesbaden 1982, S. 99-148.

Kirchgäßner, Heiko (1995): Informationsinstrumente einer ökologieorientierten Unternehmensführung, Ökobilanz – EU-Öko-Audit – Industrielle Kostenrechnung, Gabler Verlag, Wiesbaden 1995.

Kirchgeorg, Manfred (1999): Marktstrategisches Kreislaufmanagement – Ziele, Strategien und Strukturkonzepte, Gabler Verlag, Wiesbaden 1999.

Kistner, Klaus-Peter (1983): Zur Erfassung von Umwelteinflüssen der Produktion in der linearen Aktivitätsanalyse, in: Wirtschaftswissenschaftliches Studium 12 (1983), Heft 8, S. 389-395.

Kistner, Klaus-Peter (1989): Umweltschutz in der betrieblichen Produktionsplanung, in: Betriebswirtschaftliche Forschung und Praxis 41 (1989), Heft 1, S. 30-50.

Kistner, Klaus-Peter (1993): Produktions- und Kostentheorie, 2., vollst. überarb. und erw. Aufl., Physica Verlag, Heidelberg 1993.

Klassen, Robert D. (2000): Exploring the linkage between investment in manufacturing and environmental technologies, in: International Journal of Operations & Production Management 20 (2000), S. 127-147.

Klingelhöfer, Heinz E. (2000): Betriebliche Entsorgung und Produktion – Abfallpolitische Rahmenbedingungen und ihre Integration in die Produktionstheorie und die Produktionsprogrammplanung, Gabler Verlag/Deutscher Universitäts-Verlag, Wiesbaden 2000.

Kloock, Josef (1990): Ökologieorientierte Kostenrechnung als Umweltkostenrechnung, Diskussionsbeiträge zum Rechnungswesen, Beitrag Nr. 2, Köln 1990.

Kloock, Josef (1993): Neuere Entwicklungen betrieblicher Umweltkostenrechnungen, Betriebswirtschaft und Umweltschutz, Stuttgart 1993, S. 179-206.

Kloock, Josef/ Sieben, Günter/ Schildbach, Thomas (1999): Kosten- und Leistungsrechnung, 8. Aufl., Werner Verlag, Düsseldorf 1999.

Koch, Helmut (1958): Zur Diskussion über den Kostenbegriff, in: Zeitschrift für betriebswirtschaftliche Forschung 10 (1958), S. 355-399.

Koch, Helmut (Hrsg.) (1982): Neuere Entwicklungen in der Unternehmenstheorie, Erich Gutenberg zum 85. Geburtstag, Gabler Verlag, Wiesbaden 1982.

Kottmann, Heinz (Hrsg.) (1998): Ökologisches Benchmarking von Unternehmen, IÖW-Schriftenreihe Nr. 133/98, Berlin 1998.

Kosiol, Erich (1964): Kostenrechnung, Gabler Verlag, Wiesbaden 1964.

Kraemer, Wolfgang (1993): Effizientes Kostenmanagement – EDV-gestützte Datenanalyse und -interpretation durch den Controlling-Leitstand, Gabler Verlag, Wiesbaden 1993.

Kralj, Damir (1999): Lebenszyklus, Lebenszykluskosten und Lebenszykluskostenrechnung, in: Controlling 11 (1999), Heft 4/5, S. 227-228.

Kramer, Matthias/ Eifler, Peggy (Hrsg.) (2003): Umwelt- und kostenorientierte Unternehmensführung, Deutscher Universitäts-Verlag, Wiesbaden 2003.

Kramer, Matthias/ Strebel, Heinz/ Kayser, Gernot (Hrsg.) (2003): Internationales Umweltmanagement, Band III: Operatives Umweltmanagement im internationalen und interdisziplinären Kontext, Gabler Verlag, Wiesbaden 2003.

Kreibich, Rolf (1996): Wirtschaften in Kreisläufen: Voraussetzung für eine zukunftsfähige Wirtschaft, in: Kreibich, Rolf/ Atmatzidis, Ekaterina/ Behrendt, Siegfried (Hrsg.), Wirtschaften in Kreisläufen – Ökologisches Produktmanagement, Beltz Verlag, Weinheim/Basel 1996, S. 13-28.

Kreibich, Rolf/ Atmatzidis, Ekaterina/ Behrendt, Siegfried (Hrsg.) (1996): Wirtschaften in Kreisläufen – Ökologisches Produktmanagement, Beltz Verlag, Weinheim/Basel 1996.

Kreikebaum, Hartmut/ Seidel, Eberhard/ Zabel, Hans-Ulrich (Hrsg.) (1994): Unternehmenserfolg durch Umweltschutz – Rahmenbedingungen, Instrumente, Praxisbeispiele, Gabler Verlag, Wiesbaden 1994.

Kremin-Buch, Beate (2001): Strategisches Kostenmanagement – Grundlagen und moderne Instrumente, 2., vollst. überarb. Aufl., Gabler Verlag, Wiesbaden 2001.

Krivanek, Tomas/ Eifler, Peggy/ Kramer, Matthias (2003): Umweltcontrolling und Umweltkennzahlensysteme, in: Kramer, Matthias/ Strebel, Heinz/ Kayser, Gernot (Hrsg.), Internationales Umweltmanagement, Band III: Operatives Umweltmanagement im internationalen und interdisziplinären Kontext, Gabler Verlag, Wiesbaden 2003, S. 445-480.

Kuba, Rainer (1986): Kultur wohin? Recycling langfristig gedacht, in: io Management Zeitschrift 55 (1986), Heft 7/8, S. 329-332.

Küpper, Hans-Ulrich (2002): Unternehmensrechnung, Struktur und Teilsysteme, in: Küpper, Hans-Ulrich/ Wagenhofer, Alfred (Hrsg.), Handwörterbuch Unternehmensrechnung und Controlling, Enzyklopädie der Betriebswirtschaftslehre III, 4. Aufl., Schäffer-Poeschel Verlag, Stuttgart 2002, Sp. 2030-2043.

Küpper, Hans-Ulrich (2005): Controlling – Konzeption, Aufgaben, Instrumente, 4. überarb. Aufl., Schäffer-Poeschel Verlag, Stuttgart 2005.

Küpper, Hans-Ulrich/ Troßmann, Ernst (Hrsg.) (1997): Das Rechnungswesen im Spannungsfeld zwischen strategischem und operativem Management – Festschrift für Marcell Schweitzer zum 65. Geburtstag, Verlag Duncker & Humblot, Berlin 1997

Küpper, Hans-Ulrich/ Wagenhofer, Alfred (Hrsg.) (2002): Handwörterbuch Unternehmensrechnung und Controlling, Enzyklopädie der Betriebswirtschaftslehre III, 4. Aufl., Schäffer-Poeschel Verlag, Stuttgart 2002.

Kumaran, D. Senthil/ Ong, Soh K./ Tan, Reginald B.H./ Nee, Andrew Y.C. (2001): Environmental life cycle cost analysis of products, in: Environmental Management and Health 12 (2001), S. 260-276.

Kuosmanen, Timo/ Kortelainen, Mika (2007): Valuing environmental factors in cost-benefit analysis using data employment analysis, in: Ecological Economics 62 (2007), S. 56-65.

Lange, Christoph/ Fischer, Regina (1998): Umweltschutzbezogene Kostenrechnung auf Basis der Einzelkosten- und Deckungsbeitragsrechnung als Instrument des Controlling, in: Steven, Marion (Hrsg.), Umweltorientiertes Rechnungswesen, Beiträge zu einem Workshop am 20.02.1998, Institut für Unternehmungsführung und Unternehmensforschung, Arbeitsbericht Nr. 72, Bochum 1998, S. 1-22.

Lee, Jeong-Dong/ Park, Jong-Bok/ Kim, Tai-Yoo (2002): Estimation of the shadow prices of pollutants with production/environment inefficiency taken into account: a nonparametric directional distance function approach, in: Journal of Environmental Management 64 (2002), S. 365-375.

Lesourd, Jean-Baptiste/ Schilizzi, Steven G.M. (2001): The Environment in Corporate Management – New Directions and Economic Insights, Edward Elgar, Cheltenham/Northampton 2001.

Letmathe, Peter (1997): Die kostentheoretische Bewertung von betrieblichen Umweltwirkungen, in: Zimmermann, Uwe/ Derigs, Ulrich/ Gaul, Wolfgang/ Möhring, Rolf H./ Schuster, Karl-Peter (Hrsg.), Operations Research Proceedings 1996, Selected Papers of the Symposium on Operations Research, Springer Verlag, Berlin u.a. 1997, S. 403-408.

Letmathe, Peter (1998): Umweltbezogene Kostenrechnung, Vahlen Verlag, München 1998.

Letmathe, Peter (2003): Die Erzielung von Lernkurveneffekten durch Umweltmanagementsysteme, in: Kramer, Matthias/ Eifler, Peggy (Hrsg.), Umwelt- und kostenorientierte Unternehmensführung, Deutscher Universitäts-Verlag, Wiesbaden 2003, S. 15-37.

Letmathe, Peter/ Balakrishnan, Nagraj (2005): Impact of Environmental Constraints on the Optimal Product Mix, in: European Journal of Operational Research 167 (2005), S. 398-412.

Letmathe, Peter/ Doost, Roger K. (2000): Environmental cost accounting and auditing, in: Managerial Auditing Journal 15 (2000), S. 424-430.

Letmathe, Peter/ Steven, Marion (1995): Die Berücksichtigung von Maßnahmen der staatlichen Umweltpolitik bei betrieblichen Investitionsentscheidungen, in: Wirtschaftswissenschaftliches Studium 24 (1995), S. 120-123 und S. 167-172.

Letmathe, Peter/ Stürznickel, Berndt/ Tschesche, Julia (2002): Ressourcenkostenrechnung, in: Umweltwirtschaftsforum 10 (2002), S. 52-57.

Letmathe, Peter/ Wagner, Gerd R. (2002): Umweltkostenrechnung, in: Küpper, Hans-Ulrich/ Wagenhofer, Alfred (Hrsg.), Handwörterbuch Unternehmensrechnung und Controlling, Enzyklopädie der Betriebswirtschaftslehre III, 4. Aufl., Schäffer-Poeschel Verlag, Stuttgart 2002, S. 1988-1997.

Letmathe, Peter/ Wagner, Sandra (2006): Optimal strategies for emissions trading in a Putty-Clay-Vintage-Model, in: Antes, Ralf/ Hansjürgens, Bernd/ Letmathe, Peter (Hrsg.), Emissions Trading and Business, Springer Verlag, Berlin/Heidelberg/New York 2006, S. 91-104.

LfU Baden-Württemberg (Hrsg.) (1995): Umweltmanagement in der metallverarbeitenden Industrie, Leitfaden zur EG-Umwelt-Audit-Verordnung, Karlsruhe 1995.

LfU Baden-Württemberg (Hrsg.) (1996a): Umweltmanagement für Krankenhäuser, Leitfaden zur Anwendung der EG-Öko-Audit-Verordnung, Karlsruhe 1996.

LfU Baden-Württemberg (Hrsg.) (1996b): Umweltmanagement für Verkehrsbetriebe, Leitfaden zur Anwendung der EG-Öko-Audit-Verordnung, Karlsruhe 1996.

LfU Baden-Württemberg (Hrsg.) (1996c): Umweltmanagement im Einzelhandel, Leitfaden zur Anwendung der EG-Öko-Audit-Verordnung, Karlsruhe 1996.

Li, Y.P./ Huang, G.H./ Nie, X.H./ Nie, S.L. (2008): A two-stage fuzzy robust integer programming approach for capacity planning of environmental management systems, in: European Journal of Operational Research 189 (2008), S. 399-420.

Liesegang, Dietfried G. (1993): Reduktionswirtschaft als Komplement zur Produktionswirtschaft – eine globale Notwendigkeit, in: Haller, Matthias/ Bleicher, Knut/

Brauchlin, Emil/ Pleitner, Hans-Jobst/ Wunderer, Rolf/ Zünd, André (Hrsg.), Globalisierung der Wirtschaft – Einwirkungen auf die Betriebswirtschaftslehre, 54. Wissenschaftliche Jahrestagung des Verbandes der Hochschullehrer für Betriebswirtschaft e.V. vom 9.-13. Juni 1992 in St. Gallen, Verlag Paul Haupt, Bern/Stuttgart/Wien 1993, S. 383-395.

Liesegang, Dietfried G. (1994): Zur Einführung, in: Umweltwirtschaftsforum 2 (1994), Heft 4, S. 6-7.

Liesegang, Dietfried G. (1996): Reduktions- und Produktionswirtschaft – Partner in einer umweltbewußten, auf Nachhaltigkeit bedachten Volkswirtschaft, in: Umweltwirtschaftsforum 4 (1996), Heft 4, S. 3-5.

Liesegang, Dietfried G. (1999): Das Konzept einer Reproduktionswirtschaft als Herausforderung für das Umweltmanagement, in: Seidel, Eberhard (Hrsg.), Betriebliches Umweltmanagement im 21. Jahrhundert – Aspekte, Aufgaben, Perspektiven, Springer Verlag, Berlin u.a. 1999, S. 181-191.

Liesegang, Dietfried G. (2003): Umweltorientierte Produktions- und Kreislaufwirtschaft, in: Kramer, Matthias/ Strebel, Heinz/ Kayser, Gernot (Hrsg.), Internationales Umweltmanagement, Band III: Operatives Umweltmanagement im internationalen und interdisziplinären Kontext, Gabler Verlag, Wiesbaden 2003, S. 71-105.

Loew, Thomas (2003): Environmental Cost Accounting – Classifying and Comparing Selected Approaches, in: Bennet, Martin/ Rikhardsson, Pall M./ Schaltegger, Stefan (Hrsg.), Environmental Management Accounting – Purpose and Progress, Kluwer Academic Publishers, Dordrecht 2003, S. 41-56.

Loew, Thomas/ Hjálmarsdóttir, Hafdis (1996): Umweltkennzahlen für das betriebliche Umweltmanagement, Schriftenreihe des IÖW 99/96, Berlin 1996.

Loew, Thomas/ Fichter, Klaus/ Müller, Uta/ Schulz, Werner/ Strobel, Markus (2003): Ansätze der Umweltkostenrechnung im Vergleich – Vergleichende Beurteilung von Ansätzen der Umweltkostenrechnung auf ihre Eignung für die betriebliche Praxis und ihren Beitrag für eine ökologische Unternehmensführung, hrsg. v. Umweltbundesamt, Berlin 2003.

Löwe, Nicole (2000): Konzeption einer nachhaltigen Abfallwirtschaft – Aspekte aus Sicht der Nachhaltigkeit, Peter Lang Verlag, Frankfurt am Main 2000.

Lorson, Peter (1994): Kostenniveau und Kostenstrukturen strategisch beeinflussen, in: bilanz & buchhaltung 40 (1994), Heft 5, S. 178-182.

Luhmann, Niklas (1984): Soziale Systeme – Grundriss einer allgemeinen Theorie, Frankfurt am Main 1984.

Lundie, Sven (1999): Ökobilanzierung und Entscheidungstheorie – Praxisorientierte Produktbewertung auf der Basis gesellschaftlicher Werthaltungen, Springer Verlag, Berlin u.a. 1999.

Macharzina, Klaus/ Wolf, Joachim (2005): Unternehmensführung, Das internationale Managementwissen, Konzepte – Methoden – Praxis, 5. grundlegend überarb. Aufl., Gabler Verlag, Wiesbaden 2005.

Mahammadzadeh, Mahammad/ Biebeler, Hendrik (2004): Stoffstrommanagement – Grundlagen und Praxisbeispiele, Deutscher Institutsverlag, Köln 2004.

Madsen, Henning/ Ulhoi, John P. (2001): Integrating Environmental and Stakeholder Management, in: Business Strategy and the Environment 10 (2001), S. 77-88.

Männel, Wolfgang (1992a): Anpassung der Kostenrechnung an moderne Unternehmensstrukturen, in: Männel, Wolfgang (Hrsg.), Handbuch Kostenrechnung, Gabler Verlag, Wiesbaden 1992, S. 105-137.

Männel, Wolfgang (1992b): Kostenmanagement – Bedeutung und Aufgaben, in: Kostenrechnungspraxis 36 (1992), Heft 5, S. 289-291.

Männel, Wolfgang (1992c): Stand und Weiterentwicklung der Kostenrechnung, in: Kostenrechnungspraxis 36 (1992), Heft 1, S. 38-49.

Männel, Wolfgang (1993a): Kostenmanagement als Aufgabe der Unternehmensführung, in: Kostenrechnungspraxis 37 (1993), Heft 4, S. 210-213.

Männel, Wolfgang (1993b): Moderne Konzepte für Kostenrechnung, Controlling und Kostenmanagement, in: Kostenrechnungspraxis 37 (1993), Heft 2, S. 69-78.

Männel, Wolfgang (1995): Ziele und Aufgabenfelder des Kostenmanagement, in: Reichmann, Thomas (Hrsg.), Handbuch Kosten- und Erfolgs-Controlling, Vahlen Verlag, München 1995, S. 25-45.

Männel, Wolfgang (1997): Aufgaben, Schwerpunkte und Instrumente des Kostenmanagements, in: Küpper, Hans-Ulrich/ Troßmann, Ernst (Hrsg.), Das Rechnungswesen im Spannungsfeld zwischen strategischem und operativem Management, Festschrift für Marcell Schweitzer zum 65. Geburtstag, Berlin 1997, S. 161-184.

Männel, Wolfgang (Hrsg.) (1992): Handbuch Kostenrechnung, Gabler Verlag, Wiesbaden 1992.

Männel, Wolfgang (Hrsg.) (1994): Kongress Kostenrechnung '94, Verlag der GAB, Lauf an der Pegnitz 1994.

Männel, Wolfgang (Hrsg.) (1995): Modernes Kostenmanagement – Grenzplankostenrechnung als Controllinginstrument, Gabler Verlag, Wiesbaden 1995.

Männel, Wolfgang (Hrsg.) (1996): Frühzeitiges Kostenmanagement – Kalkulationsmethoden und DV-Unterstützung, in: Kostenrechnungspraxis 40 (1996), Sonderheft 1, 1996.

Malinsky, Adolf H./ Seidel, Eberhard (1994): Betriebswirtschaftslehre und Ökologie - Ansätze zu einer interdisziplinären Kooperation am Beispiel des betrieblichen Rechnungswesens, in: Kreikebaum, Hartmut/ Seidel, Eberhard/ Zabel, Hans-Ulrich (Hrsg.), Unternehmenserfolg durch Umweltschutz – Rahmenbedingungen, Instrumente, Praxisbeispiele, Gabler Verlag, Wiesbaden 1994, S. 31-52.

Maselli, Jörg (2000): Integration von Umweltkosten in das strategische und operative Kostenmanagement, in: Buchführung, Bilanz, Kostenrechnung, o.Jg. (2000), Heft 13, S. 621-628.

Maselli, Jörg (2001): Integration von Umweltkosten in das Kostenmanagement, Papierflieger Verlag, Clausthal-Zellerfeld 2001.

Matschke, Manfred J./ Jaeckel, Ulf D./ Lemser, Bernd (1996): Betriebliche Umweltwirtschaft – Eine Einführung in die betriebliche Umweltökonomie und in Probleme ihrer Handhabung in der Praxis, Verlag Neue Wirtschafts-Briefe, Herne/Berlin 1996.

Matten, Dirk (2002): Umweltmanagement und Globalisierung aus Sicht der Betriebswirtschaftlichen Umweltökonomie, in: Zeitschrift für angewandte Umweltforschung 14 (2002), Heft 1-4, S. 144-165.

Meadows, Donella H./ Randers, Jørgen/ Meadows, Dennis L. (1972a): Die Grenzen des Wachstums, Bericht des Club of Rome zur Lage der Menschlichkeit, Deutsche Verlags-Anstalt, Stuttgart 1972.

Meadows, Donella H./ Randers, Jørgen/ Meadows, Dennis L. (1972b): The Limits to Growth, Universe Books, New York 1972.

Meffert, Heribert/ Kirchgeorg, Manfred (1989): Umweltschutz als Unternehmensziel, in: Specht, Günter (Hrsg.), Marketing-Schnittstellen, Stuttgart 1989, S. 179-199.

Meffert, Heribert/ Kirchgeorg, Manfred (1996a): Kreislaufspezifische Zielsysteme von Herstellern langlebiger Gebrauchsgüter – Ergebnisse einer empirischen Untersuchung von produktbezogenen Rücknahme- und Recyclingsystemen, in: Umweltwirtschaftsforum 4 (1996), Heft 4, S. 6-12.

Meffert, Heribert/ Kirchgeorg, Manfred (1996b): Ökologieorientierte Produktgestaltung, in: Kern, Werner/ Schröder, Hans-Horst/ Weber, Jürgen (Hrsg.), Handwörterbuch der Produktionswirtschaft, 2., völlig neu gestaltete Aufl., Schäffer-Poeschel Verlag, Stuttgart 1996, Sp. 1325-1338.

Meffert, Heribert/ Kirchgeorg, Manfred (1998): Marktorientiertes Umweltmanagement, Konzeption – Strategie – Implementierung mit Praxisfällen, 3., überarb. und erw. Aufl., Schäffer-Poeschel Verlag, Stuttgart 1998.

Michaelis, Peter (1999): Betriebliches Umweltmanagement – Grundlagen des Umweltmanagements, Umweltmanagement in Funktionsbereichen, Fallbeispiele aus der Praxis, Verlag Neue Wirtschafts-Briefe, Herne/Berlin 1999.

Miller, George T. (2000): Living in the Environment – principles, connections, and solutions, Brooks/Cole Publishing Company, Pacific Grove u.a. 2000.

Minder, Karin I. (1994): Die Autonomie der Unternehmung – ein neuer Denkansatz für das Management von Umweltkomplexität, in: Schüller, Achim/ Schlange, Lutz E. (Hrsg.), Komplexität und Managementpraxis – Reale Visionen zum Komplexitätsmanagement, Enke Verlag, Stuttgart 1994, S. 33-70.

Müller, Heinrich (1995): Moderne Kostenrechnungssysteme zur Unterstützung des Kosten- und Erfolgs-Controlling, in: Reichmann, Thomas (Hrsg.), Handbuch Kosten- und Erfolgs-Controlling, Vahlen Verlag, München 1995, S. 185-353.

Müller, Martin (2002): Stand und Perspektiven normierter Umweltmanagementsysteme, in: Zabel, Hans-Ulrich (Hrsg.), Betriebliches Umweltmanagement – nachhaltig und interdisziplinär, Erich Schmidt Verlag, Berlin 2002, S. 211-226.

Müller-Christ, Georg (2001): Nachhaltiges Ressourcenmanagement – Eine wirtschaftsökologische Fundierung, Metropolis Verlag, Marburg 2001.

Müller-Stewens, Günter/ Lechner, Christoph (2005): Strategisches Management – Wie strategische Initiativen zum Wandel führen, 3. aktualisierte Aufl., Schäffer-Poeschel Verlag, Stuttgart 2005.

Müller-Wenk, Rudolf (1978): Die ökologische Buchhaltung, Campus Verlag, Frankfurt am Main 1978.

Neitzel, Manfred/ Mitschang, Peter (Hrsg.) (2004): Handbuch Verbundwerkstoffe – Werkstoffe, Verarbeitung, Anwendung, Hanser Verlag, München 2004.

Nijkamp, Peter/ van den Bergh, Jeroen C.J.M. (1997): New advances in economic modeling and evaluation of environmental issues, in: European Journal of Operational Research 99 (1997), S. 180-196.

Nissen, Ulrich/ Pape, Jens/ Vollmer, Simone A.M./ Kreiner-Cordes, Gerald (1998): Der an die EU-Mitgliedsstaaten gerichtete Regelungsauftrag zur Unterrichtung der Öffentlichkeit über die EG-Öko-Audit-Verordnung, in: Doktoranden-Netzwerk Öko-Audit e.V. (Hrsg.), Umweltmanagementsysteme zwischen Anspruch und Wirklichkeit – Eine interdisziplinäre Auseinandersetzung mit der EG-Öko-Audit-Verordnung und der DIN EN ISO 14001, Springer Verlag, Berlin u.a. 1998, S. 109-129.

Orthmann, Frank (1998): Der Stand der Diskussion über Deregulierungs- und Substitutionsmaßnahmen im Zusammenhang mit der EG-Öko-Audit-Verordnung, in: Doktoranden-Netzwerk Öko-Audit e.V. (Hrsg.), Umweltmanagementsysteme zwischen Anspruch und Wirklichkeit – Eine interdisziplinäre Auseinandersetzung mit der EG-Öko-Audit-Verordnung und der DIN EN ISO 14001, Springer Verlag, Berlin u.a. 1998, S. 131-142.

Ossadnik, Wolfgang (2003): Controlling, 3., überarb. und erw. Aufl., Oldenbourg Verlag, München/Wien 2003.

Pape, Jens (2001): Neuer Wind durch EMAS II? – Revision der EG-Umwelt-Audit-Verordnung (EMAS), in: Deutsche Molkereizeitung, o.Jg. (2001), Heft 3, S. 100-105.

Palloks-Kahlen, Monika/ Diederichs, Marc (2001a): Kennzahlengestütztes Umweltmanagement – Teil I: Grundlagen, in: Umweltwirtschaftsforum 9 (2001), Heft 1, S. 58-63.

Palloks-Kahlen, Monika/ Diederichs, Marc (2001b): Kennzahlengestütztes Umweltmanagement – Teil II: Aufbau des Kennzahlensystems, in: Umweltwirtschaftsforum 9 (2001), Heft 1, S. 69-76.

Pasckert, Andreas (1997): Zukunftsfähige Wertschöpfungskreisläufe, Duisburger Betriebswirtschaftliche Schriften, Band 15, S+W Steuer- und Wirtschaftsverlag, Hamburg 1997.

Peglau, Reinhard (2007): Worldwide number of ISO 14001 certification – January 2006, in: http://www.ecology.or.jp/isoworld/english/analy14k.htm, Stand: 13.10.2009.

Penkuhn, Torsten/ Spengler, Thomas/ Püchert, Holger/ Rentz, Otto (1997): Environmental integrated production planning for the ammonia synthesis, in: European Journal of Operational Research 97 (1997), S. 327-336.

Petersen, Daniela (2004): Industrielle Umweltkostenrechnung – Aufgaben und Methoden, Cuvillier Verlag, Göttingen 2004.

Pfaff, Dieter/ Weber, Jürgen (1998): Zweck der Kostenrechnung? – Eine neue Sicht auf ein altes Problem, in: Die Betriebswirtschaft 58 (1998), Heft 2, S. 151-165.

Pfriem, Reinhard (1989): Ökologische Unternehmensführung, Schriftenreihe des IÖW, Berlin 1989.

Piro, Andrea (1994): Betriebswirtschaftliche Umweltkostenrechnung – Gestaltung einer flexiblen Plankostenrechnung als betriebliches Umwelt-Informationssystem, Physica Verlag, Heidelberg 1994.

Pitsch, Daniel/ Czymmek, Frank (2002): Konzeption einer nachhaltigen Balanced Scorecard, Universität zu Köln, Köln 2002.

Porter, Michael E. (1999): Wettbewerbsstrategie – Methoden zur Analyse von Branchen und Konkurrenten, 10. Aufl., Campus Verlag, Frankfurt am Main/New York 1999.

Prakash, Aseem (2001): Why Do Firms Adopt 'Beyond-Compliance' Environmental Policies?, in: Business Strategy and the Environment 10 (2001), S. 286-299.

Projektgruppe Ökologische Wirtschaft (1987): Produktlinienanalyse, Kölner Volksblatt Verlag, Köln 1987.

Pümpin, Cuno (1986): Management strategischer Erfolgspositionen, 3. Aufl., Haupt Verlag, Bern/Stuttgart 1986.

Rat von Sachverständigen für Umweltfragen (Hrsg.) (1990): Kurzfassung des Sondergutachtens Abfallwirtschaft, Wiesbaden 1990.

Rehkugler, Heinz (1993): Kostenbegriffe, Kostenarten und Kostenkategorien, in: Wittmann, Waldemar/ Kern, Werner/ Köhler, Richard/ Küpper, Hans-Ulrich/ von Wysocki, Klaus (Hrsg.), Handwörterbuch der Betriebswirtschaft, Teilband 2, Enzyklopädie der Betriebswirtschaftslehre I, 5., völlig neu gestaltete Aufl., Schäffer-Poeschel Verlag, Stuttgart 1993, Sp. 2323-2329.

Reichmann, Thomas (1995): Kosten- und Erfolgs-Controlling – Neuere Entwicklungen in der Führungsunterstützung, in: Reichmann, Thomas (Hrsg.), Handbuch Kosten- und Erfolgs-Controlling, Vahlen Verlag, München 1995, S. 3-24.

Reichmann, Thomas (Hrsg.) (1995): Handbuch Kosten- und Erfolgs-Controlling, Vahlen Verlag, München 1995

Reiß, Michael (1993a): Komplexitätsmanagement (I), in: Das Wirtschaftsstudium 22 (1993), Heft 1, S. 54-60.

Reiß, Michael (1993b): Komplexitätsmanagement (II), in: Das Wirtschaftsstudium 22 (1993), Heft 2, S. 132-137.

Reiß, Michael/ Corsten, Hans (1990): Grundlagen des betriebswirtschaftlichen Kostenmanagements, in: Wirtschaftswissenschaftliches Studium 19 (1990), Heft 8, S. 390-396.

Reiß, Michael/ Corsten, Hans (1992): Gestaltungsdomänen des Kostenmanagements, in: Männel, Wolfgang (Hrsg.), Handbuch Kostenrechnung, Gabler Verlag, Wiesbaden 1992, S. 1478-1491.

Reither, Franz (1997): Komplexitätsmanagement – Denken und Handeln in komplexen Situationen, Gerling Akademie Verlag, München 1997.

Rennings, Klaus/ Ankele, Kathrin/ Hoffmann, Esther/ Nill, Jan/ Ziegler, Andreas (2005): Innovationen durch Umweltmanagement – Empirische Ergebnisse zum EG-Öko-Audit, Physica-Verlag, Heidelberg 2005.

Rentz, Otto (1979): Techno-Ökonomie betrieblicher Emissionsminderungsmaßnahmen, Erich Schmidt Verlag, Berlin 1979.

ReVelle, Charles (2000): Research challenges in environmental management, in: European Journal of Operational Research 121 (2000), S. 218-231.

Richter Knut/ Sombrutzki, Mirko (2000): Remanufacturing planning for the reverse Wagner/Whitin models, in: European Journal of Operational Research 121 (2000), S. 304-315.

Richter Knut/ Weber, Jens (2001): The reverse Wagner/Whitin model with variable manufacturing and remanufacturing cost, in: International Journal of Production Economics 71 (2001), S. 447-456.

Riebel, Paul (1955): Die Kuppelproduktion – Betriebs- und Marktprobleme, Westdeutscher Verlag, Köln/Opladen 1955.

Riebel, Paul (1979): Kuppelproduktion, in: Kern, Werner (Hrsg.), Handwörterbuch der Produktionswirtschaft, Stuttgart 1979, Sp. 1009-1022.

Riebel, Paul (1994): Einzelkosten- und Deckungsbeitragsrechnung, 7. Aufl., Gabler Verlag, Wiesbaden 1994.

Riebel, Paul (1996): Kuppelproduktion, in: Kern, Werner/ Schröder, Hans-Horst/ Weber, Jürgen (Hrsg.), Handwörterbuch der Produktionswirtschaft, 2., völlig neu gestaltete Aufl., Schäffer-Poeschel Verlag, Stuttgart 1996, Sp. 992-1003.

Rintanen, Satu (2005): The Establishment and Development Directions of Corporate Environmental Management – Case Studies in Finnish and Italian Meat Processing Sectors, Esa Print Tampere, Tampere 2005.

Roberge, H.D./ Baetz, Brian W. (1994): Optimization Modeling for Industrial Waste Reduction Planning, in: Waste Management 14 (1994), S. 35-48.

Rogler, Silvia (2000): Industrielle Umweltkostenrechnung, in: Kostenrechnungspraxis 44 (2000), Heft 3, S. 171-179.

Roome, Nigel J. (1992): Developing environmental management strategies, in: Business Strategy and the Environment 1 (1992), S. 11-24.

Rosenberg, Otto (1997): Kostensenkung durch Komplexitätsmanagement, in: Franz, Klaus-Peter/ Kajüter, Peter (Hrsg.), Kostenmanagement – Wettbewerbsvorteile durch systematische Kostenrechnung, Schäffer-Poeschel Verlag, Stuttgart 1997, S. 185-206.

Roth, Ursula (1992): Umweltkostenrechnung – Grundlagen und Konzeption aus betriebswirtschaftlicher Sicht, Gabler Verlag, Wiesbaden 1992.

Rückle, Dieter/ Klein, Andreas (1994): Produkt-Life-Cycle-Cost Management, in: Dellmann, Klaus/ Franz, Klaus-Peter (Hrsg.), Neuere Entwicklungen im Kostenmanagement, Haupt Verlag, Bern/Stuttgart/Wien 1994, S. 335-367.

Rutkowsky, Sven (1998): Abfallpolitik in der Kreislaufwirtschaft – Grundzüge einer effizienten und umweltgerechten Abfallwirtschaft und ihre Regulierung, Erich Schmidt Verlag, Berlin 1998.

Schäfer, Gerhard (1975): Die Beziehungen zwischen Rechnungszweck und Rechnungsinhalt in der Kostenrechnung, Dissertation, Tübingen 1975.

Schäffer, Utz (2003): Controlling-Instrumente im strategischen Umweltmanagement, in: Umweltwirtschaftsforum 11 (2003), Heft 2, S. 28-31.

Schaltegger, Stefan/ Muller, Kaspar (1997): Calculating the true profitability of pollution prevention, in: Greener Management International 17 (1997), S. 53-68.

Schaltegger, Stefan/ Sturm, Andreas (1994): Ökologische Entscheidungen in Unternehmen, 2. Aufl., Haupt Verlag, Bern/Stuttgart/Wien 1994.

Schaltegger, Stefan/ Herzig, Christian/ Kleiber, Oliver/ Müller, Jan (2002): Nachhaltigkeitsmanagement in Unternehmen – Konzepte und Instrumente zur nachhaltigen Unternehmensentwicklung, hrsg. von Bundesministerium für Umwelt, Naturschutz und Reaktorsicherheit/Bundesverband der Deutschen Industrie e.V., 2. Aufl., Berlin/Bonn 2002.

Schehl, Michael (1994): Unternehmensexterne und -interne Strukturveränderungen als Einflußfaktoren der industriellen Kostenrechnung, in: Kostenrechnungspraxis 38 (1994), Heft 4, S. 230-238.

Schitag Ernst & Young (Hrsg.) (1995): Das Buch des Umweltmanagements, Verlag Chemie, Weinheim u.a. 1995.

Schiwek, Helga (2002): Umweltschutzorientierte Planung in Unternehmen, Motive – Instrumente – Perspektiven, Gabler Verlag, Wiesbaden 2002.

Schlange, Lutz E. (1994): Komplexitätsmanagement – Grundlagen und Perspektiven, in: Schüller, Achim/ Schlange, Lutz E. (Hrsg.), Komplexität und Managementpraxis – Reale Visionen zum Komplexitätsmanagement, Enke Verlag, Stuttgart 1994, S. 1-32.

Schlatter, Andreas (1999): Nutzen statt Kosten – Auf den Spuren des Nutzens von betrieblichen Umweltaktivitäten, in: Ökologisches Wirtschaften, o.Jg. (1999), Heft 1, S. 30-31.

Schmalenbach, Eugen (1928): Die Betriebswirtschaftslehre an der Schwelle der neuen Wirtschaftsverfassung, in: Zeitschrift für handelswissenschaftliche Forschung 22 (1928), S. 241-251.

Schmalenbach, Eugen (1934): Selbstkostenrechnung und Preispolitik, 6. Aufl., G.A. Gloeckner Verlag, Leipzig 1934.

Schmalenbach, Eugen (1963): Kostenrechnung und Preispolitik, 8. Aufl., Westdeutscher Verlag, Köln 1963.

Schmidt, Mario/ Schwegler, Regina (2003): Einführung in das ISAC-Vorhaben, in: Schmidt, Mario/ Schwegler, Regina (Hrsg.), Umweltschutz und strategisches

Handeln – Ansätze zur Integration in das betriebliche Management, Gabler Verlag, Wiesbaden 2003, S. 1-21.

Schmidt, Mario/ Schwegler, Regina (Hrsg.) (2003): Umweltschutz und strategisches Handeln – Ansätze zur Integration in das betriebliche Management, Gabler Verlag, Wiesbaden 2003.

Schmidtchen, Dieter (1980a): Theorie der Kuppelproduktion nebst einer Anwendung auf den Umweltschutz (I), in: Das Wirtschaftsstudium 9 (1980), Heft 6, S. 287-290.

Schmidtchen, Dieter (1980b): Theorie der Kuppelproduktion (nebst einer Anwendung auf den Umweltschutz) (II), in: Das Wirtschaftsstudium 9 (1980), Heft 7, S. 335-343.

Schneeweiß, Christoph (1993): Kostenbegriffe aus entscheidungstheoretischer Sicht – Überlegungen zu einer Kostenwerttheorie, in: Zeitschrift für betriebswirtschaftliche Forschung 45 (1993), Heft 12, S. 1025-1039.

Schneider, Dieter (1997): Betriebswirtschaftslehre, Band 2: Rechnungswesen, 2. Aufl., Oldenbourg Verlag, München/Wien 1997.

Schneider, Dieter (2002): Entwicklung der Unternehmensrechnung, in: Küpper, Hans-Ulrich/ Wagenhofer, Alfred (Hrsg.), Handwörterbuch Unternehmensrechnung und Controlling, Enzyklopädie der Betriebswirtschaftslehre III, 4. Aufl., Schäffer-Poeschel Verlag, Stuttgart 2002, Sp. 374-383.

Schneidewind, Uwe (1994): Mit COSY (Company oriented Sustainability) Unternehmen zur Nachhaltigkeit führen, IWÖ-Diskussionsbeitrag Nr. 15, St. Gallen 1994.

Schneidewind, Uwe/ Dyllick, Thomas (1997): Ökologisches Benchmarking, in: Die Betriebswirtschaft 57 (1997), S. 569-572.

Schreiner, Manfred (1996): Umweltmanagement in 22 Lektionen – Ein ökonomischer Weg in eine ökologische Wirtschaft, 4., überarb. Aufl., Gabler Verlag, Wiesbaden 1996.

Schröder, Achim/ Willeke, Martin (1995): Prozeßorientierte Investitionsrechnung zur Bewertung von Umweltschutzprojekten, in: Controlling 6 (1995), Heft 3, S. 132-138.

Schüller, Achim/ Schlange, Lutz E. (Hrsg.) (1994): Komplexität und Managementpraxis – Reale Visionen zum Komplexitätsmanagement, Enke Verlag, Stuttgart 1994.

Schuh, Günther/ Kaiser, Andreas (1994): Kostenmanagement in Entwicklung und Produktion mit der Ressourcenorientierten Prozesskostenrechnung, in: Kostenrechnungspraxis 38 (1994), Sonderheft 1, S. 76-82.

Schulte, Christof (1995): Komplexitätsmanagement, in: Corsten, Hans/ Reiß, Michael (Hrsg.), Handbuch Unternehmungsführung, Konzepte – Instrumente – Schnittstellen, Gabler Verlag, Wiesbaden 1995, S. 757-765.

Schulte, Christof (Hrsg.) (1992): Effektives Kostenmanagement – Methoden und Implementierung, Schäffer-Poeschel Verlag, Stuttgart 1992.

Schulte, Reinhard (2000): Kostenmanagement – Einführung in das operative Kostenmanagement, Oldenbourg Verlag, München/Wien 2000.

Schultmann, Frank/ Zumkeller, Moritz/ Rentz, Otto (2006): Modeling reverse logistic tasks within closed-loop supply chains: An example from the automotive industry, in: European Journal of Operational Research 171 (2006), S. 1033-1050.

Schulz, Stephan (1994): Komplexität in Unternehmen – Eine Herausforderung an das Controlling, in: Controlling, o.Jg. (1994), Heft 3, S. 130-139.

Schwegler, Regina/ Schmidt, Mario (2003a): Lücken im Umweltmanagement: Forschungsansatz für ein rationales Umweltmanagement auf Basis der St. Galler Management-Lehre, in: Schmidt, Mario/ Schwegler, Regina (Hrsg.), Umweltschutz und strategisches Handeln – Ansätze zur Integration in das betriebliche Management, Gabler Verlag, Wiesbaden 2003, S. 25-90.

Schwegler, Regina/ Schmidt, Mario (2003b): Rationales Umweltmanagement, Schließung der Lücken im Umweltmanagement – ein managementorientierter theoretischer Bezugsrahmen, in: Umweltwirtschaftsforum 11 (2003), Heft 2, S. 4-11.

Schweitzer, Marcell/ Küpper, Hans-Ulrich (1998): Systeme der Kosten- und Erlösrechnung, 7. Aufl., Vahlen Verlag, München 1998.

Schwenk-Willi, Urs (2001): Integriertes Komplexitätsmanagement – Anleitungen und Methodiken für die produzierende Industrie auf Basis einer typologischen Untersuchung, Difo-Druck GmbH, Bamberg 2001.

Schwinn, Rolf (1993): Betriebswirtschaftslehre, Oldenbourg Verlag, München/Wien 1993.

Seidel, Eberhard (2003): Umweltkostenrechnung, in: Kramer, Matthias/ Strebel, Heinz/ Kayser, Gernot (Hrsg.), Internationales Umweltmanagement, Band III: Operatives Umweltmanagement im internationalen und interdisziplinären Kontext, Gabler Verlag, Wiesbaden 2003, S. 373-434.

Seidel, Eberhard (Hrsg.) (1992): Betrieblicher Umweltschutz – Landschaftsökologie und Betriebswirtschaftslehre, Gabler Verlag, Wiesbaden 1992.

Seidel, Eberhard (Hrsg.) (1998): Umweltkennzahlen – Planungs-, Steuerungs- und Kontrollgrößen für ein umweltorientiertes Management, Vahlen Verlag, München 1998.

Seidel, Eberhard (Hrsg.) (1999): Betriebliches Umweltmanagement im 21. Jahrhundert – Aspekte, Aufgaben, Perspektiven, Springer Verlag, Berlin u.a. 1999.

Seidel, Eberhard/ Behrens, Sven (1992): Umwelt-Controlling als Instrument moderner betrieblicher Abfallwirtschaft, in: Betriebswirtschaftliche Forschung und Praxis 44 (1992), Heft 2, S. 136-152.

Senn, Josef-Fidelis (1986): Ökologie-orientierte Unternehmensführung, Frankfurt am Main/Bern/New York 1986.

Sharma, Aarti/ Weitz, Keith A. (1995): Incorporating Environmental Costs and Considerations into Decision-Making: Review of Available Tools and Software – A Guide for Business and Federal Facility Managers, by: Environmental Protection Agency (Ed.), Washington 1995.

Simon, Michael/ Brunk, Michael (1994): Betriebliche Abfallwirtschaft in der Praxis – unter besonderer Berücksichtigung der Sonderabfallsituation in metallverarbeitender Industrie und Gewerbe, in: Umweltwirtschaftsforum 2 (1994), Heft 4, S. 71-75.

Souren, Rainer (1996): Theorie betrieblicher Reduktion – Grundlagen, Modellierung und Optimierungsansätze stofflicher Entsorgungsprozesse, Heidelberg 1996.

Souren, Rainer (2002): Konsumgüterverpackungen in der Kreislaufwirtschaft, Stoffströme – Transformationsprozesse – Transaktionsbeziehungen, Deutscher Universitäts-Verlag, Wiesbaden 2002.

Souren, Rainer/ Ahn, Heinz/ Schmitz Christian (2005): Optimal product mix decisions based on the Theory of Constraints?, Exposing rarely emphasized premises of Throughput Accounting, in: International Journal of Production Research 43 (2005), S. 361-374.

Specht, Günter (Hrsg.) (1989): Marketing-Schnittstellen, Stuttgart 1989.

Spengler, Thomas/ Püchert, Holger/ Penkuhn, Torsten/ Rentz, Otto (1997): Environmental integrated production and recycling management, in: European Journal of Operational Research 97 (1997), S. 308-326.

Spengler, Thomas/ Rentz, Otto (1998): Abschätzung zukünftiger Recyclingkosten industrieller Produkte mittels Fuzzy Linearer Optimierung, in: OR Spektrum 20 (1998), S. 199-211.

Stähler, Christine (1991): Strategisches Ökologiemanagement, Kirsch Verlag, München 1991.

Stahl, Hans-Werner/ Hermann, Markus (1995): Ökologie-Controlling mit unternehmensbezogenen Öko-Bilanzen, in: Kostenrechnungspraxis 39 (1995), Heft 2, S. 120-123.

Stahlmann, Volker (1994): Umweltverantwortliche Unternehmensführung – Aufbau und Nutzen eines Öko-Controlling, Verlag C.H. Beck, München 1994.

Stahlmann, Volker (1999): Unterstützung des Umweltmanagements durch Umweltrechnung, in: Seidel, Eberhard (Hrsg.), Betriebliches Umweltmanagement im 21. Jahrhundert – Aspekte, Aufgaben, Perspektiven, Springer Verlag, Berlin u.a. 1999, S. 231-254.

Statistisches Bundesamt (Hrsg.) (2000): Statistisches Jahrbuch 2000 für die Bundesrepublik Deutschland, Metzler-Poeschel Verlag, Stuttgart 2000.

Statistisches Bundesamt (Hrsg.) (2002): Statistisches Jahrbuch 2002 für die Bundesrepublik Deutschland, Metzler-Poeschel Verlag, Stuttgart 2002.

Steger, Ulrich (1988): Umweltmanagement, Gabler Verlag, Wiesbaden 1988.

Steger, Ulrich (1990): Unternehmensführung und ökologische Herausforderung, in: Wagner, Gerd R. (Hrsg.), Unternehmung und ökologische Umwelt, Vahlen Verlag, München 1990, S. 48-57.

Steinmann, Horst/ Schreyögg, Georg (2005): Management – Grundlagen der Unternehmensführung, Konzepte – Funktionen – Fallstudien, 6., vollständig überarb. Aufl., Gabler Verlag, Wiesbaden 2005.

Sterr, Thomas (1998): Stoffstrommanagement – Lösungsansätze auf dem Weg zu einer industriellen Kreislaufwirtschaft, in: Umweltwirtschaftsforum 6 (1998), Heft 2, S. 3-5.

Sterr, Thomas (2002): Industrielle Reproduktionswirtschaft unter Minimierung ausgewählter Distanzparameter, in: Umweltwirtschaftsforum 10 (2002), Heft 2, S. 4-9.

Sterr, Thomas (2003): Industrielle Stoffkreislaufwirtschaft im regionalen Kontext – Betriebswirtschaftlich-ökologische und geographische Betrachtungen in Theorie und Praxis, Springer Verlag, Berlin/Heidelberg/New York 2003.

Steven, Marion (Hrsg.) (1998): Umweltorientiertes Rechnungswesen, Beiträge zu einem Workshop am 20.02.1998, Institut für Unternehmungsführung und Unternehmensforschung, Arbeitsbericht Nr. 72, Bochum 1998.

Stölzle, Wolfgang (1990): Ansätze zur Erfassung von Umweltschutzkosten in der betriebswirtschaftlichen Kostenrechnung, in: Zeitschrift für Umweltpolitik und Umweltrecht, o.Jg. (1990), Heft 4, S. 379-412.

Stoner, James A.F./ Freeman, R. Edward/ Gilbert, Daniel R. (1995): Management, 6. Aufl., Prentice Hall, Englewood Cliffs 1995.

Strebel, Heinz (1992): Material- und Energiebilanzen, in: Umweltwirtschaftsforum 1 (1992), Heft 1, S. 9-15.

Strebel, Heinz (1994): Umweltgerechte Produktion – Einführung und Überblick, in: Der Wirtschaftsingenieur, o.Jg. (1994), Heft 28/4, S. 32-35.

Strebel, Heinz (1996): Ökologie und Produktion, in: Kern, Werner/ Schröder, Hans-Horst/ Weber, Jürgen (Hrsg.), Handwörterbuch der Produktionswirtschaft, 2., völlig neu gestaltete Aufl., Schäffer-Poeschel Verlag, Stuttgart 1996, Sp. 1303-1313.

Strebel, Heinz (2003a): Umweltfreundliche Produktgestaltung, in: Kramer, Matthias/ Strebel, Heinz/ Kayser, Gernot (Hrsg.), Internationales Umweltmanagement, Band III: Operatives Umweltmanagement im internationalen und interdisziplinären Kontext, Gabler Verlag, Wiesbaden 2003, S. 11-29.

Strebel, Heinz (2003b): Umweltbilanzierung, in: Kramer, Matthias/ Strebel, Heinz/ Kayser, Gernot (Hrsg.), Internationales Umweltmanagement, Band III: Operatives Umweltmanagement im internationalen und interdisziplinären Kontext, Gabler Verlag, Wiesbaden 2003, S. 313-343.

Streitferdt, Lothar (1993): Kostenmanagement, in: Chmielewicz, Klaus/ Schweitzer, Marcell (Hrsg.), Handwörterbuch des Rechnungswesens, Enzyklopädie der Betriebswirtschaftslehre III, 3., völlig neu gestaltete und erg. Aufl., Stuttgart 1993, Sp. 1216-1227.

Ströbele, Wolfgang (1987): Rohstoffökonomik – Theorie natürlicher Ressourcen mit Anwendungsbeispielen Öl, Kupfer, Uran und Fischerei, Vahlen Verlag, München 1987.

Sturm, Norbert (2003): Environmental Scorecard: Ein Konzept zur Unterstützung der Implementierung und Aufrechterhaltung von Umweltmanagementsystemen, in: Controlling 5 (2003), Heft 11, S. 597-605.

Töpfer, Armin (1985): Umwelt- und Benutzerfreundlichkeit von Produkten als strategische Unternehmensziele, in: Marketing Zeitschrift für Forschung und Praxis 7 (1985), Heft 4, S. 241-251.

Troßmann, Ernst/ Trost, Stefan (1996): Was wissen wir über steigende Gemeinkosten? – Empirische Belege zu einem vieldiskutierten betrieblichen Problem, in: Kostenrechnungspraxis 40 (1996), Heft 2, S. 65-74.

Tschirky, Hugo/ Koruna, Stefan (1998): Technologie-Management – Idee und Praxis, Verlag Industrielle Organisation, Zürich 1998.

Ulrich, Hans (1970): Die Unternehmung als produktives soziales System – Grundlagen der allgemeinen Unternehmungslehre, Schriftenreihe Unternehmung und Unternehmungsführung, Verlag Paul Haupt, Bern/Stuttgart 1970.

Ulrich, Hans (1975): Der allgemeine Systembegriff, in: Baetge, Jörg (Hrsg.), Grundlagen der Wirtschafts- und Sozialkybernetik, Westdeutscher Verlag, Opladen 1975, S. 33-40.

Ulrich, Hans/ Probst, Gilbert J.B. (1988): Anleitung zum ganzheitlichen Denken und Handeln – Ein Brevier für Führungskräfte, Haupt Verlag, Stuttgart 1988.

Ulrich, Hans/ Probst, Gilbert J.B. (1995): Anleitung zum ganzheitlichen Denken und Handeln – Ein Brevier für Führungskräfte, 4. Aufl., Haupt Verlag, Bern/Stuttgart 1995.

Umweltbundesamt (Hrsg.) (1999): Handbuch umweltfreundliche Beschaffung – Empfehlungen zur Berücksichtigung des Umweltschutzes in der öffentlichen Verwaltung und im Einkauf, 4., völlig neubearb. Aufl., Vahlen Verlag, München 1999.

Van Ha, Nguyen/ Kant, Shashi/ Maclaren, Virginia (2008): Shadow prices of environmental outputs and production efficiency of household-level paper recycling units in Vietnam, in: Ecological Economics 65 (2008), S. 98-110.

van Soest, Daan P./ List, John A./ Jeppesen, Tim (2006): Shadow prices, environmental stringency, and international competitiveness, in: European Economic Review 50 (2006), S. 1151-1167.

Virkkunen, Henrik (1956): Das Rechnungswesen im Dienste der Leistung – systematisch-theoretische Untersuchung der Bereiche, Zweige und Aufgaben des Rechnungswesens unter besonderer Beachtung der Leitungsfunktion, Betriebswirtschaftswissenschaftliches Institut, Helsinki 1956.

Vollmuth, Hilmar J. (1997): Marktorientiertes Kostenmanagement – Neue Konzeptionen, Instrumente und Techniken zur Sicherung von Wettbewerbsvorteilen, WRS Verlag Wirtschaft, Recht und Steuern, Planegg 1997.

Wagner, Bernd/ Strobel, Markus (1999): Kostenmanagement mit der Flußkostenrechnung, in: Freimann, Jürgen (Hrsg.), Werkzeuge erfolgreichen Umweltmanagements – Ein Kompendium für die Unternehmenspraxis, Gabler Verlag, Wiesbaden 1999, S. 49-70.

Wagner, Gerd R. (1997): Betriebswirtschaftliche Umweltökonomie, Lucius & Lucius Verlag, Stuttgart 1997.

Wagner, Gerd R. (Hrsg.) (1990): Unternehmung und ökologische Umwelt, Vahlen Verlag, München 1990.

Wagner, Gerd R. (Hrsg.) (1993): Betriebswirtschaft und Umweltschutz, Schäffer-Poeschel Verlag, Stuttgart 1993.

Wagner, Gerd R./ Matten, Dirk (1995): Die unternehmerische Bedeutung des Kreislaufwirtschaftsgesetzes, in: Wirtschaftswissenschaftliches Studium 24 (1995), Heft 11, S. 578-583.

Wagner, Marcus/ Schaltegger, Stefan (2002): Umweltmanagement in deutschen Unternehmen – der aktuelle Stand der Praxis, CSM Verlag, Lüneburg 2002.

Wagner, Sandra (2003): Die Novellierung der EG-Öko-Audit-Verordnung unter dem Aspekt der Integration, in: Wagner, Sandra/Kupp, Martin/Matzel, Manfred (Hrsg.), Quantitative Modelle und nachhaltige Ansätze der Unternehmungsführung, Günter Beuermann zum 65. Geburtstag, Physica-Verlag, Heidelberg 2003, S. 91-103.

Wagner, Sandra (2005): Implikationen der Kreislaufwirtschaft für betriebliches Umweltkostenmanagement, in: Umweltwirtschaftsforum 12 (2005), S. 43-48.

Wagner, Sandra/ Faßbender-Wynands, Ellen (2001): Die betriebliche Umweltkostenrechnung in kleinen und mittelständischen Unternehmen, Arbeitsberichte zum Umweltmanagement, Nr. 8, Köln 2001.

Wagner, Sandra/Kupp, Martin/Matzel, Manfred (Hrsg.) (2003): Quantitative Modelle und nachhaltige Ansätze der Unternehmungsführung, Günter Beuermann zum 65. Geburtstag, Physica Verlag, Heidelberg 2003.

Walter, Kay (2005): Wettbewerbsvorteile durch Umweltmanagement – Ökologische Herausforderungen effektiv nutzen, VDM Verlag Dr. Müller, Berlin 2005.

Waniczek, Mirko/ Werderits, Ehrenfried (2006): Sustainability Balanced Scorecard – Nachhaltigkeit in der Praxis erfolgreich managen (mit umfangreichem Fallbeispiel), Linde Verlag, Wien 2006.

Wassmuth, Belinda (1999): EMAS 2 – Fortschritt oder Rückschritt?, Reflexion zur Diskussion über die Novellierung der europäischen Umwelt-Audit-Verordnung, in: Betriebswirtschaftliche Forschung und Praxis 51 (1999), Heft 5, S. 543-553.

Watson, Kevin/ Klingenberg, Beate/ Polito, Tony/ Geurts, Tom G. (2004): Impact of environmental management system implementation on financial performance – A comparison of two corporate strategies, in: Management of Environmental Quality: An International Journal 15 (2004), S. 622-628.

Watson, Michael/ Emery, Anthony R.T. (2004a): Environmental management and auditing systems – The reality of environmental self-regulation, in: Managerial Auditing Journal 19 (2004), S. 916-928.

Watson, Michael/ Emery, Anthony R.T. (2004b): Law, economics and the environment – A comparative study of environmental management systems, in: Managerial Auditing Journal 19 (2004), S. 760-773.

Weber, Helmut K. (1977): Die Zwecke des Betriebswirtschaftlichen Rechnungswesens, in: Wirtschaftswissenschaftliches Studium 6 (1977), Heft 3, S. 114-120.

Weber, Jürgen (Hrsg.) (1997): Umweltmanagement – Aspekte einer umweltbezogenen Unternehmensführung, Schäffer-Poeschel Verlag, Stuttgart 1997.

Wee, Yeo S./ Quazi, Hesan A. (2005): Development and validation of critical factors of environmental management, in: Industrial Management & Data Systems 105 (2005), S. 96-114.

Weiland, Raimund (1993): Der Abfallbegriff – Eine vergleichende Analyse rechtswissenschaftlicher und wirtschaftswissenschaftlicher Vorstellungen zum Begriff des

Abfalls, in: Zeitschrift für Umweltpolitik und Umweltrecht 16 (1993), Heft 2, S. 113-136.

Welford, Richard (1995): Environmental Strategy and Sustainable Development – the corporate challenge for the twenty-first century, Routledge, London u.a. 1995.

Welford, Richard (1998a): Corporate Strategy, Competitiveness and the Environment, in: Welford, Richard (Hrsg.), Corporate Environmental Management 1, Systems and Strategies, 2. Aufl., Earthscan Publications Ltd., London 1998, S. 13-34.

Welford, Richard (1998b): Environmental Issues and Corporate Environmental Management, in: Welford, Richard (Hrsg.), Corporate Environmental Management 1, Systems and Strategies, 2. Aufl., Earthscan Publications Ltd., London 1998, S. 1-12.

Welford, Richard (Hrsg.) (1998): Corporate Environmental Management 1, Systems and Strategies, 2. Aufl., Earthscan Publications Ltd., London 1998.

Wicke, Lutz (1989): Umweltökonomie – Eine praxisorientierte Einführung, 2., erw. und aktualisierte Aufl., Vahlen Verlag, München 1989.

Wicke, Lutz/ Haasis, Hans-Dietrich/ Schafhausen, Franzjosef/ Schulz, Werner (1992): Betriebliche Umweltökonomie, Vahlen Verlag, München 1992.

Wielenberg, Stefan (2002): Rechnungszwecke, in: Küpper, Hans-Ulrich/ Wagenhofer, Alfred (Hrsg.), Handwörterbuch Unternehmensrechnung und Controlling, Enzyklopädie der Betriebswirtschaftslehre III, 4. Aufl., Schäffer-Poeschel Verlag, Stuttgart 2002, Sp. 1669-1677.

Wildemann, Horst (1987): Betriebswirtschaftliche Wirkungen einer flexibel automatisierten Fertigung, in: Betriebswirtschaftliche Forschung und Praxis 39 (1987), Heft 3, S. 209-224.

Wildemann, Horst (1992): Das Just-in-Time-Konzept – Produktion und Zulieferung auf Abruf, Gesellschaft für Management und Technologie AG, St. Gallen 1992.

Williams, Juli A.S./ Wongweragiat, S./ Qu, Xiuli, McGlinch, J.B./ Bonawi-tan, W./ Choi, J.K./ Schiff, J. (2007): An automotive bulk recycling planning model, in: European Journal of Operational Research 177 (2007), S. 969-981.

Wittmann, Robert Georg (1994): Rückstandsmanagement – Eine theoretische und empirische Untersuchung, M und P Verlag für Wissenschaftliche und Forschung, Stuttgart 1994.

Wittmann, Waldemar/ Kern, Werner/ Köhler, Richard/ Küpper, Hans-Ulrich/ von Wysocki, Klaus (Hrsg.) (1993a): Handwörterbuch der Betriebswirtschaft, Teilband 2, Enzyklopädie der Betriebswirtschaftslehre I, 5., völlig neu gestaltete Aufl., Schäffer-Poeschel Verlag, Stuttgart 1993.

Wittmann, Waldemar/ Kern, Werner/ Köhler, Richard/ Küpper, Hans-Ulrich/ von Wysocki, Klaus (Hrsg.) (1993b), Handwörterbuch Betriebswirtschaft, Teilband 3, Enzyklopädie der Betriebswirtschaftslehre I, 5., völlig neu gestaltete Aufl., Schäffer-Poeschel Verlag, Stuttgart 1993.

Womack, James P./ Jones, Daniel T. (2005): Lean Consumption, in: Harvard Business Review 83 (2005), S. 58-68.

Wu, Chia-Chin/ Chang, Ni-Bin (2003): Grey input-output analysis and its application for environmental cost allocation, in: European Journal of Operational Research 145 (2003), S. 175-201.

Wu, Chia-Chin/ Chang, Ni-Bin (2004): Corporate optimal production planning with varying environmental costs – A grey compromise programming approach, in: European Journal of Operational Research 155 (2004), S. 68-95.

Wutz, Alexander (2008): Das Produktalterungsmodell und deterministische Losgrößenmodelle im Rahmen von Reverse Logistics, Verlag Dr. Kovač, Hamburg 2008.

Wynands, Ellen (2000): Ökologische Bilanzierung, in: Das Wirtschaftsstudium 29 (2000), Heft 2, S. 177-182.

Zabel, Hans-Ulrich (Hrsg.) (2002): Betriebliches Umweltmanagement – nachhaltig und interdisziplinär, Erich Schmidt Verlag, Berlin 2002.

Zahn, Erich/ Gassert, Herbert (Hrsg.) (1992): Umweltschutzorientiertes Management – Die unternehmerische Herausforderung von morgen, Poeschel Verlag, Stuttgart 1992.

Zahn, Erich/ Schmid, Uwe (1992): Wettbewerbsvorteile durch umweltschutzorientiertes Management, in: Zahn, Erich/ Gassert, Herbert (Hrsg.), Umweltschutzorientiertes Management – Die unternehmerische Herausforderung von morgen, Poeschel Verlag, Stuttgart 1992, S. 39-93.

Zehbold, Cornelia (2001): Life Cycle Costing, in: Kostenrechnungspraxis 45 (2001), Sonderheft 3, S. 41-43.

Zimmermann, Uwe/ Derigs, Ulrich/ Gaul, Wolfgang/ Möhring, Rolf H./ Schuster, Karl-Peter (Hrsg.) (1997): Operations Research Proceedings 1996, Selected Papers of the Symposium onOperations Research, Springer Verlag, Berlin u.a. 1997.

Zutshi, Ambika/ Sohal, Amrik S. (2004): Adoption and maintenance of environmental management systems – Critical success factors, in: Management of Environmental Quality: An International Journal 15 (2004), S. 399-419.

Zwilling, Robert (1993): Stoffkreisläufe im Leben, in: Zwilling, Robert/ Fritsche, Wolfgang (Hrsg.), Ökologie und Umwelt – Ein interdisziplinärer Ansatz, Heidelberger Verlagsanstalt, Heidelberg 1993, S. 19-31.

Zwilling, Robert/ Fritsche, Wolfgang (Hrsg.) (1993): Ökologie und Umwelt – Ein interdisziplinärer Ansatz, Heidelberger Verlagsanstalt, Heidelberg 1993.

Gesetzestexte

Abfallbeseitigungsgesetz (1972), BGBl. I, S. 593.

Abfallgesetz (1986), BGBl. I, S. 2771.

Altfahrzeug-Gesetz (2002), Gesetz über die Entsorgung von Altfahrzeugen (AltfahrzeugG), vom 21. Juni 2002 (BGBl. I Nr. 41, S. 2199).

Batteriegesetz (2009), Gesetz zur Neuregelung der abfallrechtlichen Produktverantwortung für Batterien und Akkumulatoren (BattG), Entwurf Stand: 21.01.2009.

Elektro- und Elektronikgerätegesetz (2005), Gesetz über das Inverkehrbringen, die Rücknahme und die umweltverträgliche Entsorgung von Elektro- und Elektronikgeräten (ElektroG), vom 16. März 2005 (BGBl. I, S. 762).

Erneuerbare-Energien-Gesetz (2009), Gesetz für den Vorrang erneuerbarer Energien (EEG), vom 1. Januar 2009 (BGBl. I, S. 2074).

Kreislaufwirtschafts- und Abfallgesetz (KrW-/AbfG), Gesetz zur Vermeidung, Verwertung und Beseitigung von Abfällen, vom 27. September 1994 (BGBl. I S. 2705).

Technische Anleitung zur Reinhaltung der Luft (TA Luft), Erste Allgemeine Verwaltungsvorschrift zum Bundes-Immissionsschutzgesetz, vom 24. Juli 2002.

Verordnung (EWG) 2092/91: Verordnung (EWG) 2092/91 des Rates vom 24. Juni 1991 über den ökologischen Landbau und die entsprechende Kennzeichnung der landwirtschaftlichen Erzeugnisse und Lebensmittel.

Verordnung (EWG) 1836/93: Verordnung (EWG) Nr. 1836/93 des Rates vom 29. Juni 1993 über die freiwillige Beteiligung gewerblicher Unternehmen an einem Gemeinschaftssystem für das Umweltmanagement und die Umweltbetriebsprüfung.

Verordnung (EG) 761/2001: Verordnung (EG) Nr. 761/2001 des Europäischen Parlaments und des Rates vom 19. März 2001 über die freiwillige Beteiligung von Organisationen an einem Gemeinschaftssystem für das Umweltmanagement und die Umweltbetriebsprüfung (EMAS)

ISO 14001:2004: Umweltmanagementsysteme – Spezifikation mit Anleitung zur Anwendung (ISO 14001:2004), hrsg. von CEN (Europäisches Komitee für Normung), Brüssel 2004.

The manufacturer's authorised representative in the EU is Springer Nature Customer Service Centre GmbH, Europaplatz 3, 69115 Heidelberg, Germany. If you have any concerns regarding our products, please contact ProductSafety@springernature.com

Printed and bound by CPI Group (UK) Ltd, Croydon, CR0 4YY

23/03/2026

02076666-0018